中国林业经济论坛

第1辑

刘俊昌　温亚利　米　锋　主编

中国林業出版社

图书在版编目（CIP）数据

中国林业经济论坛．第 1 辑/刘俊昌，温亚利，米锋主编．—北京：中国林业出版社，2007.7

ISBN 978-7-5038-4810-0

Ⅰ．中…　Ⅱ．①刘…②温…③米…　Ⅲ．林业经济－经济发展－中国－文集
Ⅳ．F326.23－53

中国版本图书馆 CIP 数据核字（2007）第 079923 号

出　版　中国林业出版社（100009　北京西城区刘海胡同 7 号）
网　址：www.cfph.com.cn
E-mail　forestbook@163.com　电话　010－66162880
发　行：中国林业出版社
印　刷：北京林业大学印刷厂
版　次：2007 年 7 月第 1 版
印　次：2007 年 7 月第 1 次
开　本：787mm×1092mm　1/16
印　张：19
字　数：485 千字
印　数：1～1000 册
定　价：60.00 元

序　言

改革开放20多年来，中国的林业经济管理学科发展十分迅速，广大林业经济工作者在理论与实践中不断探索，在积极吸收国外林业经济研究成果的基础上结合中国的社会经济改革和市场经济体系的建设，取得了许多有价值的研究成果，对中国的林业经济改革与建设发挥了重要的推动作用。

进入21世纪以后，随着国家对林业建设的日益重视和以六大林业重点工程为主的林业建设的快速发展，林业经济理论和实践工作者结合林业经济与管理的热点问题，从理论和实践两个层面上展开了广泛和深入的研究，学术研究成果和新人不断涌现。为了更好地推进中国林业经济学术研究，加强国内外林业经济学界、政界、商界和研究教育机构的学术合作和交流，扩大林业经济管理学科的影响，2003年10月由北京林业大学经济管理学院发出倡议，东北林业大学经济管理学院、南京林业大学经济管理学院、福建农林大学经济与管理学院、浙江林学院经济管理学院、西南林学院经济管理系、内蒙古农业大学经济管理学院、河北农业大学经济贸易学院、国家林业局经济发展研究中心、中国林业科学研究院科信所等林业经济教学和科研机构一致同意共同发起建立中国林业经济论坛。

中国林业经济论坛以国内林业经济及相关教育和科研机构为依托，搭建资源共享、学术交流的平台，全面开展林业经济科学研究、咨询服务和教育教学人才培养、学者互访等活动，促进学术研究与中国林业建设实际的融合与互动。同时为了培养学术后备人才，促进林业经济管理队伍的健康发展，中国林业经济论坛设立了中国林业经济研究生学术论坛，与中国林业经济论坛同时举办学术交流活动，希望能够通过专家、教授和研究生的学术交流，给研究生一个更广泛接触林业经济领域专家的机会，为他们的成才和发展服务。同时通过各院校研究生的交流，使他们能够有机会学习其他院校和科研单位在研究生培养方面的经验，共同提升研究生的培养质量和水平。

根据发起单位共同协商所制定的《中国林业经济论坛条例》，中国林业经济论坛设立理事会和秘书处，所有愿意参加本论坛活动且从事林业经济管理及相关领域的教学和科研单位都可参加理事会，成为理事会成员。中国林业经济论坛理事长单位由理事会成员轮流担任，每年轮换一次。理事长单位负责本届论坛的学术活动组织、安排及基本经费筹集，组织拟定下一届论坛的中心议题。为了便于各理事单位的沟通与联系，中国林业经济论坛将论坛秘书处设在北京林业大学经济管理学院，负责论坛理事会员联络、协调和辅助理事长单位组织开展活动。

中国林业经济论坛是中国林业经济学术界与国内同行和国际学者进行学术交流的平台，每年召开一次全国性的学术会议。为了使更多的关注中国林业经济管理学科发展和中国林业经济改革的人士了解中国林业经济论坛的学术成果，中国林业经济论坛的承办单位组织编写《中国林业经济论坛》系列文集。我希望该系列文集的出版能够有助于中国林业经济管理学科更快的发展，能够有助于在中国林业经济改革与发展的学术研究和实践中不断涌现出更高水平的成果，在林业经济政策的研究中更多地体现理论和实证的结合，在研究方法上更趋于规范性，在资料的处理上更具科学性，在应用定性和定量方法研究林业经济与管理问题上更多地突出定量研究方法，提升林业经济管理学科的数量研究水平，从而促进林业经济管理学科的快速发展。

中国林业经济论坛组委会主任
北京林业大学经济管理学院院长 刘俊昌

2007年5月

目　录

序　言 …………………………………………………………………… 刘俊昌

森林生态经济生产力与林业生产发展 ………………………………………… 张建国（1）
关于中国林业发展的浅见 ……………………………………………………… 翟中齐（5）
公共财政与林业投资体制改革的探析 ………………………………………… 刘国成（9）
防沙治沙是促进解决“三农”问题的重要途径 ……………………………… 刘　拓（17）
林业经济管理学科的发展与趋势 ……………………………… 高　岚　温亚利等（24）
林业统计学的发展历程和当前研究的主要问题 ………………… 刘俊昌　陈文汇（39）
退耕还林工程中社区参与机制的应用研究 ……………………… 许　勤　赵萱等（48）
退耕还林的经济影响及现行政策的调整 ………………………… 王爱民　许月明（56）
林业经济信息集成平台的开发与应用 ………………… “林业经济信息集台”开发小组（69）
建立人与自然和谐发展林业经济需研究的几个问题 …………… 陈建成　陈新云（76）
20 世纪 90 年代世界森林资源及林产品贸易现状及前景分析 ………………… 夏自谦（81）
中国林业经济发展研究 ………………………………………………………… 张大红（89）
提高农民素质的对策 …………………………………………………………… 金彦平（98）
我国林业资源配置中的帕累托改进 ………………………………………… 聂　华（105）
世界森林资源及林产品贸易现状及对我国的影响 ………………………… 夏自谦（110）
速生丰产用材林建设项目融资研究 ………………………………………… 张彩虹（122）
基于森林的我国绿色 GDP 的核算研究 ……………………………………… 张　颖（131）
生态伦理观与西部林业生态环境建设 ………………………… 邵爱英　邱俊齐等（144）
全寿命期管理——林业建设项目管理的新模式 ………………… 谭红杨　金　笙（150）
加入 WTO 后我国主要林产品进出口变化的实证分析 ………… 胡明形　汤晓文等（156）
自然保护区生态旅游的项目管理 …………………………………………… 谭红杨（164）
森林认证——中国林业产业发展的机遇和挑战 ………………… 陈晓倩　朱永杰（171）
森林资源价值核算研究 ……………………………………………………… 周　莉（178）
中国林业产业发展中几个问题的思考 ……………………………………… 田明华（184）
对生态旅游的本质探讨 ………………………………………… 李淑艳　高　岚（191）
关于北京市森林旅游业发展的若干思考 ……………………… 米　锋　陈梅生（199）

振兴老工业基地中的东北林业与林区发展 …………………………… 佟光霁（205）
塑造林产品品牌的战略初探 ………………………………… 李德立　王　威（211）
依托东北城镇网络推进大林区发展 ……………………… 王　威　李德立等（216）
发展林业解决“三农”问题的几点思考 ……………………………… 尚　杰（221）
重构国有林区林业微观主体的研究 ………………………… 万志芳　耿玉德（225）
重构国有林区社会文化 ……………………………………… 王玉芳　蒋敏元（238）
云南林业可持续发展障碍分析和对策探讨 …………………………… 赵　璟（246）
对国有林场改革与发展有关问题的思考 …………………… 文建林　尹少华（251）
基于SCP范式的湖南林产工业产业组织实证分析 ………… 尹少华　梁成军（256）
内蒙古荒漠化防治政策的历史回溯及新思考 ……………… 包庆丰　陈建成（263）
退耕还林：成本有效性、结构调整效应与经济可持续性 ………… 徐晋涛　陶　然等（269）
林业部门走向成熟的双向制度约束 ………………………………… 朱　雷（288）

后　记 ……………………………………………………………………………（294）

森林生态经济生产力与林业生产发展

张建国

（福建农林大学经济与管理学院，福建福州，350002）

在中国社会主义市场经济体制下，林业究竟应建立在什么样生产力的基础上，这是我们，也是林业经济学界应该关注的主要问题。当然，当大家把注意力放在科技是第一生产力的同时，有人也提出了文化力。但是，在充分发挥社会经济生产力的同时，把自然力放在什么位置，确实被不少人遗忘了。这就是本文所要论及的。

一、森林生态经济生产力的概念

传统经济学把生产力定义为：人类征服自然、改造自然，以获得物质资料的能力。在这里，就是把发展生产力的活动看成是一种人类向自然索取的单向运动。具体地说，林业生产力是人们采取一定的技术进行林业生产活动的经济结果，即取得培育出来的森林、采伐的木材、加工的林产品等物质。一般可以用经济指标来表示，如产量、产值。

众所周知，人类的经济活动都是人类对大自然生态循环的干预，这种干预可以是正的，也可以是负的作用，基于生产力定义的片面性，结果是不可避免地导致生态平衡的破坏，在取得经济增长的同时，出现了生态赤字。

我们认为生产力是人力和自然力的合成，生产力的活动是人与自然进行物质与能量交换的双向运动，人们称之为生态经济生产力。在此活动中，人类不仅要求获得物质资料，而且要求有一个有利于人类生存与发展的良好的生态环境。与传统经济学对生产力的认识不同，生态经济生产力不仅包括获取物质资料；同时还包括获得良好的生态功能；不仅包括获得现实的生产能力，同时包括获得再生产的潜力；它不仅注重生产的结果，而且关注生产活动的过程及其后果；它不仅以经济指标衡量生产力，同时还采取相应的生态指标。因此，人们在经济活动之前就需统筹经济增长与生态环境的改变，以防在经济活动获得经济增长的同时引起的负的生态作用。这也是可持续发展的要意所在。

森林生态经济生产力可以定义为：人们以森林资源及生态环境为基础，利用一定的科学技术，投入相应数量与质量的社会经济资源，在林业生产过程中，把森林自然生产力转化为森林经济生产力，以获得人们生产和生活日益需要的产品和服务的持续能力。森林生态经济生产力也可以定义为：人们对森林生态经济系统进行开发、利用和保护，以获得森林产品和服务，改善森林质量，保持和提高森林资源再生产的能力（包括现实的和潜在的能力）。这也可以把它作为我国传统文化中“天人合一”思想顺理成章的解释。

从生产力系统观点看，森林生态经济生产力是森林生态系统的物质、能量和信息的传递、转换，以及价值的形成、转移和增殖的综合功能的质量水平与持久性。换句话说，森林生态经济系统物质、能量、信息和价值转换效率的增进与持久性能，是森林生态经济生产力的内核。显然它也是我国传统文化所形成的对自然认识的现代诠释。

森林生态经济生产力是在森林自然生产力与森林经济生产力相互转换和交织过程中体现出来的。森林自然生产力是森林自然生态系统所具有的物质和能量的积累、循环、转化的能力，人工干预及外界经济资源的注入，会导致森林生态系统物质循环和能量转换的通道、方式和效率的变动，此时森林自然生产力转换为森林经济生产力，而森林经济生产力也具有延续性，并非一次性效用，森林经济系统的物质和能量在循环转换中也会凝结在森林生态系统中并转换成森林自然生产力，森林自然生产力与森林经济生产力的循环转换过程，即森林生态经济生产力的实现过程。

二、森林生态经济生产力的构成

森林生态经济生产力是在森林自然生产力与森林经济生产力相互转换和交织过程中体现的。森林生态经济生产力涉及森林自然生产力、森林经济生产力与社会生产力等范畴，它们之间不是一种简单的总和与复加关系，而是森林生态经济循环中相互转换和相互交织的耦合关系，尽管三者之间的界线具有模糊性，但森林生态经济系统的结构层次仍很明显。图1为森林生态经济生产力构成示意图。

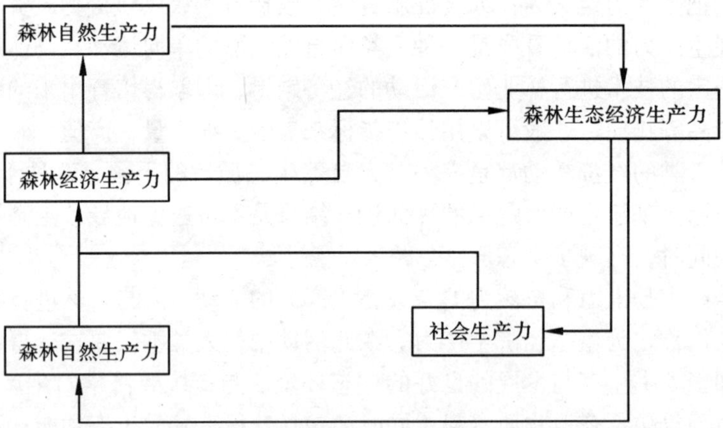

图1　森林生态经济生产力构成示意图

森林自然生产力是森林生态经济生产力的基础。森林自然生产力是森林自然生态系统所具有的物质和能量的积累、循环、转换的能力，包括两大类，即自养者的生产力，为绿色植物的初级生产力；异养者的生产力，为各种动物和微生物利用的初级生产力进行同化作用的次级生产力。自然生产力作为生态经济生产力的组成因素，具有以下特征：①利害双关性。这种利害双关的二重性，决定人们在生产时，既要利用有利方面，把自然优势转化为经济优势，促进生产与发展；又要防止其有害方面，尽可能化害为利，保护生产力发展，纠正那种只注意利用有用性而忽视有害性的片面做法，如自然力在森林生长过程中起独立作用，天然更新可获得人工更新得不到的经济、生态效益，当然自然灾害可引起山体滑坡、荒芜地沙化等，使林地资源损失。②区域差异性。森林自然生产力的区域差异十分明显，如世界不同气温带的树木净第一生产量，热带雨林比矮生疏林、灌木丛高22倍。这种区域差异性形成社会分工的自然基础。世界各国都十分关心热带雨林的开发，因为热带雨林的存在与毁灭关系到全球气候变化，影响世界各国的安危，因此这一区域资源引起全球关注。③使用有偿性。

森林资源是一种稀缺的资源，为限制并有效地利用资源，对生态环境进行保护和管理，需要对自然力实行有偿索取，如近半个世纪以来，森林资源价涨幅远远超过一般产品价幅度，就是人们长期无偿使用资源致使资源耗尽，资源供求矛盾突出，改无偿使用资源为有偿使用资源，以减少资源的损耗。④相对独立性。自然力与劳动力是两个不同的生产过程的一部分，生产过程还包括劳动过程中断后自然力独立发挥作用的过程——自然过程，这在营林业中表现极为明显。我们必须认识上述森林生态系统中生产的二大类及自然力的特征，以便人们有效地提高速率——生产力的时间效率，以及提高效率——生产力的投入与产出比。如超短轮伐期的工业人工林就是这种认识的实践，它超越了传统林业面积广、自然力无价而很少计较效率。由此可见，森林自然力不仅是森林生态经济生产力的重要组成因素，而且可以转化为森林经济生产力，从而以直接的经济形式表现出来。

社会生产力是以人的合理需求为发展动力的，它是一个通过一定的技术手段将经济物质要素渗入森林生态经济系统并与森林生态要素匹配。一方面，形成满足社会需求的经济系统循环再生产的动态过程，另一方面，使森林自然生产力转化为森林经济生产力。在森林自然生产力向森林经济生产力转化过程中，受社会生产力水平的直接影响，也就是说社会生产力制约森林经济生产力。

森林自然生产力在与社会生产力的结合过程中生成森林经济生产力。森林经济生产力与森林自然生产力复合构成森林经济生产力。与此同时，森林经济生产力也向森林自然生产力转化，并且森林生态经济生产力反过来影响和决定社会生产力和森林自然生产力的发展变化，从而维持延续不断的开发循环。

可以说，生态经济生产力具有与一切以土地为生产基础的可再生资源的共有特色。只不过在森林生产过程中，自然生产力具有独特的作用，即不加入经济、社会的力量，它照样可以完成自己的生长、发育过程。从某种意义上来说，它还更高明。至今，人类的生产、科学活动与认识还不能完全把握这一过程。这就是德国林学家提出的“近自然林业”的经营思想的原因。

三、开创林业经济学科理论与方法的新篇章

林业经济学科是应用经济学的一个分支，但同时又是一门交叉学科。它当然要以林业中的社会、经济问题为其研究对象。但是，关于生态经济生产力的论述，却为我们开创了新的理论和方法基础。非线性科学的发展，特别是关于复杂性科学以及后现代哲学某些方面关于同一性的认同，为我们进行林业经济这一交叉学科的研究提供了一个新的视野。

作为这门学科的研究对象，其物质基础是森林资源。从系统学的观点，应该是森林生态经济系统。而系统也正是复杂性科学的研究对象。森林由于所具有的在空间结构和水平分布上的复杂性，以及生长周期的长期性，使其具有多功能和多效益的显著特点；并以它所占有的广阔空间和由上述特点所确定的系统的稳定性，使其在陆地生态系统中不仅仅是光能利用，就是能量转换和物质循环功能也均高于其他生态系统。这是它的自然属性。

人类社会的存在与发展，以其特有的方式干预自然森林生态系统的变化与发展。其中包括破坏、恢复和重建。人类社会以其在劳动中创造的认识能力，认识并改变着自然界，向着有利于人类社会生存与发展的方面发展，但也发生了不少适得其反的副作用。于此，在科学飞速发展的提示下，森林生态经济系统便成为一个客观存在的现实了。

生态经济系统是一种耗散结构。这一理论主要讨论了一个系统从混沌向有序转化的机

理、条件和规律。一个远离平衡的开放系统，当系统的某个参量变化达到一定的临界值时，通过涨落发生突变，即非平衡相变，就有可能从原来的混沌无序转变为一种时间、空间或功能的新形态。这种远离平衡的非线性区形成的有序结构，称为耗散结构。一般说，一个孤立系统自发地趋向无序，代表系统无序的物理量——熵，自发地趋于极大；而生态经济系统通过与外界交换物质和能量从外界引进负熵流来抵原有自身的熵增加，使系统的总熵逐步减少，从而使系统从无序走向有序。

森林生态经济系统是一个“活”的有序结构，有自组织能力，因而具有进化发展的现象。我们常说，系统的自我调节能力是指系统的某些变量偏离平衡时，能通过一系列的反馈调节，使系统恢复到平衡点。如森林资源的结构遭受破坏，它能自发地进行恢复。这当然要在系统可承受的范围之内。

从耗散结构的特性来看，生态平衡应当包括两种动态状况：一是系统处于定态，它的功能结构基本保持稳定；二是系统处于进化状态，系统的功能不断提高，结构更加复杂。我们对天然林的要求一般是它的定态。因为它是历史演替的结果；而对人工林则要求的是进化，即不断从较低水平向较高水平的发展，功能不断提高，结构更加复杂；以有序结构更高的耗散结构代替有序程度较低的耗散结构。

森林生态经济系统是林业经济系统中主导着人及其社会，不断以自身的活动根据森林生态经济系统的经营目标——定态，进化或退化调节着森林生态系统的变化与发展，以满足人们不断增长的需要。

当然耗散结构只不过是非线性科学以及相应的复杂性科学所揭示的事物的一个方面，显然还有不少未被我们所认识。仅此一点是可以教育和提醒我们，我们的林业经济学科必须不断吸收科学发展的新思维来提升我们对经济、社会和自然更全面的认识，把我们的学科推向一个新的水平。

四、对加强森林经营的启示

理论只有通过实践的检验才是真实可行的，也只有通过实践才能发展。我国现在的林业发展还处于非常幼稚的阶段，虽然有了一些理论，但在实践中处于非常无着的状态。为什么？这不值得我们深思吗？我认为关键在于没有进行实践的根基。为此，提出下列几点建议，供参考：

首先，要建立和健全林业基本经营单位，不断完善其职能，并根据各地的不同条件和水平建立科学的森林经营利用制度。

第二，要加强林业科学研究。不仅自然科学（林学），也要加强林业经济学的研究。目前，我们林业科学研究非常薄弱，林学研究的先进性和宏观性都不强；而林业经济的研究仍处于为政府决策进行宣讲的状态，谈不到自身的科学深度和科学水平。

第三，要加强林业的宣传工作。动员广大人民群众和各个部门都参与林业的建设与发展活动。林业部门自身首先要消除部门所有制和官办林业的余毒。否则，林业是很难发展的。

第四，应把林业经济工作者组织起来，协同攻关。

最后，能参加这样一个盛会，会见不少朋友，我非常高兴。但同时，也非常遗憾！我在林业经济战线工作了50来年，但迄今还未理出一个科学体系的头绪来。今天只是提出一点拙见，请大家批评指正。

关于中国林业发展的浅见

翟中齐

（北京林业大学经济管理学院，北京，100083）

一、目前我国的林业形势

目前，我国的林业形势总体来说是很好的，可以说是1949年新中国成立以来最好的时期，表现为：

（1）人们对林业在国民经济和国土安危中的作用和地位在认识上有较大的提高，尤其是中央领导阶层对林业普遍关注：近年来对林业曾作过重大决策和措施，包括中共中央、国务院《关于加快林业发展的决定》，批准了六大林业重点工程、十大防护林体系工程。并以扩大森林资源作为考核各级地方政府政绩的一项重要指标。

（2）从资金上，物质上大力支持林业的发展。在国家财政不很宽裕的情况下，每年拿出200亿~300亿的资金支持林业建设。2002年林业行业资金投入到位295.5亿元，其中基本建设资金到位106.7亿元，财政资金到位188.8亿元。这不仅在我国是史无前例的，在世界其他各国也是罕见的。国家每年还给退耕还林、还草工程补助粮食50多亿kg，相当于每年粮食增产数量的一半，这也是前所未有的。

（3）林业生产形势喜人，2002年全国造林绿化总面积达到777.64万hm^2（超过1亿亩），其中六大林业重点工程完成677.74万hm^2，占其中的87.15%。

（4）扭转了林业生产建设“以木材为中心”的指导思想。

但是，也要看到我国林业事业还存在以下问题。这些问题中有些是新问题，有些是老问题，这些问题在新形式下浮现出来，甚至逐步尖锐化。

（1）体制的矛盾不但没有缓解，而是有逐渐扩大、加深、尖锐化的倾向。国有林区无改观，依旧矛盾重重；集体林区虽有变化，但经营者权利受到严重限制，矛盾也在日趋尖锐。

（2）林区林产加工业没有任何新气象，反而有萎缩的趋势。

（3）林区多种经营规模过小，不能形成林区支柱产业。

（4）六大林业重点工程和十大防护工程体系与当地林业发展的战略目标衔接不够紧密。

（5）林业生产建设的指导思想有从一个极端走向另一个极端的趋势。

（6）林区“两危”局面没有好转的趋向。

二、林业系统改革缓慢

有人说：“林业部门是计划经济最后的堡垒。”堡垒者，坚固也。改革开放20余年，林业部门有多少改革的大动作值得国人称道呢？很多大的工程的大部分是由中央推动下完成的。

十多年前，笔者曾给原林业部部长高德占写过一封信，内容是关于东北、内蒙古国有林区改革的两点意见：

第一，实行林区工人家庭承包制——按林地优劣、远近、林种、树种、林龄的情况承包给职工家庭，并允许在自己承包地上进行多种经营活动（以不破坏森林生态环境和林木为前提）这样可以调动职工家庭成员投入林地的经营活动，同时可以解决知青的就业问题。在承包期间，严格按照造林规程、森林经理规程办事，职工工资预付60%～70%，余下的30%～40%的工资待承包期结束后，按任务完成的数量和质量支付相应的工资。完不成定额者扣发，超额完成任务者奖励，因失职造成损失的进行处罚。如发现承包者有违约行为，林场有权终止承包合同。此方案在柴河大青沟林场经工人讨论，很受欢迎。同期绥阳林业局进行试点承包，承包期限10年，主要以管护式和荒山、荒地造林承包。经过多年努力，现在该林业局成为天然管护承包的先进单位。笔者感谢“天保”工程，正是该工程推动了家庭管护承包制的推广。

第二，合并现有林业局，成立区域性林业集团公司。目前东北林区林业局的布局都是以采伐天然林为中心的指导思想进行规划的。林业局、林场、工段规模过小，多数空间布局不合理，与现在的大规模、综合经营林区资源的思路不相适应。林业局虽然是县级单位，但是缺乏中心城镇的地位和作用，带动不了林区的经济发展。将现有的3～5个林业局合并成一个林业局（小区域的林业集团公司），形成能够满足林产品加工业需求和能够综合开发林业资源的企业实体，要求面积约150万～200万hm^2的规模。

十年过去了，国家形势又发生了巨大的变化，市场经济发展很快，过去的思想已远远不能适应市场经济的需要。如果仍旧坚持现有的所有制、经营权、体制，就很难走出“两危”的恶性循环，即使林业资源丰富了，也难保证不会再出现“两危”的局面。

在改革中必须充分认识到“生产的长周期性与经营者收益的短期之间的矛盾”。这种矛盾在全民所有制的企业中表现的尤为突出。改革的中心任务是既要使林业资源得到较快的发展，又要使经营者和工人在短时间内有较稳定的经济收入。要想完成这一任务，我们就得将林业资源的增长与工人的收入直接挂起钩来。为此，必须改变现有的部分所有权，改变经营权和体制。可以以股份制、股份合作制、独资经营等经营形式。商品林、生态性、旅游性森林可以有多种形式进行经营。在这里顺便讲一个小故事，2002年回江苏家乡探亲返京的途中，在火车上遇到一位美籍华侨，他在克罗地亚和波黑两国的交界处买了一块几千平方千米的森林，雇工看护，并将森林入了保险。我问他：“不怕被破坏?”他说，“人家法律健全，买一块林地就相当于把钱存在银行里。”我国在法律健全的情况下，能否也有可能吸引林区外的实业家到原始林区投资？我个人认为这是完全可以的，广东能吸引外商在广东丘陵山区投资林业的经验，东北的国有林区也可以进行这种尝试。

三、林业要不要分工，什么时候分工为好？

从森林资源功能和社会需求分析，物质和生态两者应该兼得，不可偏颇。森林资源是特定生态环境下生物多样性的宝库，所以森林资源的效用也是具有多样性的，而且在同一地点，同一时间内发挥其多种效用，包括物质的、物种的、生态的等等。但各种效用在不同地点、不同季节、不同林种结构、不同树种结构所发挥的程度是有差异的。我们应该充分发挥和利用森林资源的各种效用。利用单项效益是对资源的一种极大浪费，而且会导致林业生态环境的恶化，其教训也是深刻的。

在工业化的前期，国家各种资源（包括森林资源）的需求量是庞大的，往往造成对环境的破坏。因此，工业化中、后期，控制和改善环境就成为国民经济可持续发展的一大任务。

笔者曾在1988年发表过一篇《论生态建设和经济建设的关系》的论文。在文中强调了在经济建设中必须具有生态观念、在生态建设中也必须具有经济观念。这里讲的经济观念指的是使经营者在生态建设中得到经济实惠。没有实物收益的生态建设是难以为经营者所接受，而且这种生态建设难以持续发展。就目前情况看，多数生态环境脆弱区都是经济不发达地区，生态环境和经济建设处于恶性循环的状态之中。例如"三北"风沙危害区、黄土高原水土流失区、西南石灰岩地区等。对于这些地区，从国家的长远利益出发要把生态建设放在首位，而从当地百姓的近期利益出发，把经济效益放在首位也是无可厚非的，我们应该予以理解。

因此，在国家工业化前期，笔者认为，不能过分强调分工理论，而应该发挥森林资源多功能的特点。当然对于个别地区，可以以经济效益为先，生态建设为后；另一些地区则要以生态建设为主。范济洲教授生前在山西省一次林业规划研讨会上曾说，"提倡一林多用，可以对林种进行双名法。"如农田防护用材林、水土保持防护用材林。这种多用途农田防护林在经济较发达地区都有成功事例。

四、关于林业资金问题

长期以来，林业战线上的专家、各级林业机构都为林业资金严重不足而大声疾呼，为募集林业资金使出了浑身解数，包括提倡生态建设市场化。最近几年又提出了开展碳代谢的研究，但是这一切毕竟是几年，甚至几十年以后的事了。远水难解近渴。从实际的角度来研究林业资金问题，还是要靠林业部门和全社会共同来办林业事业。

（1）林业部门要搞活自己的机制，不能自己限制自己。林业各部门要充分发挥林区资源优势，以短养长；以长促短，真正将林区建设成以营林，木材加工为主体的综合性经济区域。将多种经营放在重要位置，成为林区的支柱产业之一。

（2）在重视生态建设的同时，也要把用材经营放在重要地位，这是林业部门获得收益的主要来源，也是我们林业部门的重大责任，任何轻视物质利益必将导致林业被动的局面。

（3）在改革开放中，林业部门要放手引进行业外的资金，投股造林、木材加工、多种经营，生态建设和旅游开发等等，搞多种所有制经营。

（4）林业部门重要的任务就是依靠和动员全社会兴办林业。首先靠煤炭、造纸和行业外的木材加工企业建立营林基地，其次由行业外的企、事业单位承担绿化任务。最后还要动员社会上的实业家、企业家进行个人林业投资。

过去，我们基层林业行政单位对行业外投资、合作造林干预太多，造成非行业外的企、事业单位投资林业困难重重。这些都是我们各级林业主管部门需要反思和改正的。

五、科学观指导林业发展战略

我国有960多万km^2的国土面积，真正的基本土地仅占61%，林业用地为1.7亿hm^2，占国土面积的17.9%。这是理论数字，其中有相当多的林地处于生产力底下或无价值状态，岩石裸露或土层极薄的山地、石灰岩山地、林区水湿洼地等，还有些是沙地、高寒山地，如内蒙古通辽、赤峰，河北霸上，山西大同、雁北，陕西榆林、延安北部，宁夏中、南部，甘肃临夏。这些地区虽然降水量在300~500mm，但是这些降水多是集中在7、8月间，其他月份降水仅为100mm左右，远远满足不了林业发展的需要。这些地区如果没有灌溉措施，就很难达到成活、成林的目的。小老头林普遍存在。虽然这些地区地下水资源尚可，但毕竟有限，城市、农牧业用水量与日俱增，必将导致这些地区用水紧张，甚至造成生态环境进一步恶化。

原来老林区的林业用地在继续减少：

（1）林区人口增加，林区农、牧、副业用地不断增加。

（2）林区基建用地增加，道路网、林业设施、林区城镇建设。

（3）非行业性占地严重：①周边农业人口增加，蚕食林地。黑龙江某林业局被所在县里在地图上大笔一画将7hm^2的林地变成了畜牧用地。②非行业建设用地，如牡丹江莲花电站建设，一下吞食了柴河林业局的两个林场。③国家公路、铁路网建设。④林区政企分开后，地方政府城镇建设。这一切每年都大量侵占林业用地，造成林区面积不断缩减。

我国人口多，基数大每年新增人口1 300万，土地的承载压力越来越大，尤其是林区、林区边缘地带的人口增长过快，必然给林区带来巨大压力。

我国的林业只能在40亿亩土地上做文章，提高林地生产力，使有限的土地，发挥出最大的综合效益是林业部门最重要的任务。

科学规划、科学造林、科学经营是我国林业部门和科技工作者今后贯彻科学发展观的重要任务。我们要改变过去那种单一林种规划的观念，应集多林种于一地的营林模式，这样既能充分发挥生态功能，又能获得较高的经济效益，真正实现一林多用，发挥森林资源的最大效用。

公共财政与林业投资体制改革的探析

刘国成

（东北林业大学经济管理学院，黑龙江哈尔滨，150040）

摘要：公共财政是与市场经济相适应的财政体制，公共财政着眼于满足社会公共需要；立足于非盈利性；收支行为规范性。从我国林业建设五十年历史看国家财政对林业投入存在的主要问题是：国家对林业投入总量不足；过去财政对林业投入存在“越位”和“缺位”问题；对林业投入渠道虽较多，但比较零散，不便管理；对林业投入缺乏长远规划。新世纪我国提出建立比较完备的森林生态体系和比较发达的林业产业体系的奋斗目标，并确立了林业在生态环境建设中的主体地位。实现林业可持续发展，必须将国家对林业的投入纳入公共财政体制，以确保对林业大量、稳定的投入。

关键词：公共财政；林业投入分析；纳入公共财政体制

九届全国人大一次会议决定，按照发展社会主义市场经济要求，把政府职能切实转变到宏观调控、社会管理和公共服务方向上来[1]。从2000年1月起，在不到一年的时间里，前国务院副总理李岚清在全国省部级领导干部财税专题研讨班等重要场合，先后三次提出：“建立与社会主义市场经济相适应的公共财政”[2]问题。前财政部长项怀诚也多次专题报告——“建立有中国特色的公共财政体制框架”[3]。这些说明，积极推进财政改革和制度创新，加快建立我国公共财政体制，既是我国近年来经济体制改革的热点、难点问题，也是我国进入新世纪以来财政改革中一件刻不容缓的大事，它对我国宏观经济的协调发展和促进市场经济的深化，具有重要理论意义和现实意义。同时，公共财政对国民经济各部门，其中特别是对我国林业的跨越式发展和可持续发展，将带来深远的、具有转折性的影响。

一、公共财政是与市场经济相适应的财政体制

财政从来都是国家财政或政府财政，但不同经济体制下，财政的运行模式是各不相同的，在计划经济体制下，我国财政是按照“生产建设”的模式运行，它的投资重心是社会主义生产建设，而其他方面相对比较少。在市场经济体制下，我国财政是按照“公共财政”的模式运行，它的投资重心是满足社会公共需要，而对一般性建设涉足比较少，这种为满足社会公共需要而进行的政府收支活动模式，在理论上我们称之为“公共财政”。

作为公共财政，它应具备以下三个基本特征：

第一，着眼于满足社会公共需要。社会公共需要是相对私人个别需要而言，它是指社会作为一个整体或以整个社会为单位而提出的需要。即对公共品、公共服务提出的需要，例如，对国家行政管理、国家安全、公共事业、基础设施、公益性建设等的需要。

第二，立足于非盈利性。公共财政只能以追求公共利益为己任，只能是满足社会公共需要的活动，为市场有序的运转提供必要的制度保证和物质基础。即使是使用公共财政的资金投向具有一定经营性的生产项目或基础设施，例如：水电站、高速公路、荒漠化改造等，其

出发点和根本目的，也绝不会是以盈利为目标。

第三，收支行为的规范性。公共财政的收支均来源于或受益于全体社会成员，所以，社会成员对公共财政的运作具有强烈的监督意识，要求政府财政收支必须规范，例如要求政府全部收支都要纳进预算；财政税务部门要总揽政府收支；政府的一切收支都一定要建立在法制的轨道上等。

公共财政的优越性主要体现在以下三点：

（1）优化财政支出结构，确保社会的公共需要。计划经济条件下的财政往往是供给范围过大，包揽事情过多，特别是向竞争性领域过多延伸，使国家有限的财力投向了不该投的领域、项目上。相反，一些市场失灵的领域，如公益性事业、大型基础设施建设、公共卫生、环境保护、社会保障等，财政却常常是投入不足。建立公共财政体制就要按照公共财政的要求及其规范的支出范围，重新调整和优化财政支出结构，确保对社会公共品、公共服务的足额供给。

（2）加强宏观经济调控，促进经济稳步增长。社会一定时期的总需求和总供给之间的不协调会导致经济波动，自发的市场经济并不能使经济稳步增长。为此，政府运用公共财政的力量或者采用紧缩的财政政策抵制经济过热及通货膨胀的发生，或者采用扩张的财政政策，解决经济不景气及通货紧缩的问题。以便维系总供给和总需求之间的基本平衡，实现经济持续、稳定的增长。

（3）调节分配关系，有利于社会的公平、合理。对社会不同成员、不同群体之间的初次分配，一般是遵循"效率优先"的原则。为了防止个人收入差距过大，保持社会的公平、稳定，国家借助公共财政的力量通过征收个人所得税、遗产税，对低收入者给予补助；通过完善社会保障体系等手段，对社会收入进行再次分配与调节。公共财政还可以通过转移支付的方式，协调不同地区经济的均衡发展，促进地区之间经济结构的合理与科学布局。

二、从林业建设五十年的历程，看国家对林业投入的基本轨迹

1. 林业建设五十年的简要回顾

林业是国民经济链条中一个重要部门，它始终伴随着国民经济发展的步伐前进着。

20世纪50年代，百业待兴，恢复生产、发展经济是国家当时的首要任务，那时对林业提出"重点造林、普遍护林"的方针。"一五"计划的第一年，即1953年全国造林111万公顷，1950～1952年全国完成封山育林414万公顷。由于经济建设急需木材，采伐任务迅速增长，例如，1950～1957年木材生产任务由764万立方米猛增至2 787万立方米。1959年全国国营林场已发展到3 959处[4]。

20世纪50～80年代，由于人们片面地注重林业产业的地位和作用，国家对林业执行"大木头挂帅"、"重取轻育"方针，使得林业特别是国有林区走上了一条资源消耗型的发展道路，"五五"至"七五"期间年均木材采伐量为5 600万立方米，到了80年代中期国有林区普遍出现了森林资源危机、经济危困和生态环境失衡的局面。

进入20世纪90年代，在党的十四届三中全会精神指引下，我国积极探索建立与社会主义市场经济相适应的林业经济体制和发展模式，确立了林业在生态环境建设中的主体地位，并提出了建立比较完备的森林生态体系和比较发达的林业产业体系的奋斗目标。为了加快林业生态环境建设步伐，从1993年起相继启动了黄河中游、珠江、淮河太湖、辽河等重点生

态工程，林业十大重点工程整体推进，接着“天保”工程、“退耕还林”工程陆续启动。进入21世纪，对林业提出了跨越式的发展模式，务林人迎来了林业“明媚的春天”。

2. 国家对林业的投入及其简要分析

列示“全国林业基本建设投资完成额表”及“全国林业重点工程国家投资表”[5]。

全国林业基本建设投资完成额表 单位：万元

类别/时期	合计		营林		森工	
	总投资额	其中：国投	投资额	比重（%）	投资额	比重（%）
三年恢复（1949～1952）	8 199.2	8 199.2	—	—	8 199.2	100
一五（1952～1957）	76 897.4	76 897.4	12 499.6	16.25	64 397.8	83.75
二五（1958～1962）	251 652.3	218 734.6	47 709.4	18.96	203 942.9	80.04
三年调整（1963～1965）	225 680.3	191 238.8	61 279.5	27.15	164 400.8	72.85
三五（1966～1970）	305 680.6	223 601.3	83 579.2	27.34	222 101.4	72.66
四五（1971～1975）	457 821.0	291 401.6	132 990.8	29.05	324 830.2	70.95
五五（1976～1980）	467 827.5	320 274.2	201 662.1	43.11	266 165.4	56.89
六五（1981～1985）	642 441.2	363 527.6	267 410.5	41.62	375 030.7	58.38
七五（1986～1990）	807 381.0	468 455.0	401 091.0	49.68	406 290.0	50.32
八五（1991～1995）	1 553 631.0	735 940.0	801 971.0	51.06	751 660.0	48.38
九五（1996～2000）	4 417 715.0	2 452 327.0	3 691 600.0	83.56	726 115.0	16.44
合计	9 214 926.5	5 350 596.7	5 701 793.1	61.88	3 513 133.4	38.12

通过“全国林业基本建设投资完成额表”可以看出如下问题：

（1）“三年恢复”时期国家拿出8 199.2万元全部投向森工。而对营林没有投资。

（2）从投资比例上看“四五”期间以前国家对森工投资比例一直很高，都在70%以上，而营林不足30%。“五五”至“八五”期间国家对森工和营林投资大体都在各50%左右。

进入“九五”期间国家的投资明显转向营林，而森工只占16.44%。可见，我国对经营性林业投资是一种下降趋势。

通过“全国林业重点工程国家投资表”及“林业重点工程实际完成的有关资料”[6]可以看出如下问题：

（1）1979年以前国家基本上没有向林业生态工程投资。从1979～1989年国家开始向林业生态工程投资，但投资项目不多，投资金额也不大，十年总计投入35 443万元。

（2）“八五”期间国家向林业生态工程投入逐步增加，从项目上看由3项增至7项，从投资力度上看“八五”期间，林业生态工程国家总投资为155 327万元，到了“九五”期间，全国生态环境建设重点工程、世行贷款速生丰产林基地工程、天然林保护工程和退耕还林试点工程也相继启动，这期间不仅投资项目多，达14项，而且投资力度大大增加，“九五”期间”各项林业重点工程国家总投入为1 859 936万元。可见，我国对公益性林业投资是在逐步上升，林业投资体制已在客观上向公共财政领域转化。

（3）1979年至2000年，实际完成林业生态各工程总投资为354.17亿元[6]，其中，国

全国林业重点工程国家投资表

单位:万元

年份	合计	十大林业生态工程											全国生态环境建设重点工程	世行贷款速生丰产林基地工程	天然林资源保护工程	退耕还林试点示范工程
		小计	三北防护林体系工程	长江中上游防护林体系工程	沿海防护林体系工程	淮河太湖防护林体系工程	珠江流域防护林体系工程	黄河中游防护林体系工程	辽河流域防护林体系工程	治沙一期工程	太行山绿化工程	平原绿化工程				
1979～1989年	35 443	35 443	33 076	427	—	—	—	—	—	—	1940	—	—	—	—	—
1990年	13 469	13 469	10 294	2 616	—	—	—	—	—	—	562	—	—	—	—	—
1991年	20 247	20 247	14 315	3 205	1983	—	—	—	—	—	744	—	—	—	—	—
1992年	22 888	22 888	15 976	3 608	2 613	—	—	—	—	—	689	—	—	—	—	—
1993年	32 351	29 527	18 076	5 283	2 346	—	—	—	—	1914	949	959	—	2 824	—	—
1994年	36 779	35 251	19 589	6 536	1 899	—	—	—	—	3 064	1 643	2 521	—	1 528	—	—
1995年	43 062	39 808	21 454	5 474	2 089	—	—	—	—	3 523	2 253	5 015	—	3 254	—	—
“八五”小计	155 327	14 772	89 412	24 105	10 930	—	—	—	—	8 501	6 278	8 495	—	7 606	—	—
1996年	57 811	54 978	30 802	7 455	2 531	1 195	—	1 844	—	4 506	2 085	4 560	—	2 833	—	—
1997年	71 557	67 309	34 704	7 196	2 198	877	502	1 407	284	12 247	2 853	5 041	—	4 248	—	—
1998年	306 676	78 701	37 206	11 154	3 340	2 877	1 557	1 548	309	10 176	5 411	5 129	16 337	5 273	206 365	—
1999年	529 789	126 645	57 383	16 345	5 717	2 751	2 775	4 390	2 874	8 198	14 195	12 017	46 662	5 173	351 309	—
2000年	894 103	164 594	71 602	18 427	13 768	5 444	6 831	4 165	2 790	15 655	13 327	12 585	—	—	582 886	146 623
“九五”小计	1 859 936	492 227	231 697	60 577	27 554	13 138	11 665	13 354	6 257	50 782	37 871	39 332	62 999	17 527	1 140 560	146 623
1979～2000年	2 064 175	688 860	364 476	87 725	38 484	13 138	11 665	13 354	6 257	59 283	46 651	47 827	62 999	25 133	1 140 560	146 623

家投资为206.42亿元，国家投资占其全部投资的58.3%。

三、国家财政对林业发展建设投入存在的主要问题

1. 国家财政对林业投入总量不足，林业所占比重较低

我们以“四五”至“八五”期间，国家财政对林业、对水利以及对农业财政支出情况，可以看出国家财政对林业支出一直处于较低的水平，见“林业、水利及农业财政支出情况表”[7]。

林业、水利及农业财政支出情况表 单位：亿元

时期		四五	五五	六五	七五	八五	合计
林业	支出	24.87	64.66	55.31	98.21	180.34	393.49
	比重	0.63%	0.66%	0.8%	0.7%	0.67%	0.69%
水利	支出	188.58	300.49	236.77	353.5	635.79	1465.1
	比重	4.8%	5.73%	3.4%	2.35%	2.39%	2.57%
农业	支出		110.85	207.47	362.88	1 123.02	1 804.49
	比重		2.11%	2.99%	2.6%	4.18%	3.17%
国家财政总支出		3 919.44	5 273.5	6 951.91	13 978.27	26 895.69	56 992.66

根据“林业、水利及农业财政支出情况表”可以看出，国家财政对林业支出，在各个时期虽然表现为增长趋势，但同样作为基础产业的林业，与水利和农业等行业的财政支出相比，却低得多。“四五”至“八五”期间，在国家财政总支出中，林业的比重仅为0.69%，而同期水利和农业财政支出分别占国家财政总支出的2.57%和3.17%。

2. 按照公共财政的要求，过去的财政对林业投入存在许多“越位”和“缺位”问题

所谓“越位”是指政府管了许多不该管的事。“缺位”是指政府对应当管的事没有管或没管好。在建国初的国民经济恢复时期以及六十年开发建设新林区，国家对森工企业投入大量资金以及上一些新的生产项目，这在当时是符合国家经济总体目标的。但是，到了20世纪七八十年代，国家对森工企业仍是大包大揽，在国家对林业的总投入中对森工投入一直占60%~70%。尽管森工企业有弱质性一面，国家可以给一定的扶持，但总体上说，森工企业应该走向市场，那些年代对森工的过多投入应属于是“越位”。

过去财政对林业的“缺位”是比较突出的，营林、森林保护是生态环境建设的重要内容，国家理应大量投入，但以“全国林业基本建设投资完成额表”看，建国初的恢复时期，国家对营林投入为零，从20世纪50年代至70年代中期，国家对营林投入仅占其整个投入的百分之十几至百分之二十几。即使到了“八五”期间，国家对营林投入也刚刚达到总投入的50%。这些情况说明国家对营林、森林保护等生态环境建设是“缺位”的。国家对林业建设投入的“缺位”还有许多表现，例如：中央级林业事业费投入不足，50 000多人的森林公安人员能够列入行政系列的只有8 000人，80%左右的林业工作人员，特别是在基层从事执法，管理和社会化服务的林业工作站、木材检查站、森林防火、病虫害防治和科技推广人员的绝大多数被列在编外，这是明显的“缺位”。多年来，国家对森林病虫害的防治投入严重不足，致使全国每年都有大面积森林病虫害发生，因森林病虫害所致每年减少木材生

长量约为 1 700 万 m^3，其经济损失约 50 亿元。

从“全国林业重点工程国家投资表”看，近十多年，国家林业生态环境建设的投入是逐年增加，特别是近五年增加的速度更快。但是，1979～2000 年，国家投入占其全部投入仅为 58.3%，全国林业重点生态工程、全国生态环境工程、速生丰产林基地工程、天然林保护工程、退耕还林工程等，均是国家级的生态环境建设工程，是国家进行宏观调控的基础建设项目，它本应该全部由国家财政投资解决，而实际上这 20 年，国家投资仅占全部投资的 58.3%，这是国家财政对公共品投入的严重“缺位”。

3. 对林业投入的渠道虽较多，但比较零散，不便于对资金的监督管理

在传统的财政体制下，国家预算是实行高度集中的统收统支体制。在预算编制上收入按类别、支出按功能。从林业建设的资金来源渠道上看，大体上可以划分五大来源，即：国债及预算内资金。财政专项资金；银行信贷资金；农业综合开发资金以及事业费。这样，财政投向林业的资金既有列入常年财政预算稳定的经常性经费，例如营林基建资金，森工基建资金。也有临时性、多数是与某个工程项目挂钩的财政专项资金，例如飞播造林试验补助费等。由于财政专项资金项目很多，它们常常分散在不同的预算科目中，给资金的监督、管理都带来了诸多不便。如果能够按照公共财政要求，对各项收入、支出按其性质、按照公共品、准公共品及非公共品进行科学分类，实行部门预算，采用国库集中收付制度，这样就将投入纳入了科学、规范的财政体系，便于对资金的监督与管理。

4. 资金投入的波动性，缺乏长远规划布局

以财政专项资金投入为例，请看“全国林业重点工程国家投资表”。1979～1989 年间仅有三北防护林工程、长江中上游防护林工程和太行山绿化工程。从 1991 年起至 1997 年七年间陆续启动沿海防护林体系工程、治沙一期工程、平原绿化工程、世行贷款速生丰产林基地工程、黄河中游防护林体系工程、珠江流域防护林体系工程、辽河流域防护林体系工程等十大林业生态工程。

1996 年朱镕基总理到四川视察，提出：“要少砍树、多栽树，把森林老虎请下山”的指示。1997 年 10 月林业部向国务院报送了“国有林区天然林资源保护工程规划要点”，朱镕基总理批示：“此事至关重要，务请抓紧协调”。1998 年长江、松花江、嫩江暴发历史罕见的特大洪水。这样，在 1998 年开始启动天然林资源保护工程，而且力度非常之大，每年投入约 100 亿元，要持续十年。

从信贷资金上看，国家分别从 1986、1992、1996 年起开始发放林业项目贴息贷款、治沙贴息贷款和山区综合开发贷款。截止到 1997 年底，三项贴息贷款累计约为 110 多亿元。

从以上所举的财政专项投入及国家贴息贷款，可以看出，国家往往是根据客观上暴露了问题，急需要投入，才立项投入。从可持续发展的角度来看，重大投资项目的确定，主要应依靠长远规划立项并参照近期的实际需要。就林业而言，这个长远规划的时间应更长一些，最好搞五十年规划。这样才能有长远的战略眼光，有协调的整体布局。

四、可持续发展的林业投入，必须纳入公共财政体制

1. 可持续发展的林业需要大量投入

人类活动造成自然资源的减少和生态环境的恶化，已经威胁到地球生命的可持续性。1972 年联合国“环发”大会上发出“只有一个地球”的呼声，反映了人类对全球人口、资

源、环境问题的忧虑。在《中国21世纪议程——林业行动计划》中写到："环境与发展是当今国际社会普遍关注的重大问题。林业肩负着优化环境与促进发展的双重使命，在实现可持发展中林业具有不可替代的作用。从某种意义来说，没有林业的可持续发展，就没有农业乃至整个国民经济的可持续发展"[8]。

依据全国林业发展第十个五年计划所提供的资料，"十五"的发展目标是：

到2005年，新增森林面1 150万 hm^2，森林覆盖率达到18.2%左右，林业产业总产值达到5 000亿元左右。2010年新增森林面积2 300万 hm^2，森林覆盖率达到19.4%左右，林业产业总产值达到8 000亿元左右[9]。其主要任务是：继续深化林业分类经营改革；建立健全森林、野生动植物和湿地资源保护体系；加速推进林业生态建设；大力加强西部生态建设；扎实推进商品林业建设；全面加快林业结构战略性调整步伐；加快建立林业基础性支撑体系；全方位加大林业开放力度。

为实现上述目标和任务，依据国家林业局颁发的有关规程、规定的技术经济指标、《全国生态环境建设规划》及重点工程与项目规划等资料，经测算"十五"期间，共需中央投入大约在2 800多亿元。

2. 公共财政体制是解决林业大量投入的根本保证

公共财政是以满足社会公共需要而进行的政府收支活动的模式。而当代的林业是以可持续发展理论为指导，以生态环境建设为重点，以产业化发展为动力、全社会共同参与和支持为前提，实现森林资源、环境和产业协调发展，经济、环境和社会效益高度统一的林业。因此，为林业而生产经营与发展的许多项目，其内容很多都能和"社会公共需要紧密联系起来"：

（1）生态公益性建设项目。如天然林资源保护工程、退耕还林工程、三北、长江流域等防护林体系建设工程、环北京地区防沙治沙工程、全国野生动物保护及自然保护区建设工程等这些建设项目是属于社会公共事业，理所应当的由公共财政负担，即从国家预算内基本建设资金和财政专项资金投入解决。

（2）商品林基地建设项目。如重点地区以速生丰产用材林为主的林业产业基地建设工程、经济林基地建设工程、竹林基地建设工程、花卉基地建设工程等。这些建设项目，从建设宗旨、从长远观点上看是具有商业性，但从根本上说是属于国家宏观发展建设项目，即政府性基础建设项目，是满足社会整体公共需要的。因此，从原则上讲该建设项目应以公共财政投资为主，以政策性贷款为辅，也可以吸纳社会力量的部分投资。

（3）林业产业结构调整。我国林业从20世纪50年代至80年代始终执行着"重采轻育"的"大木头挂帅"经营方针，林业产业结构十分单一，从南到北都以木材采运生产为主。现在，从现存的森林资源状况、从生态环境建设、从林业可持续发展的要求，都必须进行林业产业结构调整。例如"十五"期间要求大力发展木浆造纸业、人造板工业、林产化工工业以及森林旅游业。这些林业产业结构的调整，是国家宏观调控的需要，是国家利益和社会协调发展的需要，它应归属于政府行为。从这个角度讲林产结构调整是社会公共需要，其资金投入应由公共财政解决。

（4）国有林场和森林公园建设。国有林场是属于事业单位，有相当数量已实行了企业化管理，它是以公有制为主体，多种所有制并存的所有制结构。现有的4 000多个国有林场，其中有3 000多个生态公益型林场，以商品经营为主的林场只有1 000多个，即使这样，这1 000多个以商品经营为主的林场，它们同样也发挥着调节气候、防风固沙、涵养水源等生态公益性作用。因此，国有林场投入的70%～80%应由公共财政去解决。

森林公园是以保护森林生态环境和生物多样性为前提；利用森林景观以提高森林资源的综合效益。尽管森林公园具有一定经济效益，但其收入往往是微乎其微，森林公园根本无法与旅游业相比。森林公园是属于社会公共需要，是政府行为，它的主要投入应由公共财政解决，其门票收入可作为国家投入不足的补充。

（5）森防体系建设。例如森林防火、森林公安、森林病虫害的防治等，它是国家和地区对林业国有资产即国有林和其他大面积森林的专业性保护、它是属于社会公共事业，它不可能走向市场，森防体系建设的投入应由公共财政解决。

（6）林业科技文教卫生。

科学技术方面：对于基础研究性质的，例如“十五”期间林木新品种的培育；植被恢复技术；解决“六大”领域的关键技术；以及森林生态效应和森林重大病虫害控制机理研究等都是属于社会公共事业，其投入应由公共财政解决。对于林业科技推广性研究，如林木良种改造，一般森林病虫害防治；科技人员培训等。其资金来源可分别由国家财政、地方财政、社会投入等多渠道解决，有明显经济效益的可以推向市场。

文化教育方面：对义务性教育应列入公共财政范畴。职业教育及高等教育其经费应由国家、社会及受教育本人共同负担。对社会公益性文化单位，如公共图书馆、文化馆其经费应由地方财政解决；对休闲服务性文化单位如电影放映、有线电视广播、地方文艺团体，其经费可以通过服务收费解决。

医疗卫生方面：对于防疫防治事业费及纳入国家公费医疗的经费应由公共财政解决；对于医院经费，应由国家财政、地方财政及就医者本人共同承担。

（7）关于林业基础设施建设。例如：林木种苗基地建设；基层林业工作站建设；进一步加强森林资源管理和监督建设等，都属于为国家林业长远发展奠定基础的建设。应属于社会公共事业，其投入应由公共财政解决。

参考文献

[1] 何振一，闫坤．中国财政支出结构改革．北京：社会科学文献出版社，2000
[2] 项怀诚．建立有中国特色的公共财政体制框架．北京：经济科学出版社，2000
[3] 财政部办公厅．以“三个代表”重要思想为指导逐步建立公共财政框架．北京：经济科学出版社，2000
[4] 国家林业局．中国林业五十年．北京：中国林业出版社，1999
[5] 国家林业局．中国林业统计年鉴（2000）．北京：中国林业出版社，2001
[6] 国家林业局．中国林业统计年鉴（2000）．北京：中国林业出版社，2001
[7] 赵鸣骥，高玉英．林业基金理论与实践．哈尔滨：哈尔滨工业大学出版社，1999
[8] 中华人民共和国林业部．中国21世纪议程——林业行动计划．北京：中国林业出版社，1995
[9] 周生贤．充满希望的十年．北京：中国林业出版社，2001

防沙治沙是促进解决“三农”问题的重要途径

刘　拓

（国家林业局防沙治沙办公室，北京，100714）

土地沙化是我国最为严重的生态问题，是影响解决“三农”问题的重要因素。当前，我国的国情和沙情决定了“三农”问题的重点在西部地区，防沙治沙是一项长期而艰巨的工作。坚持以科学发展观指导防沙治沙工作，促进人和自然和谐相处，已经成为维护国家生态安全，顺利实施西部大开发战略，促进解决“三农”问题，加速推进全面建设小康社会和社会主义现代化进程的重要任务。

一、我国土地沙化现状

土地沙化，是指在各种气候条件下，由于人为和自然因素形成的以沙物质为主或地表呈现沙质、砾质景观的土地退化。土地沙化是我国当前最为严重的生态环境问题。表现在：

（1）面积大。我国沙化土地总面积为174.3万平方千米，占国土面积的18.2%，在全国30个省（自治区、直辖市）的841个县中均有分布，形成一条东西长4 500千米，宽600千米的风沙带。

（2）扩展快。20世纪50、60年代，沙化土地以每年1 560平方千米速度扩展，80年代每年以2 100平方千米速度扩展，到了90年代前期，每年以2 460平方千米速度扩展，到20世纪后几年，以每年3 436平方千米速度扩展，五年相当于损失一个北京市的土地面积。

（3）危害重。一是土地沙化威胁人类生存，是严重的生态问题。全国有2.4万多个村庄和城镇经常受到风沙危害，有1300多千米铁路，3万多千米公路，数以千计的水库和5万多千米灌渠常年受到风沙危害，泥沙淤积淹没，青海省由于沙化导致搬迁的生态难民20多万人。二是土地沙化制约经济发展，是重大的经济问题。据中科院研究，我国每年因沙化造成的直接经济损失达540亿元，相当于陕西、甘肃、宁夏、青海、新疆西北五省（自治区）1996年财政收入总和的3倍。沙化严重衰弱地力，使土地肥力下降。理化性质恶化，有的使土地失去耕种条件。因风蚀，沙区每年损失土地有机质、氮素及磷素5 600万吨。建国以来，沙区共有1.5亿亩耕地沙化，占该地区的40.1%。由于沙化，三北地区70.7%的草场严重退化，研究表明，近20年来各类草场产草量下降了30%~50%，每年减少的产草量相当于5 000多万羊单位一年的饲料。三是土地沙化拉大了地区差距，影响了民族团结，社会稳定，是严肃的政治问题。我国沙区多数为经济欠发达的地区，少数民族聚居地和边疆区，沙区分布有31个少数民族，1/3少数民族人口，全国有1/5的贫困县，1/5的贫困人口在沙区，沙区农民的人均收入不到全国农民人均收入的2/3，不及东部地区农民的1/2。西北五省（自治区）总土地面积为303.9万平方千米，占国土面积的31.7%，1997年GDP占全国的4.6%，我国沙区有8 000千米国境线，与几个国家接壤，这些地区长期贫困，必然产生离心力。

二、防沙治沙与农村生态环境改善、农业粮食增产稳产及农民增收之间的关系

中国是一个有着9亿农业人口的发展中国家，人多地少，农民收入长期增长缓慢一直困扰着中国的快速发展。1996~2001年间，农民人均纯收入年均仅增长3.8%，比同期城镇居民家庭人均可支配收入年均增长率6.1%低了将近40%，比1979~1995年农民人均纯收入年均增长16%的升幅回落了12个百分点。因此，以农民增收为核心的“三农”问题成了中国政府最为关心的问题，也是各行各业工作的重点。

全国90%以上的沙化土地分别在西部地区，土地沙化是西部地区最为严重的生态环境问题，沙化是贫困的根源和结果，沙化地区也是全国建设小康社会的难点、重点。沙化问题不解决，西部地区的生态就不可能彻底改善，西部大开发的成果就不可能得到有效巩固，西部大开发的战略目标就不可能顺利实现。防沙治沙已成为中华民族捍卫家园、保障国土生态安全的紧迫任务，也是解决“三农”问题的重要途径。

1. 防沙治沙有利于改善沙区农村的生态状况

沙区林草植被生态效益显著，对防风固沙、调节气候、涵养水源等都起着重要作用。据统计，三北防护林建设工程第一阶段（1978~2000年）和全国防沙治沙工程累计完成沙化土地治理任务1490万公顷，三北地区森林覆盖率由70年代末的5.05%提高到近10%，有效缓解了生态状况恶化的趋势，陕西榆林、内蒙古赤峰、新疆和田等一大批重点治理区的生态状况明显改善。新世纪初，随着六大林业重点工程实施，生态建设力度进一步加大，沙区林草资源增长迅速，林草盖度明显提高。截止2003年底，京津风沙源治理和三北四期工程累计完成沙化土地治理任务548万公顷。据监测统计，京津工程区植被盖度普遍提高10%~15%，目前，三北地区林草植被提高了5%~10%，我国最大的沙地——科尔沁沙地出现了土地沙化的根本性逆转。另外，黄河故道地区自2002年正式启动沙化土地综合治理项目以来，实行沙化土地综合治理与开发利用相结合，昔日黄沙弥漫的黄河故道变成了林海绿洲。重点地区生态防护林体系的初步建立，不仅美化了环境、净化了空气，而且改善了农村的人居环境。据专家科学观测，生态防护林对改善农村生态状况作用明显。

一是风速减少，沙尘天气明显减少。2003年上半年我国北方地区先后发生7次沙尘天气，较2001年的18次和2002年的12次明显减少。北京市区降尘量2002年比2001年下降了13.2%。张家口市2004年较1999年相比，全市大风次数、扬沙天气明显减少，速度明显减缓。河南兰考境内年平均风速由过去的3.8米/秒降低到现在的3米/秒，扬沙天气减少。山东菏泽市1994年以来的10年与70年代相比，大风日数减少47.8%，风沙日数减少69.7%。

二是年降水量和空气相对湿度有所增加。据气象部门观测，河北省塞罕坝林场90年代与60年代相比，年均降水日由138天上升到160天，降水量由347毫米增加到531毫米，森林年蓄水量达到2.3亿多吨。张家口市京津工程项目区内相对湿度提高3%左右，气温提高1.5~2度，无霜期延长了10~15天。黄河故道地区农田林网范围内，日平均空气相对湿度比空旷地提高22.5%，最高可提高27%。

三是土壤侵蚀模数减小。生态防护林降低了农田近地面的风速，涵养了水源，干旱季节减小风蚀，雨季可减轻水蚀，达到保土保肥的效能。三北防护林工程第一阶段营造水土保持

林和水源涵养林663万公顷，使黄土高原40%的水土流失面积得到初步治理。京津工程区范围内主要河流、水库泥沙输入量减少，其中密云水库2003年减少泥沙输入量2.5万吨。

另外，沙区林草植被有利于吸收二氧化碳，释放氧气，吸滞灰尘，杀菌杀虫，降低噪声等。因此，加快防沙治沙，恢复和增加林草植被，建立以林草为主的生态安全体系是改善沙区农村生态环境的一项重要措施。

2. 防沙治沙有利于提高农业可持续发展能力，保障粮食增产稳产

良好的生态环境是保障粮食安全的重要条件。专家研究后发现，贫困地区往往是生态破坏严重，土壤贫瘠，粮食产量低而不稳的地方，并提出了“存粮于土壤”。防沙治沙是沙区农业实现可持续发展的前提和基础，沙区农业要实现可持续发展，需要良好外部生态环境。在沙区建设以林草为主生态防护体系能有效降低风速，减少蒸发，调节气温，增加空气相对湿度，增加土壤中有机质，提高土壤肥力，改良土壤物理特性，提高太阳能转化率等，这为农作物生长发育提供了良好的生态屏障。东北及黄河故道等地是我国粮食主产区，建设生态防护林体系，对保障国家粮食安全和西部大开发战略顺利实施有着重要的作用。

一是有利于提高粮食产量。沙区生态条件的改善，有利于调节了农田小气候，庇护农田不受风沙危害，使农作物生长、授粉等避免干热风等灾害天气影响，增强农业可持续发展能力，保障粮食稳产增产。三北防护林工程第一阶段营造农田防护林213万公顷，使2130万公顷农田得到保护，粮食产量普遍提高10%～20%。河南省兰考县2003年粮食总产量较60年代相比提高了13倍。

二是有利于提高粮食质量。生态防护林体系不仅可以提高粮食的产量，而且还提高粮食的质量，包括千粒重，蛋白质、淀粉含量等。据专家测定，黄河故道区林网内单位面积小麦蛋白质产量比旷野高6.2%，淀粉值平均比旷野高7.2%。

三是增加耕地的面积。在生态防护体系完备的局部沙荒地，辅以基础设施建设可开垦为沙质耕地或储备耕地，补充现有的耕地。全国防沙治沙工程治沙造田及改造中低产田79万公顷。三北防护林工程第一阶段保护和恢复了1 000多万公顷沙化、盐渍化和严重退化的牧场。新疆和田地区近年来将生态建设与基础设施建设有机结合，在沙漠、戈壁滩上建立治沙开发区，累计治沙造田23万亩，种草36万亩。张家口市通过实施京津风沙源治理工程，每年新增水浇地10万亩，改造中低产田30万亩，种草30万亩。

四是增加了木本粮食的产量。板栗、核桃、柿子、枣素称“铁杆庄稼”，具有广阔的市场发展前景，既调节了耕地的小气候，又提高了农作物和木本粮食的总产量。我国沙化土地资源丰富，适宜种植的木本粮食品种较多，利用沙化土地种植绿色木本粮食前景十分广阔。

3. 防沙治沙有利于增加农民收入，发展区域经济

一是实施防沙治沙工程直接增收农牧民收入。三北工程第一阶段营造薪炭林91万公顷，灌木饲料林500万公顷，各类经济林369万公顷，年产干鲜果品1 255万吨，广大农牧民在工程建设中受益，增加农民收入。京津风沙源治理工程区通过实施退耕还林、生态移民、舍饲禁牧等项目，一方面改变了农民生产生活方式，建立一批经济价值高的林业、畜牧产业基地，为农牧民增收奠定了基础；另一方面农牧民在工程建设中直接获取收益，包括项目补助、劳务收入等，据统计，工程区有1 600多万人在工程建设中直接受益，农民年均纯收入较2000年增加了270元。山西大同县2002栽植的杏树目前已达到1 000元/亩的效益。

二是沙产业发展带动农民增收。自国家实施天然林保护工程以来，天然林资源采伐量大幅调减，国内市场木材供需矛盾突出，吸引大量的企业投资治沙造林。内蒙古东达集团利用沙柳生产优质高档箱纸板，带动了300万亩沙柳基地建设，20万农牧民受益，农民人均增加收入1 500元。宁夏美利纸业以“公司+农户+基地”的形式，定向培育速生丰产林37万亩，带动农民增收。河北张家口市以长城葡萄酒有限公司为龙头，带动了当地农民种植沙地葡萄，目前种植规模达21万亩。在黄河故道地区龙头企业带动周边木材价格攀升，群众在造林中获益较多，群众治沙造林积极性很高。以杨木为例，目前每立方价格达600~1 100元，枝丫材价格涨至300元/吨。京津工程区大力开发生态旅游产业，基本形成了以森林旅游、草原特点旅游、休闲避暑、冰雪运动、狩猎观光、农（林）家乐等为主体的生态旅游项目，成为农民就业、增收的重要途径。

三是沙产业发展促进区域经济发展。通过生态工程建设，重点地区生态状况的好转，林、草、果等资源增加，为地方经济发展奠定了良好的外部环境，社会各方面投资沙（草）产业络绎不绝。当前沙（草）产业每年不仅为市场提供大量林业、畜牧产品，满足了市场需求，已成为沙区新的经济增长点，极大地促进生态、经济协调发展。内蒙古鄂尔多斯市以东达蒙古王集团、天骄人造板有限责任公司等为代表的多家林产品加工企业，年产值5.5亿元，年创利1.1亿元。2003年中国长城葡萄酒有限公司年产葡萄酒达2万多吨，产值5亿多元，利税1亿多元。北京市34家果品加工企业年加工板栗2 000吨，核桃1 530吨，利税4.52亿元。山东菏泽市有森工企业3 000多家，年加工木材600万立方米，林业及林产品加工对财政的贡献率为20%，2002年林产品直接出口创汇9 000万美元，占全市各类产品出口创汇总额的60%。河南兰考县现有以桐木加工为主的企业100多家，年加工7万立方米，主要生产桐木板材、家具和民族乐器等，年产值2亿多元，占国民经济比重的7%。

四是防沙治沙，发展沙产业，创造了就业岗位。沙区林业产业的快速发展，加快了社会分工步伐，创造了大量就业机会，在一定程度上缓解了城乡富裕劳动力就业问题，维护了社会安定团结。内蒙古东达蒙古王集团通过发展沙产业，直接吸纳社会人员近5 000人就业，带动6万农牧户增收。山东省曹县有15 000个加工点，从业人员50多万人，加工年产值60亿元。江苏省丰县2001年开办木材市场及木材加工园区，68家中外木材经销商入驻，年交易额达5亿元，从业人员12 000人，劳务收入8 500万元。

三、我国防沙治沙的思路与对策

1. 指导思想

我国沙化土地的现状及变化特点，决定了防沙治沙必须立足于我国实际，以可持续发展为目标，按照“保护优先，积极治理，合理利用”的方针，保护与恢复植被，遏制荒漠化扩展，逐步治理适宜治理的沙化土地，改善生态环境，增加农民收入，促进经济发展，最终实行沙区经济、社会、资源、环境的协调发展。

2. 基本原则

我国防沙治沙工作必须坚持八项基本原则：一是防治荒漠化必须与发展区域经济、农牧民脱贫致富紧密结合。荒漠化与贫困互为因果，没有良好的生态保障，地方经济就难以发展，没有当地群众的脱贫致富和地方经济的发展，生态建设难以为继。二是必须把生态体系的建设与发挥生态系统自我修复功能相结合。既要充分利用生态系统的自我修复功能，又不能完全依赖这种功能，必须加大力度开展生态系统的建设。三是必须把专项措施与综合治理相结合。防治荒漠化是一项综合性很强的工作，需要科学划定封禁保护区、布设治沙示范区、确定工程治理区等，采用生物、工程和农耕措施综合治理沙化土地，恢复自然生态系统。四是必须以国家投入为主，国家投入与政策机制调动相结合。在国家投入的基础上，通过完善政策和活化机制，使群众真正得到实惠，调动广大群众的治沙热情和积极性。五是要把艰苦奋斗传统与科学创新精神相结合。在综合国力不断增强和现代技术高度发达的今天，要实现防治荒漠化工作的突破，仍然需要继续发扬艰苦奋斗的光荣传统，更要加强科技攻关与创新，提高建设水平。六是要把依法防治与生态伦理相结合。必须认真贯彻防治荒漠化的有关法律，同时要通过正确的舆论宣传教育，增强公民的防治荒漠化的紧迫感和责任感，提高自觉性，调动积极性。七是必须有所为、有所不为。对于原生沙漠和戈壁，让其发挥沙漠的应有功能，集中财力、物力和人力，优先保护和治理好适宜治理的沙化土地。八是着眼长远与立足当前相结合。防治荒漠化必须树立长期奋斗的思想，不能急功近利，但又必须脚踏实地，从现在做起，一步一个脚印地稳扎稳打，实现最终目标。

3. 要研究解决好七个问题

总结防沙治沙的经验教训，针对当前面临的形势和任务，新时期我国防沙治沙工作必须解决七个问题：

第一，以社会、经济可持续发展的高度为切入点，确立防沙治沙工作在整个国家发展战略中的地位。可持续发展理论要求人类在发展经济、提供人们生存和发展的物质资源的同时，应与自然界达成新的平衡。根治沙患是人们保住生存空间和实现可持续发展的一项基础性工程，是我国西部开发基础建设的重要组成部分，是维护国家生态安全、国土保安的根本保证，是国民经济和社会可持续发展的重要环节，也是维护民族团结和国家统一的基本保障。因此，防沙治沙与经济发展是推动沙区经济社会全面发展的两个同等重要的轮子，缺一不可。

第二，从国家经济、生态的宏观区划入手，解决生态建设和防沙治沙的战略布局问题。防沙治沙要搞好总体战略布局。从理论上讲，可持续发展具有空间持续性、上游发展不能影响下游的发展，上下游发展具有互补、互依性，空间、特点与自然条件不同。在我国荒漠化地区，保护和拓展人们生存空间是可持续发展中的首要问题，这既是当地社会发展的大局，也是我国社会主义现代化建设的大局。在建设布局上，按轻重缓急、先易后难的要求，将对人居、对整体影响大的沙漠边缘锁边体系、绿洲、农牧交错带、城镇村庄周边、草地、江河源头作为生态建设和植被保护的优先布局区域。在具体划分上，可依照自然保护区的办法，划分为核心区、保护区和缓冲区三级，分别采取不同措施予以保护。

第三，从分析土地沙化形成的根源入手，解决防沙治沙的战略措施问题。我国沙区人口过多，发展经济负担过重，是导致“五滥”、造成土地沙化的根源。治理沙患必须围绕从“严格控制人为的高强度经济活动”这一中心来开展。只有通过人类主动地自我调节、自我适应，建立一个相互适应、协同发展的人地关系，优化干旱地区人地系统结构与功能，使之在新条件下达到新的平衡，并向良好方向发展。这就要求我们必须以人为本，从解决沙区群众的切身利益出发，解决贫困落后和生产力水平低的问题，从根本上治穷、治贫、治沙。

第四，从调动群众广泛参与的政策机制入手，解决防沙治沙的源动力问题。要转变农牧民防沙治沙观念，变“要我干”为“我要干”。现在，群众治沙造林积极性不高，问题出在：一是产权没有得到明确界定，二是界定的产权未得到有效保护，三是有产权没有产出。

使群众治沙造林拥有像种庄稼那样的机制，当然它的产出是优美的环境、清新的空气。我们在制定政策时，应使林木有其主，主人有其收，收着有其利。林主犹如房主，应使之从经营的林木中每年获益，才能解决种的问题。同时对不同林主的林木应定期评估，根据评估兑现报酬，这就解决了保的问题。只有群众自发自愿地植树、种草、护绿，治沙才有取之不竭的动力。

第五，从政府官员政绩评价指标体系的制定入手，解决防沙治沙责任制问题。土地是否得到保护、沙区植被是否得到恢复，均需纳入沙区行政领导政绩考核指标，从行政制度上落实沙化土地的保护责任，形成失土受罚、优土获奖的激励机智。

第六，从科技创新、推广和治理模式入手，解决治沙工作中的质量与效益问题。实现防沙治沙跨越式发展，出奇制胜靠科技，要创造出机制新、渠道畅的科技推广支撑体系，才能收到事半功倍的效果。

第七，从加快沙区经济体制改革和产业结构调整入手，解决广大沙区经济发展问题。生态建设与经济发展相辅相成。当前，沙区经济结构单一、生产方式落后、生产力水平较低，仅依靠外延式扩张手段是没有后劲的，关键还要靠经济体制改革与产业结构优化，走内涵式经济发展的路子。如鄂尔多斯市大力发展林沙产业，2000 年林沙产业总产值达 8 120 万元，创利税 1 620 万元，沙产业成为农牧民脱贫致富、地方财政增收的经济增长点。

4. 采取六项战略对策

防沙治沙是一项复杂的社会系统工程，为从根本上解决我国沙化扩展问题，必须有针对性地采取多种对策措施，综合防治土地沙化。

一是保护现有植被，大力植树种草。坚持保护优先，通过法律手段，规范公众行为，杜绝各种破坏沙区植被的活动。大力推行封山封沙育林育草，将不具备治理条件或因保护生态需要不宜开发的地区划为沙化土地封禁保护区。对已经发生严重沙化的耕地要实行退耕还林还草。在沙化地区及其边缘地带因地制宜营造防风固沙林，通过合理配置乔木、灌木、草本植物，建设多林种、多树种、多层次的立体防护体系，遏制沙化扩展。

二是合理调配水资源，保障生态用水。要以流域为单位，制定合理的水资源调配制度，实现上、中、下游和生产、生活及生态用水的合理分配和调度。同时，要结合农业生产结构性调整，推广节水技术，因地制宜发展耗水低、附加值高的高效农业，提高种植业单位面积产量和单位水资源产量。

三是实行生态移民，遏制土地沙化。对局部沙化非常严重，草地和耕地几乎完全废弃，恶劣的自然环境已经不适于人类继续生存的地区，实行生态移民。为促进沙区农牧民脱贫致富，恢复沙化地区的植被，可以通过加强小城镇建设，调整产业结构，促进农村剩余劳动力的转移，减轻土地压力。

四是改变农牧业生产方式，优化土地利用格局。因地制宜制定农、林、牧复合土地利用模式，保证区域生态安全，防止沙化的发生和发展，实现土地资源的永续和高效利用，维护社会经济与生态环境的协调和可持续发展。要进一步落实草原承包责任制，合理确定草原载畜量，实行以草定畜。改变农牧业生产方式和种群结构，大力推行围栏封育，发展人工草地或人工改良草地，实行轮封轮牧，发展舍饲养畜。加快优良畜种培育，优化畜种结构。

五是调整产业结构，实行保护性开发。沙区蕴藏着多种独特的资源，其中的光热、自然景观、文化民俗、富余劳动力等资源优势最为突出。利用这些资源开发旅游等产业有着广阔的市场和巨大的潜力。通过调整产业结构，实行种植业和畜牧业的有机结合，走“以农养牧、以牧促农”的道路，实现种植业和畜牧业良性互动。要发挥沙区光热资源优势，发挥沙区特色种植业，发展高效“沙产业”，增加群众经济收入，减轻环境压力。

六是优化能源机构，解决农村能源问题。为了有效保护现有植被，既要充分发挥我国北方煤炭和电力资源优势，实现农村能源的结构多样化，适当加大对沙化地区的光能和风能资源的开发利用，大力发展沼气、太阳能、风能等能源，形成新的替代能源，促进能源结构的优化。同时，又要大力推广节能技术，提高现有能源的利用率。

林业经济管理学科的发展与趋势

高 岚 温亚利 刘俊昌

（北京林业大学经济管理学院，北京，100083）

摘要：我国林业经济管理学科研究自20世纪50年代开始发展，逐步形成了以马克思主义经济学为理论基础的近代林业经济理论体系。自1987年开始，我国经济步入市场化改革的转轨，林业生产格局也发生了重大变化，随之，林业经济管理研究也深入到了林业市场化改革和可持续发展研究的各个方面。目前林业经济管理学科的研究主要涉及林业经济理论与政策、森林资源与环境经济、林业技术经济、林业企业管理、社会林业、林产品贸易、林业统计与核算等研究领域。随着国家对生态环境的重视，以及社会经济发展对木材与林产品需求的不断增加，如何使林业发展既满足社会对木材与林产品的需求，又满足国家生态安全对林业生态环境的需求将是未来林业的重要使命，也是林业经济管理学科需要从经济理论、管理、政策、社会、生态与环境多角度和多层次进行研究和探索的问题，并以此来构建和完善林业经济管理学科体系。文章简要回顾了国内外林业经济管理研究的现状与发展趋势，并作了国内外对比分析；讨论了林业经济管理学科发展方向、目标和重点发展领域，以及制约发展的因素与对策。

Abstract: The study on forestry economics and management discipline began at 1950s in China, and then the modern forestry economics theory system that based on Marxist economics theory was formed. Science 1987, the economy of our country started the marketization reform and the structure of forestry produce also changed a lot, meanwhile, the study on forestry economics and management reached every aspect of forestry marketization reform and the research of sustainable development. At present, the study of forestry economics and management discipline refers many fields, including forestry economy theory and policy, forestry resource and environment economics, forestry technology economics, forestry business management, society forestry and so on. With the state attaches great importance to the entironment, and the increasing demand of timber and forestry product because of the development of the society economy, how to make the development of forestry both answer the social needs of timber and forestry product and satisfy the forestry entironment requirement of state zoology safety is the mission of forestry in the future, also, it is the issue of forestry economics and management discipline should expand the study from multi – views and multi – levels with economy theory, management, policy, society, zoology and environment to construct and complete the system itself. The paper briefly reviews the actuality and development tendency of the study on forestry economics and management discipline, and compares the difference between China and abroad; discusses the development orientation, aim and key fields of forestry economics and management discipline, finally analyzes the limiting factors and gives some advice.

有关林业经济活动早在奴隶社会和封建社会的历史文献中就有记载。林业经济学在1502年的奥地利已出现；林价理论研究已有近200年的历史。[19]但作为一门独立的林业经济科学，则是在资本主义林业发展过程中逐步形成的，至今已有100多年的历史。早期较完整的著作有德国的恩特莱斯所著的《林业政策》（1905年）、美国的《林业经济学》（1902年）等。[2]

20世纪初期，我国开始引进林业经济学著作和思想，北平图书馆曾引进著作“Forest Finance”, Herman Haupt Chapman, M. F. Yale University, 1926和“Forest Economics and Finance”, P. L. BUTTRICK, M. F., Universtiy of Georgia等。这个时期林业经济学并没有独立的地位，而是依附于农业经济之中的。

我国林业经济学作为一门独立的学科始建于50年代中期，当时正是国家经济全面恢复时期，林业建设事业大发展，客观形势迫切要求开展林业经济管理的科学研究和培养林业经济管理方面的人才，以有效地解决林业建设发展中所提出的各种经济与管理问题。

1955年苏联林业经济专家谢·瓦·马雷歇夫在东北林学院开办了林业经济研究生班和教师进修班，为我国培养出了第一批林业经济管理学科的教师，形成了本学科的骨干队伍或创业者。此后，各林业院校在原有的林政学课程基础上，借鉴苏联经验，开设了林业经济学和林业生产计划管理等课程。1959年北京林学院、东北林学院设置林业经济专业开始招收本科生，不久以后南京林学院也相继开办林业经济专业。“文化大革命”期间林业经济的研究和人才培养基本处于停滞状态，也没有林业经济学学科的建设，党的十一届三中全会后林业经济管理学科才得以恢复。[2]

北京林学院、东北林学院、南京林学院和福建林学院在本科生培养的基础上，1983年前后招收了硕士研究生，到1995年已形成了具有学士、硕士和博士学位点的人才培养能力，2003年北京林业大学和东北林业大学获得林业经济管理博士后流动站，逐步形成了林业经济管理学科的学科阵容。以学科为基础，先后多次召开学术讨论会，出版了大量的专著和学术论文，在社会上产生了一定的影响，形成了比较稳定的、高水平的学术队伍。但是，由于力量分散和组织不力以及学术水平的限制，我国迄今还未形成一个比较完整的学科体系。[2]

一、林业经济管理学科现状与发展趋势

（一）林业经济管理学科国内进展

林业经济管理学科研究的主要对象是林业发展中的产业经济和生态经济规律与问题，以及国家林业管理的理论和相关政策。其学科内容和研究特点是既包括经济学科的研究内容，也包括管理、政策和社会科学的内容，学科构成和研究领域具有高度复合性和复杂性。

我国林业经济管理学科研究自20世纪50年代发展开始，逐步形成了以马克思主义经济学为理论基础的近代林业经济理论体系，目标函数是发展生产力。从当时就我国林业生产的实践来看（除体制因素外），这一理论体系是符合实际的，对林业生产起到了较强的指导作用。自1987年开始，我国经济步入市场化改革的转轨，林业生产格局发生了重大变化，随之，林业经济研究也深入到了林业市场化改革和可持续发展研究的各个方面。[1]

目前林业经济管理学科的研究主要涉及林业经济理论与政策、森林资源与环境经济、林业技术经济、林业企业管理、社会林业等研究领域。

1. 林业经济理论与政策

林业经济理论与政策的研究，对于实现我国林业和生态环境的可持续发展，林业经济管理学科体系及相关学科的建设，均具有重要的理论和实践意义。本学科先后开展了森林资源经营理论、林业产业政策、林业市场化等林业经济基础理论研究，完成了“林业分类经营”（林业部科技进步一等奖）、“中国林业产业政策研究”（林业部科技进步二等奖）和“中国森林资源管理变革趋势：市场化研究”（北京市哲学社会科学优秀成果二等奖）等多项理论研究项目，出版了《林业经济学导论》（廖士义，林业部科技进步二等奖）、《中国林业经济学》（张建国，1994 年）、《森林生态经济学》（张建国，1995 年）、《林业经济学》（邱俊齐，“九五”重点教材）、《森林资源经济学》（蒋敏元，1998 年）、《林业经济管理》（“十五”规划教材）和《林政学》（2004 年）等教材，有力地推动了我国林业经济理论的形成和发展，为完善我国的林业政策体系发挥了重要作用。同时，完成了教育部课题“面向21世纪高等农林院校本科经济管理系列课程教学内容和课程体系改革研究与实践”（北京市教育教学成果二等奖）和“面向21世纪高等林业院校林业经济管理类本科教学体系改革与实践”（北京市教育教学成果二等奖）等课题，为我国林业经济管理高级人才的培养做出了贡献。

目前正在开展的国有林区改革、非公有制林业发展和林业产权制度等研究，必将进一步丰富林业经济理论与政策，指导林业实践的发展。

2. 森林资源与环境经济

森林资源与环境经济研究是从20世纪80年代初期开始的，研究的重点是森林资源价值评估和森林资源核算。1992年8月，我国政府公布的《中国环境与发展十大对策》中明确指出“研究并实行把自然资源和环境纳入国民经济核算体系，使市场价格准确地反映经济活动造成的环境代价”。《中国21世纪议程》和《中国21世纪议程——林业行动计划》中也明确提出，加强包括森林资源在内的自然与环境资源核算与评价，并纳入国民经济核算体系。国内一些研究单位与其他机构相继开展了这方面的研究工作，如“森林资源核算及纳入国民经济体系研究”、“中国热带森林环境资源价值核算及纳入国民经济核算体系的研究”、“北京市森林资源价值研究”和“长江流域森林资源价值核算”等，随着研究不断加深，取得了一批可喜的成果，如“森林资源核算及纳入国民经济体系研究”获得1994年林业部科技进步二等奖，“中国森林资源价值评价研究”1997年获林业部科技进步三等奖等，促进了我国森林资源与环境经济的科学研究与实践。

虽然人们对森林资源核算的必要性与紧迫性，对价值核算的理论基础取得了比较明显的一致性，但仍存在一些尚需要探讨的问题，第一，现在的评估方法研究和估价方法大多数是在理论上的探讨，在实践中如何应用和如何面对全球千变万化的复杂情况尚缺乏研究；第二，虽然有基本的估价方法，但是也存在严重的困难，包括无法量化的计算；第三，基础性数据缺乏，联合国粮农组织计划扩大森林资源清查的内容与改进森林资源调查的技术；第四，森林资源核算与评价结果如何使用，可信度为多大尚不得而知；第五，与森林资源和计量相关的政策和其他支持系统如何选择，尚不完善等。[6]

基于森林资源所提供公共物品和服务的问题，需要建立森林资源生态效益补偿机制，对于森林资源生态效益补偿机制的研究能有效解决林业外部性的问题，使林业部门得到合理的补偿。通过这方面大量的理论研究，我国已初步建立了森林生态效益补偿制度，促进了生态林的建设。

3. 林业企业管理

我国林业企业管理水平较低、管理意识淡薄、管理基础较差，严重制约了林业企业的发展。

林业企业管理研究内容包括森林资源经营管理、如何实现森林资源良性循环和林区经济社会可持续发展问题、生态与产业协调发展问题、国有森工企业改制及建立现代企业制度的问题、国有林产权制度改革、林区小康社会建设、资源节约型林业企业的构建、国有林区产业结构调整与优化、林业经济转型、非公有制林业实现途径以及林区和谐社会构建等问题。[8][10]

这些问题的研究对于全面构建和谐林区、构建良好生态环境提供了理论基础；为国有林场体制改革、建立现代企业制度提供了新思路；创建资源节约型林业企业是建设资源节约型社会的重要基础，是增强企业核心竞争力的重要途径；通过对产业结构调整的实证分析，提出调整和优化产业结构的理论依据和模式；针对林业经济转型的走势和矛盾提出了林业经济转型的对策和措施。我国在林业企业管理研究方面取得了非凡的成就。

4. 林业技术经济

林业技术经济学是伴随着林业经济学产生而逐渐孕育的，在此基础上展开了研究。一些林业院校开设林业技术经济课程、编写林业技术经济学教材、1989 年成立全国林业技术经济研究会（1996 年更名为中国林业经济学会技术经济专业委员会），这些标志着林业技术经济学作为一门独立的科学产生了。20 世纪 90 年代初，由中国技术经济研究会组织，中国林业经济学会技术经济专业委员会和中国技术经济研究会具体负责主编出版《技术经济手册（林业卷）》，把林业技术经济研究与应用推向新的阶段。[17]

林业技术经济学科的前沿问题研究涉及到在工程项目层面、林业产业层面以及国家安全层面。[17]

5. 社会林业

社会林业在中国有悠久的历史，其中早期的社会林业意识行为有林农复合经营技术手段、乡规民约、林业合作社、林业公会（1917 年的非政府组织）和毛泽东提倡“从群众中来，到群众中去”“和农民交朋友”“访贫问苦促膝谈心”等社会林业意识实践活动，它是发展有中国特色的社会林业的基础。[20]

社会林业是 20 世纪 80 年代传入中国的，首先在几个省示范后已逐步推向全国的广大林区，特别是南方集体林区发展较为迅速。已经由最初单一生产目标向追求森林生态价值、社会价值为主，兼顾经济价值的多目标方向发展，全民义务植树运动的蓬勃兴起，形成了一个全社会办林业，全民搞绿化，重建生态良好，再造山川秀美的浩荡气势。[20]

社会林业的理念在农村综合发展和林业可持续发展中得到广泛应用，特别在世界银行贷款项目，保护区管理项目，扶贫项目中得到较好应用。在发展社会林业中，各地还总结出一些成功的经验和经营管理模式，乡土知识和乡土技术在发展社会林业中得到重视。在项目中，相关利益群体和弱势群体的利益得到了应有的重视，社会林业的教育与科研也取得长足的进展。通过两次全国社会林业讨论会后，在理论和实践上都取得一些显著成绩，结合国情林情的理论在争论中发展并正在形成，方法和工具也从照抄照搬到改进及本土化和创新。[20]

社会林业的本科教材历经两次修改出版正在有关大学使用，中专教材和成人教育教材已正式出版在全国推广使用，社会林业方向的研究生有的已毕业，有的正在深造，社会林业的理论与实践正在西部大开发的生态建设和农村综合发展中起着推动作用。[20]

十多年来，中国在社会林业方面取得了举世瞩目的成绩。在第9届世界林业大会上，Rao. Y. S 指出："尽管在中国没有社会林业的叫法，但在中国社会林业的成果已远远超过各国所作的努力，这是由于社会力量的广泛参与所取得的。"[20]

6. 重大生态工程的管理与政策研究

随着1998年天然林资源保护工程的试点，退耕还林工程、京津风沙源治理工程、三北及长江中下游地区等重点防护林工程、野生动植物保护及自然保护区建设工程和重点地区速生丰产用材林基地建设工程也相继展开。

工程实施中的管理以及政策问题也成为专家学者们研究的焦点。其中，关于天保工程和退耕还林工程的研究相对较多。如有从实证的角度关于农村和农民在退耕还林工程中地位的研究；[32]对天然林资源保护政策的研究；[34]从农民、享受生态效益的主体以及国家的角度出发，分析退耕还林工程政策的经济学上合理性的研究；[35]对林业工程的后评价的研究；[35]对我国林业生态工程建设中经济活力问题的研究；[36]对重点生态工程社会经济效益评价的研究等。

（二）林业经济管理学科国外进展

随着20世纪初德国的《林业政策》（1905年）和美国的《林业经济学》（1902年）的出版，1920年法国于费尔的《林业经济》专著问世，1945年后日本、苏联等国也都相继出版了林业经济学著作。日本的研究涉及林政、林业经营、林业会计、林业经济史、木材市场、林业计量经济学等。美国的林业经济学除研究木材采运经济、木材市场经济外，还重视对森林永续利用和森林多种效益的研究，建立了森林资源经济学等。

林业经济研究在西方发达国家的经济理论研究中属应用经济学的范畴，是以资源稀缺性为出发点来研究林业产业的收益和效用最大化问题的。进入20世纪后，人们在以木材生产为核心的同时，开始对森林的社会、生态效益给予更多的关注。运用新古典主义的理论研究林业经济活动；研究外部社会经济因素对林业经济活动的影响；研究森林资源、林业生产活动的特殊经济属性，如何在市场经济条件下，针对林业生产活动和森林资源的特殊经济属性，实现林业经济活动各个阶段收益的最大化，同时考虑其社会、生态效益，最终实现综合收益的最大化。欧美经济发达国家的林业经济学研究也是沿袭的这条发展道路。

20世纪初期开始，随着中央计划经济体制在原苏联、中国和东欧一些国家的建立，依据社会主义政治经济学理论和现代林业科学理论，服务国家林业部门行政和计划管理的需要，形成了另一种林业经济学体系，主要研究林业所有制、林业经济结构和以计划为主国家管理林业和进行林业生产的理论和方法。

1. 森林资源与环境经济

森林资源是否要货币化，在学术界存在着激烈的争论。英国伦敦环境经济研究中心的David Pearce在这方面的研究取得了重要行动进展，他认为传统的环境控制标准化应向更加市场化的方向发展，许多环境功能不能货币化，但不是无价，需要采取适当的计量技术来进行评价。[6]

印度尼西亚、美国、加拿大、英国、德国、挪威、荷兰、意大利、西班牙、瑞典、澳大利亚、日本、哥斯达黎加、海地、萨尔瓦多、菲律宾、中国等国家以及世界资源研究所、联合国开发计划署、联合国欧洲经济委员会、世界银行、国际货币基金组织、世界观察研究所等国际组织均开展了森林资源价值评估。1992 年 6 月在巴西里约热内卢召开的世界环境与发展大会通过的文件中也强调加强包括森林资源在内的环境资源核算并纳入国民经济核算体系。[6]

2. 森林可持续经营经济学研究

森林可持续经营经济学这一提法是由加拿大学者 Kant 博士在《林业经济学领域的拓展》一文中首次提出。

森林可持续经营经济学是新的林业经济学形态，是林业经济学新发展的一个现代表现。森林经营的范式从木材的持续收获经营转向森林可持续经营以及主流经济学的演进都要求林业经济学必须拓展，并以森林可持续经营作为当代的主要研究内容。

国外学者对森林可持续经营经济学的研究主要分为 3 个方面：第一，对比森林可持续经营模式和传统的木材持续收获经营模式，并对后者提出诸多的批判；第二，对现有林业经济学的研究领域深入思考，为构建森林可持续经营经济学做理论准备；第三，探索实现森林可持续经营的管理方法和途径。

森林可持续经营经济学理论上的进展，在指导森林经营实践的过程中产生了 3 个主要的管理方法，即生态系统管理方法（ecosystem management）、自然资源综合管理方法（integrated natural resource management）和知识管理方法（knowledge management）。三种管理方法的某些重要观点是一致的，例如，都认为应将森林看作是一个生态系统，只是各自的侧重点不同而已。[11]

3. 国外社区林业研究

传统的林业着重强调为发展国有木材采运加工业而经营管理天然林和大规模造林，忽视了当地人民对森林资源最基本的需求；社区林业作为另一条途径在一些国家和地区进行着实践。目前越来越多的林业部门、非政府组织和研究人员认识到社区林业是有效管理与经营森林资源的一条途径。

联合国粮农组织（FAO，1978）将社区林业定义为在林业生产经营活动过程中，任何吸收当地居民参与的情况。这种情形非常广泛，从当地缺少薪柴和其他林产品，造林以满足需要，到通过经营林木为当地农户提供经济作物和发展林产品加工业、手工业和小型工业以增加收入。

社会林业是社区林业发展的早期形式，最早出现在 1976 年印度农业国家委员会，其宗旨是鼓励那些依靠新木材和其他林产品满足自身所需的人们造林，以减轻“生产林”的负担。1988 年以后，印度政府开始推行联合森林管理（Joint forest management）项目，并把它作为社区林业的主要形式之一，从而社会林业开始向社区林业过渡。

在社区林业的研究中包括以下几方面内容：

（1）林业技术推广，林业技术推广是有目的的提供信息交流以帮助人们形成合乎逻辑的观念，做出正确决策。

（2）参与式管理，是吸收当地社区居民参与森林资源管理的决策，并就相关问题进行讲座的一种形式。参与类型有指令性参与、被动参与、协商式参与、给予物质刺激的参与、功能性参与、相互式的参与和自主性参与。

（3）快速乡村评估（RAPID RURAL ASSESMENT），是一种循序渐进的方法，在采用快速乡村评估方法进行社区林业调查时，选择适当的工具是相当重要的，不同的社区林业调查，因社会经济和环境等因素的不同所选择的方法会有差异。

（4）社区林业冲突管理，冲突是指具有不同信仰或者世纪目标和利益存在冲突的至少两方或者两方以上之间的竞争。在森林资源管理过程中出现冲突应该积极采取措施加以解决，避免矛盾进一步激化。

（三）林业经济管理学科国内外差距分析

目前，各国林业经济学研究发展有同一化的趋势。原因：一是经济体制的趋同化，二是林业经济往来日益频繁和密切。表现在理论依据和内容体系的一致性，但根据各个国家的不同国情和林情，具体的研究内容仍然存在差异性。

我国与国外差距主要表现在以下几个方面：

（1）林业经济研究中理论抽象力不强，研究调查细致程度不高，政策研究全面性不够，选题过大、简单模仿、现代经济研究方法应用不够。[1]

（2）缺乏科学而严密的经济学基础和理论分析手段，大部分研究是对林业生产和发展实践中的经验总结、存在问题的认识及对策性研究等，没有微观基础和理论依据。[1]

（3）我国林业经济研究领域相对狭窄，需进一步拓宽，在研究林业经济问题的同时，需要对环境经济问题以及环境与社会发展等方面的问题予以高度的重视，并积极开展国际合作，汲取国外先进的研究方法。[13]

（4）与发达国家的研究相比，我国林业经济学的研究方法在数据分析、数量方法的应用和现代经济学知识的应用上还很欠缺。因此，中国的林业经济学应该在这方面加强，依托现当代经济学基本原理，运用数量化的分析方法，解决现代林业经济研究中的难题。[17]

二、林业经济管理学科发展战略、需求与目标

（一）林业经济管理学科发展战略

随着国家对生态环境的重视，以及社会经济发展对木材与林产品需求的不断增加，林业的生态建设和产业发展均将成为国家可持续发展战略的重要支撑性领域。如何使林业发展既满足社会对木材与林产品的需求，又满足国家生态安全对林业生态环境的需求将是未来林业的重要使命，也是林业经济管理学科需要从经济理论、管理、政策、社会、生态与环境多角度和多层次进行研究和发展的问题，并以此来构建和完善林业经济管理学科体系。

在学科建设中，既要突出重点，又要兼顾一般。突出优势学科，兼顾世界前沿水平的学科领域建设与整体学科建设。在研究中，结合国家经济结构的调整和社会发展的需要，从世界经济一体化的环境下，研究和探索中国林业经济问题，使林业经济学学科建设与解决国民经济发展的重大问题有机结合起来。[22]

（二）林业经济管理学科发展需求

随着国家对生态环境越来越重视，可持续发展理念被社会广泛接受，林业作为国民经济的重要产业部门和国家生态建设的主要行业将在未来国家可持发展战略体系中发挥更大的作用，而以研究林业产业和生态建设中经济问题为主要任务的林业经济管理学科也将具有更广阔的发展空间，可以说世界和中国林业发展的客观需求是林业经济管理学科最根本的动力。在学科发展动力的驱动下，学科具有更强的生命力和发展空间，学科能够汇集更多的资源，其发展也能够为社会和林业发展做出更大的贡献。

1. 林业经济产生的根源

在林业管理实践中，人们面对大量的林业经济问题阻碍林业经济发展的现实，逐渐认识到林业生态平衡的自然规律是客观存在的事实，在发展林业的实践过程中，必须在尊重经济规律的同时尊重自然规律。

在经济发展的过程中，一般情况下经济规律和生态林业自然规律的作用和影响不是互相孤立的，而是互为条件和相互制约的。它们之间不可避免地存在着相互共存和相互协调的关系。林业经济是研究自然生态系统和社会经济系统的不同结合形式所产生的不同资源配置方式的差异及其发展规律，这是对经济与林业协调发展客观规律认识上的一个突破，也是人们对经济发展中客观存在的林业经济关系的认识进一步深化的过程。它的形成标志着林业经济学这一学科的确立，同时也预示着林业经济学在我国经济建设中即将发挥重要的指导作用。

2. 林业经济学的建立推动了林业经济增长方式的转变

从林业的自然规律“林业生态平衡”到生态经济规律“经济与生态协调发展”，是人们对经济发展中客观规律的逐步认识过程，也是我国林业经济学的主要理论框架。为此，林业经济学的学科理论体系得以建立和初步形成，推动了林业增长方式的转变，符合林业自然规律要求的新的经济增长方式。

（三）林业经济管理学科发展目标

（1）以我国林业经济现实为基础，以经济学和管理学理论体系为指导，积极吸收国内外林业经济研究的最新成果，尽快构建我国林业经济管理学科体系，为林业经济管理的研究工作提供一个科学而严密的理论基础。

（2）建立林业经济管理数据库中心，为林业经济管理研究提供真实可靠的数据资料，提高林业经济管理研究的准确性和科学性。

（3）利用先进的数学工具和计算机技术，努力促进林业经济管理研究由定性分析向定量分析转变，实现规范性分析逐步向实证分析过渡，这是林业经济管理研究的发展方向，也是林业经济研究走向科学化、现代化的必然选择。

（4）鼓励和支持林业经济管理研究人员深入基层，进行调查研究，使研究人员真正了解到林业生产部门存在的主要问题，促进科研和生产的紧密结合。

（5）加大林业经济管理学科的创新力度，这是学科发展的生命，也是学科建设取得成效的关键。林业经济管理学科创新包括学科理念创新、学科体系创新、学科内容创新、学科组织创新、学科制度创新等。林业经济管理学科创新，对于学科自身发展，促进林业经济与林业科学技术的进步，都具有十分重要的意义。

（6）通过加强与国外的林业经济学交流，大力吸收国外林业经济先进的理论与方法，使中国的林业经济学科成为世界林业经济学科的有机组成部分，并不断丰富世界林业经济学科的内容，为世界林业经济的发展贡献出我们的力量。

三、林业经济管理学科重点领域与发展方向

由于林业发展涉及可持续发展、生态环境保护、农村发展等众多热点领域，林业经济研究不仅具有很强的理论性，也具有高度的实证性、敏感性和热点性。

（一）林业经济管理学科重点领域

1. 林业经济理论和方法研究

林业经济管理学科是涉及经济学、管理学和政策学等相关学科理论，并有自己学科理论体系的学科。以往的经验证明，学科水平的提高，高水平学科研究的出现均与学科理论研究的进展密切相关，而我国林业经济理论和方法研究一直滞后于国际发展，是我国林业经济管理研究的薄弱环节。今后主要的研究领域有以下几个方面：

（1）传统林业经济理论研究。传统林业经济理论在国外，特别是林业经济发达国家相对较为成熟，但我国由于制度和体制的因素以往研究较少。其主要研究内容有，森林资源最佳经济轮伐期问题；地租及林价理论；森林资源配置及多种利用经济理论；地租、税收和利息等经济因素变化对林业投入影响研究；林地生产率及林业投入-产出效果量化分析；林业市场和贸易问题等。

（2）新林业经济学理论研究。随着林业领域的拓展，林业经济管理学科和研究内容也在不断发展，形成了新的林业经济学理论，其主要特点是更多的依据现代经济学、新制度经济学、福利经济学和环境经济学等相关理论和方法分析解决林业发展中的新问题。主要体现在资源产权和资源管理制度问题；资源可持续利用与管理理论问题；资源最佳经济和生态配置理论问题；国家干预以及国家林业宏观调控及管理理论问题；森林利益分配和管理的博弈理论研究；森林生态服务功能市场化问题，如碳汇和清洁机制相关理论研究；政府林业政策绩效分析理论等。

（3）林业经济研究方法研究。现代经济学研究的一个重要特点是方法的系统化和数量化，我国林业经济整体研究水平不高的一个重要原因就是方法手段的落后，今后应加大力度对林业经济研究方法进行引进、发展和规范化与系统化，特别是应用经济数学、系统论、博弈论等方法开展林业经济研究。

2. 林业产业发展研究

林业产业发展是林业服务于社会的重要体现，也是林业经济效益实现的主要重要途径。由于资源和生态的制约，林业产业发展不同于其他产业发展，产业发展的经济问题和管理问题多与资源和生态相关联。为此，林业产业经济研究是林业经济的重要和特色领域，也是传统林业经济管理的主要领域。该领域主要研究的内容有：

（1）林业产业发展战略。主要研究在现有基础上，中国林业产业发展的定位，以及如何从战略角度科学地引导和构建适合中国国情的林业产业体系，并从产业政策角度给以保障。

（2）林业产业国际竞争力研究。中国既是全球最大的木材林产品生产大国之一，也是最大的消费国之一，在全球经济一体化越来越高，特别是中国加入 WTO 后，如何进一步提升中国林业产业的国际竞争力是林业经济管理不能回避的重要研究问题，也是解决中国林业产业规模化低、经营效果差，经济效率不高的客观需要。

（3）林业产业集聚度研究。在一定环境和基础上，林业产业规模和产业管理规模及集聚程度直接关系到林业产业发展，关系到产业管理水平和产业经济效益。但中国目前林业产业集聚度较低，规模化和产业关联度也较低。通过该领域的研究，主要应找出影响中国林业产业集聚的主要因素，以及如何从林业产业政策和区域经济结构调整角度解决该问题。

（4）林业生态产业发展问题研究。林业的产业基础是森林资源，森林生态系统和木质原材料是发展现代生态产业的基础条件。可以说，林业产业未来发展的一个重要特点就是生态产业将占据越来越重要的地位。但如何在一定资源和生态基础上发展中国林业生态产业，其中许多经济、管理和政策问题还有待进一步研究。

3. 林业生态经济问题研究

生态既是林业发展的基础，也是林业效益实现的主要方面。所以林业经济研究一个重要领域是林业生态经济。主要研究内容有下几个方面：

（1）森林资源生态效益计量和核算研究。主要研究森林资源生态社会效益经济评价的理论、方法，以及具体应用，为政府和社会客观认识森林资源总体价值，对森林资源科学保护和利用提供客观依据。在资源核算方面，主要是参考国际上的主要核算体系，结合我国的社会经济发展及现行的国民经济核算体系，研究探索将森林资源价值核算纳入国民经济核算体系的理论、方法和实证问题。

（2）森林生态效益的补偿问题。主要研究森林生态效益的经济补偿制度，以及通过市场化和政策等手段有效解决林业发展中的外部性问题。该领域研究目前也是国内和国际相关研究的热点领域，但国内研究水平相对较低，其主要原因是缺乏理论研究和系统研究基础，这也是今后开展相关研究时应特别关注的问题。

（3）林业生态工程管理研究。由于国家对林业生态建设的重视，不断通过林业生态工程等形式加大对林业的生态投入，但林业生态工程不同于其他公益工程，它涉及到农民参与、整体与区域利益协调等特殊问题。因此，必须通过系统研究，探索适合中国的林业生态工程投入机制、管理模式，以及项目检测评估方法等，为今后生态工程管理效率不断提高提供科学依据。

（4）林业生态政策问题研究。生态建设是国家公益事业，政策保障体系的构建是实现其目标的根本保障。该领域主要研究投入、税费、利益分配等相关政策，并着重研究如何通过经济性政策手段解决林业生态建设中的利益失衡问题。

4. 林业产权制度和管理体制改革

中国林业产权制度和管理体制改革是从根本上解决长期制约中国林业发展的主要问题。林业产权制度和管理体制改革与国家发展和改革环境密切关联，也有很多自己的特殊问题，必须区分对待和深入研究。

（1）国有林业产权制度和管理体制改革。主要研究国有林产权制度改革的理论；国有林主要经营形式及制度保障；国有林业企业管理体制改革的主要途径和形式；国有林区经济可持续发展研究；国有林区天然林保护工程后续政策研究等。

（2）集体林区产权制度和管理体制改革。主要研究集体林产权制度改革的相关理论；集体林产权制度改革的动力及约束机制；林地、林权流转的理论和实践；集体林经营模式和资源管理制度与政策研究；集体林区社会经济和生态综合协调发展的相关理论研究等。

（3）国有林场管理体制改革。主要研究国有林场管理体制改革的理论与政策环境研究；国有林场管理制度改革的主要途径和模式研究；国有林场分类经营和管理模式的探索研究等。

（4）林业系统自然保护区分级、分类管理体制构建与管理研究。主要研究保护区分级、分类管理的相关理论；保护区分级、分类管理的体制的构建研究；社区参与保护区管理模式研究等。

5. 林业政策制定与绩效研究

林业是兼顾生态和产业职能的行业，政策和方法是林业发展的保障，也是林业管理主要的手段。在林业经济管理学科体系中，林业政策占有重要地位，很多经济和管理研究的结论也多归结到政策层面。近年来，林业政策研究一直是中国林业经济管理学科研究的最活跃的领域，但我国林业政策研究整体水平不高，特别是缺乏从经济角度和政策理论层面对林业政策的研究。今后的研究应主要体现在以下几个方面：

(1) 中国林业法律体系研究。法律是政策的固化，其主要研究体现在中国林业法律制度研究；中国林业法律体系研究；林业立法的绩效研究等方面。

(2) 中国林业政策体系研究。主要研究林业政策体系的结构；林业政策与相关政策的关联和协调性；林业政策的绩效评价；林业公共政策的相关理论与实践等。

(3) 专项林业政策研究。主要由资源管理政策、公共投入政策、产业发展政策、生态保护政策、社会参与政策、国际合作政策等专项政策研究。

6. 林业管理理论及实证研究

林业管理水平的高低直接关系到林业发展的效率，也关系到众多林业发展问题的解决。我国林业管理水平相对较低，有关林业管理方面的研究也处于较低层次。今后林业管理研究主要体现在以下几个方面：

(1) 林业宏观管理研究。主要研究在市场经济下林业宏观管理的相关理论与机制；政府对林业宏观管理的手段和途径选择；政府林业宏观的重点等。

(2) 林业区域管理。区域林业管理从理论到实践都缺乏系统研究，今后其研究的主要方向是林业区域资源和生态管理的理论和方法；林业区域管理的规划理论及方法；林业区域管理体制的创新等。

(3) 林业微观管理。主要研究如何应用现代管理的理论和方法对林业企业、国有林场等微观林业管理对象进行管理等。

(二) 林业经济管理学科发展方向

随着林业经济和相关学科的不断发展，林业经济管理学科已成为林业科学体系中越来越重要的学科，学科的领域不断拓展，理论和方法体系也将进一步完善，今后的发展方向将主要体现在以下几个方面：

(1) 作为应用经济学的分支学科，将对国家林业发展和生态环境建设发挥越来越重要的指导作用。未来林业发展将面临更多的经济问题，而如何应用经济的手段解决林业产业发展和生态环境建设中的具体问题也将成为林业经济管理学科研究发展的重要方向，学科的理论性将不断加强，学科理论体系也将不断得到完善。

(2) 学科的交叉和融合将使林业经济管理学科更加宽泛和丰富。作为应用经济学科，相关学科的发展正在不断对林业经济学科发展产生影响，特别是制度经济、资源与环境经济学科的发展，使林业经济管理学科的理论体系更加系统，也有更多的研究方法选择。随着林业发展和领域的拓展，林业经济管理问题研究具有越来越强的综合性和复合性，需要不同学科的协作，这就导致了林业经济管理学科不断与其他相关社会科学和自然科学学科的交叉、融合，产生一些新的学科交叉研究领域，如林业经济管理与社会学科、生态学科、资源管理学科的交叉将产生一批林业经济管理学科的前沿和热点研究领域。

(3) 林业经济理论、森林资源经济、林业管理和林业政策作为学科群将成为林业经济管理学科的四门主要部分，而且他们之间的分工和协调也将得到不断的完善。林业经济管理学科是由该领域的相关子学科组成的学科群，其中最重要的是林业经济理论、林业政策学、林业管理学和森林资源经济学，因为它们涵盖了林业经济领域的主要方面。上述四门科学的发展不仅对林业经济管理学科体系的完善和林业经济管理相关问题研究水平的提高发挥重要作用，也将对相关的理论经济学、政策学和管理学科的丰富及发展起到促进作用。

（4）林业经济管理学科研究方法将越来越朝着系统化和数量化方向发展。林业经济管理涉及经济、生态和社会经济发展的众多领域，具有其特有的复杂性和复合性，因此研究方法的科学、系统和准确是保障其研究成果正确的重要条件。现代经济学科的发展，以及计量经济学，数理经济学、经济统计学和信息技术的发展使林业经济管理研究方法系统化和数量化成为可能。

四、林业经济管理学科存在的问题与对策

（一）林业经济管理学科发展能力分析

就目前来说，中国林业经济管理学科经过几十年的发展已形成了相当的学术积累，各农林院校和研究机构也建立起一支数量可观、研究能力不断提高的研究队伍，这是林业经济管理学科发展的基础。而且，由于社会和学术界对林业重要性认识的加强，特别是林业涉及的生态环境问题和可持续发展等问题具有公共性和热点性，吸引了越来越多的其他学科和国际学术界的关注，更多的研究者和研究项目投入到林业经济管理领域，提升了林业经济管理研究水平和持续发展的能力。

（二）林业经济管理学科发展制约因素分析

作为社会科学，林业经济管理学科的发展还面临很多问题，受到来自于外部环境和内部发展的各种制约。

（1）学科体系不完善。到目前为止，从严格意义上说中国还没有构建其完善的林业经济学科体系，对该学科的主要内容，主要理论和方法体系还存在不同的观点。学科体系的不完善直接影响到学科发展，不仅表现在人才培养上缺乏相对统一和规范的教学体系，在科学研究和实践指导上也会带来较大的制约。

（2）缺乏研究积累。学科的发展是建立在学科学术和研究积累上的发展过程，由于历史和现实的原因，中国的林业经济管理学科在最近 20 多年才得到了较大的发展，总体研究积累较少，特别是缺乏连续的研究积累。

（3）缺乏高水平的创新性研究。一个学科的发展离不开高水平的研究成果，特别是在理论上具有创新的研究是提升学科整体水平的主要途径，也是体现学科对社会和林业贡献的主要方式。由于以往林业经济研究更多集中在针对具体问题的实证研究上，理论和方法研究较少、水平不高，这是导致今天林业经济管理学科研究水平不高的最重要因素之一。

（4）研究资源限制。林业经济管理作为软科学，其研究的基本条件和经费投入较自然学科有较大差距。研究经费和基础条件的不足不仅限制了林业经济管理研究的广泛开展，也是导致很多研究难以持续，难以整合的重要原因。目前我们的很多林业经济管理研究是针对问题开展的专题性研究，其目的是研究、分析和探讨解决具体问题的途径，结果是不同的政府部门和社会学术组织都从自己的角度设置林业经济管理课题，研究内容重复、难成体系，而且也分散本来就稀缺的研究资源。

(三)林业经济管理学科发展对策建议

学科建设是系统工程，也是不断发展的渐进过程。因此在学科发展中要以科学的态度、系统发展的思路和循序渐进的过程开展学科建设与科学研究。具体有以下几个方面：

(1) 加强理论研究和学科体系的构建。林业经济管理虽然是应用经济学范畴的学科，但与其他应用经济学有所不同，林业涉及经济、生态和社会发展三大领域，其研究对象的特殊性决定了其学科理论体系的交叉融合性。因此，在林业经济学科体系建设中应注意将不同相关学科的理论和方法进行融合，特别是数量方法和实证方法的引进与应用，从而构建起林业经济管理学科的理论体系及研究方法体系。

(2) 加强关系国家林业发展重点问题的重点研究。林业经济管理学科发展主要目的是解决林业发展中的问题，其研究实证性决定了林业经济研究必须紧密结合国家林业发展的重大问题，并通过研究提升研究水平和集聚学科发展能力。同时，林业经济研究只有关注国家重大林业问题的研究才能获得更多的研究资源和学术界的广泛参与。

(3) 加强学科队伍建设。学科队伍建设是今后学科发展的基础，目前我国林业经济管理学科队伍整体水平不高，结构也不尽合理。所以，人才培养应作为今后林业经济管理学科发展的基础战略给以高度重视，应通过规范教育、研究实践和学术交流等多种途径培养后备林业经济管理人才，并通过系统化研究的开展和重点研究项目的攻关构建具有创新性的研究团队。

(4) 加强国际合作和交流。由于发达国家林业经济管理研究相对水平较高，对他们研究积累和研究经验的学习可以帮助我们尽快提升林业经济管理研究的能力。通过国际交流与合作，也可以为国际研究资源进入中国林业经济研究领域搭建平台，也将促进中国林业经济管理学科发展和科学研究进一步与国际接轨。

(5) 加强林业经济与林业自然学科的合作研究。林业经济管理学科研究的对象特点决定了林业自然科学研究是进行林业经济管理研究的技术基础。同时，林业自然学科研究的成果应用和效益的发挥也需要通过林业经济管理研究才能更好地得以实现。所以，今后林业经济管理研究应更注意与林业自然学科研究的联合和协作。

参考文献

1. 蒋海．对当前林业经济理论基础和研究前沿的几点认识——兼与李周同志商榷．林业经济，1997年第6期：57~60
2. 张建国．我国林业经济管理学科发展的探索．林业经济问题，2004年6月第24卷第3期：129~131
3. 黄鹤羽．二十世纪中国林业科学备忘录．中国林业，2001年第1期：24~26
4. 张维胜．关于林业经济学理论建设的探讨．山西林业，2002年第3期：11~12
5. 刘璨，吴水荣，赵云朝．森林资源与环境经济学研究的几个问题．林业经济，2001年第9期：22~26，34
6. 刘璨，吴水荣，赵云朝．森林资源与环境经济学研究的几个问题（续）．林业经济，2002年第2期：32~35
7. 全国林业经济理论讨论会纪要．农业经济问题，1981年第1期：3~11
8. 《中国林业经济学会企业管理研究会2005年年会暨第16次学术研讨会》纪要．中国林业企业，2005年9月，总第74期：55
9. 杨丽华．知识经济条件下我国林业企业的管理创新．中国林业，2004.4A：38~39

10. 杨长峰，赵萱．中国林经学会林业企业管理研究会2002年年会暨十三次学术讨论会在南宁举行．林业经济，2002年10期：41
11. 蒋敏元，朱洪革．国外森林可持续经营经济学研究综述．中国林业经济，2006年第3期（总第78期）：6~8，19
12. 刘璨．国外社区林业发展新动态．林业经济，1998年第4期：69~77
13. 王幼臣，刘璨，陈万美．访德林业经济学术交流综述．林业经济，1996年第3期：71~76
14. 廖显春．德国林业经济学术研究综述．湖北林业科技，2000第4期（总第114期）：36~38
15. 葛新蓉．俄罗斯西伯利亚地区林业经济发展态势分析．俄罗斯中亚东欧市场，2006年第5期：3~8
16. 董妍，林则昌，周艳伟，王焕良，伍祖祎，刘璨．巴西林业发展与反贫困．林业经济，2006年第3期：69~73
17. 陈建成，徐晋涛，田明华．中国林业技术经济理论与实践．北京：中国林业出版社，2006，6：1~4
18. 张力．林业政策与法规．北京：中国林业出版社，2003，8：1~4
19. 关百钧，魏宝麟．世界林业发展概论．北京：中国林业出版社，1994，8：255~287
20. 何丕坤，何俊．中国社会林业发展的回顾与展望．绿色中国，2004年03M期：74~78
21. 高双林，宋长义，吴友苗．加快林业学科建设为林业可持续发展提供创新人才和科技支撑．中国林业教育，2006年第1期：6~8，5
22. 李化树．大学学科建设探讨．西华大学学报（哲学社会科学版），2006年4月第2期：101~105
23. 叶绍明，郑小贤．国内外林业碳汇项目最新进展及对策探讨，林业经济，2006年第4期：64~68
24. 李顺龙，杜咏梅，蒋敏元．我国森林碳汇问题初探．林业财务与会计，2004年第7期：5~6
25. 李怒云，宋纬明，章升东．中国林业碳汇管理现状与展望．绿色中国：理论版，2005年第03M期：23~26
26. 龚亚珍，李怒云．中国林业碳汇项目的需求分析与设计思路．林业经济胡，2006年第6期：36~38，53
27. 王雪红．林业碳汇项目及其在中国发展潜力浅析．世界林业研究，2003年8月第16卷第4期：7~12
28. 闫淑君，洪伟．森林碳汇项目产权界定与价值评估的有关问题探讨．林业工作研究，2003年第12期：18~26
29. 林德荣，李智勇．试析森林碳汇服务市场化的经济学基础．林业经济问题，2006年第26卷第2期：105~108
30. 林德荣．森林碳汇服务市场交易成本问题研究．北京林业大学学报（社会科学版），2005年第4卷第4期：46~49
31. 林德荣，李智勇，支玲．森林碳汇市场的演进及展望．世界林业研究，2005年第18卷第1期：1~5
32. 刘丽萍，李淑艳，高岚．退耕还林政策中农户利益分析．绿色中国：理论版，2005年第11M期：40~42
33. 缪光平，高岚．天然林资源保护政策问题分析及建议．绿色中国：理论版，2005年第05M期：32~36
34. 崔科，张大红，王立群．退耕还林生态学与经济学理论依据探索．林业经济，2003年第5期：35~36
35. 刘勇，颜颖，夏自谦．关于开展林业重点工程后评价工作的思考．林业经济，2006年第2期：37~40
36. 田治威．关于我国林业生态工程建设中经济活力问题的思考．林业经济，1995年第5期：25~27
37. 王秋菊，王立群．森林认证对我国林业产业发展的影响．中国林业经济，2006年3月总第77期，42~44
38. 李立华，孟令义，孟祥彬．森林认证与森林可持续经营研究．中国林副产业，2006年第1期，总第80期：73~74
39. 刘燕，田明华．关于森林认证本质的探讨．林业经济，2006年第4期：32~35
40. 李青青．第一届木质生物质能源转化及其高效利用国际会议在京召开．中国人造板，2006年第6

期：41

41. 罗晓春，战廷文，李宁宁．发展林业生物质能源缓解能源供应紧张．应用能源技术，2006年第4期（总第100期）：5~8
42. 吕文，张彩虹，张大红，俞国胜，袁湘月，张兰，王莹，王国胜，于国续，刘金亮．林木生物质能源发电供热技术路线初步研究．中国林业产业，2006年第4期：39~44
43. 吕勇，安里练雄．森林认证现状与发展趋势．中南林学院学报，2004年第24卷第1期：78~82
44. 少呆．德国的森林认证．世界林业动态，2005年第18期：4~5
45. 李星．东盟各国森林认证现状．世界林业动态，2005年第3期：4~6
46. 雷加富．关于相持阶段的林业产业发展问题．中国林业经济，2006年1月总第76期：7~15

林业统计学的发展历程和当前研究的主要问题

刘俊昌　陈文汇

（北京林业大学经济管理学院，北京，100083）

摘要： 本文对我国林业统计学研究对象和范畴进行界定，分析了国外林业统计学的发展情况，将我国林业统计学的发展分为解放前林业统计工作的出现、改革开放前林业统计工作的完备、改革开放后林业统计学的诞生、林业统计学的改革与发展和林业统计学发展的新阶段等5个阶段，并分别阐述了每个阶段的发展情况。并对当前我国林业统计研究的主要问题进行了归纳。

关键词： 林业统计；林业统计学；林业

1　林业统计学的研究对象与范畴

1.1　内涵界定

林业统计学是从数量方面研究林业经济发展和变化规律的方法论科学。它主要从规模、水平、速度和比例关系等方面反映林业经济现象的现状及其变化过程，并在个体样本调查，收集整理的基础上，探索林业经济现象的整体特征和内在数量规律性。林业统计学作为社会经济统计学的一个分支，它以社会经济统计学理论和方法为基础，结合林业经济理论以及林业发展的特殊性，形成自身特有的统计理论与方法，来指导林业统计工作的开展统计活动。

1.2　研究对象

林业统计工作是以林业经济现象为对象，研究林业经济规律性在具体的地点和时间条件下的数量表现。林业统计学是在林业统计工作的基础上产生的，是方法论科学，它以林业统计工作活动为研究对象，研究林业统计活动的规律和方法，研究林业生产过程的指标体系、资料的收集、整理、计算和分析的理论和方法，反映林业经济现象的内在规律和发展趋势。

1.3　研究的范畴和内容

林业统计学的研究范畴源于林业经济现象的范畴和内容。作为部门经济学，林业经济学主要是研究林业部门的各种经济现象和内在规律性的，因此林业统计学的研究范畴就在于林业部门的林业生产、分配、流通、交换以及与森林相关的经济、社会和生态效益统计与核算。随着我国林业的发展，当前林业既是一项生态建设事业，为社会提供生态服务，也是一项生产性产业，为社会提供木材、资源景观服务等多种产品，而且这两种职能相互交叉融合，衍生出多种复杂的经济活动。同时随着森林资源保护与利用方式的不断发展变化，产生了更多的新型具体林业产业形态和类别，与国民经济其他产业的融合交叉更为密切，使得林业生产经营活动的范围不断扩大演化，林业经济现象的复杂性和多样性更加明显。相应的林业统计学的研究范围也就更加广泛，研究内容更加复杂。

具体而言，林业生产活动是围绕着森林经营利用而展开的，主要包括营林、森林采运、林产品加工等物质生产部分，也包括以森林景观为主形成的生态旅游、野生动物观赏、娱乐等服务活动。相应的林业统计学的内容也就是包括营林生产统计、森工生产统计、森林提供的以林产品为主的各类产品的批发、销售、价格和分配等方面的统计以及森林景观为主形成的各类服务活动的统计等。

此外，林业统计作为部门统计学，还具有宏观经济统计的职能作用。按照国民经济统计核算体系，还应该包括对森林资源、林业资金、林业经济效益等宏观整体部分的统计。另外，随着科技在林业产业发展中的作用日益重要，研究如何设置一套反映林业部门特征的林业科技统计指标体系，也是林业统计学必不可少的内容。当前，林业的社会性职能体现的越来越显著，由此产生的各类林业经济现象活动也日益繁多，因此，对于林业的社会贡献力、对社会经济发展的影响等方面的统计也日益成为林业统计学研究的新内容。伴随着林业经济发展的变化，林业统计学的研究范围也在不断发展变化。

2 国外林业统计学的发展情况

2.1 北美林业统计学的发展情况

在北美，林业统计学属于林业类专业的专业课程内容。由于北美大学教育课程多是宽口径，设置的核心课程很少，因此林业统计学的内容大多融在林业管理以及林业经济类课程当中。从耶鲁大学的林业与环境研究学院（Yale school of forestry & environmental studies）的林业管理专业（forest management）的课程设置介绍来看，其中Forest Management：Techniques and Tools for Strategic and Tactical Management、Forest Dynamics：Growth and Development of Forest Stands、Forest Financial Analysis等课程中涵盖有关森林资源利用统计、林木价值核算评估以及有关林业投资、经济效益方面的统计内容。另外，加拿大的林业专业大学课程中设有林业描述（description of forestry）课程，包括有本国和世界森林和林业发展情况的统计描述。基本的统计知识与方法则在公共类课程中学习，如经济统计、商务统计、回归分析方法应用等课程讲授通用方法，学生在林业实践中结合林业特点进行应用。

2.2 欧洲林业统计学的发展情况

欧洲林业统计学的发展因各国林业发展的不同而有所不同。在北欧森林资源丰富的三个国家林业类专业设置的比较详细。有关林业统计学内容大多作为林业经济学和林业管理两个专业的专业课程内容讲授。具体而言林业统计学内容主要在林产工业、林业管理、林业政策和林产品市场等专业课程中具体讲授。比如，芬兰的赫尔辛基大学（University of Helsinki）在林业经济专业中设置的与林业统计学内容相关的课程主要有林业经济和管理中的方法（the method in forest economics and management）、林业管理中的统计学（the key and statistics in forestry management）、木材产业经济学（Economics of the timber industry）、市场计划学（Market planning）。另外，北欧大多林业类专业都设置有林业描述（description of forestry）课程，这其中都包括有对本国和世界森林和林业发展情况的基本统计描述。

而欧洲其他国家和美国相似，大多设置有林业和林业科学等林业类专业。而这其中林业类课程中关于林业统计学内容主要有两种情况：一是在课程设置中讲授统计学和统计学在林业中的应用等内容的课程，具体讲授森林资源统计、林产品市场及统计等内容，如英国第一个提供林业学位的威尔士大学（University of Wales）；二是在林业管理、林业经济、林业计划等课程中具体讲授森林资源统计和林产品及市场统计的内容，如英国的阿伯丁大学（University of Aberdeen）。这些国家的大学教学中大多讲授林业统计学的森林资源统计和林产品的相关统计内容，而对于其他林业投资、综合分析、科技进步等由公共类统计演化过来的内容在本科阶段涉及不多，大多是研究生阶段根据研究情况设置专题探讨。

2.3 亚洲林业统计学的发展情况

从查阅的文献看，亚洲各国林业统计学的内容主要属于林业科学或者森林环境类专业的专业课程内容。在日本，大部分大学把林业统计学的内容作为森林管理和林业政策学的一部分教学内容给本科生讲授，少部分学校把林业统计学作为独立的课程给本科生教授。讲授的内容大多包括两个部分；一是统计学在林业中的运用；二是林业生产管理中的统计工作。前者一般运用《统计学》、《数理统计学》、《数学在林业中的应用》等参考书；后者主要是利用日本政府发行的《日本林业发展白皮书》以及其他相关专著作为参考书。在研究生阶段，林业类专业大多都开设林业统计学专题，讲授的内容和本科生相似，但是更加深入具体。不同的教授会根据自身研究和研究生的研究内容来确定探讨的内容，一般包括两部分内容：一是统计学（包括数理统计、数学）的研究方法在具体研究的林业问题中的运用；二是林业管理中的统计分析，主要利用日本政府发行的《日本林业统计要览》、《日本林业发展白皮书》和地方林业统计要览作为参考书目，另外，就是利用发表的林业统计类论文。在出版专著方面，从查阅的资料来看，与本专业相关的专著主要有两部，一是《数学在林业中的应用》，二是近藤正已主编，地球出版社出版的《林业统计学基础与应用》。近年来，日本本科生教育更趋向于宽口径教学，大学生从三年级开始分专业上专业课程，并进入研究室开始学习研究工作。因此，所设核心专业课并不多，具体内容的专业课多由各研究方向的老师根据学生研究工作需要自行开设，所以专门的书籍运用的很少，大多根据研究方向以《日本林业统计要览》和《日本林业发展白皮书》等基础数据作为基础讲授林业统计学的相关内容。

在斯里兰卡的林业和环境科学专业中，大学阶段，林业统计学内容主要在全国及全球森林资源（Global and National Forest Resources）、林产工业与林产品（Forest Products and Industries）、森林管理（Forest Management）当中讲授。而研究生阶段，专门设置了统计与计算（Statistics and computing）课程，讲授林业中的有关统计的方法和计算问题。其他有关内容则在森林管理（Forest Management），森林多种利用管理（ Multiple-use forest management），环境政策与计划（Environmental policy and planning）等课程穿插讲授。

2.4 澳大利亚和新西兰林业统计学的发展情况

在澳大利亚，林业统计学同样属于林业类专业的专业课程内容。在澳大利亚国立大学（Australian national university），本科阶段，具体内容在澳大利亚林业（Australian forestry），森林政策与实践（forest policies and practices），森林产品（forest products），森林管理（forest management）和一些专题中分别讲授。研究生阶段除了上述课程的深入讲授以外，还开设有环境和森林核算（environment and forest accounting）、高级森林管理（advanced forest management）等课程内容中涉及到森林资源统计核算方面的内容。新西兰的高等教育和澳大利亚相似，而且很多依附与澳大利亚高等教育，林业统计学的内容基本也是在其他课程内容讲授。在新西兰林学院（new Zealand school of forestry），林学专业设置中有林业经济（Forest Economics），森林管理（Forest Management），林产品市场和国际贸易（Forest Products Marketing and International Trade），林业财务（Forest Finance）等课程中涉及到森林资源统计、资源利用统计与核算、林产品市场和贸易统计、林业投资资金和经济效益统计等内容。

3 我国林业统计学的发展历程

3.1 建国以前的林业统计工作

建国以前，我国林业是农业的构成部分，林业生产经营活动属于农村经济的组成部分，因此专门的统计内容很少。自20世纪初统计传入我国，主要是学习欧美等西方国家的统计理论。清末维新变革，开始在各部门设立规模不大的统计机构。民国初年北京政府承袭清末遗制，在所设各部中设立统计科，这其中包括农林部。后几经变革到国民政府时期，除设立中央统计局外，各部依旧设有统计科。其中林业统计是依附于农业统计当中的。民国时期的农业统计，只是为数不多的登记、整理、汇总资料的工作，所发表的数字大都系各有关部门的估计数，从未举办过全国性的农业普查。民国2年（1913年）由农商部编制的《第一次农商统计表》中农业部分中包括的林业统计内容主要有四个方面：一是在农户田圃和耕地数中包括有山林面积；二是桑田、茶田；三是茶；四是荒地。随后在国民政府时期，分别进行过几次农业专项调查，其中也涵盖有山林、桑茶等林业方面的统计。从民国22年（1931年），农村部中央农业实验所开展了农业调查，形成了《农情报告》，这其中也包括茶桑以及农业副业情况统计，随后农林部统计室根据汇总材料编写的《农林统计手册》中也有关于茶桑以及其他林产品的统计内容。民国30年（1941年）订成了《中央政府公务统计方案纲目》，这其中40个类中也包括林业这一类别。

3.2 改革开放以前的林业统计工作

建国以后，为了适应对林业生产的监控和管理的需要，在借鉴和学习前苏联的经验与模式的基础上建立起了我国的林业统计制度，林业统计工作也逐渐建立健全起来。在林业生产实践中，建国后大力进行植树造林，全国建立3 893个林场，经营面积69 406.4万亩，有林地面积13 150.6万亩，森林蓄积104 565.5万立方米。木材采运企业1 641个，木材加工企业231个，林产化工企业119个，林业生产经营活动逐渐发展起来，林业成为国民经济的一个重要部门，林业统计工作也就逐渐开展起来。同时林业统计制度也逐步开始建立，1960年国家统计局公布了“农业总产值计算方案”，比较系统地规范了林业总产值的计算范围与方法，促进了林业统计的发展。这一时期林业统计工作主要是准确、及时、全面、系统的搜集整理和分析反映林业生产经营管理活动的全过程的统计资料，为了解林业生产建设情况和问题，制定政策和科学管理服务。这一时期，根据林业生产经营活动的发展，林业统计的各项具体内容逐步形成并开始在实际工作中运用，关于营造林、森林工业生产、林产品等方面的统计内容和具体构成逐渐形成，基本形成了林业统计工作的基本框架。

北京林业大学和东北林业大学20世纪60年代初在林业经济管理专业中开设了林业统计课程，系统地讲授林业统计的方法与统计指标。北京林业大学1961年编写了内部讲义《林业统计教学参考》，1962年形成了《林业统计》内部教材，主要讲授营林、森林资源和森林工业生产的相关统计内容，由于当时的经济活动中对产品销售和流通不太重视，林业统计的教学中没有产品销售、价格等方面的统计内容，主要是生产统计。以后随着林业统计工作实践和林业统计教学和科研人员的共同努力，林业统计课程的内容也逐步丰富起来，教学内容覆盖了营林和森林工业生产中的人财物，在森林资源统计和林业综合统计分析方面有了较为全面的介绍，林业统计学的雏形也在统计学理论和林业统计工作的结合中逐渐形成。

3.3 林业统计学的诞生（1978～1988 年）

改革开放以后，伴随着林业的发展，林业统计工作逐渐恢复发展，林业统计学逐渐形成相对独立的学科框架。为适应林业部门、统计工作和国家对基层林业统计人员业务培训的需要，1980 年林业部组织撰写了《林业统计讲义》的内部材料在全国林业统计师资训练班使用。之后在广泛征求训练班学员和各级林业部门的意见，又邀请林业部各业务局院同志参加讨论的基础上，编写了《林业统计》一书，于 1981 年 12 月由中国林业出版社正式出版。虽然这本书主要是适应各级林业部门统计干部培训和林业职工学习参考使用，但本书已经形成了林业统计学作为独立学科的内容框架，包括了作为部门统计学所必备的基本内容。本书具体包括有林业统计研究的对象和任务、统计调查和资料整理、统计核算的基本方法以及林业统计分析等统计基础理论知识，同时结合当时的统计规章制度和林业部门统计工作的实践，阐述了营林生产、森林工业生产、生产和动力设备、森林工业产品生产能力、劳动工资、基本建设、物资供应和产品销售、财务成本及农副业生产等具体林业生活经营活动的专业统计的基本理论和方法。

北京林业大学经过 20 多年的林业统计学的教学实践，林业统计学内部讲义逐步完善，到上世纪 80 年代已形成了包括营林、森林工业生产统计、森林资源统计、林产品销售、林业财务成本统计、林业经济综合分析等内容的林业统计学框架。1986 年，由北京林业大学牵头，在各高等林业院校林业统计学课程讲义的基础上，组织编写全国高等林业院校试用教材《统计学原理与林业统计学》，由中国林业出版社于 1988 年正式出版。这是我国高等院校正式出版的第一本林业统计学教材，它的出版也标志着林业统计学作为高等教育的专业课程的发展进入了一个新阶段。这本教材主要作为林业经济和林业财务会计专业的林业统计学教材使用，全书共十九章，主要包括两大部分内容：前面一部分是有关统计学原理的相关基本知识，包括第一到十章，后一部分是林业统计学部分，包括第十一到十九章。其中林业统计部分主要包括森林资源与利用统计、营林生产统计、森林工业生产统计、林业产值统计、林业劳动工资统计、林业生产设备和林区道路统计、林业物资统计、林业财务成本统计和林业统计分析。这些内容全面概括了林业统计工作的内容，并以统计学基本理论为指导，给出了这些具体统计工作的基本理论和方法，正式形成了林业统计学这一学科。

在这一时期林业统计的研究也比较活跃。比较集中的研究内容主要在林价、林业产值方面，同时形成了比较系统的统计指标体系。王长富和张建国先生在林业经济杂志 1980 年第 1 期上，发表了题为“中国林价问题初探”的论文，掀起了林价研究的热潮。随后，杨芳华、简根源、帅宗和、陈太山、任恒祺、翟中齐等一大批专家学者都在这方面进行了研究，提出各自的观点看法。1982 年中国林业科学研究院林业经济研究所孔繁文先生的林价研究课题组提出了我国的林价基本理论和林价计算方案及实施方案，并于 1988 年正式出版了《林业产值理论方法与应用》一书。

改革开放以后，随着整个林业建设的逐渐恢复，林业统计工作也逐渐形成了系统的林业统计指标体系。国家林业部门先后编写了《营林生产主要统计指标解释》（1983）、《森工生产统计指标解释》（1985）、《劳动工资统计主要指标解释》（1985）和《固定资产投资统计指标解释》（1985）等一系列针对具体统计报表的指标解释性的工作手册，对林业统计指标进行了系统全面的解释。

3.4 林业统计学的发展与改革阶段（1988～1996年）

自《统计学原理与林业统计学》一书出版后，它一直作为我国高等林业院校教材。在这以后随着我国林业的发展，林业统计学的研究内容也在不断拓展变化，这其中尤其突出的就是有关森林资源统计核算的相关内容。80代年中后期，全球资源短缺和环境恶化引起了各国的广泛重视，有关森林资源保护与持续利用问题逐渐得到各国重视。1989年在林业部和美国世界资源研究所以及福特基金会的支持和资助下，由国务院发展研究中心主持的“自然资源核算及纳入国民经济核算体系的研究”。其中孔繁文等先生承担了森林资源方面的研究并于1990年编著了《自然资源核算初探》，由中国环境科学出版社出版，随后还由挪威农业大学出版社出版了《中国森林资源核算研究》（英文版）、中国环境科学出版社出版的《资源核算与持续发展》（英文版）。到1993年由人民中国出版社出版了《森林资源核算与国民经济核算体系》。这一时期以孔繁文为代表的诸多林业经济学和林业统计学方面的专家学者发表了多部专著和学术论文，对于森林资源统计、森林资源核算、林业产值等问题进行了深入探讨，由此极大的丰富了林业统计学的研究范畴和深度，丰富了这一学科的特色内容。

随着我国社会经济的发展，特别是林业统计学自身的发展变化，到20世纪90年代前期，1988年编写的林业统计学教材已经很难适应当时的教学需要。根据1994年林业部《关于下达1995年高等林业院校通用教材高校计划的通知》要求，由北京林业大学刘俊昌教授任主编组织编写新的林业统计学教材。新的全国高等林业院校试用教材《林业统计学》由中国林业出版社于1996年正式出版，这本教材更加系统全面的阐述了林业统计学这一学科研究的内容和具体的基本理论和研究方法。这本教材根据构建社会主义市场经济的要求和十年来我国林业统计研究的新成果基础上，对1988年版的林业统计学教材进行了较大的充实和修改。由于当时经济管理类专业已经把统计学原理作为专业基础课，因此本次林业统计学的修订删除了原有的统计学原理部分，增加了林业科技统计、林产品销售、林业增加值、价格统计和林业经济效益统计的内容，强化了林业劳动生产率部分，并修改调整了有关森林资源利用、林业产值以及原有的其他各部分的统计内容和有关方法。新的《林业统计学》教材共十四章，包括林业统计的基本概念、森林资源与利用统计、营林生产统计、森林工业生产统计、林业产值和林区国内生产总值统计、林业职工人数和劳动时间利用统计、林业劳动生产率和工资统计、林业生产设备和林区道路统计、林业科学技术进步统计、林业原材料和能源统计、林产品销售与价格统计、林业资金和成本统计、林业经济效益统计和林业综合统计分析，基本涵盖了所有的林业生产经营活动。

3.5 林业统计学发展的新阶段（1996年以后）

1996年版的《林业统计学》是在社会主义市场经济条件下，结合我国社会经济统计学理论和林业发展的新形势而形成的，因此具有很强的指导意义和包容性，一直作为我国高等林业院校林业统计学课程教材，同时也是林业统计工作的重要参考用书。这本教材是到目前为止林业统计研究领域中较为系统和全面的阐述这一学科构成内容的著作。

但随着世界可持续发展的不断深入，我国林业发展战略和重点的变化和调整，我国林业生产经营活动发生了一些重大变化，这就使得我国林业统计工作也随着发生了重要变化，林业统计工作的范围和领域不断拓展，内容不断完善。自1996年以来林业统计工作者进行了许多理论和实践上的探索，推动了林业统计的发展，概括来讲，主要有如下几方面：

一是林业指标体系的系统化和内容的拓展研究。统计指标体系一直是整个林业统计工作的核心载体，是反映整个林业生产经营活动的工具，因此适时地调整林业统计指标体系对于指导整个林业统计工作具有重要的现实意义。在对统计指标体系的研究中首先是原有林业统计指标体系的系统化完善。改革开放以来，国家林业部门先后编写了林业生产活动的统计指标解释的工作手册，但随着社会经济体制改革的深入，很多指标的意义发生了重大变化，有些指标已经不能满足林业统计工作的需要，因此，到2000年国家林业局组织编写了新的林业统计指标体系解释——《中国林业统计指标解释》（2000）。这一新的指标体系的正式出版，标志着我国第一次把林业统计指标体系进行系统地阐释。其次是林业指标体系内容的拓展。随着我国林业六大重点工程逐步启动，重点工程逐渐成为林业建设的主体构成部分，由于工程本身十分庞大，随着工程的实施，有关工程的进展、对社会经济影响等情况都需要进行时时监测。因此，关于重大工程的进展和社会经济监测指标体系成为林业统计指标体系拓展的重要新领域，国家林业局经济发展研究中心2003年开始对国家林业重点工程社会经济效益进行监测，设计了所需的统计与监测指标，每年发布监测报告。另外，到2000年，我国调整了林业发展战略，更加重视林业作为一项生态性和社会性事业的功能，因此林业统计指标体系中关于林业的可持续发展、对社会经济发展的影响和贡献力方面的指标研究成为新的研究领域。

二是关于森林资源的核算研究。在这一阶段，由于可持续发展的观点逐渐深入人心，社会各界对于森林资源的价值核算更加关注。无论是森林资源的直接经济价值，还是间接的社会价值和生态价值核算都成为这一时期研究的热点领域。关于森林资源的直接价值计算方面，2002年北京林业大学的刘俊昌教授完成了他的博士论文《我国林业产值计算的理论、实践与应用研究》，系统地分析了建国以来，我国林业产值研究的有关情况，并提出了在新形势下，我国林业产值计算的理论基础和具体方法。关于森林资源的生态价值核算的研究，中国林业科学研究院的侯元兆先生、北京林业大学的张颖副教授一直在进行这方面的研究工作，提出了一套系统的计算方法，并进行了试算。出版了几本具有较大影响的研究专著。另外在将森林资源核算纳入国民经济核算体系方面，侯元兆先生和张颖副教授也进行了深入研究，提出了具体的核算方法。在国家层面上提出绿色GDP以后，森林资源核算已经成为国民经济统计核算研究的构成部分。

另外，关于野生动植物资源保护与利用统计、森林资源的可持续利用统计等也逐渐日益成为林业统计学研究的新方向、新领域，不断丰富着林业统计学的研究内容和构成体系。

4 当前我国林业统计学研究的主要问题和未来发展的趋势

当前，随着我国林业的不断发展变化，作为反映林业发展现实的林业统计也随之不断发展变化。林业统计学的研究工作呈现出多样化的趋势，原有林业统计研究的内容不断深入，新的研究方向不断涌现，这一切都极大的丰富和充实了林业统计学的内容，促进了这一学科的发展。总体来看，当前林业统计学研究主要集中在三个方面：一是传统林业统计学研究内容的深入和拓展；二是林业发展新领域的统计研究；三是基于林业、森林资源和野生动植物资源的社会性统计研究。

首先是传统林业统计学研究内容的深入和拓展。主要有以下几部分内容：一是有关传统林业统计学中森林资源利用、营林生产、森林工业生产、林产品销售和贸易、林业科技进步等具体构成内容在新的社会经济条件下和林业发展变化的客观需要情况，进行的相关内容的深入研究调整。二是将林业作为一个整体，深入研究林业经济效益、林业综合分析以及林业对社会经济影响方面的统计、监测和预测研究。三是有关林业统计指标体系的研究，全面系统地对林业指标体系，尤其是林业产值、林业多种功能的综合体现方面的指标设置、评价等的指标体系研究。四是有关林业统计管理制度的调整研究。这主要是根据当前我国林业自身发展的调整和国民经济统计核算体系的改革所进行的林业部门内的统计管理制度的改革研究。

其次是林业发展新领域的统计研究。这主要是指在可持续发展、社会和谐发展、社会主义新农村建设对林业提出的新要求的基础上，形成的林业重点工程建设、林业可持续发展、林业现代化、乡村林业、城市林业等方面的统计核算、评价预测等方面的研究，比如林业现代化的评价指标体系研究、林业可持续发展的指标体系等。

三是基于林业、森林资源和野生动植物资源的社会性统计研究。这主要是从社会经济发展的角度，特别是国民经济统计核算体系的角度来研究林业、森林资源以及野生动植物资源对于社会经济发展、关联产业发展以及林业所体现的社会性功能方面的统计核算。当前主要进行的研究主要有林业建设的社会经济影响监测指标体系研究、森林资源核算纳入国民经济统计核算体系研究、野生动植物资源保护、培育利用行业的统计核算研究以及其他有关森林资源、野生动植物资源的生态性价值核算研究等。

林业既是一项产业又是一项事业，同时具有产业和事业的双重性质，承担着为国民经济发展和人类生存提供林产品和森林环境公共产品的重任。林业统计学的研究内容也必须在这两个方面逐步深入和完善。今后林业统计学的发展趋势，首先是完善林业产业统计体系和方法特别是在国民经济核算体系的框架中完善林业实物量和价值量的统计与核算，当务之急是改革和完善原有的林业统计体系，研究和制定出适合林业特点的林业增加值计算方案并付诸实施。其次是完善林产品目录，通过研究制定出包括全部林产品类别的产品目录并提出相应的统计方法。第三是加强非林非木林产品的统计核算研究，提出具有可操作性的统计指标和方法，全面反映林业生产的实际和贡献。第四，加强森林资源的统计核算研究，为绿色GDP核算做出应有的贡献。第五，继续深入进行森林生态效益的统计与计量研究，争取尽早实现对森林生态效益的客观统计与计量，为森林生态效益补偿提供基础支持和保障。

从社会经济的未来发展来看，林业不仅是国民经济的一个重要基础物质生产部门，更是

人与自然协调发展的主要组成部门，特别是随着经济水平的提高，有关林业的社会性和生态性的功能将日益增强。因此作为部门统计学的林业统计学在林业不断发展变化和社会经济发展对林业的需求不断变化的过程中，也将不断调整变化、拓展新的研究领域以便指导林业统计工作的发展，为制定科学的林业政策、促进林业生产经营活动的健康有序发展提供有力的支撑。

参考文献

[1] 北京林业大学．统计学原理与林业统计学[M]．北京：中国林业出版社，1988

[2] 陈太山，任恒琪，翟中齐．试论人工林立木价的构成．林业经济，1980（3）：49～54

[3] 国家林业局．中国林业统计指标解释[M]．北京：中国林业出版社，2000

[4] 孔繁文，何乃蕙．关于南方林区木材价格问题的研究，林业经济，1980（2）：1～12

[5] 孔繁文，高岚等．营林产值理论和方法的应用与分析．林业经济，1988（3）：43~49
[6] 孔繁文，何乃蕙，高岚．对我国森林资源价值的初步核算．林业经济，1990（3）：15~25
[7] 孔繁文，何乃蕙，高岚．中国森林资源核算研究（英文版）[M]．挪威：挪威农业大学出版社，1991
[8] 孔繁文，何乃蕙，杨文瑞．对林价中几个问题的看法．林业经济，1981（3）：15~17
[9] 孔繁文，何乃蕙．森林资源核算与国民经济核算体系[M]．北京：人民中国出版社，1993
[10] 孔繁文，何乃蕙等．对林业产值计算体系和方法的设想．林业经济，1983（6）：30~35
[11] 孔繁文，何乃蕙等．林业增加值计算方法研究．林业经济，1998（4）：62~68
[12] 孔繁文，何乃蕙．森林资源核算与国民经济核算体系．北京：人民中国出版社，1993
[13] 孔繁文．自然资源核算初探[M]．北京：中国环境科学出版社出版，1990
[14] 孔繁文等．林业产值理论方法与应用．北京：中国林业出版社，1988
[15] 孔繁文等．林业产值理论方法与应用[M]．北京：中国林业出版社，1988
[16] 李金昌，孔繁文．资源核算与持续发展（英文版）[M]．北京：中国环境科学出版社出版，1991
[17] 廖树材，刘选庭等．营林产值统计计算体系的改革及实际应用的可能性．林业经济，1987（3）：28~32，59
[18] 林业统计编写组．林业统计[M]．北京：中国林业出版社，1981
[19] 刘俊昌．林业统计学[M]．北京：中国林业出版社，1996
[20] 刘浪．关于林业总产值计算方法的探讨．林业经济，1983（5）：42~46
[21] 帅宗和．当前木材价格的存在问题及改进意见，林业经济，1984（4）：49~52
[22] 帅宗和．关于社会主义林价的探讨．林业经济，1980（2）：19~25
[23] 王长富，张建国．中国林价问题初探．林业经济，1980（1）：8~16
[24] Course Descriptions - Forestry [EB/OL], http://environment. yale. edu/442/forestry_ forest_ science_ and_ management/
[25] academic course - Department of Forest economics [EB/OL], http://www. helsinki. fi/english/.
[26] Introduction of School of Agricultural & Forest Sciences [EB/OL], http://www. safs. bangor. ac. uk/
[27] 近藤正巳．基礎と応用 林業の統計学[M]．地球社版
[28] http://www. agr. kyushu - u. ac. jp/houtou/timetable/second14b. htm（九州大学农学部地球森林科学专业课程设置）
[29] Department of Forestry and Environmental Science, UNIVERSITY OF SRI JAYEWARDENPURA, SRI LANKA [EB/OL], http://ybiol. tripod. com/forest/index. htm
[30] Forestry course [EB/OL], http://www. fore. canterbury. ac. nz/

退耕还林工程中社区参与机制的应用研究[①]

——以山西省和顺县为案例

许 勤[1] 赵 萱[1] 侯 宁[2]

(1 国家林业局经济发展研究中心,北京,100714;2 北京林业大学经济管理学院,北京,100083)

1 背景与意义

我国水土流失和土地荒漠化、沙化问题严峻。2002 年 1 月 21 日，水利部公布了全国第二次水土流失遥感调查结果：我国水土流失面积达 356 万平方千米，占国土面积的 37.1%，每年流失土壤达 50 亿吨。仅黄河每年流失的泥沙，若堆成高 1 米宽 1 米高的墙，可绕地球 27 圈。2002 年 1 月 30 日，国家林业局公布了第二次全国土地荒漠化、沙化土地监测结果：截至 1999 年，我国有荒漠化土地 267.4 万平方千米，占国土面积的 27.9%，荒漠化土地平均每年增加 1.04 万平方千米；全国沙化土地面积到 1999 年底为 174.31 万平方千米，占国土面积的 18.2%，受沙化影响的人口达 4 亿人，沙化土地扩展的速度为每年 3 436 平方千米，由此造成的直接经济损失每年达 540 亿元。尤其在西部地区，不断加剧的水土流失与土地荒漠化和沙化，使西部地区土地生产力严重衰退、生态急剧恶化，而且导致长江、黄河中下游地区江河湖泊和水库不断淤积，水患加重，同时也加剧了北方地区少雨干旱。西部地区脆弱的生态环境，不仅给本地区人民的生活与经济发展造成巨大损失，而且严重影响了下游地区乃至全国的经济发展。

为解决以上问题，我国正式启动了退耕还林工程。工程目标是：使长江和黄河上中游等地区的森林生态系统基本得到恢复，生态环境得到明显改善，为加快西部地区经济发展，推动农村产业结构调整，促进农民群众脱贫致富，实现我国现代化建设第三步战略目标提供生态保障。退耕还林作为一项国家重点工程，国务院有关部门及时出台了《关于开展 2000 年长江上游、黄河上中游地区退耕还林还草试点示范工作的通知》(林计发［2000］111 号)，明确了退耕还林政策，并规范了退耕还林试点工作。随后又相继出台了一系列有关经济补偿、资金管理、工程建设、检查验收、政策兑现等方面的办法、规程和标准，并经试行检验，包括:《以粮代赈、退耕还林还草的粮食供应暂行办法》、《退耕还林还草试点粮食补助资金财政、财务管理暂行办法》、《关于退耕还林还草试点地区农业税政策的通知》、《退耕还林还草生态林与经济林认定标准》(试行)、《退耕还林还草工程县级作业设计技术规程》(试行)、《退耕还林还草建设工程种苗管理办法》(试行)、《退耕还林还草工程建设检查验收办法》等。针对试点工作中出现的新情况、新问题，加强对退耕还林试点工作的指导，

---

① 本文为中国农业大学人文与发展学院福特基金资助项目子课题的部分内容。

国务院先后下发了《关于进一步做好退耕还林还草工作的若干意见》（国发［2000］24号）和《国务院关于进一步完善退耕还林政策措施的若干意见》（国发［2002］10号），进一步明确了国家对退耕还林的扶持政策。退耕还林条例则为依法退耕还林，保护退耕者的合法权益，巩固退耕还林成果，优化农村产业结构，改善生态环境提供重要的法律保障。至此，我国退耕还林的政策框架已基本形成。

目前退耕还林工程主要采取由政府全程运作的方式，实行“五到省”，由省级政府对国家负总责。即是将退耕还林工程的目标分解到省，任务下达到省，资金拨付到省，粮食分配到省，责任明确到省。

这样一种由政府全程运作的方式，要实现工程所确定的“黄河上中游等地区的森林生态系统基本得到恢复”、“推动农村产业结构调整，促进农民群众脱贫致富”的目标，特别需要应用社区林业发展的机制，强调社区群众与地方参与，尊重当地老百姓的意愿，把政府的目标溶入到老百姓的行动中，才能实现生态环境改善与农民脱贫致富的双赢目标。

我国3年来退耕还林的实践也证明：在确保生态目标的前提下，必须要兼顾农民的吃饭增收和地区经济发展问题，否则，退耕还林还草的成果也难以巩固。例如1981年宁夏西吉县利用世界粮食计划署援助，通过以粮代赈的形式退耕还林120多万亩，由于实施中只强调生态目标而没有兼顾农民的吃饭增收问题，没有兼顾地区经济的发展问题，也由于政策不完全到位，造成退耕后大面积返耕，据了解，退耕还林120多万亩，最后返耕近100万亩。因此，如何处理好生态目标与农民吃饭增收以及地区经济发展的关系，实现生态环境改善与农民脱贫致富的双赢目标十分重要，成为政府、国际社会和国内各界十分关注的问题。

本项案例研究的意义正在于：通过实证分析，探讨社区群众与地方参与机制在退耕还林工程中的应用途径，以期进一步尊重工程当地老百姓的意愿，在退耕还林的过程中将国家的生态建设目标溶入到农民脱贫致富的预期目标中，实现工程的持久运行。

2 研究方法

研究中主要采用实证分析方法，选取了山西省和顺县三个代表性的乡镇——义兴镇、松烟镇和马坊乡为案例点。在选取的三个乡镇中按照经济收入好、中、差标准各选取三个有代表性的村进行随机调查，共调查102个农户。由于直接的面对面调查，问卷回收率为100%，通过问卷调查，对退耕还林的现状、政策执行情况、农户参与程度以及政策实施的影响等进行剖析，以反应社区林业发展机制在退耕还林工程中的应用现状及所产生的效果。

本研究将半结构访谈和问卷调查相结合，应用参与式方法对案例点进行实地调研。调研之前研究组进行了精心的准备，设计了半结构访谈主题和内容详尽的农户调查问卷。调研过程中研究组得到了被调查农户的积极配合，并获得了很多与农户参与退耕还林工程相关的信息，同时研究组也向农户宣传了社区参与和退耕还林的有关知识。

3 农户意愿与需求

3.1 退耕还林完成情况

和顺县位于太行山中段西麓，山西省中东部。全县总面积2 250平方千米，其中山地面积约243万亩，占总面积72.1%；河谷川地约34万亩，占总面积的10%；丘陵地60.5万亩，占总面积的17.90%。和顺县辖5乡5镇、330个行政村。全县共有人口13.56万人，其中农业人口11.20万人，农村劳力3.90万个，人口密度为61人/平方千米。2002年全县国民生产总值39 850万元，实现财政收入4 698万元，粮食总产量达到30 180.5万千克；农民人均纯收入1 450元，人均占有粮食2 225.70千克，粮食主要种类为玉米、谷子、马铃薯、小杂粮；2002年林业总产值1 675万元，占农业总产值的18.36%，林业收入624万元，占农业总收入的1.70%。

和顺县2002年实施退耕还林工程，完成退耕还林3.65万亩，其中退耕1.50万亩、配套荒山造林2.15万亩，任务完成率为100%，造林成活率达90%。该工程涉及全县10个乡(镇)、110个行政村、4 943个农户。从林种情况看，完成生态林3.46万亩，占94.69%；完成经济林0.19万亩，占5.31%。从三个样本乡镇的情况看，共完成退耕还林任务占全县的34.76%，其中义兴镇退耕还林面积最多，且退耕还林的林种全部为生态林。

根据对三个样本乡镇102个农户的实地调查，农户参与退耕还林工程的积极性较高，102个样本农户全部参与了退耕还林及荒山荒地造林，完成退耕还林1 077.53亩，其中退耕地造林440.60亩、配套荒山造林636.93亩。由于所拥有的耕地状况以及对退耕还林的认识不同等原因，样本农户参与退耕的差异较大。以退耕地面积占退耕前耕地面积的比重来看，102个样本农户中最高的达到88.97%、最低的为4.76%、平均为29.07%。从退耕地造林与配套荒山荒地造林的情况来看，差异不大，义兴镇和马坊乡的平均比例均为1∶1.46，松烟镇为1∶1.40，102个样本农户的平均比例为1∶1.45。

3.2 对退耕地的评价与林种选择

对耕地的评价，农户认为，退耕土地主要为水土流失和粮食产量低而不稳的坡耕地。从退耕地的粮食产量来看，平均90.20%的退耕地产量低而不稳，9.80%的退耕地产量一般，没有产量较高的退耕地。从退耕地的水土流失情况看，62.75%的退耕地水土流失问题严重，34.31%的退耕地介于严重水土流失和轻度水土流失之间，仅有8.82%的退耕地为轻度水土流失。这反映出农户参与退耕还林的退耕地符合国家退耕还林的规划范围和要求。

在农户对退耕还林的林种选择方面，大部分农户愿意种植混交林，占52.94%；42.16%的农户选择纯林；4.90%的农户则表示既愿意种植混交林，也愿意种植纯林。从农户对林种偏好的原因来看，愿意种植混交林的农户中，72.22%的农户认为种植混交林有利于水土保持，9.26%的农户则认为是方便管理，个别农户认为中混交林成活率高；愿意种植纯林的农户中，32.56%的农户认为种植纯林方便管理，39.53%的农户认为种植纯林的收入高，16.28%则认为是有利于水土保持，6.98%的农户认为种植纯林方便管理而且收入高。由此可见，农户对林种的选择主要是出于两个方面的考虑，一个是生态环境方面的考虑，另一个则是经济收入方面的考虑，而生态环境方面的考虑起占主导作用，这主要是国家对退耕还林的宣传以及生态环境的恶化使人们的生态意识不断提高的结果。

3.3 农户退耕还林工程的动因

根据案例点的调查，农户对退耕还林生态工程建设比较了解，这除了中央政府的大力投资以外，还得益于地方政府在执行退耕还林政策过程中的宣传引导。当问及地方政府对退耕还林政策是否做过宣传讲解时，97.06%的农户回答地方政府进行了多次宣传讲解。在对待退耕还林的态度上，98.04%的农户表示支持，另有1.96%的农户表示无所谓，没有人表示反对。为什么农户要进行退耕还林呢？对于该问题，农户可以选择多个原因。在表示支持的农户中，从样本农户整体来看，“有补助”是农户参与退耕还林的主要原因，其次是由于“国家号召”，其次是为了“保护环境”，最后是由于“上级要求”；从各个样本乡镇的农户来看，经济收入水平较低的马坊乡农户更强调“有补助”这一原因，而经济收入水平较高的义兴镇农户则更强调“环境保护”这一原因。

根据调查，案例点生态环境状况不容乐观。40.20%的农户对社区当前的水土流失、风沙水旱灾害等情况不满意，49.02%的农户认为一般，只有10.78%的农户表示满意。面对不断退化的生态环境，农户对利用退耕还林等生态工程恢复和改善生态环境寄予了较高的期望。78.43%的农户认为退耕后能够防治水土流失；9.80%的农户认为退耕后不仅能防治水土流失，还能保护和建设基本农田；6.86%的农户认为退耕后除了防治水土流失和保护于建设基本农田外，还能提高粮食单产量。通过改善农村生态环境，退耕还林工程间接地为农民增收创造了条件。

3.4 农户对退耕还林补偿政策的要求

3.4.1 现金与实物补助的偏好

对于粮食补助，样本农户中71.57%的农户希望直接补助现金，19.61%的农户倾向于实物补助，其余8.82%的农户表示现金或实物补助均可。对于种苗补助，10.78%的农户希望直接补助现金，85.29%的农户则希望直接补助种苗，其余3.93%的农户表示补助现金或种苗均可。从上述可知，在粮食与种苗补助方面，农户对现金与实物的偏好完全相反。原因主要在于退耕还林工程对种苗的要求较高，而对农民来说，种苗选择具有一定技术要求，为了保证较高的造林成活率，实现退耕还林工程改善生态环境的目标，农民更希望政府直接补助种苗，并得到技术上的指导与帮助。

3.4.2 农户对补助标准的要求

从粮食补助方面看，样本农户中48.04%认为现行粮食补助标准是合理的，另外51.96%则认为现行粮食补助标准偏低。从现金补助方面看，45.10%的农户认为当前的现金补助标准是合理的，54.90%的农户认为该标准偏低；认为偏低的农户对现金补助标准的要求为每亩30~80元不等，是现行现金补助标准的1.5~4倍。从种苗补助方面看，49.02%的农户认为现行种苗补助标准是合理的；其余50.98%的农户认为该标准偏低，对种苗补助标准的要求为60~120元不等，是现行种苗补助标准的1.2~2.4倍。总体上来看，认为补助标准“合理”和“偏低”的农户所占的比重差别不大，除了认为现金补助标准偏低的人数略多一点之外，认为粮食补助标准、种苗补助标准合理与偏低的人数几乎相等。这表明农户对现行的粮食、现金和种苗补助标准基本上是满意的，在资金条件允许的情况下，可适当提高现金补助标准。

3.4.3 农户对补助年限的要求

在补助年限方面，样本农户中认为现行补助年限“合理”的农户占51.96%，认为“偏短”的农户占48.04%。如果减少或停止补助，只有15.69%的农户认为还能坚持退耕，其余84.31%的农户则认为自己将不能坚持退耕，但如果给予一些条件，如给予林木自主采伐权、给予低息或无息贷款发展其他项目、减免现行税收、提供新的就业机会等某个或多个条件，农户则表示仍然能够坚持退耕。因此，为了保证退耕还林的持续性，应该适当延长补助年限，或给予其他一些优惠条件吸引农户坚持退耕还林。

4 农户参与程度分析

4.1 规划设计

从案例点的情况看，林业主管部门按照下列步骤进行退耕还林工程规划设计：①通过广播、会议、标语、宣传小册子等形式宣传退耕还林的意义和政策；②收集土地、林业调查二手资料；③进行初步调查，与当地区、乡（镇）党政领导研究、协商、了解当地退耕还林的必要性和农民的意愿，预选退耕还林乡（镇）和地段；④由队、村、乡（镇）逐级向县林业局递交退耕还林申请，表明各级干部和农户的退耕还林意愿；⑤实地踏查和走访农户，进行退耕还林作业设计。即了解农户的退耕还林意愿，调查立地条件，规划退耕还林小班、地块和造林树种，填写退耕还林调查设计卡片；⑥当地乡（镇）政府与农户签订退耕还林合同，一式三份，退耕户、乡（镇）政府和县林业局各持一份。

根据对样本农户的调查，94.12%的农户表示退耕还林工程规划设计充分听取了自己的意见，并且表明他们是自愿退耕的，对国家的退耕还林政策表示拥护。但是还有5.88%的农户则认为退耕还林工程规划没有充分听取他们的意见。这主要是由于规划设计时，个别地方未充分尊重农户的意愿，有的只求集中成片，片面追求“形象工程”，而把不愿退耕的农户的土地，甚至良田好地一并纳入规划范畴，如样本农户中12.75%的农户表示是以全垦或带状方式整地。

4.2 组织管理

根据对案例点的实地调查，在树种确定方面，86.27%的样本农户表示是在技术人员指导下进行选择，仅有6.86%的农户是完全由自己选择树种，3.92%的农户是由上级行政指定。种苗采购方面，为了方便农户，降低成本，案例点主要由县乡统一采购或由村组织采购，其中前者占27.45%，后者占61.76%，10.78%为县乡采购与村组织采购相结合。造林方面，主要采取农户在技术员的指导下自己造林的方式，该方式占92.16%，由县乡统一组织造林以及完全由农户自己摸索造林的方式也有，但这种情况很少。在管护方面，主要采取农户自己管护的方式，占42.16%；有的地方采取村护林员协助管护的方式，占11.76%；也有的在农户自己管护的基础上将村护林员协助管护结合起来，占39.22%；还有的地方根据造林地的连片情况，在自己管护的基础上实行联户管护的方式，占5.88%。分析可知，和顺县在退耕还林工程的组织管理过程中，农户的参与程度较高，尤其是在造林与管护方面。

4.3 合同与权属管理

退耕还林的政策规定，尊重农民的意愿，不强迫农民退耕，并与农户签订退耕还林合同。从案例点的情况看，签订退耕还林合同条款时，82.75%的农户是由农户与政府协商制定的，12.75%的农户表示是由政府制定的。因此，在大部分情况下，退耕还林合同的签订能够充分尊重农民的意愿，对合同表示满意的农户占样本农户的89.22%。

退耕还林工程实行“谁造林、谁管护、谁受益”的原则，将责权利挂钩，积极引导和支持退耕后的农民大力治理荒山荒地，并把植树种草和管护任务长期承包到户到人，70年不变。退耕地造林后由当地县级人民政府逐块登记造册，及时核发林地权属证明，并纳入规范化管理。林木权属管理也是退耕还林工程中的一项重要内容，是调动和保护农民退耕还林积极性的核心，涉及到林木的所有权与采伐权以及林地的使用权等。

根据对样本农户的调查，92.16%的农户认为林地的所有权应该归自己；98.39%的农户认为林地所有权可以继承或转让；74.51%的农户认为对退耕地林木有采伐权，18.63%的农户则认为没有采伐权。农户对林权证的认识，有47.06%的农户认为林权证是林木权属证书，50.98%的农户认为林权证是林木与林地的权属证书，还有少数农户认为林权证是土地证书。当问及是否有林权证时，94.12%的农户回答没有林权证。具体到退耕还林地，样本农户中仅有2.94%的农户已经发放了林权证，11.76%的农户的林权证正在办理中，76.47%的农户还没有发放林权证。由此可见，退耕农户对拥有林地所有权、林木采伐权和林地使用权的主管愿望比较强，同时也符合国家退耕还林政策的规定。但退耕还林工程中对林权证的宣传与发放工作在一定程度上有所滞后，不利于保护和调动农户参与退耕还林工程的积极性。

4.4 培训情况

在培训参与方面，75.49%的样本农户或其家庭成员参加过社区培训项目。另外，通过本次调研活动，93.14%的农户接受了承包法或退耕还林模式方面的培训。根据调查，农户愿意接受的培训种类包括造林技术、林木与林地管理技术、畜牧业养殖技术以及政策规章等多方面，希望的培训方式主要有现场培训会或现场指导以及通过电视、广播等媒体宣传方式。

5 社区参与机制应用效果分析

5.1 应用现状

表1 和顺县退耕还林工程农户参与程度分析

评价指标		参与程度
农户对政策的了解		100%（97.06%的农户表示有关部门对政策多次宣传讲解）
农户对工程的态度		98.04%农户支持，1.96%农户无所谓，没有人反对
规划设计		94.12%农户表示充分听取他们的意见 5.88%农户表示部分听取了他们的意见
决策与实施	树种选择	6.86%农户完全自由选择， 86.27%农户在技术人员指导下选择， 3.92%农户是由上级行政指定
	种苗采购	27.45%农户由县乡统一采购， 61.76%农户由村组织采购， 10.78%农户由县乡与村组织采购相结合
	造林	92.16%农户在技术人员指导下自己造林， 7.84%农户完全自己造林或由县乡统一造林
	管护	42.16%由自己管护， 11.76%由村护林员协管， 39.22%自己管护和村护林员协管相结合， 5.88%联户管护
	合同签订	82.75%由农户与政府协商签订， 12.75%完全由政府签订， 4.50%未填写
工程质量的参与性检查验收		农户自查与有关部门督查相结合
退耕还林村务公开情况		各村均实行

案例点和顺县从2002年开展退耕还林工程，结合本地实际情况以及其他试点地区的经验教训，在一定程度上应用了社区林业发展机制。表1反应了案例点退耕还林工程实施过程中农户的参与程度。从调查结果来看，和顺县农户在退耕还林工程中的参与程度是较高的。

首先，通过广泛宣传使农民了解退耕还林的目标与政策措施。和顺县委、县政府抽调有关部门人员组成宣传队伍，利用“三下乡”活动的时机，深入各乡（镇）、村，大力宣传退耕还林的有关政策，共印发宣传资料3万余份，召开专题会议20余次，培训人数达2400余人次。通过多种宣传形式，农民对国务院关于退耕还林的有关政策、措施有了比较充分的了解，为农民更好地参与奠定了基础。

其次，在退耕还林工程的规划设计过程中考虑农民的意见。县林业局组织10余名工程技术人员，历时一个多月，对以退耕还林为主的重点工程进行了实地踏查，科学规划，编制了《和顺县退耕还林规划》，制定了《和顺县退耕还林实施方案》、《和顺县退耕还林技术标准及要点》，同时从苗木选用、需苗量和苗木来源入手，逐村逐乡进行摸底调查，初步掌握了全县可退耕地面积和现有苗木数量，为退耕还林工程顺利开展做了大量的前期准备工作。

其三，对退耕还林工程的检查监督。退耕还林工程实行县、乡、村三级目标考核责任制，并且层层签订了目标责任状，实行“三长”负责制。县委、县政府多次抽调涉农部门、组织部门、纪检监察部门组成督查组，深入全县退耕还林工程第一线进行督查检查，对工程实施中存在的经验和问题及时反馈县委、县政府。同时，农户也进行自查，出现问题及时汇报。但总的来看，农户参与检查监督的力度较小，还有待进一步加强。

其四，加大对退耕农户的培训力度，努力提高工程区广大群众的营林素质。要通过多种形式，使广大群众掌握适用的林业生产技术，掌握退耕还林的有关技术要求和规定，从而全面提高工程建设质量。

5.2 总体评价

和顺县从2002年开展退耕还林工程，在充分总结吸收试点期间各地的经验教训的基础上，结合当地社会、经济与环境资源条件，从各项具体政策的制定和实施的过程中考虑农户及农村社区的利益，在一定程度上应用了社区林业发展机制，并产生了积极的效果。

首先，农户对退耕还林的政策有了充分的了解。通过各种途径向农户宣传讲解退耕还林工程及相关政策，使大部分农户对退耕还林工程的目的、要求、钱粮补助标准和技术措施等有了充分详细的了解。

其次，通过社区林业发展的参与式调查与规划，了解了村民的真正需要，规划设计的可操作性增强。结合国家的要求和当地社会经济与自然条件以及农户的要求，使规划设计结果具有生态上的合理性、经济上的可行性和社会上的可接受性，同时适合当地社区的实际情况，而具有比较强的可操作性和适用性，对工程的顺利实施发挥着积极的指导和保障作用。

第三，提高了农户的参与意识和参与水平。通过社区林业参与机制，把政府行为和农户意愿结合在一起，确保了生态效益的目标并兼顾了提高农户收入及发展地方经济。

参考文献

1. 郭学斌．参与式方法在社区林业发展中的应用．林业与社会，2002（6）：12～14
2. 黄富祥，康慕谊，张新时．退耕还林还草过程中的经济补偿问题探讨．生态学报，2002，22（4）：471～478

3. 李世东. 中国退耕还林发展阶段研究. 世界林业研究, 2003, 16 (1): 36 ~ 41
4. 李燕凌. 退耕还林公共政策评估研究综述. 林业工作研究, 2003 (4) : 41 ~ 50
5. 刘伯霞. 西部农业退耕还林贺生态环境建设研究综述. 甘肃社会科学, 2001 (3): 69 ~ 72
6. 沈玉龙. 社区林业在退耕还林中的应用. 林业与社会, 2002 (3): 9 ~ 12
7. 先开炳, 王从耕, 郝永成. 参与式方法在退耕还林规划中的应用. 四川林业科技, 2001, 22 (4): 41 ~ 45
8. 杨明洪. 退耕还林 (草) 补偿问题的公共经济学分析——来自长江上游的报告. 四川大学出版社出版, 2002
9. 支玲. 从中外退耕还林背景看中国以粮代赈目标的多样性. 林业经济, 2001 (7): 29 ~ 31
10. 左停, 周圣坤, 钟兵仿. 退耕还林工程政策实施过程分析. 林业经济, 2001 (7): 29 ~ 31

退耕还林的经济影响及现行政策的调整

——以河北省为例的退耕还林政策研究

王爱民　许月明

（河北农业大学商学院，河北保定，071000）

内容提要：对退耕还林经济影响的分析是建立在广泛的实地调研基础上的。研究结果表明，从省域和县域范围来看，退耕还林对耕地和粮食的压力很小，但对退耕县的畜牧业、劳动力剩余、退耕农户家庭种植结构以及收入结构却产生了强烈的影响。此外，退耕还林的重点地区的林木预期收益受到诸多的法律局限，并具有很强的时滞性。据此，本项研究提出了一组相应的政策性建议。

关键词：退耕还林；经济影响；政策调整

作为一项公共工程，在技术相对成熟的条件下，政策对退耕还林的成效有着决定性的作用。为此，国家先后出台了包括《退耕还林条例》在内多项政策措施，分别在规划、检查、验收、补助以及财政、税收等各个环节对退耕还林工程进行了政策规范。然而，在退耕还林政策制定中客观上存在着两个不利因素：一是工程起动的时间较晚，尚处于试点阶段，无论是理论还是实践都有待于继续探索；二是退耕还林工程是以农户承包为基础而展开的，这一特点使其与其他生态工程有着重大差别，因此没有成功的经验可以完全的照搬和借鉴。当前在实践中所出现的监管、补助、种苗、林业产权制度以及区域经济结构调整与劳动力转移等诸多问题除体制性因素以外，与上述两个客观原因有着紧密的关系。然而，政策的不完善并没有阻挡住实践的步伐，1999 年退耕还林工程只在四川、陕西、甘肃 3 省展开试点，到 2000 年，试点范围就已扩展到 17 个省，2001 年又扩展到 20 个省（自治区、直辖市）的 244 个县，工程总投资为 76 亿元。整个工程扩展十分迅速，政策滞后也随之凸显。在这一背景下，退耕还林的政策研究就显得十分必要和紧迫。本项研究的意义在于，通过对退耕还林经济影响的全面分析，进而确定在经济、社会、环境协调发展的条件下最有效的政策反应，为政府决策提供帮助。由于研究条件的限制，本项研究选择河北省为研究案例，这一选择除河北省是国家首批试点区域这一原因之外，还基于以下理由：河北省坝上地区不仅是退耕还林重点区域，而且坝上各县全部是国家级贫困县，而我国退耕还林的重点区域也都集中在中西部的贫困地区，所以对河北省的研究具有典型性，所得出的研究结论应该具有某种普遍意义。

1　退耕还林对区域经济的影响

退耕还林对区域经济的影响主要包括以下几个方面：一是退耕还林对耕地面积和粮食产量的影响，二是对退耕县的畜牧业和劳动力剩余的影响，三是对退耕农户家庭种植结构的影响，四是对退耕农户收入结构的影响。

1.1 耕地面积和粮食产量的变化

从河北省全省范围来看，截至2003年，全省退耕地总面积为47082公顷，占全省耕地总面积的0.5%（此数字计算依据为2003年《河北省农村经济统计年鉴》和2003年《河北省林业综合统计资料》，以下数字计算相同）。较之退耕还林前的1999年，全省土地面积减少了0.49%。从这一数字来看，退耕还林政策实施以来，对全省耕地产生的压力很小。再从粮食产量来看，以每亩退耕地粮食产量为100kg计算，全省因退耕还林而造成粮食减产总量为7 062.3万kg，占2003年全省粮食总产量的0.21%。在不考虑其他影响因素的情况下，较之退耕前的1999年，全省粮食产量仅减少0.19个百分点。这说明，截止到目前为止，退耕还林没有对全省的粮食生产产生较强影响。

由于退耕还林区域的不均衡性，退耕还林工程对其所在区域的耕地面积和粮食产量产生的影响明显大于全省平均情况（见表1）。但从各工程县的具体情况来看，耕地面积减少最多的尚义，其减少比例也只有2.12%。其余各工程县均未超2%。再从粮食减少比例来看，各工程县均在1%以内。

表1 退耕还林工程对各工程县耕地和粮食产量的影响

Fig 1 Eflect of the project on farm land and grain output in involved counties

项目	张北县	唐保县	沽源县	尚义县	丰宁县	围场县	赞皇县	平山县	滦县	迁西县	抚宁县	临漳县	广平县	巨鹿县	满城县	涞水县	临城县	文安县
耕地减少比例（%）	1.98	1.42	1.67	2.12	1.92	1.91	1.43	1.17	1.65	1.45	1.86	1.50	1.13	1.78	0.56	0.57	0.63	0
粮食产量减少比例（%）	0.95	0.84	0.81	1.34	0.98	0.85	0.47	0.67	0.93	0.51	0.71	0.87	0.72	0.46	0.17	0.23	0.38	

资料来源：2000年、2003年《河北农村统计年鉴》，2001、2002、2003年《河北省林业综合统计资料》。

说明：表中耕地减少比例是以2003年各县退耕总面积与退耕前1999年各县耕地面积相比求得；粮食减少比例是以每亩退耕地100kg计算出各县退耕地粮食产量，再与退耕前1999年各县粮食总产量相比求得。

上述计算说明，无论从全省范围来看，还是从县域范围来看，退耕还林没有对耕地产生较大压力，对粮食生产的压力更小。其中粮食减少的比例明显小于耕地减少比例的原因是，退耕土地均为劣等地，粮食产量一般很低，例如河北坝上大部分地区粮食亩产均在100kg以下，而且因干旱撂荒的现象也较为普遍，故此，退耕还林对粮食产量的影响很小。

1.2 退耕还林对畜牧业的影响

从表2可以看出，在退耕还林前的1999年，18个工程县当中有13个县畜牧业产值占农业总产值的比重超过37%，高于当年全省平均水平。（1999年，全省畜牧业占农业总产值的比重为37.03%），这说明畜牧业在退耕还林工程实施区域具有重要的产业地位。如果对工程实施区域进行具体划分观察，坝上地区的张北、康保、沽源、尚义、丰宁、围场六县畜牧业产值占农业总产值的比重更高，分别比全省平均水平高出11、8、13、4、22、12个百分点，这说明畜牧业在这一区域处于主导地位。

与对耕地面积和粮食产量的影响相比，各工程县畜牧业在退耕还林之后发生了十分明显和巨大的变化。与退耕之前的1999年相比，除平山县以外，其余各工程县2002年畜牧业产值的下降幅度基本都在10%以上。其中，坝上地区六县和广平县、满城县、迁西县以及滦

表2 退耕前后畜牧业生产情况比较 单位：万元

Fig 2 Cattle production comparison before and after the implementation of the project

地 区	1999年			2002年			牧业产值变化比例
	畜牧业产值	农业总产值	畜牧业产值占农业总产值比重(%)	畜牧业产值	农业总产值	畜牧业产值占农业总产值（%）	
张北县	29 581	61 506	48	17 690	82 206	22	-40
康保县	17 263	38 230	45	12 053	44 320	27	-30
沽源县	17 605	34 807	50	10 641	35 513	30	-40
尚义县	12 324	29 986	41	6 489	35 856	18	-47
丰宁县	48 348	74 241	65	32 646	51 884	62	-32
围场县	44 248	89 477	49	21 785	60 963	36	-26
赞皇县	12 134	64 823	18	10 185	65 927	15	-16
平山县	49 385	132 100	37	51 232	95 139	54	37
滦 县	38 541	167 211	23	35 283	185 710	19	-8.4
迁西县	27 751	97 360	29	16 920	61 113	28	-39
抚宁县	65 300	155 607	42	37 933	161 482	23	-42
临漳县	64 574	180 737	36	43 510	111 910	39	-33
广平县	65 300	155 607	42	12 839	35 233	36	-80
巨鹿县	11 436	58 603	20	8 254	34 407	24	-28
满城县	45 643	122 857	37	30 067	125 941	24	-34
涞水县	28 858	70 410	41	13 131	70 348	17	-51
临城县	21 447	32 970	65	19 246	26 652	72	-10
文安县	38 892	100 790	39	32 448	109 669	30	-17

资料来源：1999年、2002年《河北省农村统计年鉴》。

水县的下降幅度均超过了30%。与之相对应，畜牧业产值占农业总产值的比重也基本全面下降，其中坝上地区除丰宁县以外，其余五县下降幅度均超过13%。

畜牧业总体规模的变化受多种因素的影响。其中价格、技术和生产成本等是影响畜牧业生产规模的主要因素。近期的一些研究表明，由于受国际上动物疫情的影响和居民收入水平的不断提高，国内肉牛市场、奶牛市场及羊产品市场普通供不应求。在需求的拉动下，上述畜牧产品价格持续上涨，其中牛肉价格为16元/kg，比1999年上涨了15.3%。羊肉价格7元/kg，比1999年上涨了16.7%，奶制品和羊绒价格也稳中有升。与此同时，牛羊的存栏规模也逐年上升（王广林，2003）。相比之下，技术对畜牧业的影响相对比较缓慢，但在技术不断进步的情况下，技术这一因素对畜牧业生产规模的影响应该呈现向上拉动的倾向。上述研究和分析表明，价格和技术不是退耕还林区域畜牧业产值大幅度下降的原因。相反，这两个因素反而会对畜牧产业产生向上拉动的作用。

在排除价格和技术两个因素之后，成本因素可能成为退耕还林区域畜牧业产值下降的主要原因。在研究中发现，上述各工程县畜牧业结构内部，牛、羊等草食性牲畜占有相当高的比例（见表3）。牛羊等草食性牲畜的饲养方式有两种，一种是放牧饲养，一种是舍饲饲养。2000年以前，坝上地区以及广平、满城、迁西和涞水等县由于草场和山草资源相对丰富，基本上采用放牧饲养的方式，而文安、临城、巨鹿、平山、赞皇等县由于秸秆资源相对丰富，基本采用舍饲饲养为主，放牧饲养为辅的饲养方式。2000年以后，河北省为配合退耕还林工程和扼制生态环境的恶化，陆续出台了各种禁牧措施，截止到2003年，张家口、承德两市已基本实现禁牧舍饲。由于坝上等地区秸秆资源相对稀缺，舍饲饲养所需要的青贮饲料只能购买取得，这就加大了饲养成本。据测算，坝上地区这种饲养方式的改变将使畜牧业生产成本上升24.5%（丁森林，2001）。正是这一原因，使坝上等地区农户饲养牧畜的数量急剧减少，而像文安、临城、巨鹿等县由于饲养方式的改变不大，其畜牧业生产规模也没有发生太大变化。关于这一点，在调研中也得到了证实。在抽样调查200个农户中，坝上地区农户普遍反映，由于政府严格禁牧，自有秸秆连烧材都很难满足，若舍养，青贮饲料只能到坝下的平原地区购买，这样成本太高。所以不得以只能将原先饲养的牛羊卖掉，只留下少部分牲畜用于农业生产使用。

表3　1999年末河北省各退耕还林工程县牛羊存栏数量占牲畜总存栏量比例　单位：百头

Fig 3　A ratio of oxen and sheep to the amount of livestock in the involved countess in 1999

项目	张北县	唐保县	沽源县	尚义县	丰宁县	围场县	赞皇县	平山县	滦　县
	85.32	81.41	79.25	61.34	83.26	81.21	70.70	75.37	64.25
项目	迁西县	抚宁县	临漳县	广平县	巨鹿县	满城县	涞水县	临城县	文安县
	70.67	71.58	61.34	59.26	58.36	50.15	76.37	73.45	54.34

资料来源：根据2000年《河北农村统计年鉴》整理计算。

1.3　退耕还林对农业产业结构的影响

由于退耕还林工程主要集中在生态脆弱地区，工程实施区域在全省乃至各工程县并不呈现均分布。因此，像对耕地面积和粮食产量的影响一样，退耕还林对农业产业结构的影响应该主要表现在实施退耕还林的乡（镇）这一区域。基于这一判断，本项研究选择了承德地区丰宁县的大滩镇、尚义县的七甲乡和文安县的滩镇3个乡（镇）作为典型区域进行案例研究。选择这3个乡（镇）的另一个理由是，大滩镇和尚义县属于坝上地区，是河北省第一批退耕还林试点县，而文安县虽然试点时间较晚，但属于平原地区，其社会、经济、自然条件存在很大差别。对这3个乡（镇）进行案例分析，是想实证退耕还林对不同区域的产业结构的影响是否存在差异。此外，上述3个乡（镇）的退耕面积占耕地面积的比例较大，对产业结构的影响可能更为明显。

从产业结构的本身含义来讲，农业产业结构的变动应该主要表现为其产业内部各组成部分之间产值比重的相对变化。但由于受到价格变动等因素的干扰，产值比重的变化难以进行准确确定。为此，本项研究采用各种农作物种植面积的变化和牲畜存栏量的变化等实物量指标来衡量产业结构的变动情况。这样方式的优点主要有两点：一是排除了价格因素的干扰；二是农业产业结构变动虽然表现为产值比重的变化，但最终产业结构的变化将体现在各种农作物种植面积和牲畜存栏量等实物量的变化上。

从表4和表5可以看出，退耕前的1999年，大滩镇和七甲乡的莜麦、小麦和土豆的种植面积占耕地总面积的比例均在20%以上。退耕还林当年这一比例没有发生太大变化。但从2001年开始，上述三种农作物中莜麦、小麦的种植比例急剧下降，而土豆、杂豆、蔬菜的种植比例却急剧上升。与此同时，牲畜存栏量也明显减少。种植结构的上述变化主要是由于退耕还林政策引起的。在退耕之前，农户所需粮食主要靠自己种植获得，退耕还林之后，这2个乡（镇）的农户退耕土地占到其原有土地的60%，所需粮食基本由政府补助获得。在这种粮食压力减少的情况下，土豆、杂豆、蔬菜种植比例自然上升。至于牲畜存栏数量的大幅度下降，主要是由于政府出台的禁牧措施所导致的。

表4 大滩镇退耕前后农业、畜牧业生产情况 单位：公顷、头

Fig 4 Agriculture and cattle production in Datan Town before and after the project

年份	耕地面积	各主要农作物面积占耕地总面积比例（%）					牲畜存栏量
		莜麦	小麦	土豆	杂豆	蔬菜	
1999	13 158	31.51	21.59	20.32	6.48	10.10	4 500
2000	5 243	28.62	23.08	18.53	16.47	13.30	4 451
2001	5 198	6.33	1.47	41.52	30.19	20.49	951
2002	5 176	6.30	1.54	41.41	30.13	20.50	992
2003	5 111	6.36	1.13	41.43	30.21	20.49	943

资料来源：根据大滩镇政府提供的数字和对农户抽样调查整理计算。

说明：在2003年对农户的回访调查中，农户普遍反映在2001年补助粮款兑现后，各种农作物种植面积基本没有发生变化，故2001～2003年各主要农作物种植面积占耕地总面积比例均按2001年水平处理，实际数字可能略有不同。

表5 七甲乡退耕前后农业、畜牧业生产情况 单位：公顷、头

Fig 5 Agriculture and cattle production in Qijia village before and after the project

年份	耕地面积	各主要农作物面积占耕地总面积比例（%）					牲畜存栏量
		莜麦	小麦	土豆	杂豆	蔬菜	
1999	3 538	30.61	18.70	21.19	10.22	5.28	4 675
2000	1 657	28.56	17.84	24.41	14.21	12.97	4 786
2001	1 542	8.34	2.17	46.31	28.15	15.03	1 012
2002	1 441	8.34	2.17	46.31	28.15	15.03	1 143
2003	1 403	8.34	2.17	46.31	28.15	15.03	1 002

资料来源：根据七甲乡政府提供的数字和对农户抽样调查整理计算。

说明：表中2001～2003年各种农作物耕种面积占耕地总面积比例以及牲畜存栏量确定依据与表4相同。

表6 滩镇退耕前后农业、畜牧业生产情况 单位：公顷、头

Fig 6 Agriculture and cattle production in Tan before and after the project

年份	耕地面积	各主要农作物面积占耕地总面积比例（%）					牲畜存栏量
		小麦	玉米	棉花	蔬菜	果树	
2001	2 848	67.51	45.12	15.61	18.3	17.5	1 896
2002	1 796	41.31	30.11	12.51	18.3	25.46	1 538
2003	1 794	41.31	30.11	12.51	18.3	25.46	1 653

资料来源：根据七甲乡政府提供的数字和对农户抽样调查整理计算。

说明：

①七甲乡退耕还林工程始于2002年，故此，用退耕前2001年数字和退耕后2002年、2003年数字相对比来说明该乡农业产业结构变动情况。

②由于春秋两季播种，所以表中各主要农作物播种面积比例之和大于100%。

③表中2002～2003年各种农作物及果树占耕地总面积比例的确定依据与表4相同。

与上述坝上2个乡（镇）相比，滩镇种植业结构的变动程度相对较小，虽然2002年退耕还林之后，小麦、玉米等粮食作物的种植面积有所下降，但在各种农作物种植面积比例中依然处于最高水平。这主要是由于该镇退耕面积相对较少，政府补助的粮食难以满足生活需

求，农户的生活用粮依然要靠种植取得这一原因所导致的。此外，该镇的粮食亩产（平均200kg/亩以上）高于国家补助，所以种粮依然具有很高的积极性，这也是导致该镇小麦、玉米等农作物种植面积比例处于较高水平的一个原因。值得注意的是，该镇在退耕还林之后，果树的种植面积比例有较大上升，这主要是由于退耕还林中还经济林比例较高所导致的。至于其牲畜存栏量基本没有发生变动的原因，是由于该镇牲畜的饲养方式历来以舍饲为主，故禁牧措施没有对其构成较大影响。

显然，从乡（镇）的区域来看，退耕还林对农业产业结构尤其是种植结构的变动产生了较强的影响。这种结构的变动呈现出以下几个特点：

首先，这种结构的变动是突然的，而不是渐进的。上述3个乡（镇）种植结构的变动均出现在退耕还林工程实施的第二年和第一年，在此前后无论是各种农作物的种植结构还是牲畜的存栏量都处于一种比较稳定的状态。这说明促使结构变动的退耕还林工程在上述区域的实施也不是渐进的，而是一次性的。而且，除退耕还林这一政策因素之外，并不存在明显的促使结构变动的其他因素。这预示着一旦拉结构变动的政策效应消失，例如5年或8年后停止补助，种植结构可能会返回到退耕前的状态。

其次，这种结构的变动不是利益诱导的结果。产业结构的变动的原因是由于各产业之间存在着不同的要素边际报酬率。在市场经济条件下，生产要素总是存在着由低报酬率领域向高边际报酬率领域流动的倾向，一旦形成这种流动，产业结构也就随之发生变动。依据这一理论，农户所具有生产要素在各种农作物之间的要素边际报酬率并不存在明显的差异，否则，目前种植结构的这种状态应该出现在退耕之前。这也说明，较之退耕前，目前这种种植结构的变化不会为农户的生产要素报酬带来明显的改善。

再次，这种结构的改变可能带来劳动力的大量剩余和劳动生产率的降低。上述农户种植结构的变化是在耕地面积大量缩减的情况下发生的，在这种情况下，如果农业劳动力向非农行业转移的比例在退耕前后没有发生明显的变化，农业劳动力剩余则是一种必然的现象。有两项调查结果可以证明上述判断。一是在对坝上地区的农户调查结果表明，1999~2003年，200户农户中出外打工的人数基本在40人左右，没有明显的增长趋势。二是在用24小时回忆法对20个退耕农户中主要劳动力调查中，在6月份20个主要劳动力的全天平均劳动时间只有3.8个小时，而在退耕还林之前，平均每天劳动大约为6~7个小时左右。这两项调查结果充分表明，退耕还林使退耕农户产生了大量的劳动力剩余。

从劳动力供给角度分析，一方面，劳动者追求较高的收入，有从低收入领域向高收入领域流动的倾向；另一方面，劳动力有追求自身发展和提高、寻求适合自身发展的环境和空间的价值取向。在即期劳动报酬相同的情况下，劳动力会流向为其提供发展机遇和发展空间的领域，即流向预期劳动报酬率较高的领域。从劳动力的需求角度分析，某一领域需要多少劳动力，主要取决于投入劳动的边际生产率，也就是说，取决于其所获得的利润的能力。这其中劳动者素质的高低是决定其能否向劳动报酬率较高领域流动的关键性因素。上述退耕还林区域所出现的劳动力大量剩余，政策只是其直接原因，而深层次的因素在于这一区域劳动力自身素质低下。

1.4 退耕还林对退耕农户收入的影响

从表7、图1可以看出，在退耕之前，坝上地区种植业和畜牧业是退耕农户的主要收入来源，两者合计占到农户总收入的70%。而退耕之后，由于耕地面积的大量减少和禁牧措施，种植业和畜牧业收入较之退耕前减少了48%。至于非农劳动收入，退耕前为20%，退耕后为23%，没有发生大的变化。农户在退耕后的收入来源，主要来自于粮款补助。据调查，农户退耕后补助收入占总收入的比例上升到55%。这一结果表明，按现行的补偿政策，补偿期过后，这一地区农户收入将下降55%，生产生活将受到严重影响，这对退耕还林后期成果的巩固是极其不利的。文安和临城两县在退耕前后收入构成也有所变动，但种植业、畜牧业和非农劳动三项收入依然是农户的主要收入来源，补助性收入在退耕之后只占到总收入的12%（表8、图2）。这表明即使国家停止补偿，农户的收入也不会受到太大的影响。

表7　坝上地区退耕农户退耕前后收入构成及所占比例（%）

Fig 7　Various revenues and their ratios to the income in Bashang area before and after the project

	种植业收入	畜牧业收入	非农劳动收入	补助收入
退耕前	32	38	20	10
退耕后	10	12	23	55

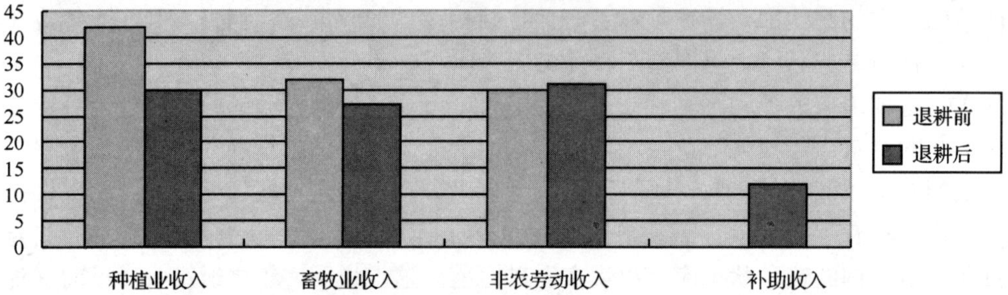

图1　坝上地区退耕农户退耕前后收入构成及所占比例（%）

Diagram 1　Various revenues and their ratios to the income in Bashang area before and after the project

资料来源：根据对农户抽样调查资料整理计算求得。

表8　文安、临城两县退耕农户退耕前后收入构成及所占比例（%）

Fig 8　The component of the income and a ratio of various to the income in wen'an and Lincheng before and after the project

	种植业收入	畜牧业收入	非农劳动收入	补助收入
退耕前	42	32	30	0
退耕后	30	27	31	12

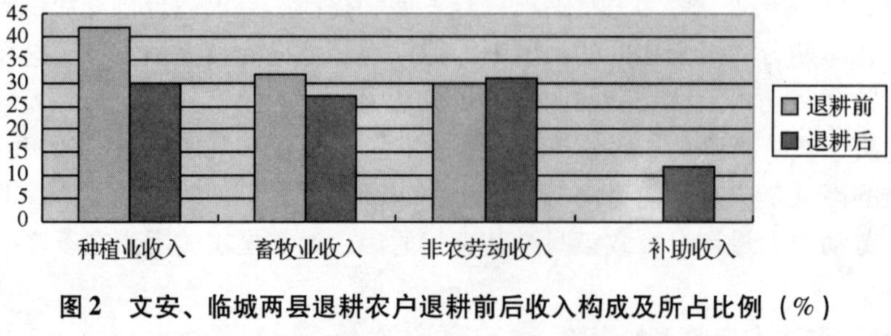

图2　文安、临城两县退耕农户退耕前后收入构成及所占比例（%）

Diagram 2　The component of the income and a ratio of various to the income in wen'an and Lincheng before and after the project

资料来源：根据对农户抽样调查资料整理计算求得。

2 林木收益权的法律局限和林木预期收益分析

2.1 林木收益权的法律局限

历史和现实反复证明，能否建立合理的林权制度是关系到林业发展的核心问题。因此，早在退耕还林试点工作开始之初，政府就已充分认识到了林权问题的重要性。2000 年 9 月国务院下发的《关于进一步做好退耕还林还草试点工作的若干意见》中第十四条明确提出："要在确定土地所有权和使用权的基础上，实行'谁退耕，谁造林，谁经营，谁受益'的政策"；2002 年 4 月又在《关于进一步完善退耕还林政策措施的若干意见》中提到，搞好退耕还林"林权是核心"；同年 6 月，国务院又出台了《退耕还林条例》，《退耕还林条例》第四十七条明确规定，"国家保护退耕还林者享有退耕土地上的林木（草）所有权，自行退耕还林的，土地承包经营权人享有退耕土地上的林木（草）所有权；委托他人还林或者与他人合作还林的，退耕土地上的林木（草）所有权由合同约定。退耕土地还林后，由县级人民政府依照森林法、草原法的有关规定发放林（草）权属证书，确认所有权和使用权，并依法办理土地变更登记手续"。

显然，对退耕土地上的林木所有权的界定是十分必要的，而林权证的发放使农户对其退耕土地上的林木取得了唯一合法的法律凭证。但问题是，持有林权证的农户到底具有哪些实际的权力？他们在取得林木所有权后能否具有收益权和获得期望的收益？这是退耕农户最为关心的。

林权是人们对森林资产的权力，林权政策是林业政策的核心内容。按照《中华人民共和国森林法》（以下简称《森林法》）以及《退耕还林条例》等其他相关法律规定，退耕农户应有以下几个具体权利：

（1）依法享有采伐利用权。《森林法》第三十一条规定，防护林和特种用途林"只准进行抚育和更新的采伐"，也就是说，防护林和特种用途林按批准的更新和抚育面积、强度拥有采伐使用权。与《森林法》的这一规定相吻合，《退耕还林条例》第五十条也明确规定，"资金和粮食补助期满后，在不破坏整体生态功能的前提下，经有关主管部门批准，退耕还林者可以依法对其所有的林木进行采伐"。这里的"依法"就是上述《森林法》第三十一条的规定。

（2）林中林下资源的采集使用权。《中华人民共和国森林法实施条例》（以下简称《森林法实施条例》第二十一条规定，禁止违反操作技术规程采集林中林下资源，也就是说只要符合操作技术规程，林权权利人有权对林中林下的果、脂等资源进行采集利用。关于这一点，退耕还林政策没有相关明确的规定，只是在《退耕还林条例》的第三十条中规定"禁止在退耕还林项目实施范围内复耕和从事滥采、乱挖等破坏地表植被的活动"。

（3）获取补偿的权利。《森林法实施条例》第十五条规定，防护林和特种用途林的经营者有获取森林生态补偿的权利。《退耕还林条例》第五条第四款规定，退耕还林要"政策引导和农民自愿退耕相结合，谁退耕、谁造林、谁经营、谁受益"。显然，按照《条例》规定，退耕农户不但是其退耕土地上林木的所有者，而且还是林木的经营者。对于经济林，农户的收益可以完全通过市场得以实现，但对于生态林，按照《森林法》的上述规定，农户有权在粮款补助期之后享有与其他生态林经营者一样的补偿权利。

（4）《森林法》第十五条对流转权做了规定，《担保法》第三十三条、三十四条对担保、抵押权有明确规定，这应该是森林资源处置权的一部分。与上述法律规定相对应，《退耕还林条例》第四十八条也明确规定，农户对“退耕还林土地和荒山荒地造林后的承包经营权可以依法继承、转让”。

（5）森林景观的开发利用权。关于这一权力，无论是《森林法》，还是《退耕还林条例》等相关政策，都没有明确的规定。但法律上也没有对这一权力做出限制性的规定，所以这一权力应该自然拥有。

从形式上看，农户具有上述各种法定权利。但从实质上来看，退耕农户要想利用上述权利实现预期收益却受到诸多限制。

首先，退耕农户从其依法享有的采伐利用权那里所获得的收益受到严格限制。这种限制主要来自两个方面。一是《森林法》中防护林和特种用途林“只准进行抚育和更新采伐”的规定和《退耕还林条例》中的“退耕还林者可以依法对其所有的林木进行采伐”的规定，严格限制了农户采伐林木的数量。而且像河北坝上地区，大部分退耕还林的树种，至少也在20年以上才能进行抚育采伐（袁玉欣等，1994），至于更新采伐的年限更长。这种法律上的限定和客观情况，使退耕农户从采伐利用权所获得的收益可能是远期的和十分有限的。二是退耕农户在抚育和更新采伐上没有自主权，只能经有关主管部门批准后才能进行采伐。从防止农户因追求个人利益破坏生态建设的角度来看，这一规定具有合理性。但这显然增加了农户与政府之间的谈判成本，尤其是在谈判双方地位不对等的情况下，农户通过采伐利用权获取收益的成本和难度更高。

其次，退耕农户的补偿收益具有不确定性。如前所述，退耕还林的相关政策并没有明确退耕农户在粮款到期之后是否享有与其他生态林经营者一样的补偿权利。而且，即使明确了退耕农户的补偿权，但“谁来补、怎样补、补多少”等问题始终没有在法律上得到解决。所有这些问题，都会使农户能否获得补偿和获得多少补偿收益具有很强的不确定性。

再次，附着在森林景观开发利用权上的收益难以实现。森林景观产生于森林、林木的培育和保护，森林景观的开发利用权应该属于林权权利人。法律对此未作任何限制性规定。现实中，随着国家基础设施的建设，许多森林景观被开发出来，收入可观。但许多开发单位不是从林权权利人而是直接从当地政府那里获得森林景观的开发利用权，严重侵犯了林权权利人的合法权益。这一现实情况，使退耕农户难以在森林景观的开发利用上获得收益。

最后，由于上述各种权利带给退耕农户收益的有限性，使得退耕农户所经营的森林资源的市场价值受到了严重的影响，从而使农户在森林资源处置上的难度增大，处置收益降低。

由于以上问题的存在，退耕还林中有关农户林权的相关规定，在调动农户退耕还林的积极性和提高农户在补偿期之后林木管护的自觉性上的功效可能是十分有限的。

2.2 林木预期经济收益的计量与分析

为保障生态目标的实现，退耕还林政策明确规定，生态林的比例应占80%左右，由此可见，农户退耕后的林木收益主要来自于生态林。根据《退耕还林条例》相关规定，农户可以在粮款补助到期后，经有关部门批准，对生态林进行抚育和更新采伐利用。农户最为关心的是，根据这一规定，到底能获得多少预期收益。这一问题的重要性在于，如林木的预期收益高于林地用于耕种等活动所获得的收益，生态林的培育和管护就会成为退耕农户的主动行为，否则，就会出现相反的情况。对于林木预期收益进行测算的意义就在于此。

由于自然条件的差异，各退耕还林区域所选择的林种不尽相同。即使是林种相同，在气候、立地条件、降水量等存在区域差异的情况下，林木的生长量也会表现出不同水平。这一客观因素使得林木经济效益的计量变得十分复杂和困难。因此，现有的相关研究多数都选择在某一区域进行（如：我国目前对森林效益的代表研究中，林科院“十五”期间防护林综合效益评价主要区域为黄土高原；四川省林科院对长江防护林综合效益的研究主要集中在川江段；高勇禄等对森林功能的评价区域只为黑龙江地区等）。基于这一原因，本部分研究主要选择河北省的坝上地区。其理由一是这一区域为河北省退耕还林重点区域，其工程面积占全省目前退耕还林面积的54%。二是受自然条件的限制，这一区域生态林的比例在90%以上。需要说明的是，由于计量结果具有区域性，因此本部分研究可能对同类地区更具有政策借鉴意义。

为了对林木预期收益进行计量，本项研究首先提出如下假设：

（1）各种森林的木材价格每年保持不变，且都表现为2001年的价格水平。

（2）各种森林的年平均蓄积增长量每年保持不变。

（3）各种森林的抚育伐比例相同，且每年保持不变。

（4）各种森林均在造林之后的第15年才可采伐利用，并在第30年成熟。

那么，造林第15年到第30年每年每亩各森林类型平均收益可采用以下公式计算：

$$R_{15} = 15A\sum_{i=1}^{n} B_i \cdot E_i \cdot P_i$$

$$R_{15} = 15A\sum_{i=1}^{n} B_i \cdot E_i \cdot P_i$$

$$R_{17} = 17A\sum_{i=1}^{n} B_i \cdot E_i \cdot P_i$$

$$\vdots$$

$$R_{30} = 30A\sum_{i=1}^{n} B_i \cdot E_i \cdot P_i$$

式中：$R_{15} \cdots R_{30}$——从造林之后第15年开始到第30年为止每亩各森林类型木材平均收益；

A——抚育伐比例，假定各森林类型抚育伐比例为15%；

B_i——第 i 种森林类型造林比例；

E_i——第 i 种森林类型年平均蓄积生长量；

P_i——第 i 种森林类型林价；

n——森林类型数量。

本研究中，林价 P_i 的计算采用倒算法，计算公式为：林价 =（木材价格 - 采运费）×出材率。公式中各森林类型木材价格均采用中经木材价格。采运费用为25元/m^3。根据河北坝上地区退耕还林树种，计算得到的各主要森林类型的林价见表9。

表9 坝上退耕还林各森林类型林价 单位：元/m^3

Fig 9 Prices of different types of trees in the project in Bashang Area

森林类型	木材价格	出材率（%）	采运费	林价
杨　树	300	80	25	220.0
榆　树	250	50	25	112.5
落叶松	380	60	25	213.0
油　松	380	60	25	213.0
洋　槐	280	70	25	178.5

资料来源：河北省林业局退耕办公室。

各森林类型年平均蓄积生长量 Ei 的数值，是根据相关研究观测得到的，见表10。

表10 各森林类型年平均蓄积生长量 单位：m^3/亩

Fig 10 Average storing growth of diffevent tvees

杨　树	榆　树	落叶松	油　松	洋　槐
0.236	0.167	0.158	0.178	0.189

资料来源：①元新刚、崔相慧．华北落叶松人工林生长过程表的编制，河北林业科技，2001.3

②赵天锡、陈章水主编．中国杨树集约栽培，中国科学技术出版社，1994

③张全峰．小青杨生物学特征及造林技术，河北林业科技，2000（增刊）

各种森林类型造林比例 Bi 的数值，是根据河北省坝上六个退耕还林县退耕办公室提供的资料整理计算的，见表11。

表11 各森林类型造林比例（%）

Fig 11 A ratio of various trees

杨　树	榆　树	落叶松	油　松	洋　槐
27.3	5.2	46.7	5.7	14.9

根据上述资料，利用公式计算得到造林第15年至第30年每年每亩各森林类型木材收益，见表12。

表12 造林第15年至第30年每年每亩各森林类型木材收益 单位：元

Fig 12 The revenues from various trees per Chinese mueach year between the 15th and the 30th years

15	16	17	18	19	20	21	22	23	24	25	26	27	28	29	30
85.6	95.3	97.2	102.9	108.6	114.3	120.1	125.7	131.5	137.2	142.8	148.3	154.3	160.3	166.4	172.8

上述计算表明，在不考虑各种自然灾害对林木生长影响的情况下，农户从每亩退耕土地上可获得木材收益在造林之后的第15年只为85.6元。虽然此后随着时间的延续收益在不断增加，但在成熟期的第30年，每亩收益也只有172.8元。如果按退耕前每亩土地粮食产量100千克，每千克粮食价格为0.6元计算，那么这一地区退耕农户只有在第21年以后，因退耕而造成的收益损失才能从木材收益中获得足额弥补。

需要说明的是，上述计算均没有考虑木材和粮食价格的变动情况以及林业税费对木材收益的影响，如果粮食价格上涨的速度快于木材价格，再加税费对木材收益负面影响，那么退耕农户获得足额弥补的时间可能还得向后推移。

3 现行政策的调整

首先，要调整现行的补助政策。退耕还林存在的问题和政策效应的分析表明，现行的补助政策存在三个缺点。一是现行的补助政策在区域上并不存在广泛的激励相容性。上述分析显示，无论是补助政策存在的问题还是其政策效应，都存在明显的区域差异性。这表明在不同的区域采用一致的补助标准不可能在所有的退耕还林区域都产生良好的政策效果。二是现行的补助政策在长期内缺乏激励相容性。上述对农户林木收益权的分析和林木收益的测算表明，退耕农户经营林木的收益具有很强的不确定性和时滞性，在这种情况下，如果仍然按现行的补偿年限对退耕农户进行补偿，在补偿到期之后，坝上这类地区退耕农户的收入将急剧下降，基本生活无法得到保障，这显然会对退耕还林后期成果的巩固产生不利影响。三是现行的补偿政策缺乏动态的激励相容性。由于供需关系的影响，农产品价格在长期表现为上下波动状态。如果农户通过耕种所获得的农副产品市场价值持续上升，则会诱发农户追求短期市场回报的行为，进而对退耕还林的后期成果构成威胁。而现行的补偿标准是固定的，并不能随市场价格的变动而进行相应的动态调整，从而无法对农户短期市场行为形成有效的激励相容性约束。尤其是对于立地条件较好，退耕地粮食产量较高地区的退耕农户，约束弱化表现的更为明显。

鉴于以上的分析论证，本项研究对现行补助政策提出如下调整建议：

（1）将现行的中央政府所确定的粮款补助标准作为补助底线，同时授予地方政府根据区域差异和市场状况做出相应调整的权力。

（2）对退生态林农户的补助年限要适当延长。

其次，调整现行的工程的实施方式。现行的退耕还林实施方式是，无论是退耕地愉的确定以及还林还草的种类，还是种苗的供应和具体的还林（草）的技术操作规程，都是由县级林业主管部门统一安排的。这样的工程实施方式存在两个弊端，一是剥夺了农户的参与权力；二是很难使退耕农户主动承担工程质量责任。世界银行林业贷款等项目的林业生产实践证明，农户对林草种类的选择以及在大的退耕区域和面积确定的情况下对具体退耕地块的选择具有主动权的制度安排具有合理性。这主要表现在三个方面，一是由于长期的生产实践活动，农户对所在区域的适生林草种类可能更加了解，而且已经形成了一套实践中摸索出来的种植培育方法，因此赋予农户适当的参与权力更有利于保证工程质量。二是农户主动参与权的获得，会使农户的权利和义务（例如，现行工程质量的要求是，造林成活率要达到80%）的对等程度提高，从而提高农户承担工程质量责任的主动性。三是可以节省政府部门规划设计以及工程检查成本。有鉴于此，本项研究对现行工程实施方式提出如下调整建议：

（1）在退耕还林区域划定和保证生态功能的前提下，赋予农户适当的具体退耕地块选择权、林草种类选择权和种植培育方式选择权，同时对农户所遇到的技术难题给予必要的技术指导。

（2）在种苗的供应上，赋予农户参与权，即建立政府、供应者和农户三方参与机制和种苗质量评价标准，农户有权拒绝接受不合格苗木。

再次，由于林木收益权的法律局限，农户普遍反映不知道“谁造林，谁所有”到底是有什么，因此“造林不知为谁造，管林不知为谁管”。这种林木收益权的法律局限显然缺乏激励相容性，并进而损伤农户退耕还林的主动性和积极性。并极可能使农户利用私人信息优势，在个人理性的驱使下，引发毁林、盗林等行为。因此，为克服林木收益权的法律局限，建议在工程区培育活立木产权交易市场，并建立政府对连片人工生态林的“林权”的收购制度，从而使退耕农户的林木收益权得以实现。同时，农户在“林权”收购之前依然享有诸如抚育采伐等权利，这样才会确保退耕还林工程坚持生态优先原则。

最后，像坝上这类地区，在退耕还林之前，农作物秸秆和牲畜粪便是农户的主要能源。但在退耕之后，由于禁牧和农作物种植面积大量减少，农户烧材严重短缺。如果这种情况长期延续下去，将对退耕还林的后期成果巩固产生极其不利的影响。因此，建议政府通过技术、财政等手段尽快帮助这类地区改善能源短缺状况，促进退耕还林工程健康发展。

林业经济信息集成平台的开发与应用[①]

“林业经济信息集台”开发小组

（北京林业大学经济管理学院，北京，100083）

摘要：本文介绍了基于J2EE技术框架的林业经济信息系统的构建模型、方法和步骤。论述了为林业经济信息的集成与共享提供信息基础平台的作用与意义。并提供了具体应用研究案例。

关键字：林业经济信息系统；信息集成；J2EE；构建

Abstract: Based on the construction of Economic Information System on Forestry with the help of the technical framework of J2EE, this paper points out the important function & significance the basic platform plays for the economic information integration & sharing on forestry, and the method & process of its construction

Keywords: Economic Information Systems on Forest; Information integration; J2EE; Construction

引　言

将信息技术运用于林业经济学科研究对促进林业经济学科发展具有重要意义。随着Internet的迅速发展以及林业信息共享的迫切性，信息技术在林业经济领域的应用得到越来越多的林业经济相关机构与工作人员的注意与重视。林业经济管理作为林业的重要分支学科，具有跨林业与社会经济的独特性和数据信息的搜集与获取难度大等特点。构建林业经济信息的集成共享平台促进学科发展具有重要作用。我们在这方面进行了有益尝试。

一、林业经济信息系统简介

“林业经济信息系统”是北京林业大学经济管理学院“211工程”二期工程重点建设项目。本系统的建设目标是以专业数据库为信息平台，以林业经济、林业统计、林业财务会计、林业企业信息化资源为载体，构建面向高层次人才培养和支持开展本学科研究，具有社会服务功能的“林业经济管理信息系统”公共信息平台支撑体系。

本系统存储了世界275个国家和地区从1961年到2002年贸易、农业、人口、土地、林业等方面的统计数据175万个；全国各省、自治区、直辖市从1949年到1998年中国国民经济指标统计数据共25万个以及林业经济等学科领域的专业论文数千篇。信息资源非常丰富。

系统采用基于工业标准的J2EE多层技术框架体系结构，B/S和C/S相结合的网络体系

① 本系统是北京林业大学经济管理学院“211工程”二期工程重点建设项目，由夏自谦、田登山、韩杏容等共同完成。

模式，通过JBuilder8，ASP，Java，JavaScript，JSP，Rose，EJB，Struts等多种语言和开发工具的结合与集成运用，构建了系统体系结构完整、可靠性高、稳定、安全的林业经济信息系统。

（一）系统功能模块

本系统包括系统管理模块、信息维护模块和信息查询模块三大部分。系统总体框架图如图1。

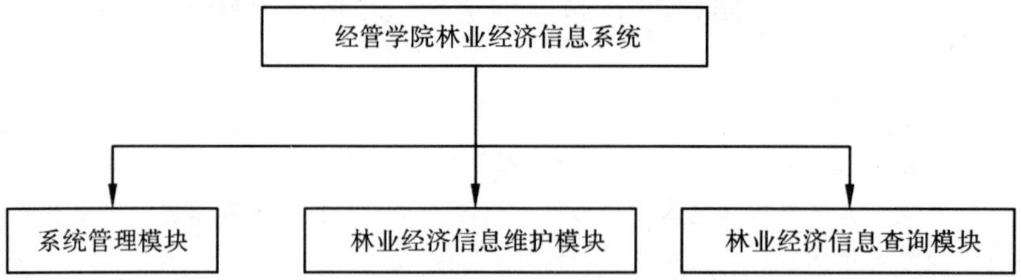

图1 林业经济信息系统总体框架

（二）系统管理模块

本模块主要用于用户权限管理，数据备份、恢复、数据库系统的维护以及程序出现意外情况时的恢复的控制。模块功能保证了系统数据的准确性、完整性以及有效性。模块功能架构如图2。

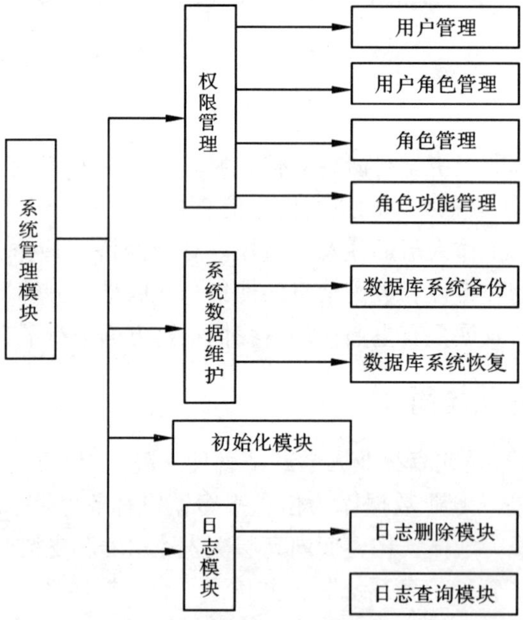

图2 系统管理模块功能架构

1. 数据维护模块

该模块主要功能是对系统数据（文本和数值数据）的添加、修改和删除。系统管理员通过本模块可以实现在后台对系统管理。为了保证系统的安全性，在进入本系统数据导入前要进行身份验证，以防止非法人员进入系统进行破坏性的操作。

本模块功能结构如图3。

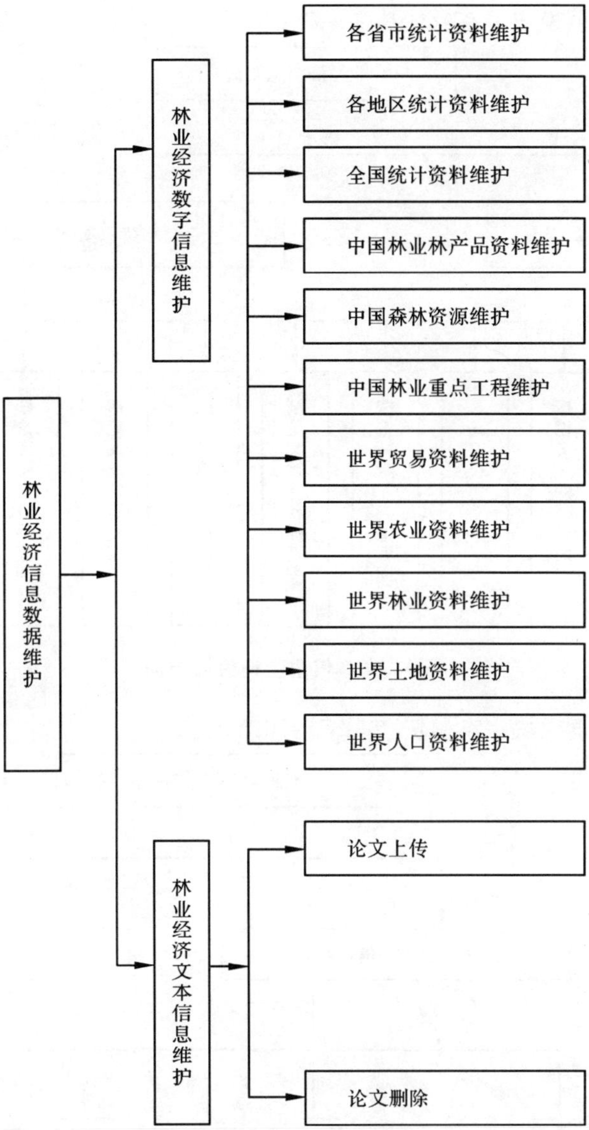

图3　信息维护功能

2. 信息查询模块

信息查询是本系统最重要的功能。用户只需通过浏览器就可以方便的查找、下载所需的资料信息。

本系统数据类型分为数字数据和文本数据两大类。数字信息包括“世界林业经济”、“中国国民经济”、“中国林业经济”、“林业重点工程建设”四个方面；文本信息主要包括：硕士博士毕业论文、教师发表的论文以及教学资料（教学案例、网络教案等）等。

在数据录入方面，采用了数据成批导入与单个录入相结合的方式，从而对大批量与单条数据的传输提供了灵活方便的支持。系统对文本资料的处理功能非常强，包括 *.doc、*.xls、*.ppt、*.pdf、*.caj 等各种类别的文本；对数字数据，则通过检索条件，用户可以方便地得到目标数据，并可以 excel 表格方式下载到本地。

（1）文本信息查询模块。本模块功能结构如图4。

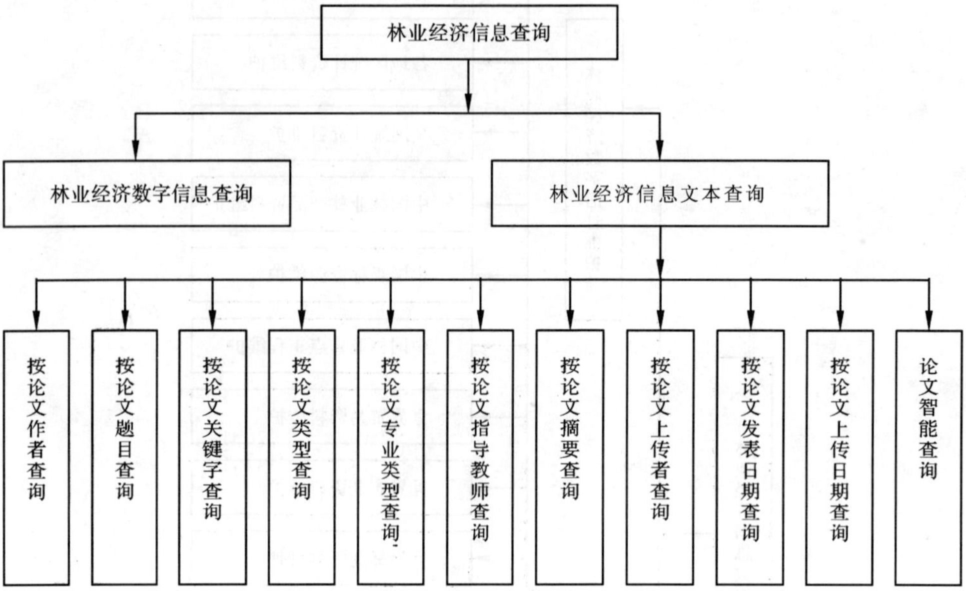

图4　文本信息查询模块结构

（2）数字信息查询模块。本模块功能结构如图5。

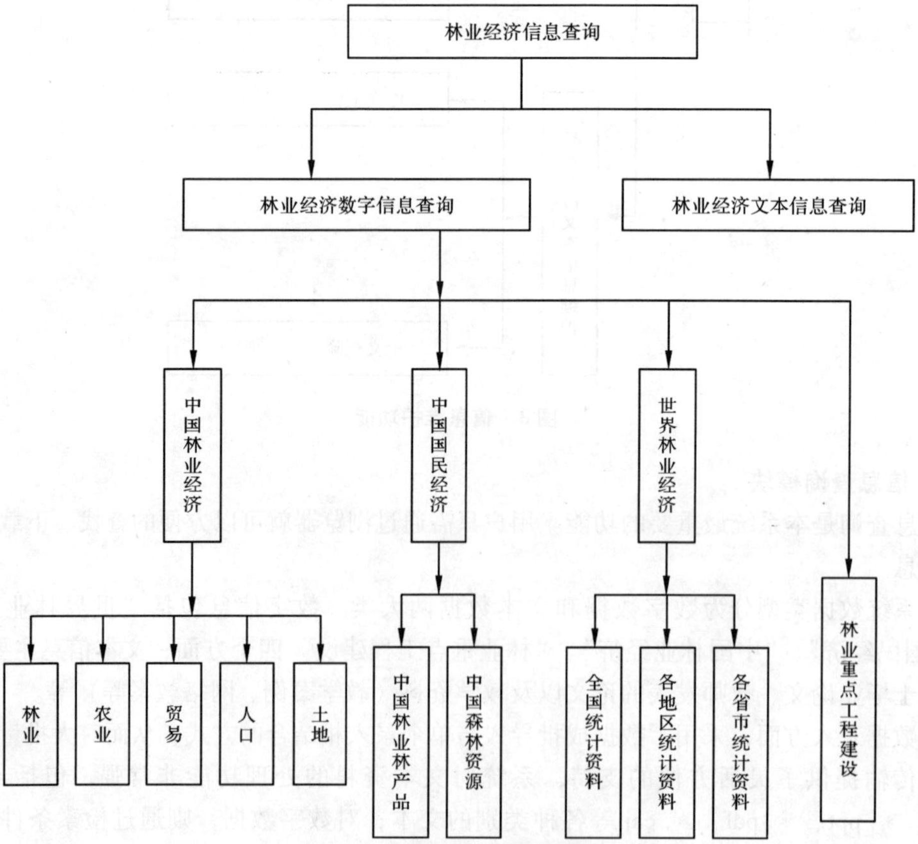

图5　数字信息查询模块结构

二、林业经济信息系统的特点与作用

（一）林业经济信息系统的特点

从林业经济信息系统的功能模块以及所采用的技术实现手段来看，本系统具有如下特点：

（1）远程互动，操作方便。用户可以以 B/S 方式远程上传下载、查询修改信息，操作非常方便。且数字信息可以自动存储为 EXCEL 文本文件供用户进一步使用。文本信息可远程上传下载，甚至可在课堂上直接远程下载课件供教师上课用，极大地方便了用户。

（2）实现了各种格式的文本的直接上传下载。特别需要指出的是，一般数字图书馆的文本资料都有特定的格式（如 PDF 或 CAJ）。用户必须要安装特定格式的应用软件才能下载进行阅读。且一般数字图书馆都是单向交流，用户是不能上传信息的。即使要上传信息，也必须将文本改变为指定的格式。这对大多数不熟悉计算机的用户来说是非常困难的。而本系统的数据库是以二进制形式接收信息，从而实现了 PDF、WORD、EXCEL、CAJ、PPT 等各种格式的上传下载，用户根本不必修改文件格式就可直接上传下载。这样做大大方便了用户的信息查阅和交流。

（3）查询速度快。由于本系统数据库分类比较详细，故每类数据库的记录不会超过 10 万条。加之我们利用 java 内存扩展技术，系统在正常运行的状态下，查询子系统最大可利用内存为 258 兆，因此系统查询限度非常快。数字数据一次查询可显示 10 万条数据。下载一篇 11 万字的 PDF 文本文件（2.5MB）仅几秒，系统响应速度非常快。

（4）信息量大。本系统集中了世界 150 多个国家与地区的农业、林业、贸易、土地、人口从 1961 年到 2001 年期间的数据，同时又包括了中国统计年鉴各地区、各省市、全国从 1949～1998 年各方面的数据信息，国家林业局公布的所有林业相关信息以及 WWF（世界自然基金会）的科研调查数据，总共搜集了将近 200 万条数据以及大量文本的数据信息。由于系统装载的数据量非常大，为林业经济管理学科的发展提供了丰富的信息数据资源支持，同时也实现了林业经济信息资源的充分共享。

（5）网络资源丰富。为充分发挥网络资源共享的优势，本系统链接了全国各省市上千个政府机构和林业厅局、院校及科研机构的网址，国内所有大学的网址以及 2 000 多个国外著名的教育机构、大学图书馆、大学的网址和国内的主要数字图书馆，以及经管院的教学实验系统（电子商务实验系统、基于电子商务的外贸模拟系统）。这对师生的学习与交流互动提供了很好的跨时空平台。

“林业经济信息系统”的基本前提是为林业经济学科的，但是从其存储的数据（包括世界 275 个国家和地区从 1961 年到 2002 年贸易、农业、人口、土地、林业等方面的统计数据 175 万个；全国各省市自治区从 1949 年到 1998 年中国国民经济指标统计数据共 25 万个以及林业经济等学科领域的专业论文数千篇）来看，它也可以面向所有大林业经济信息相关的工作者，只要授予他们访问权限，就可以通过互联网来访问本系统获取所需要的林业经济信息数据。

（二）林业经济信息集成平台的作用

林业经济信息系统集成平台的作用体现在：

（1）用户可以跨越时空通过互联网方便地获得所需要的特定林业经济信息。其重要的特点就在于用户可以在任何时间、地点，只要有一台可以上网的计算机就可以方便的查询并得到所需要的数据资料。

（2）林业经济信息数据资源丰富。系统平台把尽可能多的林业经济数据资源进行综合集中，从而形成一个大的数据系统，为林业经济领域的研究人员提供了良好的数据信息支持，很好的解决了长期困扰林业经济学科人获取数据难的问题。

（3）消除了“信息孤岛”问题。林业经济信息集成平台通过B/S（Browser/Server）的网络模式构建，有效突破了“信息孤岛”问题，同时借助于C/S的数据本地上载的高效性，使得该平台的数据信息能够得到及时的更新与维护。

三、林业经济信息集成平台构建的方法与步骤

（一）步　骤

本系统的技术选择与功能结构目标在于充分保证系统信息安全的基础上，实现林业经济信息的最大集中与共享。平台构建的步骤如下：

（1）明确目标需求。从目前林业经济信息的需求来看，主要还是解决信息共享问题，即进行林业经济信息的集中式管理，形成一个数据仓库池，便于信息的获取以及为林业经济问题提供信息决策支持。同时，系统还必须支持林业经济各学科对不同林业经济数据复杂查询组合的多种需求。

（2）确定技术构架。需求实现需要强有力的技术构架的支撑。从目前主流商业应用技术方案来看，主要采用基于工业标准的J2EE构架模式，无论是B/S还是C/S，它都给予了很好的技术平台来加以实现，从林业经济信息的需求来看，主要目标是为了实现数据信息的集成管理，数据量大且存储格式的多元化，因此可以采用B/S与C/S相结合的模式，B/S实现前端数据的访问与少量数据的采集管理，C/S则实现后台大批量数据的采集管理，从而保证系统访问与管理的高性能。

（3）一体化的安全权限管理模式。任何信息系统的构建都需要一个安全的权限管理模式，这样才能系统提供信息的及时性、完整性、有效性，而角色—功能点模式则提供了一个很好的安全管理机制。通过访问角色的确定，相应的提供属于角色范围内的功能点权限，从而有效保证了系统安全。

（4）便于用户方便使用的功能分析设计。从林业经济信息系统构建的目标用户使用角度出发，才是林业经济信息系统构建的目的与归结点，因此就需要做好详细的用户需求分析。

（二）系统实现的技术选择

林业经济信息系统架构模式及设计思想运用了模型设计方式，采用了层次化的设计思想。本系统的构架模式为“模型-视图-控制器”（Model-View-Controller，MVC）。

这种通过构架模式将数据描述、数据表现和应用操作几个部分分离，增加了系统的可复用程度，支持多个同步的数据视图；通过分解软件系统中的不同层（layer），简化系统的维护，提高了系统的可扩展性、灵活性和封装程度。视图层一般为浏览器上显示的页面，在林业经济信息系统的架构中视图层采用浏览器显示的页面。其好处是客户端零维护和方便用户各地即时访问系统。林业经济信息系统在模型层采用EJB，将核心的业务做成组件的形式，使业务层得到最大限度的重用。在组件的数据交互接口不变的前提下，如果业务逻辑发生变

化则只需要修改组件内部逻辑。在林业经济信息系统的层次分析中通过运用 MVC 模式，实现了某一层次内的要素只与同层以及相邻下一层的要素存在依赖关系，否则系统将不易于维护和扩展——层次间的松耦合。层次越高，包含要素的稳定性相对越低，越直接反映问题领域（应用逻辑）的内容及变化；相反，在较低层次中，对应纯粹软件概念的要素会相对稳定——业务逻辑的封装。

考虑到系统实现的联结问题，系统使用 JSP 来生成 Web 前端。在实现系统时，采用 Apache 的 Struts，并尽可能地使用 Struts 的扩展标记。这样能在页面中添加丰富的图片资料，使得页面中包含尽可能多的信息并美观、大方。在选择应用服务器时，考虑到成本和性能的要求，采用了开源的应用服务器 JBoss。从 JBoss 项目开始至今，已从一个 EJB 容器发展成为基于的 J2EE 的 web 操作系统（operating system for web），它体现了 J2EE 规范中最新的技术。

这些先进技术的选择和应用有效地保证了林业经济信息系统的安全性、可靠性、方便性以及高速复杂查询和林业经济信息海量存储的要求。

四、结　论

本研究利用先进的信息技术对林业经济学科实现信息集成共享和信息集成平台构建进行了探索。分析了为林业经济信息的集成与共享提供一个集成平台的重要作用与意义，以及构建的方法与步骤。本研究为林业经济信息化建设进行了有益的尝试

五、研究案例

笔者利用本系统信息资料和数据撰写了《世界森林资源及林产品贸易现状及对我国的影响》论文。

建立人与自然和谐发展林业经济需研究的几个问题

（陈建成[1]　陈新云[2]）
（1 北京林业大学经济管理学院，北京，100083；2 国家林业局调查规划设计院，北京，100714）

我国现在正处于全面建设小康社会，加快推进社会主义现代化建设时期，加强生态建设，维护生态安全，实现经济发展与人口、资源、环境的协调，实现人与自然的和谐相处，是我们追求的共同目标。森林是陆地生态系统的主体，承担着生态建设和林产品供给的重要任务，加快林业发展，促使我们走上一条生产发展、生活富裕、生态良好的文明发展道路，因此做好林业工作意义十分重大。

我国在锐意改革中，根据时代的要求，及时提出："坚持统筹兼顾，协调好改革进程中的各种利益关系。"说得具体些，就是"统筹城乡发展、统筹区域发展、统筹经济社会发展、统筹人与自然和谐发展、统筹国内发展和对外开放"。五个统筹的根本，就是坚持以人为本，牢固树立和认真落实全面、协调、可持续发展的新科学发展观，促进人的全面发展，实现人与自然和谐发展。

林业，比喻说，就是要种好三棵树：一棵树撑天，天高云淡（消纳污染）；一棵树湿地，地厚物丰（森林与水、森林物产等）；一棵树在中间，净化空气，适于人类居住。由此，可以说林业在实现人与自然的和谐发展中意义重大，作为林业经济工作者认为有以下问题需积极探索。

一、林业的本质

林业的本质问题，既古老，又崭新。说古老，是因人类生息不仅自森林始，又世代离不开森林，所以历来备受众人"追究和责难"；说崭新，是因为人在与森林的共处中，有斗争，有灾难，有收获，与时俱进，有思想的人总有新的感受和认识。鉴于变革客观存在之历史事实，在人类追求可持续发展探寻人与自然和谐的今天，有必要经常探索林业的本质。林业自身一些新的事实，如碳汇（碳交易）、循环经济、绿色经济、生物基因、生物多样性等，也需要不断研究林业的本质，透过林业的发展方向，深刻体会、客观认识林业，按照林业客观规律办事，以应对新的时代发展要求。

二、林业的发展方式

目前我国社会的主要矛盾是人民群众日益增长的物质文化需要同落后的社会生产之间的矛盾。我国林业虽然经历了几十年的发展，但是我国的林业基础薄弱，我国的林业发展还远远不能满足实现经济发展与人口、资源、环境的协调发展，从我国多年的林业发展经验来说，我国的林业发展必须走上一条超常规的发展道路，即跨越式的发展道路。

林业跨越式发展是指我国林业为赶上世界林业发达国家的先进水平，更好地满足经济社会发展的需要而采取的一种超常规发展模式。其实质是以可持续发展理论为指导，以重点工程建设为主要途径，以体制创新和科技创新为动力，加速由传统林业向现代林业的转变，缩小与世界林业发达国家的差距，使我国林业早日跨入可持续发展的新阶段。

林业跨越式发展，在发展阶段上，要实现由恢复和发展森林资源阶段向可持续发展阶段的跨越；在森林经营上，要实现由单目标经营向多目标经营的跨越；在林业结构上，要实现由不合理向比较合理的跨越；在增长方式上，要实现由粗放经营向集约经营的跨越；在科学技术上，要实现由低度化技术向高度化技术的跨越。

跨越式发展的模式与过程都需要我们进一步认识与发展，即不能搞“大跃进”式的整风运动，也不能裹足不前，将跨越式发展停留在研究的阶段上，更重要的是如何才能实现跨越式发展。

三、林业的发展方向

为了统筹林业的发展方向，我们必须时刻关注林业的发展趋势。林业的发展方向是什么？我国近阶段的林业怎么发展，是我们必须时刻关注的问题。

林业发展的方向，我们必须时刻关注三个关键因子互动关系。这三个关键因子分别是人（人群分布、生活标准、社群团体、价值、组织和行为态度），地区（包括地理和象征上的意义），程序（生态演替、人类活动、和影响人与地区及二者间互动的制度）；由此可以看出，林业经营的本质是在探索社会环境、生态环境和经营环境的互动关系。

随着时代的发展，我国的林业发展方向发生了重大的变化，我国进入了林业发展战略的历史性转变时期，即五大林业战略转变时期——大力推进由以木材生产为主向以生态建设为主的历史性转变、由以采伐天然林为主向以采伐人工林为主、由毁林开荒向退耕还林、由无偿使用森林生态效益向有偿使用森林生态效益转变、由部门办林业向全社会办林业的转变。

如何确实保证我国林业发展战略的五大转变？林业五大战略转变的措施是什么？我国现处于的战略转变阶段是什么？如何快速实现我国林业的战略性转变？

所有这些问题，都需要我们每一个林业工作者深思。

四、林业发展的目标和任务

林业发展的目标是什么？我们将来需要一个什么样的林业？林业发展的阶段不同，林业发展目标也会不同。现阶段，我国林业发展的目标和任务到底是什么？近期、中期、长期目标又是什么？为了实现发展目标，我们目前的具体任务又是什么？所有这些问题，都亟须解决。

我国的林业发展战略报告指出，我国现阶段的目标和任务是：通过管好现有林，扩大新造林，抓好退耕还林，优化林业结构，增加森林资源，增强森林生态系统的整体功能，增加林产品有效供给，增加林业职工和农民收入。力争到2010年，使我国森林覆盖率达到19%以上，大江大河流域的水土流失和主要风沙区的沙漠化有所缓解，全国生态状况整体恶化的趋势得到初步遏制，林业产业结构趋于合理；到2020年，使森林覆盖率达到23%以上，重点地区的生态问题基本解决，全国的生态状况明显改善，林业产业实力显著增强；到2050

年，使森林覆盖率达到并稳定在26%以上，基本实现山川秀美，生态状况步入良性循环，林产品供需矛盾得到缓解，建成比较完备的森林生态体系和比较发达的林业产业体系。

为了实现以上目标，我们目前的主要任务是什么？什么是最急需解决的问题？我们的中长期任务又是什么？有个哲人曾说过“未有知而不行者，知而不行，只是未知”。告诉我们应该将工作放到实际行动上来，“知而不行，只是未知”。

五、林业在经济社会发展中的地位

中共中央国务院关于加快林业发展的决定中指出：在贯彻可持续发展战略中，要赋予林业以重要地位；在生态建设中，要赋予林业以首要地位；在西部大开发中，要赋予林业以基础地位。林业不仅要满足社会对木材等林产品的多样化需求，更需要满足改善生态状况、保障国土生态安全的需要，生态需求已成为社会对林业的第一需求。从整体上讲，我国仍然是一个林业资源缺乏的国家，森林资源总量严重不足，森林生态系统的整体功能还非常脆弱，与社会需求之间的矛盾日益尖锐，林业改革和发展的任务比以往任何时候都更加繁重。因此，经济社会可持续发展迫切要求林业经营思想要有一个大转变。如何转变，亟待研究。

六、林业在全面建设小康社会中的地位及作用

全面建设小康社会，是改革在不断深化中面临的新任务。我国的改革开放已经取得了巨大成就，但由于底子薄，仍存在很多问题，特别是“三农”问题、城乡差距问题、生态移民问题。“农民真苦，农民真穷、农业真危险”听到这些肺腑之言，相信每一个人都会为之震惊。农业与林业一直有着千丝万缕的关系，在一定条件下可以相互转化。据统计我国林业行业从业人员近两百万，而从事与林业相关的从业人员更多。林业问题不解决，“三农”问题也无法解决，实现全面小康社会就会是一句空话。

中共中央、国务院《关于加快林业发展的决定》中明确指出：在全面建设小康社会、加快推进社会主义现代化的进程中，必须高度重视和加强林业工作，努力使我国林业有一个大的发展。

当前林业有许多方面，可以说与解决“三农”问题有机制不顺、相互矛盾之处，如何解决，以实现双赢目标（林丰、人富）则成为当务之急。

七、林业在西部大开发中的地位与作用

西部大开发是我国21世纪的重大战略决策，实施西部大开发战略，是确保现代化建设第三步战略目标胜利实现的重大部署，是促进各民族共同发展和富裕的重要举措，是保障边疆巩固和国家安全的必要措施。西部大开发是一项宏大的系统工程和艰巨的历史任务，从根本上改变西部地区相对落后的面貌，努力建成一个山川秀美、经济繁荣、社会进步、民族团结、人民富裕的新西部。

西部大开发战略明确指出：西部大开发应以加强生态建设和环境保护为根本，在西部大开发中，要赋予林业以基础地位。因此林业在西部大开发中大有所为。

我国的西部地区是我国的主要生态脆弱地区，自然环境比较恶劣，是我国生态环境建设的重点地区。在西部大开发中，林业与西部大开发的关系？林业的重要性主要体现在哪些方面？如何实现林业的重要性？林业的基础地位如何实现？林业的基础研究工作是否能够满足

西部大开发的要求？所有这些问题都值得我们沉思。

八、林业在振兴东北老工业基地中的地位与作用

东北地区是我国面积最大、资源分布最集中重点林区，森林工业是东北老工业基地的重要组成部分。林业在振兴东北老工业基地中占有重要地位。缓解资源约束，推进生态建设，转换产业结构，建立资源型城市经济，惠及林区人民利益等，林业有充分发展的空间。当前林业的发展水平与振兴老工业基地的要求不相适应，就林业经济而言，长期形成的资源性、结构性、体制性的矛盾制约着发展，林业经济总量过低，东北各省林业 GDP 占各省约5%左右，黑龙江省占4.77%（2003 年）。这既是不足，又是潜力，因此，必须把林业摆在振兴老工业基地的重要位置，求真务实，开拓创新，认真谋划，提升质量，满足需要。

九、市场经济中的林业政策

1. 林业政策的作用

五十多年来，我国的林业发展政策、理论的制定与研究，对我国林业的迅速发展起到了关键性作用，但同时，我们也应该看到，我们的林业发展走过了许多曲折的道路，甚至为此付出了惨重的代价：资源危机与经济危困、林区生存面临威胁、水土流失、沙漠危害、气候异常、水旱灾害等生态危机也日益加重，人类无序的过度开采活动遭受到了大自然的惩罚，一系列问题反映了长期以来林业生产活动违背了自然规律。

是什么因素导致了我们赖以生存的家园环境越来越恶化？探根究源，主要是我们制定的林业发展政策出现了问题。探索、制定一套适合我国林业发展的政策，就显得尤为迫切。

2. 政策制定模式

我国原来的林业政策制定模式已经远远不能满足我国林业形势的发展，现在的世界，是一个瞬息万变的世界，我们进入了一个日新月异的时代。林业政策的制定也应该与时俱进。

我国林业政策制定的模式，应该从原来的机械模式中解脱出来。林业是一个集社会、生态、经济、环境等于一体的有机模式，如果脱离了这个有机整体，林业发展就不可能得到和谐发展。

政策的制定模式从精英决策演变成决策过程开放；国家所有排除其他团体或个人的做法，改为伙伴关系、社区取向、合作自治；僵化的做法改为调适、弹性；阶层式的管理改为复杂、动态式管理，林业政策的制定模式也应该向这个方向转化。

3. 林业经营方向

21 世纪的林业经营，将是社会环境、生态环境、经营环境相协调统一发展的时代。我国的林业政策也将进入一个日新月异的时代。

有关专家指出：对森林生态系统的自然功能和反应的理解，不足以从理论上支持森林的生态系统，即使具备了足够的生态系统知识，还远不能解决问题，因为社会、政治、经济和法律的因素对实施森林生态系统经营有足够的影响。面对问题和现实，科学家已经意识到了林学要与社会科学相结合。在这样一个背景下，参与式林业应运而生。

参与式林业是与传统林业完全不同的两种经营模式，两者之间有着本质的区别。参与式林业经营显示出对林业本质更深层次的认识，显示出 21 世纪人文主义的思想；参与式林业经营不仅仅是一种技术，而更重要的是一种理念。

参与式林业是一种新的发展方向，在我国还处在初级阶段，目前只有少数几个专家学者发表了关于“参与式林业经营”的观点或文章，目前我国对参与式林业的经营特征、经营方向、经营模式等都还没有研究透彻，因此亟须我们进一步研究和思考。

20世纪90年代世界森林资源及林产品贸易现状及前景分析

夏自谦

（北京林业大学经济管理学院，北京，100083）

摘要：20世纪90年代，世界森林资源遭到严重破坏，森林资源大幅度减少。自然灾害、毁林开荒、林产品需求增加等都是造成森林资源减少的主要原因。世界森林资源减少的趋势仍将持续相当一段时间，但前景是乐观的。森林可持续经营的普遍实施、人工林的增加和林产品需求增长减缓是世界森林资源能得以恢复和发展的重要因素。世界林产品贸易量持续增长，但增加趋势将变缓。高附加值的林产品比例将大幅度增长。中国、日本、韩国对世界林产品需求的持续增加和俄罗斯在90年代中后期森林工业生产能力的恢复使得亚洲正在成为世界林产品新的贸易中心。人工林资源的增长和林产品替代品的增多将使林产品的资源结构发生很大变化，资源来源将更加多元化。

关键词：森林资源；可持续经营；人工林；林产品需求；资源结构

Abstract: The globe forest resource was destroyed severity in 90's. Forest resource reduced in great degly. Nature disaster, deforesting for agricultural, increasing demand in forestry products are main cause for forest resource decreasing. Ingeneral, the situation that the world forest resource reduceing in 21 century will be persistence because of increasing in man made forest and demanding reducing for forestry produceetc. the exporting and inporting of forest product all over the world expanded increasingly, but tend to go up slowly. The rate of high-attached forest product will increase greatly, and the role of the developing countries in the world forest product trading was more and more significant . Both the increasing demand of China, Japan and Korea for forest product and the resume of forest industry in Russia in the late 90s made Asia become a new center of trading. The increase of forest resource and substitute of forest product also make the resouce structue change greatly, therefor the resouce coming will be diversify.

Key words: Forest resource; Sustainable management; Man made forest; Forestry product demande

20世纪90年代世界森林资源遭到严重破坏，森林面积大幅度减少。但90年代世界对林产品的需求却大幅度增加，林产品需求的增长与森林资源大幅度减少所引起的林产品供求矛盾更加突出。下面是对90年代世界森林资源及主要林产品贸易的详细分析及其前景展望，

一、世界森林资源分析

根据联合国粮农组织公布的最新资料，到2000年为止，全球森林面积约386 945.5万

hm^2，覆盖率26.9%（表1）。

表1　2000年世界森林资源

地区	世界面积	森林面积	覆盖率	占世界森林面积	单位蓄积	总蓄积量	占世界森林蓄积
	万 hm^2	万 hm^2	%	%	m^3/hm^2	百万 m^3	%
非洲	297 839.4	64 986.6	21.8	16.79	72	46 472	12.03
亚洲	308 474.6	54 779.3	17.8	14.16	63	34 506	8.93
大洋洲	84 909.6	19 762.3	23.3	5.11	55	10 771	2.79
欧洲	225 995.7	103 925.1	46	26.86	112	116 448	30.14
中北美洲	213 696.6	54 930.4	25.7	14.2	123	67 329	17.43
南美洲	175 474.1	88 561.8	50.5	22.89	125	110 826	28.69
世界	1 306 390	386 945.5	29.6	100	100	386 352	100.00

（一）世界森林资源特点

当前世界森林资源主要呈现以下特点：

1. 森林资源大幅度减少

90年代世界森林资源现状平均每年减少森林面积939.1万 hm^2，年均森林覆盖率年减少0.22%（图1）。

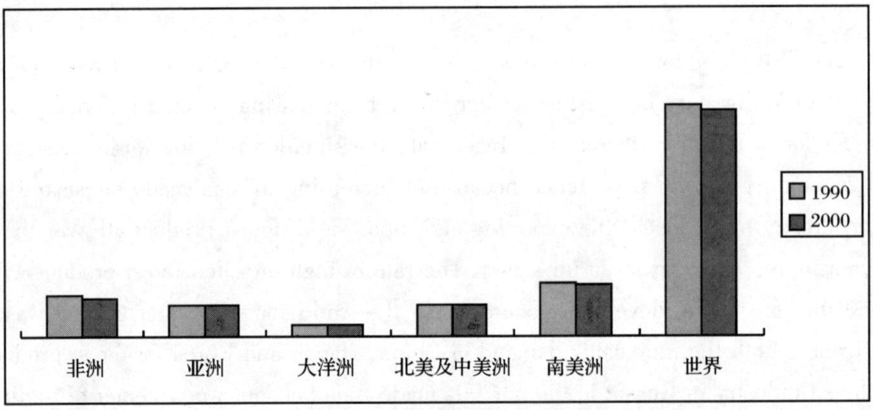

图1　90年代世界森林资源减少情况

其中减少最多的是非洲和是南美洲（占同期世界全部毁坏森林数量的95%）。如果这两个地区的毁林现象能够得到控制，则世界上森林减少的现象就能得到有效遏制。

2. 森林资源分布不均衡

世界森林资源的分布很不均衡。欧洲土地总面积只占世界土地面积的17.3%，但森林面积却占世界森林总面积的26.86%，森林覆盖率高达46%。南美洲森林单位面积蓄积量高达 $125m^3$，比亚洲每公顷森林蓄积量（$63m^3$）几乎高1倍。森林资源蓄积量差异很大。

3. 人均森林资源差异大

到2000年为止，世界人均森林面积为 $0.645hm^2$，人均森林资源蓄积 $64.62m^3$。欧洲人均森林面积（$6.584hm^2$/人），南美洲人均森林蓄积最（$325.23m^3$/人）；亚洲是世界人均森林资源最少的地区（0.15hm^2），人均蓄积仅 9.49m^3，远远低于世界平均水平。

4. 部分国家的森林资源在增加

不少国家的森林资源不但没有减少，反而还有不同程度的增长。中国是同期世界森林资源增长最多的国家。

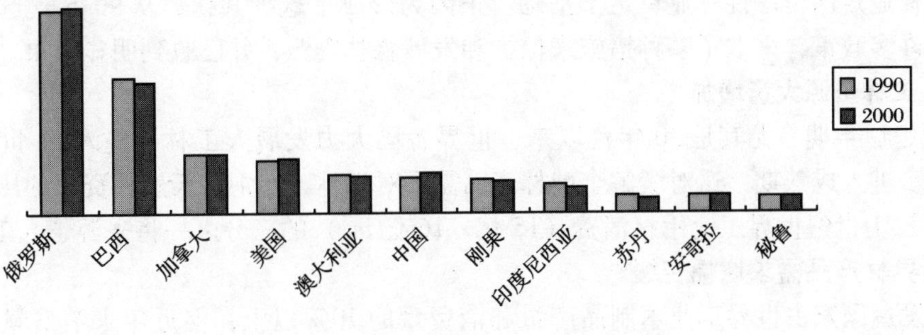

图 2　90 年代部分国家森林资源变化情况

世界森林资源变化最大的国家是中国。1990 年中国森林资源按森林面积排序位于澳大利亚之后居世界 6 位，而到 2000 年，超过澳大利亚居世界第 5。90 年代世界增加的森林面积中，45.57% 是中国的贡献。

（二）世界森林资源变化原因分析

世界森林资源减少的原因大致可归结为如下几方面：

1. 自然灾害加剧

1997 年是有史以来全球森林火灾最严重的一年。但仅在印度尼西亚和巴西两国，1997 年的森林大火就焚毁了至少 500 万 hm^2 的森林。巴西亚马逊河流域森林火灾数量比 1996 年上升了 50% 以上。1998 年上半年全球森林受害总面积超过了 80 000 万 hm^2。90 年代后期世界气候异常及人类活动的加剧都大大增加了发生森林火灾的可能性。

2. 毁林现象严重

不断扩大的农耕地面积是引起 90 年代非洲和亚洲热带地区森林消失的主要原因之一。庞大的移民、农业发展和基础设施兴建对森林造成了严重破坏。大量采伐薪材也是世界森林资源遭到严重破坏的原因之一。

3. 森林保护不力

许多发展中国家只有不到四分之一已公布的国家公园、野生动物保护地和其他保护区得到妥善经营，而其他的绝大部分都得不到妥善管理，这些保护区只有百分之一的面积可以免受人类定居以及农业、采伐、狩猎、采矿、污染、战争和旅游等的严重威胁。

4. 世界林产品需求不断加大

不断增大的林产品需求对世界森林资源，尤其是热带林森林资源造成了很大压力。这也是森林资源遭到破坏的原因之一。林产品结构不合理造成大量消耗森林资源，而高附加值的林产品产量比例偏小加大了森林资源的消耗量。

（三）世界森林资源前景展望

在今后相当一段时期内，世界森林资源减少的趋势仍将继续存在，不会有根本变化。但世界各国的高度重视，国际上保护森林、改善生态环境的呼声越来越高。从长远看，森林资源急剧下降的局面将会得到遏制。其原因如下：

1. 世界各国对保护森林的重要性达成了共识

90年代世界各国对森林的重要性和全球林业发展方向达成了共识，这是世界林业最重要的事件。1992年里约热内卢世界环发会议上通过的《关于森林问题的原则声明》，它为人类从国家林业走向全球性林业奠定了基础。正因为形成了这种共识，从90年代起，世界各国制定了许多政策，采取了多种措施来保护和发展森林资源，并已收到明显效果。

2. 人工林资源大量增加

20世纪后半期，尤其是90年代以来，世界各国大力发展人工林，进入21世纪后这些人工林逐步进入成熟期，这对缓解全球林产品需求对森林，特别是天然林资源的压力将起到很大作用。21世纪世界工业用材消费（15亿~16亿m^3）的三分之一将来源于人工林。

3. 世界林产品需求增幅变缓

目前发达国家占世界工业木制品产量和消费量的70%以上，但近年来消费量增长速度却在不断减小。从粮农组织的预测数字来看，在1994~2010年间，全球工业材原木的消费量虽有增长，但年增率将从1970~1990年的1.48%下降为1994~2010年的1.20%，增长率将明显下降。

（四）结　论

综上所述可知，当前世界森林资源遭到了严重的破坏，森林资源大幅度减少。但这种状况已经引起了世界各国的高度重视。进入21世纪后，森林可持续经营已从共识变成共同的行动。为实现世界森林可持续经营，必须对现有的森林资源进行适度利用与保护，恢复因乱砍滥伐而衰退了的森林资源。随着经济的发展和科技进步，人们对森林资源的直接的生产性依赖程度将有所减缓。世界人工林的增加和对林产品单一的需求改变为多元化需求将对森林资源的恢复和发展创造有利条件。世界森林资源持续下降的局面将在一定程度上得到控制。

90年代中国森林资源的大幅度增加不单是对维持世界生态平衡、保护森林资源的巨大贡献，更为重要的是，这给广大发展中国家树立了极具说服力的范例。中国的成功说明，只要根据本国实际情况制定合适的政策，采取正确的措施，发展中国家在发展经济的同时，是能够解决经济发展和环境保护的矛盾，协调森林资源开发利用与森林可持续经营之间的关系的。

二、世界林产品进出口情况分析

同森林资源大幅度减少相反，同期世界对林产品的需求却大幅度增加。林产品需求的增长与森林资源大幅度减少所引起的林产品供求矛盾更加突出。

（一）林产品进出口情况分析

1. 林产品进口情况分析

90年代世界主要进口的林产品主要还是原木，其数量几乎占了全部林产品进口数量的一半。90年代世界主要林产品进口数量的结构比例如图3所示。

欧洲进口的林产品占世界主要林产品进口数量的44.98%，北美洲进口林产品14.14%，南美洲进口0.79%，非洲占进口0.87%，亚洲进口38.9%，大洋洲进口0.31%。显然，欧洲是90年代世界进口林产品最多的地区。

90年代世界人均进口林产品0.14m^3，但各地区人均林产品进口量差别很大。其情况如

图 4 所示。

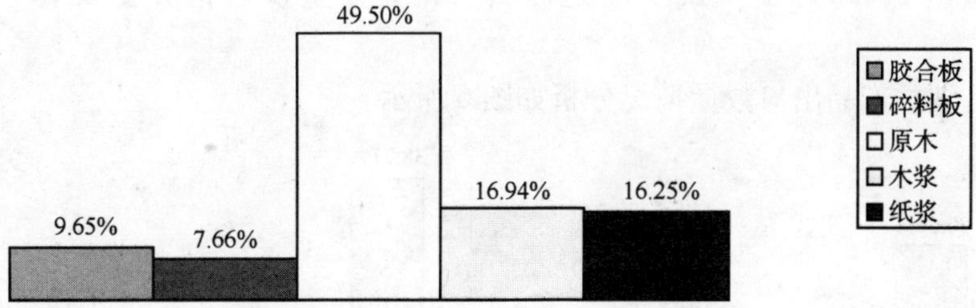

图 3　90 年代世界主要林产品进口结构

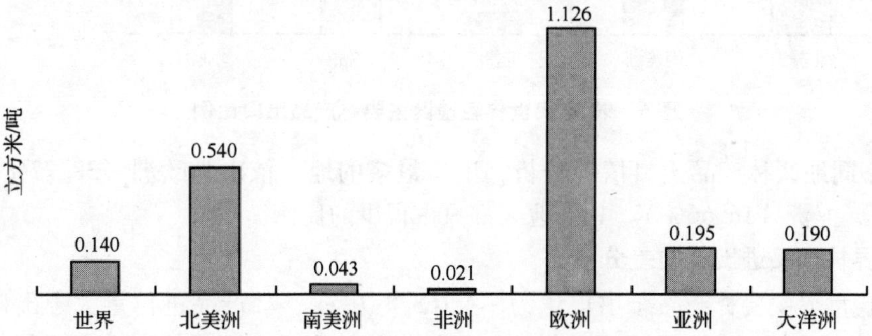

图 4　90 年代世界人均林产品进口数量

亚洲林产品进口多的原因是由于中国、日本和韩国等国林产品进口量大。90 年代以来，为保护生态环境，中国在全国范围内实行了大规模的退耕还林、停止天然林采伐等重大林业改革，国内木材供应大幅度减少。但同时中国经济持续高速增长，国内对林产品的需求不断增加，因此中国从世界进口林产品的数量增长很多。目前林产品进口已成为中国外贸的重要内容，中国已成为 90 年代世界林产品进口最多的国家。1999 年中国原木进口是 1998 年的 3 倍。目前中国已成为世界上最大的林产品进口国。并且这种趋势还将持续很长时期。

2. 林产品出口情况分析

90 年代世界林产品出口情况如图 5 所示。

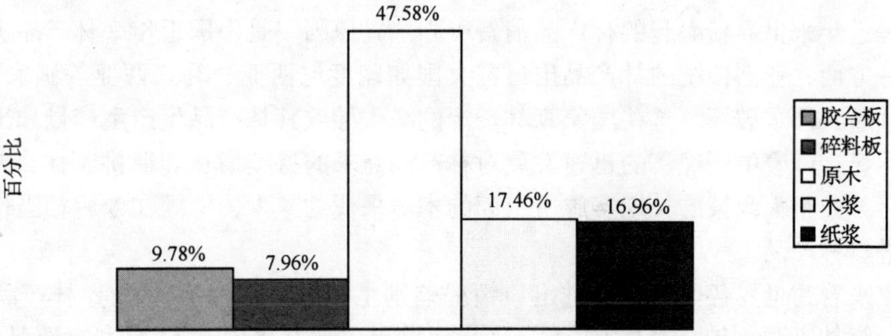

图 5　90 年代世界主要林产品出口比例

在90年代世界主要林产品出口的主要产品还是原木，其数量几乎占了全部林产品出口数量的一半（47.58%）。出口最少的是碎料板，其数量仅占世界主要林产品出口数量的7.96%。

90年代各洲林产品出口数量情况分析如图6所示。

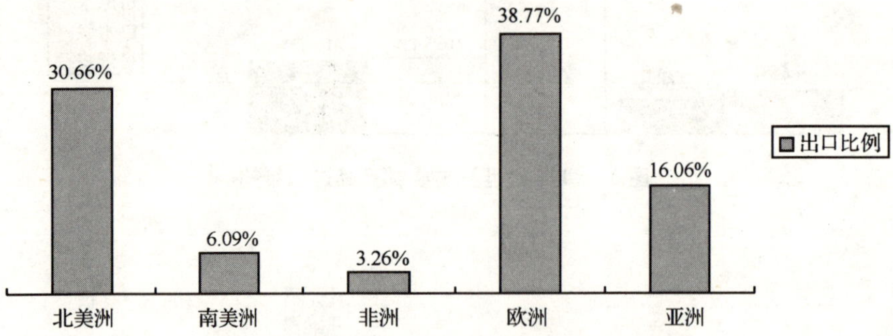

图6　90年代世界各地区主要林产品出口比例

按照不同地区林产品出口情况分析，出口最多的地区依次是欧洲（38.77%），北美洲（30.66%），亚洲（16.66%）。其他地区都只占很少的比例。

3. 世界林产品进出口逆差分析

90年代世界主要林产品净出口量为 -4 163.8 万 m^3，林产品进口量大于出口量。这表明90年代世界主要林产品需求大于供给。但从产品结构看，不同林产品之间差别是比较大的。其中原木进口量比出口量多5 485.6 万 m^3，其他林产品都是出口量大于进口量，世界主要林产品市场需求最多的仍然是原木。但其他种类的林产品基本上都是出口多于进口，即供给大于需求。但因原木所占比例大，所以反映到总量上是世界主要林产品进口大于出口。

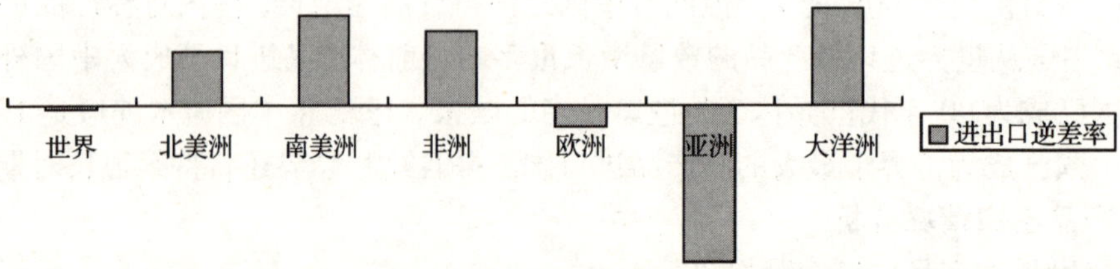

图7　90年代世界各地区主要林产品出口逆差比例

亚洲是近年来世界新崛起的林产品消费中心。其原因一是中国近年来林产品进口量急剧增加。另一方面，亚洲传统的林产品出口国大国如印度尼西亚、马来西亚等国家90年代森林资源普遍遭到严重破坏，这些国家森林资源的减少导致其林产品生产生产量和出口量大量减少。很明显，随着中国经济的迅速发展对林产品需求的持续增长和退耕还林、天然林资源保护工程等林业重大政策的长期实施所引起的木材采伐的减少，中国在今后相当长一段时期还会大量进口林产品。

从国家来看，世界各国林产品进出口情况差别是很大的。90年代世界林产品出口主要集中在部分森林资源比较丰富的国家。90年代世界主要林产品出口国家的情况差别很大。俄罗斯、芬兰、新西兰等9个国家林产品出口就占90年代世界主要林产品出口量的一半多（53.5%）。按各国林产品出口量所占比例分析的情况如图8所示。

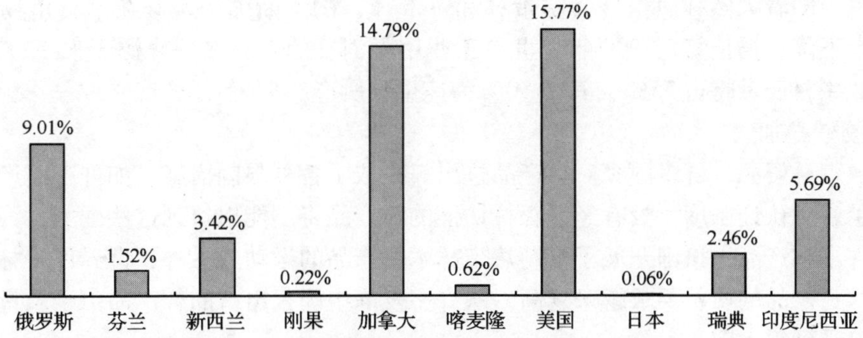

图 8　90 年代世界主要国家林产品出口比例

美国，加拿大和俄罗斯三国林产品出口量几乎占世界主要林产品出口量的四成(39.57%)。其林产品出口量对世界主要林产品市场有着举足轻重的影响。加拿大虽世界上最大的林产品净出口国，但主要出口的是胶合板等高附加值的产品。其原木进口量远高于出口量，加拿大实际上是原木进口国。进出口相抵，美国真正向世界主要林产品市场提供的林产品并不多。只有俄罗斯的林产品出口量逐年递增。而且其出口的林产品主要是原木，胶合板等高附加值产品所占比例很小。俄罗斯实际上是世界上最大的林产品出口国。

俄罗斯林产品生产有几个值得关注的特点。其一是俄罗斯有丰富的森林资源。到 2000 年为止，俄罗斯森林森林总蓄积 807 亿 m^3，占全球森林蓄积的 22%。并且在世界森林资源大幅度减少的背景下，俄罗斯的森林资源却连年增加（主要是由于森林的自然生长）。这表明俄罗斯有巨大的林产品生产潜力。其二是俄罗斯的林产品在 90 年代保持了逐年增加的良好态势。根据联合国粮农组织 2001 年公布的资料，90 年代俄罗斯林产品出口量一直保持增长趋势，在本世纪，这一趋势将继续保持下去。俄罗斯将成为世界最大的林产品出口国。

（二）21 世纪世界主要林产品生产和贸易前景分析

21 世纪初世界主要林产品市场将呈现以下特点：

1. 供需中心转移

1999 年中国原木进口是 1998 年的 3 倍，预计到 2010 年中国的年木材消费量将达到 2.4 亿 m^3。目前中国已成为世界上最大的林产品进口国。中国、日本以及韩国等国日益增长的林产品需求使得亚洲将成为 21 世纪前期世界主要的林产品需求中心。另一方面，俄罗斯经过 90 年代的经济结构调整，森林工业生产能力开始恢复。在 90 年代后期俄罗斯林产品生产和出口都呈现良好的增长态势。联合国粮农组织预测这种趋势将会持续保持。俄罗斯远东西伯利亚地区巨大的森林资源蓄积将使该地区成为未来俄罗斯、乃至世界重要的林产品供应基地。因此，亚洲，特别是东北亚地区的林产品供需都将呈现大幅度增长态势，该地区将成为 21 世纪世界新的林产品贸易重点地区。

2. 需求增长趋势变缓

世界主要林产品需求在继续保持增长态势的同时，增长速度将变缓。根据粮农组织及其他国际组织对全球林产品的供需预测，21 世纪前期全球工业材原木市场将呈低速增长。全球的工业材生产和消费量在绝对数字上虽略有增长，但其增速将会变缓。

3. 资源结构改变

天然林资源（尤其是热带林资源）将大幅度减少，人工林将逐步成为世界主要林产品的主要原料。随着天然林面积（含温带林和热带林）的不断缩小，其在木材市场中占有份额亦将逐渐下降。据估算，2000年时世界工业用材消费的三分之一来源于人工林，2050年人工林工业用材产量将占75%，其中50%为速生林所产。

4. 贸易壁垒加大

为保护森林资源，许多国家对林产品进出口采取了各种限制措施。如许多林产品进口国都已实施了森林认证制度。没有经过森林认证的林产品将不能出口到这些国家。为了保护热带雨林，许多林产品进口国开展了抵制热带林木材产品的运动。另外，世界许多林产品进口国对各种木材产品的质量要求越来越高，从许多发展中国家出口的林产品由于质量达不到标准，其出口受到很大限制。

5. 替代品增加

林产品消费市场产品来源多元化，林产品替代品大量出现，原材料消费日趋向多元化方向发展。随着科技的进步，传统大量使用木材的一些领域不可避免地将为其他材料所取代或部分取代。随着科技的进步，大量的替代品还将进一步进入传统的林产品市场。林产品的替代产品将会越来越多。另外，成本也是使得林产品被替代的主要因素之一。这将是今后世界对林产品需求减缓的重要原因。

6. 高附加值林产品产品增多

林产品贸易方面的产成品或高附加值产品的流通将占越来越大的分量，尤其是纸浆、纸和人造板等高附加值产品在全球林产品贸易中将获优先发展，将在世界主要林产品生产和贸易市场占越来越大的份额。

另外，在21世纪前期，世界主要林产品市场还将出现其他一些变化趋势。随着天然林木材资源的继续减少和可持续发展战略的推广实施，如热带材在全球木材市场占有比重将明显下降。全球将出现大径材，尤其是珍贵材种严重短缺，材质（主要表现在径级和树种方面）日趋下降和木材价格不断上扬的局面势将不可避免，依靠进口木材来满足国内需求的难度将越来越来大。林产工业发展不平衡的状态将继续存在。

到21世纪前期，发展中国家在林产品贸易中的地位越来越重要。今后发展中国家在世界主要林产品贸易中的份额将有很大程度增长，尤其是中国在世界林产品贸易中将占据越来越重要的地位。

参考文献

1. Globe Forestry report. FAO, Aug. 2001
2. Forestry resouece database. FAO, Aug 2001
3. “世界林业”中国林业数据库. 中国林科院资源信息所, 2002. 3
4. 施昆山. 当代世界林业. 北京：中国林业出版社, 2002. 8

中国林业经济发展研究[①]

张大红

（北京林业大学经济管理学院，北京，100083）

中国林业经济发展研究可以归结为两个基本命题：中国林业经济发展的客观规律是什么？如何有效地促进中国林业经济发展？围绕这两个基本命题，本文从对中国林业经济发展的基本认识出发，进行初步分析研究，提出产业载体论、生态服务市场论和关系协同发展论三点对策。以期对中国林业经济发展研究增添一点内容。

一、基点与视角

如何看待中国林业经济发展，以什么样的基点和角度来分析、研究中国林业经济发展问题，不仅决定着问题研究的范围和思路，而且直接决定相关研究的科学性、深化度和对林业经济发展实际有多大的促进作用。回顾和归纳一下对林业经济发展的认识，可为中国林业经济发展问题思考奠定基础。

（一）研究基点

1. 产业基点

关于林业，在《中共中央 国务院关于加快林业发展的决议》中指出，“林业是一项重要的公益事业和基础产业”[②]。这是对林业的一个概括性表述，并不是林业的定义和特征描绘。这个描述没有明确，在林业中“公益事业”和“基础产业”是什么关系。是独立而并行的，还是融为一体，而同时具有公益事业和基础产业的双重性质的？同时，这种关系在空间区域实现方式、资源集聚方式和配置机制上也没有加以明确。

第一，独立并行的观点。这是目前中国政府践行的观点，认为林业是由公益事业和基础产业两部分组成。进而指出，在目前，“生态需求已成为社会对林业的第一需求。我国林业正处在一个重要的改革和转折时期，正经历着由以木材生产为主向以生态建设为主的历史性转变”[③]。这种观点将公益部分与产业部分并列起来，其各自不同的比例决定林业发展的走向，决定调节机制的选择，决定政府政策影响方式和作用大小。

第二，融合并存的观点。认为林业公益性和基础产业性是并存于一体的，特别在林业体系的基础部分。我们持有融合并存的观点，即对中国林业的认识应该以产业为基点：林业是一项具有公益性、基础性的产业。这种一体多面的认识，与世界各国（特别是先导国家）林业发展的历程是相一致的，也与发达林业或现代林业概念相一致，即我们不能将森林资源

---

① 本文中的许多观点与温亚利教授进行了讨论，邢红、曾玉林、刘丽平、徐凡、陈学琴、张得才均有贡献。

② 《中共中央 国务院关于加快林业发展的决定》，2003. 6. 25，序言。

③ 《中共中央 国务院关于加快林业发展的决定》，2003. 6. 25，序言。

多定义为林业发达，甚至不能将山川秀美定义为林业发达。我们能认为九寨沟、西双版纳林业发达么？所谓林业发达和发展的标志只能是林业生产方式、产业能力和满足社会综合需求的程度。

上述两种观点，决定着中国林业两种不同的发展路线和政策主张。

2. 过程基点

如同其他产业一样，林业的发展也是一个过程，也必须遵循产业演进和发展的客观规律。作为工业化后进国家的中国，由国民经济和社会发展的总进程所决定，中国林业当且仅当处于某一发展阶段，经济发展和产业演进的总过程不能被设计，中国林业的某种发展阶段也不能被跨越。我们认为，在认识中国林业经济发展这个命题时，应该把其置于一个客观的发展过程中去认识，明确所处的发展阶段与先进国家相比，存在着发育和发展程度上的差异。这种差异决定了我们对中国林业经济发展思考不能超越其所处的发展阶段，照搬世界最新的研究成果。同样，政府政策和林业行政管理，也不能照抄先进国家目前的做法。

3. 市场经济基点

我国几十年计划经济历史证明，就全社会而言，经济发展是不能被“计划”和“规划”的。目前，我国已基本完成了经济体制由计划经济向市场经济的转型。但在实际中，我们对计划经济的行为方式习以为常，惯性还在。我们仍然在不断地制定着许多宏伟目标和发展规划，虽然不是一概不能做，但基点不应放在政府这些目标和发展规划上。中国的林业亦然如此。作为学术探讨，我们并不赞同中国林业发展“坚持政府主导和市场调节相结合”的观点，这一观点不但有违我国经济发展的总体制要求，也与世界各国林业发展的客观过程不相符。基于对林业是产业的认识（尽管林业具有公益性质），我们认为，以市场机制为基础和政府宏观调节相结合是目前思考和研究中国林业经济发展问题的基点。

（二）研究视角

1. 关系视角

林业是一个独特的产业。结合中国的实际，选择从其内在的各种关系的角度来分析，我们认为，中国林业存在三组重要的关系。第一，是林业的生态效益、社会效益和经济效益的关系。这三大效益不仅在总体层面上并存于中国林业中，而且并存于各种尺度的空间区域里，某一林业（与森林资源直接关联）活动既能带给社会生态效益，也能给当地带来解决就业、增加税收、提升景观的社会效益，还可以为经营者带来直接的经济效益。这实质上代表了中央政府、地方政府或社区、林业生产经营者之间的关系。这种关系的认识并不统一，并没有深入地探讨其中的内在规律。其二，是森林资源、林业经济与国家林业管理体制的关系。对这一关系的认识也不统一，缺乏对其内在规律的科学认识。其三，是中国林业体系中的学术研究、政府政策与林业实际的关系。总之，从各种关系的角度来研究中国林业经济发展问题，将有利于揭示中国林业发展的客观规律。

2. 政策角度

中国林业经济发展研究的落脚点，在于制定政策和国家林业行政。因而，从政府管理和政策角度来看待中国林业研究，可以明确研究的任务，突出其目的性，有利于集聚研究资源，提高研究效率。

3. 发展视角

以发展的观点来认识中国林业已成共识，可持续发展就是一种典型的发展观。但是，在如何才能有利于中国林业的可持续发展方面却有着不同的认识。是政府主导还是市场为主，是着眼森林资源还是林业产业体系，是生态优先还是产业推动。这里还有一个观点，就是林业发展不能以林业自身做标准来衡量，林业发展不能要求林业绝对规模和相对规模都必须增长，而要从国民经济整体的要求出发，认同即便林业规模的相对缩小也可能是发展的观点。所谓发展，是指一种有序的良性的变化，而不是指具体的目标和指标。

二、中国林业的基本问题

新中国成立以来，逐渐建立起了公有制为基础的计划经济体制，也逐步建立起了与之相适应的林业体系。这种林业体系与中国各个时期的社会、经济、资源、自然条件结合在一起，不断演变、积累和发展。中国实行社会主义市场经济之后，林业体制又几度改革，问题在不断产生，同时也在不断消解和转换。目前，中国林业至少存在三个基本问题，资源、经济和体制，即森林资源不足，林业经济薄弱，政策、体制偏离。

（一）森林资源短缺

中国森林资源短缺是一个历史性的，也将长期存在的问题。这个问题严重地影响和制约着中国林业发展。我国森林覆盖率为16.55%①，而世界平均在27%以上，森林覆盖率排列在第142位。按人口平均占有量计算，我国人均占有林地面积0.128公顷，蓄积9.048立方米，分别只相当于世界人均水平的12.6%和14.2%，分别排列世界的第120位和121位。森林资源短缺，直接限制了其生态效益的发挥；森林资源短缺，削弱了其后续产业发展的基础；森林资源短缺，也使得建立完备的林业生态体系和发达的林业产业体系成为泡影。总之，森林资源是林业发展的基础。在目前情况下，中国林业解决森林资源短缺问题具有最高的优先权。目前，我国政府高度重视林业发展，斥巨资进行生态林业建设，对森林资源增长，特别是森林面积增长，产生了有力的推动作用。但是，如果着眼于长期发展来讲，政府主导的生态建设模式，不是一种最好的选择。

（二）林业经济发展体系割裂，林业发展动力不足

从经济和产业发展方面来看，中国林业存在着基础薄弱，林业后续产业与之脱节，林业经济与生态建设割裂等问题。由于种种原因，中国林业越来越走向生态化，林业产业和林业经济与之也越来越走向分离，生态化的森林资源培育体制割裂了其与林业产业和林业经济发展的联系。这种生态化资源培育模式不仅具有很高的成本，而且，从长期来看，最终将制约林业产业和林业经济乃至林业全局的发展。这种产业与基础分离，使中国林业体系内部发展的协同性差。即便如此，中国林业体系内部结构比例也在不断发展、不断形成和不断自我调节。正是由于这种产业与基础分离，目前，中国林业经济的重心已移到东南特别是沿海地区，远离了中国森林资源集中的传统林区。中国林业产业发展资源，部分地建立在海外森林资源的基础上。由于体制和政策等原因，林业产业的发展对国内森林资源培育业缺少直接的拉动。

（三）体制偏离

首先，是运行机制缺位。如同整个社会的发展改革一样，中国林业也经历了从计划经济向市场经济体制转变的过程。今天看来，这个过程还远没有结束。无论是行政上，还是学术

① 本数据及以下数据均取自历年《中国林业统计年鉴》和相关文献，并作简单计算。

上，还没有把林业融入到国民经济和社会的总变化之中去思考，更多的做法是竭力强调，甚至是夸大林业的公益性和特殊性。从资源管理到各大工程建设，仍然具有浓厚的计划经济色彩。还有大量的定指标、作规划、行政命令和政策强制的行为存在。这与中国经济体制改革总方向是背道而驰的。不容置疑，林业的公益性和基础性是客观存在的，进而要求与国民经济其他产业不完全相同的运行机制也是合理的，但绝不是目前这种完全不相同的运行机制。因为，国民经济总体是“市场基础+政府作用”，而目前对林业发展机制的定位是“政府主导和市场调节”①，与之完全相反。我们认为，若把林业看作是具有公益性和基础性的产业，其发展机制可以概括为“市场基础+政府特殊扶持+政府一般调节作用”。我们之所以强调运行机制问题，是因为不同的运行机制决定了不同的运行效率。这里应明确两点传统经济学的基本认识，其一，存在市场失灵。即在社会经济生活中，有些活动是不能用市场来调节的，比如公共产品或公益活动。其二，凡是市场和政府均能做的事情，市场机制调节比政府作用具有更高的效率。其实，我们提出的上述运行机制不是人为的创造，而是世界各国林业发展的客观事实。中国林业之所以要讨论这个问题，是因为我国在改革开放前走了一段独特的“计划经济”道路，扭曲了经济发展的正常过程。同时，人们又比较重视国情和特色，在回归市场经济体制的过程中，有些曲解体制创新之意。我们过多地强调了我国与别国不同的一面，这种不同往往又缺乏逻辑的根据，往往忽视了社会经济发展客观过程的普遍性一面，使我们在林业发展机制的设计中不够理性和简约。一个典型的事例是，我们还将“放手发展非公有制林业”②，作为制度创新来看待。“非公有制林业”在世界各国林业发展中是自然而然的事情，而我国学术界还如此认真召开一些“非公有制林业”研讨会。我们认为，中国林业改革，在更大的程度上应该是如何回归到世界林业发展的一般的、逻辑的过程中去的问题。故而，中国林业运行机制的市场化，林业经济结构包括所有制结构的多元化，是我们应该遵循的一般逻辑。

其次，是政府管理越位。中国政府是世界上最重视林业的政府之一，今天的中国政府也是新中国历史上最重视林业的政府。这在客观上对推进中国林业发展起到了积极的作用。但必须明确，并不是政府越重视越好。如果政府作用是一种发展资源的话，这种资源的投放也存在与其他发展资源相协调和相匹配的问题。事实上，单就经济方面而论，适合市场调节的产业，政府过多干预和作用将会适得其反，可能恰好成为产业发展的制约因素。政府重视（特别是从观念上重视），如果不单纯地表现为直接的管理和干预，而是更多地体现在制定相关法律和政策上，则对中国林业发展是有利的。其实，中国林业发展问题绝不是政府是否重视的问题，我们不赞成政府重视就发展得好，不重视就发展得不好的观点，因为这种观点将引申出错误的结论和行为。一个产业发展的真正生命力和动力在于该产业内在的利益关系，特别是对其行为主体（企业或实际经营者）的利益驱动。由于我国林业实行一而贯之的政府主导模式，其实际的效果是政府管了许多不该管的事情，进而演变出政府林业管理部门管的范围才是林业的认识，政府成为了林业的主体。这种模式推演结果之一是，若没有国家林业局或林业部，就没有了中国林业。我们的认识是，国家无论是否设立管理林业的职能和机构，中国林业都客观存在，只是存在的方式可能有所不同而已。总之，我们认为，林业

① 《中共中央 国务院关于加快林业发展的决定》，2003.6.25，第6条。
② 《中共中央 国务院关于加快林业发展的决定》，2003.6.25 ，第15条。

发展需要政府的支持，特别需要强力的法律和政策支持，而不是强力的直接管理和控制。

三、解决途径

中国林业经济乃至中国林业的上述基本问题，可概括为资源、经济和体制这三者及其关系的问题。基本认识为：森林资源是现象、经济是本质、体制是根源。我们的总认识和总观点是，从体制变革入手，建立完善的与我国国民经济及林情相适应的林业市场经济体制，以林业产业为载体，推动森林资源培育，政府通过扶持林业产业发展和林业经济增长的方式来推进生态建设，全面实现林业的生态效益、社会效益和经济效益。为此，我们提出三点举措，即中国林业发展产业载体论，森林生态服务市场论和林业关系协同论。

（一）林业产业载体论：中国林业产业化发展

正如在《中共中央 国务院关于加快林业发展的决定》中指出的那样，从国家层面上看，我国的确已经进入了对林业生态利用为主的阶段。关键是在承认林业生态需求为主的前提下，如何推动林业的发展。目前的做法是以增加森林覆盖率为主要目标，国家实施几大生态工程，通过国家财政投资、借助法律政策及行政力量进行公益林建设。即通过大力开展以生态防护为目的的公益林建设来提高森林覆盖率，改善生态环境。这条途径的主要优点是可以在短期内看到效果，但问题或潜在的问题是投资大、成本高，效率不高。从长期来看，过分依赖国家财政这一外部条件的发展模式，反而会削弱林业可持续发展的内在能力。我们认为，可以选择另外一条发展途径：通过大力发展林业产业来推动森林资源培育；通过支持产业性森林资源培育来提高森林面积和蓄积，实现生态目标，满足社会对森林生态服务的需求。

产业载体论在我国现阶段具有特殊的意义。虽然，从世界各国林业发展历程来看，林业产业化发展是一条具有普遍意义的林业发展道路，但在中国森林资源匮乏，生态需求强烈，林业市场体制尚未完全建立的特殊时期，产业化发展道路容易被忽略。今天，强调林业产业发展的“产业载体论”，不同于过去的“产业主体论”。林业产业载体论不排斥和否定林业的生态功能，恰恰相反，它是以林业生态主体论为前提的，只不过我们强调林业生态的主体作用是或主要是通过林业产业发展的途径来实现的而已。

产业载体论的实质是一种发展思路和政策主张。其核心是：第一，把林业产业提高到林业全局的高度来思考和研究，以林业产业发展来拉动森林资源培育，以林业产业发展作为生态环境建设的支撑，以产业发展来推动林业全局发展；第二，把林业产业发展问题放进现代林业产业体系培育、建立和完善的阶段性构架之中，来设计各阶段林业发展重点、布局、主要政策的变化、特点和基本途径；第三，把今后的中国林业产业乃至整个林业发展的根本动力机制，定位为市场机制辅以必要的政府作用，全面推动林业产业化、市场化进程，是解决中国林业产业及整个林业全局性问题的关键所在。产业载体论的基本内容有三部分。第一，通过林业发展的路径分析，明确提出选择“国内用材林资源培育——满足林业生态需要和产业发展需求”路径的科学性、可行性和合理性；第二，以建立现代林业产业体系为目标，调整现行林业结构，扶持林业产业发展；第三，规范政府管理林业的行为，制定和实施推进林业产业载体论的政策方案，包括：建立完善的林业产业发展动力机制的政策体系，建立以林业产业发展来推动森林资源培育的政策体系，建立以林业产业发展作为生态环境建设载体的政策体系，建立以林业产业发展来推动林业经济、生态、社会全面发展的政策体系，建立促进各区域特色林业产业与全国林业产业协调发展的政策体系。产业载体论是一种总的林业发展思考，并不排斥地区性、局部性的政府直接进行的林业生态工程建设，因为某些具有生态性的林业开发活动的确没有经济价值和市场意义，比如自然保护区。这时，政府作用是不能被替代的①。

（二）森林生态服务市场论：森林使用权证交易制度

林业产业载体论通过产业化途径来实现林业市场化，包括间接地实现了林业生态市场化。而森林生态服务市场论却是在林业生态建设中直接引入市场机制，拓展林业产业的概念，将生态公益林变为提供生态服务的商品林，完整地建立和运行林业市场体系。

森林生态服务引入市场机制，这在学术界也是一个方兴未艾的难点问题。国际上碳交易的相关研究和实践尚在探索之中。这里，我们提出用证券交易方法来实现森林生态服务市场化的新观点，并且设计出了相应的模式：森林使用权证交易制度。可望将这一课题推向国际研究前沿。

森林使用权证交易制度的基本架构由“森林使用权证”、“规定用户”、“交易所”和“政府场外支持”四部分组成。其要点是：①国家根据森林面积、蓄积及其他反映生态环境功效的指标，确定相应的森林生态环境当量，以此为据，发给林主相应的“森林使用权证（主证）”。②国家法律规定“规定用户”必须购买与其“生态环境消费水平”相当的“森林使用权证”，否则其生态消费或其他与生态环境相关的行为将被视作违法而受取缔。③国家建立森林使用权证（副证）交易中介机构：交易所，进行森林使用权证（副证）及相关产品的交易活动。④国家通过政策、法律及其他手段，支持、保障和补充森林使用权证交易制度的运行。

森林使用权证交易制度是一种需要国家法律及政府行政强力支持的市场制度。其法律体系的基本内容表列如下：

1. 关于向森林拥有者发放森林使用权证（主证）及程序的法律规定
2. 关于森林资源保护与森林使用权证（副证）销售后林主履约护林的法律规定
3. 关于规定用户及范围的法律规定
4. 规定用户必须持证经营和持证行为的法律规定
5. 规定用户经营行为及对等持有森林使用权证（副证）量及其计算的有关法律规定
6. 关于设立森林使用权交易所及运行规范的法律规定
7. 关于森林使用权证（副证）交易税费缴纳的法律规定
8. 关于涉及森林使用权交易的有关技术经济参数、标准制订及颁布实施的法律规定
9. 关于设立森林使用权交易制度有关机构及职责的法律规定
10. 关于政府利用税收、价格、利息、财政等经济杠杆支持、调控和监管森林使用权交易市场及制度的规定
11. 关于林地制度改革的有关法律规定

森林使用权证交易制度的建立和运行，涉及许多重要的理论问题，包括产权构造，生产者行为，消费者行为，森林的生态产品的价格形成关系。我们的初步结论是，森林使用权证

① 详见《专题研究1：现代林业产业发展战略与政策》，本专题由张大红、贾赛、彭华福、张彩虹等著《现代林业产业发展战略研究》一文改写。

交易具备了市场体制的一切条件，能够清楚地界定森林产权，森林所有者和经营者与“规定用户”之间能够形成供求互动，形成竞争，价格机制可以推动森林资源和相关社会资源的有效配置。初步研究表明，森林生态服务应该也能够市场化，理论上也有公共物品市场化的空间。其实，大多数公共物品之所以未能建立市场体制，关键点是未能找到市场化的具体途径和方法。国际社会特别是先导国家没有走森林生态服务市场化的道路，是因为这些先导国家当时不完全具备森林生态服务市场化所要求的社会经济条件和技术条件，或者自然而然地选择了林业工业产业载体的道路。因为，任何一个先进国家从来没有面临我国目前如此严峻的生态问题，他们在当时也不具备今天时代所具备的交易技术条件，他们当时选择产业发展之路具有更低的比较成本。

我们认为，森林使用权证交易制度具有制度创新意义，一旦建立并实施这一制度，将对中国林业发展及社会体系多方面产生深刻的影响。

第一，通过森林使用权证交易制度的设计，演绎出一般结论：所有公共物品均能根据其自身的特性进行不同形式的制度创新和设计，可以明确产权，降低比较交易成本，实现资源的优化配置，建立起相应的市场制度。

第二，森林使用权证交易制度最深刻的影响之一，是经济与生态环境的一体化发展。这一制度使原本属于环境范畴的森林生态服务转入到产业范畴，加入了“经济藉”。森林生态服务的扩大或缩小，同时就是生态环境容量和经济的增长或减少，而其他经济活动又因其与森林生态服务的供求关系同步进退。

第三，实行市场制度后，森林资源将遵循自然规律和经济规律增减变动和合理布局，对森林资源许多认识也将有新的变化。

第四，森林生态服务市场化，直接带动林业科技的产业化、市场化。林业科技发展方向、模式及管理制度必将完成由“政府主导型”转向“市场主导型”的深刻变革。

第五，政府林业管理职能的转变，是森林使用权证交易制度建立和运行的客观要求和必然结果。“林务官”制度将是这种转变的重要体现，政府不再对林业发展承担完全责任，不再直接管理和经营公益林事业。为此，应组建国家林务部，对林业发展负有限责任，重在服务和执法监督。

第六，森林资产化、财富化，是森林使用权证交易制度带来的又一重大影响。这一制度直接承认和提升了森林资源的存在价值。经济利益的驱动和售后护林的法律约束，使森林成为了真正意义的财富，森林资产才有了科学的依据和确实的基础。森林生态服务经营者经营森林就是运作资产，守望森林如同看护财富。森林保险、林业投资基金必将兴起，抵押、租赁、产权买卖等也将应运而生，甚至可能开发出森林生态服务方面特殊的金融产品来。森林资产化、财富化后，将为绿色 GDP 研究提供新的方向①。

（三）协同发展论：中国林业经济的若干关系与正确处理

中国林业方方面面存在着许许多多的关系，如何认识和处理这些关系影响和决定着中国林业发展的面貌和态势。我们认为，从林业发展的层面看，有三组关系必须重点研究和正确处理。只有这些关系协同依存、协调互动，才能产生系统合力，推动中国林业不断发展。

---

① 详见《专题研究 2：森林使用权证交易制度的建立、验证与演绎》，本专题由张大红著《森林生态服务市场化研究——森林使用权证交易制度模式的建立、验证与演绎》一文缩写。

1. 森林资源、林业经济与林业管理体制的关系

在林业发展过程中这三者有着密切的联系。森林资源十分重要，其数量、质量和分布决定着生态效益的高低和林业产业、林业经济发展基础的强弱。尽管如此，林业发展不能等同于森林资源增长，森林资源只是林业发展的一种“现象”；林业产业和林业经济才是林业发展的“本质”；林业管理体制体现着人们对林业发展的认识，并对林业发展产生重要影响。从改革和发展意义上讲，林业管理体制是林业发展的“根源”。

这三者的关系是本质决定现象，本质问题又可以找到根源，找到解决途径。故而，中国林业中的资源、经济、体制的这一基本关系的正确处理方法，就是通过林业体制改革来促进林业产业及林业经济发展，通过林业经济发展来推动资源建设。而目前我们处理这三者的关系存在问题。一是单纯地追求森林资源增长，由国家直接投资建设和直接管理；二是割裂了森林资源与产业发展或林业经济的联系，忽视了林业产业或林业经济发展对森林资源的拉动作用；三是没有找到林业发展根源所在，而是错误地将其归咎于森林资源不足。其实，森林资源多少只是中国林业发展不足的结果，而真正原因是管理及其体制落后。

总之，这三者关系的科学认识和正确处理，可以形成中国林业经济发展的有效途径。

2. 林业生态效益、社会效益和经济效益的关系

林业具有生态效益、社会效益和经济效益，林业是这三大效益的统一体。对林业中这三大效益关系问题的认识容易出现偏差，一是将这三者相互对立起来，特别是将经济效益与生态效益对立起来；二是片面地强调某个方面，而忽略其他方面。目前，我们特别重视生态效益，而轻视经济效益，特别是忽略经济效益对生态效益和社会效益的基础作用。其实，这三者关系是对立统一的，它们有相对立的一面，也有相统一的一面。一般说来，国家要生态效益，地方要社会效益，经营者要经济效益。这三大效益关系的正确处理，就是在林业行政和政策制定中，规避对立，谋求统一。

3. 学术研究、方针政策与林业经济实际的关系

在中国林业发展过程中，这三者之间存在严重脱节现象，并且扭曲了它们之间的关系。在实际工作中，方针政策的制定往往没有相应的学术研究背景，在与实际的联系中也更多地考虑国家利益，显得有些一厢情愿；学术研究地位不高，影响不大，缺乏前瞻性、系统性、针对性，常常只扮演了解释和事后附和国家政策的角色，并且脱离中国林业实际，个人行为居多。学术研究的总体水平不高，缺少方针政策必须依赖的理由；林业实际发展自然化，缺少国家应有的支持、引导和规范。现行国家方针、政策对其还有诸多限制，影响了林业发展的规模和水平。

这一关系涉及三个行为主体，学术团体，政府林业主管部门和林业经营者。他们在林业经济发展中结成这一关系，其中，在处理这一关系时，起主导作用的是政府林业主管部门。为此，①政府林业主管部门必须树立或转变两个根本的观念：第一，管理与政策是科学。林业发展方针和政策必须经由专门性或专题性科学研究和调查研究，经过充分的可行性论证后方可出台；科学思想、科学理论和科学工作是行政和政策的基础和前提，应该使之制度化。第二，行政和政策制定，除了须具有宏观视野和考虑国家利益之外，还应更多地从实际经营者的立场来思考问题。通过科学工作规避国家利益与执行主体利益的矛盾冲突，寻求双赢或多赢的行政路线和政策方案。②作为学术团队的高等院校、研究院所和咨询机构，要强化林业经济科学研究。我们认为，应从三个方面来构建林业经济学术体系。第一，是林业经济的基础和基本理论和方法的研究。以此，搭建起宽厚的林业经济研究基础平台；第二，是中国林业经济发展研究。这是研究工作的主战场，必须紧密结合国情、林情，有针对性地研究中国林业经济问题。不能只作解释性的研究，要更多做一些有前瞻性的、结合实际的研究，以对行政工作和政策制定提供学术基础；第三，瞄准世界林业经济研究前沿，投入一定学术资源积极参与相关合作研究。另外，还要培养林业经济科学研究的市场意识，应有意识地将学术研究与实际经营者的经营实践活动紧密结合起来，努力将科学因素融入到实际经营管理活动之中，转化为生产力。总之，林业经济学术团队要在中国林业经济发展过程中，制造更大的声音，留下更大的脚印，产生更大的影响，发挥更大的作用，确立应有的地位。③作为实际林业经营者，对政策反映比较敏感，制定和实施有利于其经营活动的政策法律是他们对政府的主要诉求。他们对林业经济学术方面的要求，则倾向于一些具体的管理技术和方法。他们的一切活动总是在一定体制和政策架构下，谋求经济利益的最大化。他们是中国林业发展的基本力量，是中国林业的真正代表。林业经济学术团队和政府林业主管部门及其活动均应为林业经营者及其活动服务，而不是相反。

上述关系中包含了中国林业发展的各种因素和问题，蕴涵着中国林业及林业经济发展规律和解决途径。这些关系的协同发展，可以极大地增强林业发展的内在活力。所谓协同发展论，就是要在中国林业发展过程中，最大限度谋求这些关系的协同发展。

参考文献

1.《中共中央 国务院关于加快林业发展的决定》，2003. 6. 25

2. 国家林业局 . 2004 中国林业发展报告 . 北京：中国林业出版社，2004

3. 张大红 . 森林生态服务市场化研究——森林使用权证交易制度模式的建立、验证与演绎 . 2003. 9

4. 张大红，贾骞，彭华福，张彩虹 . 现代林业产业发展战略研究 . 2002. 10

提高农民素质的对策

金彦平
（北京林业大学经济管理学院，北京，100083）

摘要：本文论述了农民素质的含义，分析了我国农民素质的现状及存在的问题，提出了提高我国农民素质的政策措施。

关键词：农民素质；知识；技能；经济

一、提高农民素质的意义

（一）农民素质的含义

农民素质主要包括农民的体质、知识、技能和品德等方面，体质主要指劳动者的身体与心理健康状况，而知识则是指农民对客观事物的认识和经验的总和，技能是指劳动者所具有的技术和能力，而品德则是指劳动者所具有的思想意识、道德品质等。市场经济体制下农民的知识技能应包括农民根据市场变化应用新知识、新技术进行生产和经营管理的能力。

高素质农民是农村先进生产力的代表，是市场经济中最有生机与活力的市场主体。从一些农村的发展情况来看，近几年在发展高产优质高效农业、实施农业产业化的过程中，一大批农民经过市场经济的锻炼，逐渐成为会经营、懂管理的人才。高素质农民的主要特征表现为：

（1）具有较好的文化科学素养，善于学习新知识，新技术，把新科技及时应用到生产经营实践中去。

（2）市场意识强，能够根据市场需求组织生产。具有信息意识，能充分搜集和利用信息，不断寻求新的发展机会。能够不断创新进取，提高自身的市场竞争力。

（3）具有良好的道德品质，重视质量，讲信誉，按照市场经济的规则行事。

（4）具有健康的身体和优良的心理素质，能积极投身于社会经济生活。

（二）提高农民素质的必要性

农民是农业生产的主体，农民素质决定着农业的发展。农业的可持续发展，离不开高素质的农民，在人类社会日益走近知识经济时代之际，则更是如此。

（1）激烈的市场竞争，需要高素质的农民。

随着我国市场经济体制的逐步建立和完善，农产品的市场竞争会越来越激烈，除了价格方面的竞争外，质量、花色品种、品牌以及售后服务等方面的竞争也会加剧，这些都对生产经营者的素质提出了更高的要求。

（2）农业和农村经济结构的战略性调整，需要高素质的农民。

我国的农业和农村，正面临着重大的结构调整。结构调整的目的是为了全面提高农产品质量，优化农村产业结构，优化农业区域布局，全面提高农村经济的素质和效益，开辟增加农民收入的新领域。要进行这些工作，就需要提高农民的素质。

(3) 实现农业现代化、知识化，需要高素质的农民。

实现农业现代化、知识化，需要加大对农业的知识、科技投入，需要农民掌握先进的农业科技知识，会使用先进的投入物，会操作现代机器设备，不仅要熟悉生产过程，还要会经营，会管理，能够了解和驾驭市场。要实现农业的现代化、知识化，首先就要实现农民的现代化、知识化。

(4) 参与农业国际化竞争，需要高素质的农民。

加入世界贸易组织后，由于农产品进口关税的大幅度削减以及许多非关税保护措施的取消，我国农业将面临更加激烈的国际竞争。国外的许多农产品不仅在价格、质量方面具有优势，而且在市场营销方面具有很大的优势，我国的农产品要想与之竞争，就必须在降低成本、提高质量、加强市场营销等方面狠下工夫，而要做好这些工作，就必须提高农民的素质。

（三）提高农民素质的意义

农民素质的提高，主要是指农民体质与精神状况的改善，文化科学知识水平的提高，生产技能的提高，对政治、经济以及社会生活各个领域的参与能力的提高。高素质的农民是市场经济中最有生机与活力的主体，他们除了应具有强健的体魄、较高的文化科学知识、技术、能力、道德水平外，还应具有能够适应市场经济的思想观念。

农民素质差，不仅影响先进科学技术在生产中的应用，使传统生产难以向现代生产转化，而且影响农民对国家政治、经济、社会生活的参与。

提高农民素质，能使农业劳动力更好地与自然资源、资本、技术等其他生产要素结合，以提高生产率。劳动力是人力资源的主体，劳动力的素质决定人力资源的质量。

提高农民素质能够促进技术进步，而技术进步又能够进一步提高生产要素的生产率，促进经济增长，实现经济可持续发展。

提高农民素质，对于加速农业剩余劳动力转移，扩大农村劳动力就业，也有非常重要的意义。

在人类社会生产发展的过程中，早期的生产由于技术简单，对体质的要求多于对知识技能的要求。随着生产的发展，技术水平不断提高，使用的工具也越来越复杂，各种先进机器与技术的使用，都必须要求生产者有较高的知识技能，对知识技能的要求显得越来越重要。因此，无论从社会生产对劳动者的要求来说，还是从社会生产的目的来说，劳动者素质的提高都是社会经济发展的首要条件和首要目标。

世界上可以利用的物质资源是有限的，而人类对于物质与精神的追求却是无限的，要解决这个矛盾，只能依靠科技进步，而科技进步只能靠人类自身来推动，因此加强人力资源开发，提高人的素质就成为推动科技进步，促进经济社会发展的必要条件。

二、我国农民素质的现状及存在问题

（一）农村人口受教育年限少

我国农村人口受教育年限明显低于全国人口平均受教育年限，农民中文盲、半文盲多。由于受教育年限少，导致农民素质低。偏低的劳动力素质会阻碍技术进步，导致劳动生产率低，制约着人力资源潜力的发挥，影响经济社会的发展。

（二）农民健康状况差

在农村地区，缺医少药的情况非常普遍。许多农民身患疾病，健康状况很差。许多人由于收入低，有病看不起，以致小病拖成大病，大病危及性命。健康状况不佳严重影响他们对于社会经济活动的参与以及工作效率的提高。

（三）农村教育投资不足

与城市相比，农村教育投资严重不足。在农村许多地区，由于教育投资少，学校校舍陈旧，危房多，教学设备条件差。图书仪器缺乏，许多中学生没有条件做物理、化学实验，有的中学甚至连演示实验部无法做。教师待遇差，师资队伍整体素质低，许多教师末达到国家规定的文化程度。

（四）农民的市场参与能力弱

许多农村地区因为长期以来经济落后，交通不便，信息闭塞，因而人们市场观念淡薄，缺乏风险意识、创新意识和市场竞争意识，很难适应市场经济要求。许多人由于对市场缺乏了解，不能按照市场需求变化组织生产经营，因而常常在市场竞争中处于不利地位。这是制约农村部经济发展的一个重要原因，应该引起高度重视。

（五）农业剩余劳动力就业机会少

我国农业劳动力数量多，可支配的农业资源数量少，存在着大量的剩余劳动力。长期以来由于各方面的原因，使这些劳动力很难在农业和农村以外找到就业机会。这种状况不仅会影响资源配置效率，也会影响劳动力素质的提高。

三、提高农民素质的政策措施

（一）制定提高农民素质的总体规划

应制订提高农民素质的总体规划。规划应包括相应的组织机构、资金筹措、目标、步骤、法律制度保障等内容。需要组织力量，根据农村实际情况，借鉴国外的经验，分层次地制订提高农民素质的总体规划。

要根据农村人口、经济、资源条件，通过调节人口数量，提高人口质量、发展基础教育、开展职业技术培训等手段或措施，促进农民素质的提高，推动经济快速发展。

（二）大力发展教育事业

（1）建立农村教育的合理结构。农民素质低，既表现为受教育年限少，也表现在知识结构不合理上。要认真抓好普及九年制义务教育工作，减少农村贫困儿童的辍学率。加强教师队伍建设，提高教师待遇，鼓励和吸引大专院校毕业生到农村中小学任教。改善校舍和教学设施，逐步引进现代化教学手段。在普及九年制义务教育的基础上，逐步普及高中教育，使更多的农村青少年受到良好的学校教育。

大力发展职业技术教育和成人教育。办好职业中学，使教育与生产实践相结合；办好农民文化学校，消除农村青壮年文盲，提高他们的科学文化素质，把扫盲教育和职业技术教育结合起来，普及文化科学技术知识。大力发展职业技术教育和成人教育，根据当地生产的需要对劳动者进行文化科学知识和相应的专业技术教育，注重实用技术人才培养。结合农村不同地区的资源优势、产业优势和生态环境特点设置学科专业和课程，尽快为本地区的经济发展培养各类人才。在构建农村教育结构时，必须加强师范教育，通过师范教育培养出大量的合格教师，以适应农村教育事业发展的需要。

（2）调整农村教育的投资结构。我国农村教育落后，教育经费投入不足是一个重要原因。政府应加大对农村教育的投入力度，使教育事业的发展有充足的资金保证。办学模式应以国家办学为主体，积极鼓励企业、社会团体和个人投资兴办教育，使办学主体、办学投资渠道、办学管理模式更加多样化。

（3）充分发挥政府的主导作用。政府的主导地位和主体作用主要体现在以下方面：确定教育方针，制订教育法规制度，编制教育发展规划和投资计划，审订学校资格并对学校的质量进行评估，考核认定教师和学生资格水平，对各级各类学校进行监督与协调等。根据市场经济的要求，政府对教育的管理方法和手段要作出调整，由原来的直接参与转换为间接调控。在教育资金的筹措方面，必须发挥政府的主导功能，以政府投资为主体，广泛吸收来自各种社会力量和各种经济成分的资金。

（4）通过各种媒体和传播渠道普及科技知识。可利用广播、电视、计算机网络、报纸、杂志、图书及其他载体，扩大科技知识的传播，传播的内容要兼顾先进性、实用性与易接受性。

（三）努力提高农民的身体素质

（1）改善农村医疗卫生条件。政府应针对农村的实际情况，制定医疗卫生服务计划。要建立和完善医疗卫生体系，增加对农村基本医疗卫生设施的资助，改善基层医院的医疗设施，充实医务人员，提供专项经费用于培训医务人员。建立和完善县、乡、村三级卫生服务网络，在农村的村一级要设立医疗站，使农民的一些常见病能及时就近得到治疗。恢复农村合作医疗保险制度，培养农村基层医护人员，实行以预防性基本卫生服务为主要内容的公共卫生计划，改善卫生条件，解决一些偏僻地区的饮水问题，对一些脏、乱、差的街道进行治理。

（2）改善文化体育设施，开展多种多样的文化体育活动，取缔赌博、封建迷信等一些损害农民身心健康的活动，提高农民的健康水平。制订合理的营养计划，调整膳食结构，改善农民的营养状况。

（四）促进农民思想观念更新

要通过教育、宣 传、示范以及引导农民参与市场竞争等途径来促进农民思想观念的转变。一些农村地区由于各种条件的限制，与外界接触少，人们思想保守，观念陈旧，对新事物反应迟钝。因此，应引导他们首先从封闭的环境中走出来，给予他们更多的参与社会经济生活的机会，让他们能够更好地了解外面的世界，感受新事物，开阔视野，增长见识，转变思想观念。

（五）充分发挥各级农技推广站和农民技术协会的作用

农技推广站承担着农业技术的引进、试验、示范和推广，在对农民提供农业技术服务、促进农业技术进步、提高农民科技水平等方面起着十分重要的作用，因此首先要稳定和健全农技推广人员队伍。在县一级应将农技、植保、土肥、种子等方面的技术干部由原来的分站管理变为由农技推广中心集中统一管理，以便使各方面的技术干部在农技推广中能互相协作与配合，更好地发挥作用。乡一级农技推广站要配齐各类农业技术员，并解决好从农民中聘任的技术员的工资待遇问题，以调动他们的积极性。村一级要选拔有一定技术专长、责任心强，能热心为群众服务的农民担任技术员，报酬应与其提供的技术服务相联系。要选择一些有影响力的农户作为科技示范户，新技术的引进可先在这些示范户中试行，通过示范、宣传，逐步在其他农户中推广应用。通过建立上述的县、乡、村、户四级农业技术推广体系，使先进实用的农业技术成果尽快地推广到农户中去，把农业科技由潜在的生产力转化为现实的生产力。

农民技术协会是由农民根据生产经营的需要自发组织起来的农村技术组织，它在传递信息、交流技术、培养技术骨干、提高农民素质方面起着十分重要的作用。在市场的引导下，一些协会将会由单纯的技术服务组织向产业一体化经营实体转化。农民在参与这些技术协会的活动中，会不断积累经验，改进技术，开阔眼界，改善经营管理，提高自身素质。

（六）建立健全新的农村科技人才管理机制

（1）采取适当措施，设法留住农业科技人才。要认真了解农业科技人才的需要，积极为他们提供良好的工作和生活条件，使他们能够安心工作，多做贡献。

（2）充分发挥乡土人才的示范作用。乡土人才指农村中有胆识、有技术、有创新精神的能人。他们中的许多人是农村中通过从事建筑、运输、开办小企业、从事社会服务等先富起来的那一部分人。他们往往在当地经济发展中起着示范带头作用。要给他们以更多的鼓励和支持，充分调动他们的积极性，发挥他们的聪明才智，这对于促进当地经济发展，具有十分重要的意义。

（3）建立人才激励机制。人才是科技进步和经济社会发展最重要的资源，收入分配对于人力资源开发的影响很大。要建立一套能够调动人才积极性的激励机制。合理的激励机制应是一种能够促进“高素质—高效率—高收入”的良性循环的运转机制。收入应该能够真实地反映出人才的工作绩效和人力资本投资收益，能够促进人力资源的合理流动，优化部门、岗位和地区之间的人力资源配置，激励人才不断努力，做出更大贡献。

（七）加快信息工程建设

（1）提高广播、电视覆盖率。国家和地方应增加对广播电视基础设施的投资，保证村村有条件收听广播和收看电视。国家和地方广播、电视、有线电视网应增加那些对当地适用的生产技术知识节目，促进科学技术的普及和应用。

（2）加快通讯设施建设。政府应制订农村电信发展规划，增加投资，尽快实现信息交流的现代化。加快农村用户入网的步伐，使得农民能够通过网络获取更多的市场信息和科技知识。各类学校应提高网络的普及率，培养学生使用网络的技能，增加利用网络获取知识的能力。政府要为小城镇、边远地区、山区电话网建设以及各类学校电脑网络建设、无线通讯技术的使用等提供专项补助资金，提高这些地区的电话普及率和电脑普及率，增强这些地区人口与外界的联系，提高他们利用信息的能力。

（八）为农业富余劳动力提供更多的农业以的外就业机会

农业劳动力向外转移的过程也是他们对市场经济的规律进一步了解、学习和适应的过程。通过劳动力转移，可以使农民的视野从农业和农村扩展到更加广阔的外部世界，接触到市场经济中的各种新事物，对头脑中的传统思想观念产生强烈的冲击，促使他们由封闭保守向开放进取转化，朝着有利于步入市场经济、适应现代化生产的方向发展。在劳动力转移的过程中，他们可以了解市场经济的思维方式、风险意识和经营管理方法，学习文化科学知识、生产技术和管理技能，逐步适应现代产业活动和市场经济的要求。例如，有许多农民通过外出打工，学到了技术，积累了资金，提高了自身的素质和经营管理能力，然后再回乡兴办企业，对发展当地农村经济起了很大作用。因此，农业劳动力向外转移的过程，也是一个对农民进行培训提高的过程，一个人力资本积累的过程，一个农民自身现代化的过程。

（九）建立健全劳动力市场

通过建立城乡统一的劳动力市场，引导农村富余劳动力合理流动，实现劳动力与其他生产要素的重新组合。要逐步建立起统一、开放、有序、规范、高效的劳动力市场，促使农村劳动力流动。

（1）建立劳动力市场管理、市场监督、信息收集、整理、加工、传播、咨询、职业介绍、职业培训、劳动争议仲裁等机构，为劳动力的市场交易提供全程系列服务。选拔那些公正廉洁、工作认真负责的人员，充实市场管理机构，通过培训使他们熟悉劳动力市场的有关法规制度，并要建立专门的机构和规章制度对市场管理人员进行监督、检查，以保证法规的实施。

（2）建立健全劳动力就业的法规体系，依法维护市场交易秩序，保护劳动者与用人单位的合法权益，保证市场正常运转，提高市场效率。要建立健全劳动法、劳动者权益保护法以及劳动力市场管理、劳动合同管理、劳动争议仲裁等方面的法规，通过法规来规范市场主体行为，使供需双方在市场交易中能有法可依、有章可循，减少交易中的摩擦和冲突。简化农村劳动力进入市场的手续，拆除各种人为的障碍，给农村劳动力以市场进入的充分自由，以便降低交易成本，提高市场效率。

（3）大力发展多种形式的市场中介组织，除了劳动部门和其他社会团体开办的市场中介机构外，应允许私人开办职业介绍机构，以扩大就业中介服务。我国农村富余劳动力数量多，市场交易量大，仅靠劳动部门和社会团体开办的中介机构，服务量将是非常有限的。因此应鼓励私人开办职业介绍机构。不论是国家、集体或个人开办的中介机构，都应依法对其进行严格管理，规范他们的行为，促使他们提供良好的服务。

（4）建立劳动力市场信息服务体系，通过信息引导，促进劳动力流动有序化。应在全国范围内建立起一个劳动力市场信息服务体系，及时收集整理全国各地对劳动力的需求数量及需求结构方面的信息，并通过广播、电视、报纸等宣传媒介及时向社会公布，通过向劳动力提供信息服务，引导劳动力流动的去向和数量，避免大规模的盲目流动，使流动向有序化方向发展。

（5）加强对流动劳动力的培训，并把培训同就业结合起来。国家应建立流动农村劳动力培训基金，成立专门的培训机构，制订培训教学大纲，编写培训教材，组织培训教师，对流动农村劳动力进行就业前的系统培训。培训的内容包括思想、法制、纪律及专业技能等方面。通过培训，提高劳动力对就业环境、就业岗位的适应能力。培训机构可与职业介绍机构及用工单位以建立联系，进行定向培训。学员经培训后即可直接去用工单位就业，把培训与就业结合起来，这样既可提高劳动力参加培训的积极性，又可节约劳动力供需双方的市场搜寻、谈判、交易成本。除了国家设立的培训机构外，还应鼓励社会力量兴办培训机构，并把这些培训机构纳入国家的规划之中。

参考文献

1. 李双全．开发人力资源，促进经济发展．科技日报，1999－01－03
2. 吴斌，牛越等．中国人力资源开发系统论．北京：中国建材工业出版社，1996

3. 邓频声，罗能生．论农村人力资源开发．光明日报，1999，2，3
4. 孔令锋，李健．人力资源的开发利用机制．中国人力资源开发，2000（8）
5. 顾巍等．中国农民素质对农业现代化进程的影响．湖南农业大学学报（社科版，长沙），2000年第3期

我国林业资源配置中的帕累托改进

聂　华
（北京林业大学经济管理学院，北京，100083）

摘要：本文运用帕累托最优、埃奇渥斯盒状图等经济学理论，分析了我国林业中有关资源配置的若干问题，提出了将来我国林业生产资源配置结构调整的趋势，使我国林业经济中的具体问题与经济学理论更紧密地结合，丰富和完善了我国的林业经济理论。

关键词：资源配置；帕累托改进

Abstract: This Article applies such theories of economics as Pareto Optimality, Edge Worth Box, to make an analysis on some issues in the allocation of China's forestry resources. It figures out the allocation direction of our country's forestry productive resources. Therefore, by making a more tight bridge between the practical issues in our country's Forestry Economy and the Theory of Economics, this article, so to speak, enriches and perfects our country's forestry economic theory.

Key words: Allocation of resources; Pareto efficiency

一、帕累托最优和埃奇渥斯盒状图

衡量资源配置效率的标准之一是帕累托最优标准，即如果改变既定的资源配置状态，可以使至少一方面的状况变好，而没有使任何方面的状况变坏，这称为帕累托改进，当帕累托改进不再存在时，这种资源配置状态称为帕累托最优状态。满足帕累托最优状态就是具有经济效率的；反之，就是缺乏经济效率的。

为了研究我国林业资源配置状况是否符合帕累托最优状态，我们引入埃奇渥斯盒状图来进行分析。埃奇渥斯盒状图表现了我国土地、资本两种生产要素在商品林、生态公益林两种产品间的配置情况。我国林业生产中劳动资源过剩，可以看成是无限供给的，故本文只考虑土地、资本两种生产要素的配置情况。

我们假设在一个简单的经济系统中，存在两种资源：土地和资本，生产两种产品：商品性林产品（以下分析以木材为代表）和生态公益林（即生态效益）。先作如下假设：

第一，在一定时期内，林业技术水平不变。

第二，在一定时期内，林业用地、林业投资总量是不能扩张的，即土地、资本两种生产要素总量都既定。

第三，每一种生产要素投入在每一种产品生产中的边际产出为正值，但却是递减的，即全部等产量线都凸向原点。

如图 1 所示。盒子的边长是由一定的资源供给量确定的，由于我们假定土地、资本两种生产要素总量都既定，所以盒子的边长是确定的。盒子的水平长度表示土地的数量，盒子的垂直高度表示资本的数量。在盒子内有无数条代表木材和生态效益的等产量线（假定生态效益可以被量化），图1中只画出其中几条。$\mathrm{I}_{木}$、$\mathrm{II}_{木}$、$\mathrm{III}_{木}$是木材的等产量线，$\mathrm{I}_{木}$代表较低的木材产量水平，$\mathrm{III}_{木}$代表较高的木材产量水平；$\mathrm{I}_{环}$、$\mathrm{II}_{环}$、$\mathrm{III}_{环}$是生态效益的等产量线，$\mathrm{I}_{环}$代表较低的生态效益水平，Ⅲ环代表较高的生态效益水平。

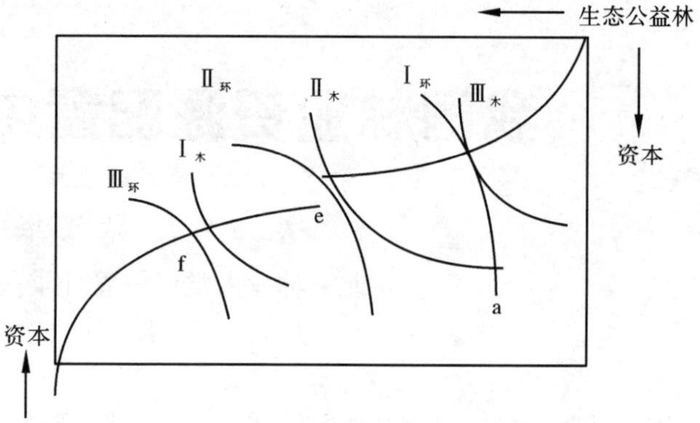

图1 埃奇渥斯盒状图

盒内任意一点，如a，可表示为资源的一种配置状况和产出情况。但是a点不一定就是最高效率的资源配置。只有当a点恰好是木材等产量线和生态效益等产量线的切点时，才能得到一定资源配置状态下最高的产出量，也就是一定资源配置状态下效率最高的生产方式。由于盒内有无数条木材和生态效益的等产量线，这些等产量线总是两两相切，因而必然产生无数个切点，连接位于盒内的所有切点，就可以得到一条生产契约曲线或称高效率生产线。

由以上讨论可得出：

（1）在生产过程中，资源投入可以有多种组合。如果通过重新配置资源能够获得更多的一种或两种产品的产出，则过去的资源配置就是无效率的。任何处在木材和生态效益的两条等产量曲线的交点上的点（如a点），都存在帕累托改进的可能。例如，通过两种资源的重新配置，让a点变动到e点，则生态效益水平从$\mathrm{I}_{环}$提高到$\mathrm{II}_{环}$，而木材产量仍在$\mathrm{II}_{木}$上，没有减少。当然，也可以在不降低生态效益水平的前提下，增加木材产量；或两种产品都适量增加。

（2）生产契约曲线上的任意一点都代表着一种资源配置状态下高效率的生产方式，例如图中的e点。即任何处在木材和生态效益两条等产量曲线的切点上的点，都处在帕累托最优状态。

（3）生产契约曲线上的任意一点都是一对木材和生态效益等产量线的切点，因此，在该点上木材等产量线的斜率必然等于生态效益等产量线的斜率。也就是说在这一点，用于生产木材和生态效益的两种资源，土地和资本，其边际技术替代率必然相等。因为边际技术替代率是厂商等产量线的斜率，要在资源投入过程中实现竞争性均衡，每个生产者必须在利用资源时，使各等产量线的斜率都相等，并等于两种投入品的价格之比。因此，可以得出推论，竞争性均衡处在生产契约曲线上，并且竞争性均衡在生产上是有效率的。

二、我国林业生产中的资本、土地资源配置状况

我国的林业生产中就存在资本和土地资源配置不当的问题，存在帕累托改进的余地。我国资本和土地的资源配置状况大约处在a点：即在木材生产方面，我国过去一直以大量占用土地，而资本投入相对较少的粗放式、掠夺式经营为主；而在生态公益林建设方面，我国各种生态公益林占用土地面积较小，而为了恢复被过度砍伐的森林和日益恶化的生态环境，对公益林资本投入量相对较多。

首先看一下我国商品林和生态公益林的面积占有林地的比重，见表1。

表1 我国商品林和生态公益林的面积占有林地面积的比重 单位：%

	商品林			生态公益林	
	用材林	经济林	薪炭林	防护林	特种用途林
第三次森林资源清查（1984～1988）	67.02	11.50	3.72	12.18	2.61
第四次森林资源清查（1989～1993）	66.08	12.52	3.34	12.50	2.60

资料来源：李育才，《面向21世纪的林业发展战略》。

再来看一下商品林和生态公益林的资本投入情况，以我国林业的重点工程为例，见表2。

表2 我国历年林业重点工程投资情况 单位：亿元

年别	商品林生产			生态公益林生产			
	世行贷款速生丰产商品林基地工程	退耕还林试点示范工程	小计	十大林业生态工程	全国生态环境建设重点工程	天然林资源保护工程	小计
1979～1989	—	—	—	6.23	—	—	6.23
1990	—	—	—	2.55	—	—	2.55
1991	—	—	—	3.49	—	—	3.49
1992	—	—	—	4.46	—	—	4.46
1993	4.86	—	4.86	7.03	—	—	7.03
1994	5.84	—	5.84	8.61	—	—	8.61
1995	6.89	—	6.89	9.37	—	—	9.37
八五小计	17.6	—	17.6	32.97	—	—	32.97
1996	6.26	—	6.26	14.89	—	—	14.89
1997	5.86	—	5.86	19.64	—	—	19.64
1998	5.4	—	5.4	23.36	1.85	22.78	47.99
1999	4.79	—	4.79	29.13	6.73	40.92	76.78
2000	—	15.41	15.41	36.94	—	60.84	97.78
九五小计	22.33	15.41	37.74	123.96	8.58	124.54	257.08
1979～2000	39.93	15.41	55.34	165.71	8.58	124.54	298.83

注：全国生态环境建设重点工程和世行贷款速生丰产商品林基地工程2000年没有统计。

资料来源：《中国林业年鉴》（2001年）。

表3 2001年我国六大林业重点工程投资情况 单位：亿元

年别	商品林生产			生态公益林生产				
	退耕还林工程	重点地区速生丰产商品林基地建设工程	小计	天然林资源保护工程	三北及长江流域等防护林体系建设工程	京津风沙源治理工程	野生动植物保护及自然保护区建设工程	小计
2001	32.14	2.47	34.61	94.93	30.31	4.50	2.09	131.83

资料来源：《中国林业年鉴》（2002年）。

根据以上资料分析，我国林业用地中，商品林用地占到80%左右，而生态林用地只有15%左右，商品林占地比例明显过大。在国家的林业投资中（未包括社会投资），商品林建设投资只有生态林建设投资的1/4左右。

三、我国林业生产中资本、土地资源配置的帕累托改进

由模型分析可知，针对我国目前林业的资本、土地资源配置状况，我们可以通过采取一系列的措施，逐步进行帕累托改进。基本方针是：减少商品林用地，增加对其的资本投入，实行集约式经营，发展高效林业；而对于生态公益林，主要通过增加森林面积，封山育林，减少人为干扰，充分发挥自然力作用，逐步减少其资本投入。这样，使我国林业生产的资源配置状况从a点移动到e点，即在保持木材产量不变的情况下，提高生态效益水平；当然，也可以在不降低生态效益水平的前提下，增加木材产量；或两种产品都适量增加，最终实现帕累托最优状态，使资源配置达到最优。

1. 我国商品林生产中资本、土地资源配置的帕累托改进

对商品林生产进行资本、土地资源配置的帕累托改进，主要是要节约使用土地，增加资本投入，实行集约经营，发展高效林业，在有限面积的林地上达到最大的木材产出量。

在世界各国中，发展集约经营和高效林业的成效比较突出的是新西兰、澳大利亚和美国等国。其中，新西兰的成就特别引起国际林业界的注目。从20世纪60年代以来，新西兰开始发展高效林业，狠抓人工造林、大搞集约经营，彻底改变了林业的面貌。这个国家的人工林面积仅占全国森林面积的10%左右，由于集约经营，却可提供全国木材总产量的90%左右。占森林总面积90%左右的天然林，提供木材总产量的10%。这样，使天然林得以休养生息，以发挥生态效益。澳大利亚的做法也大同小异，划出少量条件较好的林地，营造速生丰产林，像种植农作物那样实行集约经营、定向培育，生产商业用材，不仅满足了国内林产品的需求，还大量出口木材。美国发展集约经营和高效林业的规模较大，取得了显著的成效。在美国南部，被称为“第一森林”的原始林在20世纪末基本被采伐殆尽，作为“第二森林”的次生林，虽然加强了抚育管理，仍难以达到永续利用。20世纪60年代初，美国制订了营造“第三森林”的宏伟计划，该计划的核心就是在南方13个州营造速生、优质、高产的人工林，建立以南方松为主要树种的工业原料林基地。几十年来，此项计划已经圆满实施，大面积工业原料林基地已经建成，到20世纪末，由“第三森林”提供的木材产量达到全国木材产量的一半左右，从而保证了林产工业的持续稳定发展。与此同时，大部分天然林解脱了大规模工业化采伐利用的压力，促使天然林在保护生态环境方面发挥更大的作用。以发展高效林业著称的美国惠好林业公司，原来是以加工业为主体，营林投入极少，原料供应靠天然林，实行粗放经营，天然林采伐后任其天然更新，林木生长缓慢，林地生产力很低，森林资源逐渐枯竭，可利用资源越来越少，严重威胁着公司的生存和发展。通过资源比较优势分析，他们发现以前依靠扩大经营面积，实行广种薄收，经济效益越来越低。通过研究，他们认为林地的生产潜力还没有发挥出来，于是决定营造速生、丰产、优质人工林，实行集约经营，虽然投入增加了一倍，但其产出却可增加两倍左右。该公司在1966年制定了高效林业的发展计划，并于次年开始实施。几十年来，坚持集约经营、定向培育，现已建成了新一代工业原料林基地，从而保证了稳定的原料供应，使公司在激烈的市场竞争中立于不败之地（陆兆苏等，1998）。

2. 我国生态公益林生产中资本、土地资源配置的帕累托改进

对生态公益林生产进行资本、土地资源配置的帕累托改进，主要是要增加其面积，封山育林，减少人为干扰，充分发挥自然力作用，逐步减少其资本投入。

20 世纪以来，世界各国也都根据自身的自然地理条件，实施了许多举世瞩目的生态工程。美国于 1934 年 7 月开始实施“大草原各州林业工程”（又称“罗斯福工程”），营造了大面积的防护林，实行网、片、点相结合：在适宜林木生长的地方营造防护林带；在农田周围、房舍周围营造防护林网；在不适宜造林地带，选出 10% 左右的小块土地营造片林，根据当地土壤情况，因地制宜地营造林带、林网、片林，以防止土地沙化，保护农田和牧场。到 20 世纪 80 年代中期，人工营造的防护林带总长度 16 万 km，面积 65 万 hm^2。1949 年苏联开始实施“斯大林改造大自然计划”，到 1985 年，其营造的防护林面积达 550 万 hm^2，防护林总面积达 17 800 万 hm^2，防护林比重已从 1956 年的 3% 提高到 1985 年的 20%。据统计，由于防护林的保护，牧场提高牲畜产量 12% ~15%，农牧业年增产价值达 23 亿卢布。1970 年，北非的阿尔及利亚、摩洛哥、突尼斯、利比亚和埃及 5 国开始实施“绿色坝工程”，到 1990 年，已营造人工林 60 万 hm^2，使该地区的森林覆盖率达到 1.72%。日本于 1954 ~1994 年连续制定和实施了 4 期防护林建设计划，防护林的比例由 1953 年占国土面积的 10% 提高到 32%。1965 年起，法国开始大规模兴建海岸防风固沙、荒地造林和山地恢复等 5 大林业生态工程，战后 20 年森林覆盖率提高了 6.3%。1990 年，加拿大宣布实施“绿色计划”，开展大规模植树造林，并计划到 2000 年，把 16% 的加拿大国土开辟成国家公园。我国目前进行的生态公益林建设，也正是在扩大生态公益林的面积。

这里说的逐步减少对生态公益林的资本投入，是从长期的观点来看的。这是因为，对生态效益的要求从很大程度上体现在森林覆盖率上，而对林分的质量要求相对较低，因此从长期来看，在防护林等生态公益林体系建成后，其后期并不需要太多的资本投入。我国目前对生态公益林的资本投入相对较多，是因为过去缺乏环境意识，只为了暂时的经济利益而乱砍滥伐，导致森林被大量破坏，现在为了恢复森林，进行生态建设，所以资本投入量较大。这只是一个过渡时期，最终，从长期均衡的角度来看，在生态公益林的资本投入上是可以减少的。这也说明了我国林业生产资源配置的改进是一个长期的过程。

最后需要说明的是，以上分析都是以在一定时期内，技术水平不变和土地、资本两种生产要素总量都既定为前提的静态经济学分析。当生产要素数量增加，即林业用地面积增加和林业资本投入扩张以及技术进步时，则需要对林业资源最优配置进行动态经济学分析。

参考文献

1. 高鸿业．西方经济学（上册 微观部分）．北京：中国经济出版社，1996：384 ~395
2. 李育才．面向 21 世纪的林业发展战略．北京：中国林业出版社，1996
3. 陆兆苏，彭世揆．中外发展高效林业的比较研究．林业资源管理，1998（2）
4. 国家林业局．中国林业年鉴（2001 年）（2002 年）．中国林业出版社，2001（2002）
5. 王玉玲．我国森林需求正在发生结构性转变．内蒙古林业调查设计，2000（增刊）：14

世界森林资源及林产品贸易现状及对我国的影响

夏自谦
（北京林业大学经济管理学院，北京，100083）

摘要：20世纪90年代，世界森林资源遭到严重破坏，森林资源大幅度减少。自然灾害、毁林开荒、林产品需求增加等都是造成森林资源减少的主要原因。世界森林资源减少的趋势仍将持续相当一段时间，但前景是乐观的。森林可持续经营的普遍实施、人工林的增加和林产品需求增长减缓是世界森林资源能得以恢复和发展的重要因素。世界林产品贸易量持续增长，但增加趋势将变缓。高附加值的林产品比例将大幅度增长。大力发展速生丰产林工程建设，积极扩大林业对外合作和多元化扩展林产品贸易对象是我国应采取的必要应对对策。

关键词：森林资源；可持续经营；人工林；林产品需求；资源结构

Abstract: The globe forest resource was destroyed severity in 90's. Forest resource reduced in a great lot. Nature disaster, deforesting for agricultural, increasing demand in forestry products are main cause for forest resource decreasing. In general, the situation that the world forest resource reducing in 21 century will be persistence because of increasing in man made forest and demanding reducing for forestry produces. the exporting and importing of forest product all over the world expanded increasingly, but tend to go up slowly. The rate of high - attached forest product will increase greatly, and the role of the developing countries in the world forest product trading was more and more significant. Developing man made high - attached forest, cooperation with world's forests and multiple forest trade partners are efficiencies for forestry resource supply.

Key words: Forest resource; Sustainable management; Man made forest; Forestry product demanded

中国加入世贸组织后，已成为国际经济大家庭的一员。随着各国市场的进一步开放和贸易、投资领域更加自由化，国际贸易将得到更大发展。世界统一市场的范围和领域将进一步扩大。20世纪90年代以来，世界森林资源和林产品贸易结构发生了巨大变化。这种变化已经并将继续对世界林业经济环境产生深远影响。研究这种变化趋势及其产生原因对于我们正确认识国际林业经济大环境，应该采取的应对策略，加快我国林业经济国际贸易合作，进而促进我国林业经济发展无疑具有重大现实意义。

一、世界森林资源状况

（一）世界森林资源状况

1. 森林资源面积

根据联合国粮农组织2001年公布的最新资料，到2000年为止，全世界共有森林资源38 694 545.5万 $hm^2$①，森林覆盖率29.6%。其中非洲森林面积64 986.6万 hm^2，覆盖率21.8%；亚洲54 779.3万 hm^2，覆盖率17.8%；大洋洲19 762.3万 hm^2，覆盖率23.3%；欧洲103 925.1%，覆盖率46.0%；中北美洲54 930.4万 hm^2，覆盖率25.7%；南美洲54 930.4万 hm^2，覆盖率25.7%。世界森林资源的分布依然很不均衡。欧洲的温带、北美洲的寒温带和南美洲的热带雨林依然是世界最主要的森林资源。

世界森林资源最丰富的地区是欧洲，虽然欧洲土地总面积只占世界土地面积的17.3%，但森林面积却占世界森林总面积的26.86%，森林覆盖率达到46%；而森林覆盖率最高的是南美洲，其森林覆盖率高达50.4%，比覆盖率最低的亚洲（17.8%）多出32.7个百分点。世界森林资源最少的是亚洲。虽然亚洲是上最大的洲，其土地面积占到世界土地总面积的23.61%，但亚洲的森林面积只占世界森林总面积的14.16%。

全球森林资源中受保护的森林面积为33 347.9万 hm^2，用于生产经营的森林面积4 445.85万 hm^2，灌木林13 027.68万 hm^2。截止2000年，世界森林资源主要情况见表1。

表1 2000年世界森林资源（面积）

地区	土地面积 面积 （万 hm^2）	森林资源			
		占世界土地面积 （%）	面积 （万 hm^2）	覆盖率 （%）	占世界森林资源 （%）
非洲	297 839.4	22.80	64 986.6	21.8	16.79
亚洲	308 474.6	23.61	54 779.3	17.8	14.16
大洋洲	84 909.6	6.50	19 762.3	23.3	5.11
欧洲	225 995.7	17.30	103 925.1	46	26.86
中北美洲	213 696.6	16.36	54 930.4	25.7	14.20
南美洲	175 474.1	13.43	88 561.8	50.5	22.89
世界	1 306 390.0	100.00	386 945.5	29.6	100.00

2. 森林资源蓄积

截至2000年，世界森林资源蓄积总量为386352百万 m^3。其中蓄积量最多的是欧洲，森林资源总蓄积量为116 448百万 m^3，占世界森林总蓄积量的30.14%。南美洲森林单位面积蓄积量最高，平均每公顷蓄积量高达 $125m^3$，比亚洲每公顷森林蓄积量（$63m^3$）高 $62m^3$，几乎高1倍。这表明世界各地区森林资源蓄积量差异仍然很大。

① 本文数据取自联合国粮农组织“THE STATE OF WORLD'S FORESTS”和北京林业大学经济管理学院“林业经济信息系统”（http：//em..bjfu.edu.cn）。

表2 2000年世界森林资源（蓄积）

地区	森林面积（万 hm^2）	单位蓄积（m^3/hm^2）	总蓄积量（百万 m^3）	占世界森林蓄积量的比例（%）
非洲	64 986.6	72	46 472	12.03%
亚洲	54 779.3	63	34 506	8.93%
大洋洲	19 762.3	55	10 771	2.79%
欧洲	103 925.1	112	116 448	30.14%
中北美洲	54 930.4	123	67 329	17.43%
南美洲	88 561.8	125	110 826	28.69%
世界	386 945.5	100	386 352	100.00%

（二）世界森林资源变化趋势

世界森林资源变化情况可用两句话概括：森林资源破坏严重，恢复森林资源已见成效。

1. 森林资源面积下降，蓄积减少

由于自然和人为的多种原因，20世纪90年代世界森林资源遭到严重破坏，森林面积大幅度减少。据联合国粮农组织2001年8月公布的资料，1990年世界森林面积为396 342.9万 hm^2，2000年世界森林面积为386 945.5万 hm^2，同10年前相比，世界森林减少了9 397.4万 hm^2，减少了2.37%。世界森林遭到如此严重的破坏，这是非常令人担忧的，也确实值得人们认真关注。如果照此速度减少下去，全球生态环境将受到更严重的破坏，人类生存环境也将受到更严重的威胁。

森林资源面积变化情况如图1所示。

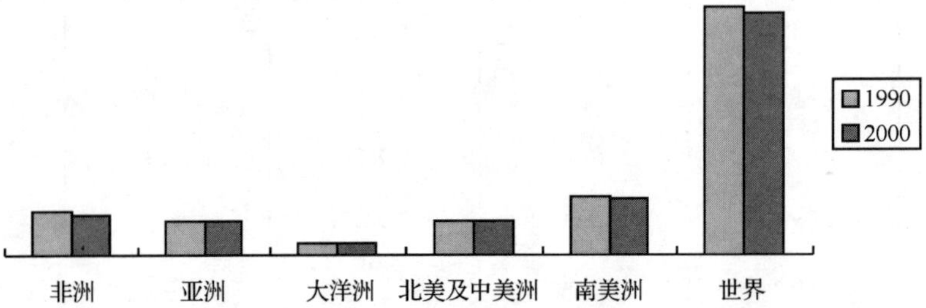

图1 世界森林资源变化情况

2. 部分国家森林资源有所增加

20世纪90年代虽然世界森林资源遭到严重破坏，但也不必过于悲观。世界也有许多国家的森林资源保护得比较好，森林资源不但没有减少，而且还有不同程度的增长。世界森林资源减少最多的国家基本上都是发展中国家，而森林资源增加最多的国家大多是发达国家。90年代森林资源减少最多的国家依次是巴西、印度尼西亚、苏丹、赞比亚、墨西哥等拉丁美洲、亚洲和非洲的发展中国家。但作为发展中国家之一的中国却是90年代世界森林资源（面积）增长最多的国家。

按森林资源拥有的总量排序，在世界森林资源总量最多的前10个国家中，就有俄罗斯、加拿大、美国、中国等4个国家的森林资源在持续增长。世界森林资源变化最大的国家是中国。1990年中国森林资源总面积为14 541.7万 hm^2，占世界森林资源的3.67%，按森林面积排序位于澳大利亚之后居世界6位，而到2000年，中国森林面积已达16 348万 hm^2，占世界森林资源的3.99%，超过澳大利亚居世界第5。

20世纪90年代世界森林面积变化最大的前10个国家如图2。

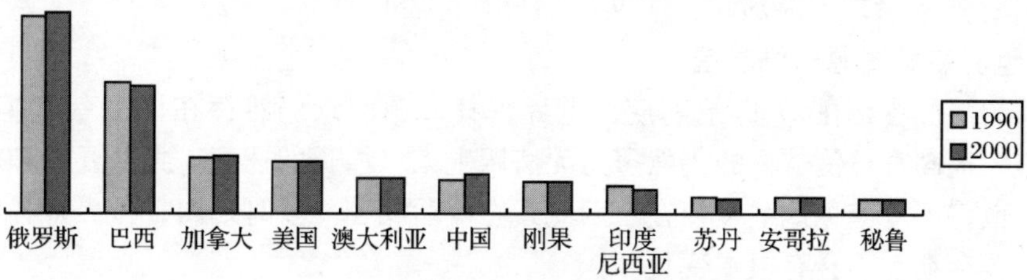

图2 部分国家森林资源变化情况

按森林增长面积计算，20世纪90年代中国（年增加180.6万 hm^2）比排在第二的美国（年增加38.8万 hm^2）平均每年多增加森林141.8万 hm^2，比美国多增加365%。90年代世界增加的森林面积中，45.57%是中国的贡献，中国对世界森林增长的贡献是巨大的。

中国在20世纪90年代成功地实施了一系列保护和发展森林的措施，使得森林资源不断保持持续稳定增长。如90年代中国实施的全国范围的大规模的全民植树造林活动、营造速生丰产用材林、森林分类经营、林业体制改革、退耕还林、天然林保护工程等，所有这些政策措施对保护和发展森林资源产生了非常明显的效果。在世界和世界上大多数国家森林都在减少的严峻情况下，而中国的森林却在持续增长，这是非常值得我们自豪的。

（三）世界森林资源变化原因分析

20世纪90年代世界森林资源减少的原因可大致归结为如下几方面：

1. 自然灾害加剧

20世纪90年代世界森林灾害异常严重，尤其是1997年是有史以来全球森林火灾最严重的一年。1997年全球五大洲都发生了森林火灾。1998年上半年，森林受害总面积超过80 000万 hm^2。90年代后期世界气候异常（厄尔尼诺现象）、全球释放二氧化碳增多导致大气增温、70年代以来温度上升，这些都是造成森林火灾原因。但更重要的是人类活动的加剧。世界许多伐木公司、矿业公司及各种各样的垦殖者随意在森林中开辟道路、无节制采伐、焚烧开垦农田，这些都大大增加了发生森林火灾的可能性。

2. 毁林现象严重

20世纪90年代世界毁林非常严重。目前发展中国家的年毁林率仍高达0.65%，亚洲大洋洲地区热带林毁林率最高，为0.98%。不断扩大农耕地面积是引起非洲和亚洲热带地区森林消失的主要原因。扩大种植粮食以及战乱之后重新定居带来的大规模经济开发计划，移民、农业发展和基础设施兴建，大量采伐薪材都是世界森林资源遭到严重破坏的原因。

3. 森林保护不力

20世纪90年代世界森林保护区受到严重威胁。在许多发展中国家，只有不到四分之一已公布的国家公园、野生动物保护地和其他保护区得到妥善经营，许多都得不到管理。据联合国粮农组织专家估计，这些保护区只有百分之一的面积可以免受人类定居，农业、采伐、狩猎、采矿、污染、战争和旅游等的严重威胁。据世界自然基金会搜集到的新数据，世界上仍有10处最脆弱的森林没有得到充分的保护。这些最脆弱森林许多是在一些最贫穷的国家。

它们在经济上无力顾及自己国家的自然资源，它们最需要的是森林能提供的食物和潜在的收入。森林提供健康的水源、食物、木材和众多的其他资源。在经济极不发达的情况下，他们很难对森林提供有效的保护。

4. 世界林产品需求不断加大（本文后面另有论述）

（四）世界森林资源前景展望

就目前的情况看，在21世纪前期，世界森林资源前景仍然存在许多令人担忧的问题。在许多国家，提高森林覆盖率的仍然努力无法跟上人口增长的速度。毁林开荒和对森林资源的掠夺经营也将不可避免地继续存在。因此，在今后相当一段时期内，世界森林资源减少的趋势仍将持续存在，不会有根本变化。

但也要看到，上述现象已引起世界各国的高度重视，国际上保护森林、改善生态环境的呼声越来越高。进入21世纪后，从长远看，对世界森林资源的前景展望是有理由持乐观态度的。森林资源急剧下降的局面将会得到遏制。其原因如下：

1. 世界各国对保护森林的重要性达成了共识

20世纪90年代世界各国对森林的重要性和全球林业发展方向达成了共识，这可以认为是90年代世界林业最重要的事件了。1992年里约热内卢联合国环发会议上通过的《关于森林问题的原则声明》，它为人类从国家林业走向全球性林业奠定了基础。这项公约拟包括各类森林可持续经营问题的各个方面，即森林经营、林产品贸易、技术转让、保护森林生物多样性等。根据很多国家的共同意见，21世纪全球性林业的主要方向如下：保护森林，扩大各国和全球的森林覆盖率，加强森林在满足人类对林地、林产品和森林生态系统精神产品需求方面的能力；制订全球林业和森林可持续经营的标准和指标，妥善解决全世界森林资源、林产品和林业的贸易问题，妥善解决商业和森林采伐对自然环境影响的关系问题；通过向林业部门提供新技术，出售森林资源，转让林地等做法，创出为森林可持续经营集资的新途径；在现有政府间组织、国际组织和非政府组织的框架内形成全球森林可持续经营的组织保证，包括地区、国内和国际间的组织联系；保证国家森林计划和管理的透明度和可及度，扩大各居民群体对土地利用和森林利用计划的参与；促进各国国民经济和国际经济各部门之间的整体协调；各国的森林都是各国的财产，但在处理森林可持续经营的重大问题时，必须认识到，各国森林作为一个整体是人类在地球上生存的保证，所以任何森林都是具有全球性意义的财富。世界各国形成的这种共识对保护和发展森林资源是至关重要的。正因为形成了这种共识，从90年代起，世界各国制定了许多政策，采取了多种措施来保护发发展森林资源，并已收到明显效果。据粮农组织估计，尽管全世界的毁林仍在继续，但是有强有力的证据表明毁林速度正在减慢。与80年代相比，在过去10年中，热带国家的毁林率至少下降了10%。

2. 人工林资源大量增加

20世纪后半期，尤其是90年代以来世界各国大力发展人工林，进入21世纪后这些人工林逐步进入成熟期，这对缓解全球林产品需求对森林，特别是天然林资源的压力将起到很大作用。据联合国粮农组织统计，90年代，人工林面积年均增长300万hm^2，其中一半为非林业用地上的植树造林，另一半为天然林改造的人工林。1980～1995年间，从发展中国家到发达国家，世界人工林发展很快。仅在发展中国家，人工林面积已由1980年的4 000万hm^2增加到1995年的8 000万hm^2，翻了一番。世界上许多国家越来越依靠人工林生产木材，有些地方则依靠农区林业和农用林业。在亚洲、大洋洲和南美洲，人工林木材产量迅速增加。据估计，现在全世界所生产的用材及工业材约有 7～10% 来自人工林，随着近 20 年来新造人工林逐步成熟，这一比例还将扩大。今后人工林提供的木材在全球木材市场中将日趋占主导地位。事实上美国、新西兰等发达国家出口的林产品中人工林已超过了天然林。据粮农组织估计，21 世纪年世界工业用材消费（15 亿～16 亿 m^3）的三分之一将来源于人工林，其中本土树种人工林占 24%，外来树种速生林占 10%。三分之二来源于天然林。2050 年时，人工林提供的工业用材产量将占 75%，其中 50% 将为速生丰产林所生产。

3. 世界林产品需求增幅变缓（本文后面另有论述）

另外，对森林科学合理的经营利用、自然保护区保护力度的加大等也都是世界森林资源状况能得以改变的原因。

二、林产品进出口分析

同森林资源大幅度减少相反，同期世界对林产品的需求却大幅度增加。林产品需求的增长与森林资源大幅度减少所引起的林产品供求矛盾更加突出。

（一）林产品进口情况分析

根据联合国粮农组织 2001 年公布的最新资料，20 世纪在 90 年代世界主要进口的林产品中，胶合板占 9.65%，碎料板占 7.66，原木占 49.5%，木浆占 16.94%，纸浆占 16.25%。可以看出，90 年代世界进口的林产品主要还是原木，其数量几乎占了全部林产品进口数量的一半。90 年代世界主要林产品进口数量的结构比例如图 3 所示。

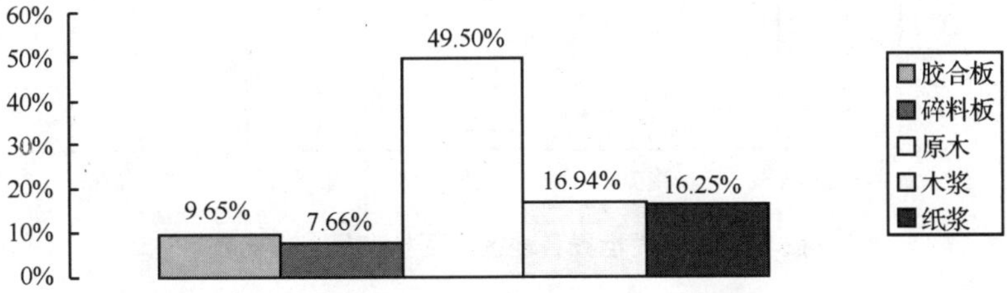

图 3　90 年代世界主要林产品进口结构

按地区分析，20 世纪 90 年代世界各地区进口的林产品数量差别很大。其中欧洲进口的林产品占世界主要林产品进口数量的 44.98%，北美洲进口林产品 14.14%，南美洲进口 0.79%，非洲占进口 0.87%，亚洲进口 38.9%，大洋洲进口 0.31%。显然，欧洲是 90 年代世界进口林产品最多的地区。

亚洲林产品进口多的原因是由于中国、日本和韩国等国林产品进口量大。20 世纪 90 年代以来，为保护生态环境，中国在全国范围内实行了大规模的退耕还林、停止天然林采伐等重大林业改革，国内木材供应大幅度减少。但同时中国经济持续高速增长，国内对林产品的需求不断增加，因此中国从世界进口林产品的数量增长很多。目前林产品进口已成为中国外贸的重要内容，中国已成为 90 年代世界林产品进口最多的国家。1999 年中国原木进口是 1998 年的 3 倍。目前中国已成为世界上最大的林产品进口国。并且这种趋势还将持续很长时期。

（二）林产品出口情况分析

根据联合国粮农组织2001年公布的最新资料，20世纪90年代胶合板出口占出口量的10.03%，碎料板占7.96%，原木占47.58%，木浆占17.46%，纸浆占16.96%。其情况如图4所示。

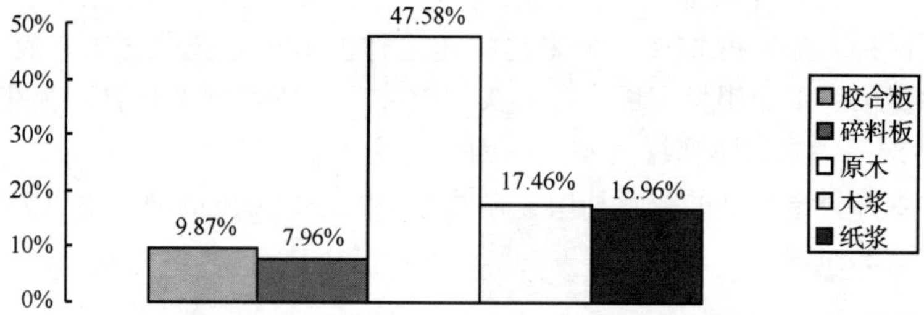

图4 90年代世界主要林产品出口比例

在20世纪90年代世界主要林产品出口的主要产品还是原木，其数量几乎占了全部林产品出口数量的一半（47.58%）。出口最少的是碎料板，其数量仅占世界主要林产品出口数量的7.96%。

20世纪90年代各洲林产品出口数量情况分析如图5所示。

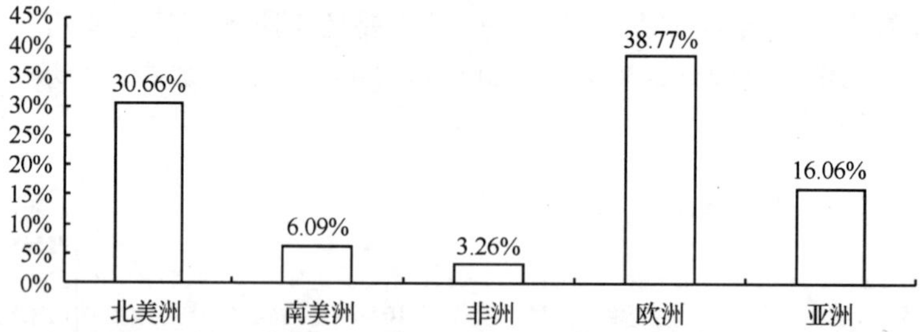

图5 90年代世界各地区主要林产品出口比例

按照不同地区林产品出口情况分析，20世纪90年代世界主要林产品出口最多的地区依次是欧洲（38.77%），北美洲（30.66%），亚洲（16.66%）。其他地区都只占很少的比例。

欧洲是传统的世界主要林产品消费地区。而亚洲却是近年来世界新崛起的林产品消费中心。其原因一是中国近年来林产品进口量急剧增加。另一方面，亚洲传统的林产品出口国大国如印度尼西亚、马来西亚等国家20世纪90年代森林资源普遍遭到严重破坏，这些国家森林资源的减少导致其林产品生产生产量和出口量大量减少。很明显，随着中国经济的迅速发展对林产品需求的持续增长和退耕还林、天然林保护工程等林业重大政策的长期实施所引起的木材采伐的减少，中国在今后相当长一段时期还会大量进口林产品。

从国家来看，世界各国林产品进出口情况差别是很大的。20世纪90年代世界林产品出口主要集中在部分森林资源比较丰富的国家。90年代世界主要林产品出口国家的情况差别很大。俄罗斯、芬兰、新西兰等9个国家林产品出口就占90年代世界主要林产品出口量的一半多（53.5%）。按各国林产品出口量所占比例分析的情况如图6所示。

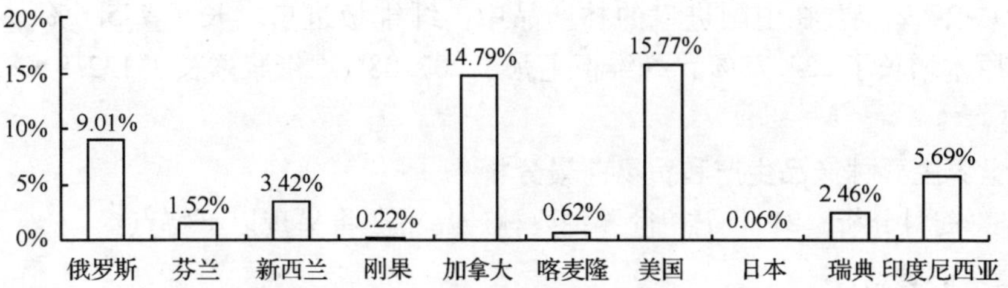

图6 90年代世界主要国家林产品出口比例

20世纪90年代世界主要林产品出口国家是美国，加拿大和俄罗斯。这三国林产品出口量几乎占世界主要林产品出口量的四成（39.57%）。其林产品出口量对世界主要林产品市场有着举足轻重的影响。加拿大虽然是世界上最大的林产品净出口国，但主要出口的是胶合板等高附加值的产品。其原木进口量远高于出口量，加拿大实际上是原木进口国。进出口相抵，美国真正向世界主要林产品市场提供的林产品并不多。只有俄罗斯的林产品出口量逐年递增。而且其出口的林产品主要是原木，胶合板等高附加值产品所占比例很小

（三）中国林产品进出口分析

1990~2000年期间，中国国内林产品产量几乎没增长，但随着国民经济高速发展，国内对林产品的需求急剧增加，为满足社会经济发展对林产品的需求，同期中国林产品进口量大幅度增加。1990年我国原木进口量从1990年的7 249 810m^3猛增到2002年的18 467 800m^3，增长了154%。而同期国内原木产量却只增长了1.71%。目前中国超过日本、韩国等国家成为世界最大原木进口国。

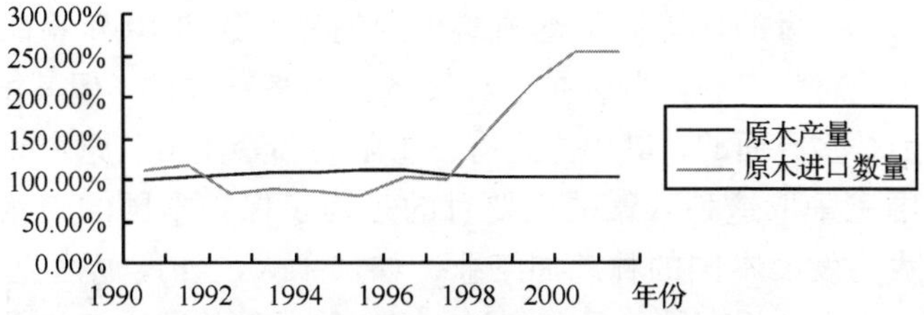

图7 1990~2000年中国原木产量和进口量

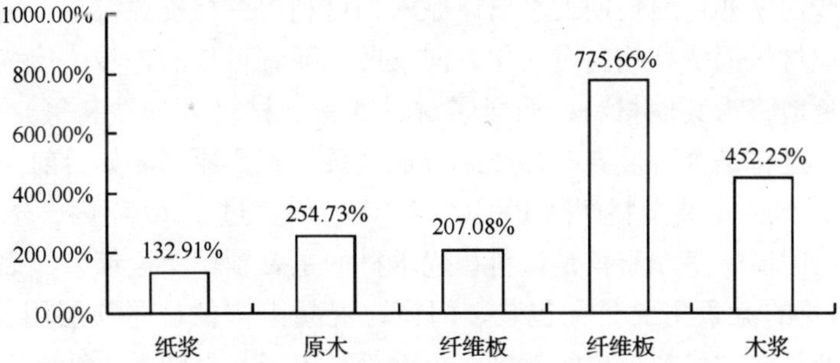

图8 1990~2002年中国主要林产品进口变化

从1990~2002年，在中国进口的林产品中，纤维板进口增长了775.6%，木浆增长了452.25%，原木增长了254.73%，纤维板主张了207.08%，纸浆增长了132.91%。纤维板进口增长最快。

（四）世界主要林产品生产和贸易前景分析

根据有关资料分析，21世纪初世界主要林产品市场将呈现以下特点：

1. 供需中心转移

目前中国已成为世界上最大的林产品进口国。预计到2010年中国的年木材消费量将达到2.4亿m^3。中国、日本以及韩国等国日益增长的林产品需求使得亚洲将成为21世纪前期世界主要的林产品需求中心。另一方面，俄罗斯经过90年代的经济结构调整，森林工业生产能力开始恢复。在90年代后期俄罗斯林产品生产和出口都呈现良好的增长态势。联合国粮农组织预测这种趋势将会持续保持。俄罗斯远东西伯利亚地区巨大的森林资源蓄积将使该地区成为未来俄罗斯、乃至世界重要的林产品供应基地。因此，亚洲，特别是东北亚地区的林产品供需都将呈现大幅度增长态势，该地区将成为21世纪世界新的林产品贸易重点地区。

2. 需求增长趋势变缓

根据联合国粮农组织、欧洲经济委员会和美、日、韩、新、印度尼西亚和马来西亚等国对全球、本地区和国内的森林资源和林产品的供需作出的预测可以看出，21世纪前期全球工业材原木市场将呈低速增长。目前发达国家占世界工业木制品产量和消费量的70%以上，但近年来消费量增长速度却在不断减小。从粮农组织的预测数字来看，在1994~2010年间，全球工业材原木的消费量虽有增长，但年增率将明显下降，将从1970~1990年的1.48%下降为1994~2010年的1.20%。工业材的出口量在2000~2010年只增长400万m^3。与此同时，工业材出口量占其产量的比重亦呈逐渐减少的趋势，到2010年将减少到6.7%。这种情况说明，全球的工业材生产和消费量在绝对数字上虽略有增长，但其增速是相当缓慢的。形成这种局面的原因是多方面的，其中主要有：①限制和禁止出口原木的国家日益增多。一些森林资源丰富的国家采取这种政策的主要目的是为了保护本国的天然林资源（如美国、巴西等）或是为了大力发展本国的林产加工业，如加拿大、印度尼西亚等。②实施可持续发展战略的国家日益增多，从而导致采取控制和限制采伐量的国家不断增加。这种情况在广大发展中国家亦不例外。③热带林资源急剧减少，有能力向世界市场提供木材的国家日益减少。如当前向全球热带材市场提供木材最多的国家之一的马来西亚2010年将面临资源不足的问题。西非有些国家亦将因长期大量出口原木，可利用森林资源将趋于枯竭。④林产品替代品大量出现，原材料消费日趋向多元化方向发展。随着科技的进步，传统大量使用木材的一些领域不可避免地将为其他材料，如金属材料、有机材料（如塑料等）和矿物材料等所取代或部分取代。这将是今后世界对林产品需求减缓的重要原因。如目前全球塑料年产量约1亿t，其中用于建筑的主要塑料产品PVC约2 100万t。过去20年内，塑料产品的使用量显著增加。包装、门窗、室外家具是塑料替代木材的主要领域。近年来，铝产品年增长率约3%。铝产品与木材的竞争主要是在包装、门窗、混凝土构件、屋项层用材料方面。另外，成本也是使得林产品被替代的主要因素之一。近年来由于木材和木质纤维生产成本增加，因此其市场份额正在降低。世界市场对林产品需求减缓对减轻森林资源需求压力是十分有利的。

3. 资源结构改变

天然林资源（尤其是热带林资源）将大幅度减少，人工林将逐步成为世界主要林产品的主要原料。随着天然林面积（含温带林和热带林）的不断缩小，其在木材市场中占有份额亦将逐渐下降。20 世纪后半期，尤其是 90 年代以来世界各国大力发展人工林，进入 21 世纪后这些人工林逐步进入成熟期。这些新增加的人工林将成为世界重要的林产品原料。据估算，2000 年时世界工业用材消费的三分之一来源于人工林，三分之二来源于天然林。2050 年时，人工林工业用材产量将占 75%，其中 50% 为速生林所产。世界大部分工业用材将由人工林供应，其面积约相当于世界现有森林总面积的 5% ~10%。

4. 贸易壁垒加大

20 世纪 90 年代世界森林资源急剧减少的严峻局面已引起世界大多数国家的高度重视。实施可持续发展战略的国家日益增多。为保护森林资源，许多国家对林产品进出口采取了各种限制措施。如许多林产品进口国都已实施了森林认证制度。没有经过森林认证的林产品将不能出口到这些国家。为了保护热带雨林，许多林产品进口国开展了抵制热带林木材产品的运动。这些国家各类非官方组织发起各种各样的宣传，号召抵制从热带雨林国家，尤其是从热带雨林森林资源濒临枯竭的国家进口木材或拒绝购买这些国家的木材产品。这在很大程度上加大了这类林产品出口国出口林产品的难度。另外，世界许多林产品进口国对各种木材产品的质量要求越来越高，从许多发展中国家出口的林产品由于质量达不到标准，其出口受到很大限制。

5. 替代品增加

林产品消费市场产品来源多元化，林产品替代品大量出现，原材料消费日趋向多元化方向发展。随着科技的进步，传统大量使用木材的一些领域不可避免地将为其他材料，如金属材料、有机材料（如塑料等）和矿物材料等所取代或部分取代。这将是今后世界对林产品需求减缓的重要原因。另外，成本也是使得林产品被替代的主要因素之一。近年来由于木材和木质纤维生产成本增加，因此其市场份额正在降低。从今后的情况看，随着科技的进步，大量的替代品还将进一步进入传统的林产品市场。林产品的替代产品将会越来越多。

6. 高附加值林产品产品增多

林产品贸易方面的产成品或高附加值产品的流通将占越来越大的分量，尤其是纸浆、纸和人造板等高附加值产品在全球林产品贸易中将获优先发展，将在世界主要林产品生产和贸易市场占越来越大的份额。出现这种趋势的主要原因，首先是各国，为了发展本国经济竞相发展加工业，尤其是深加工林产品的生产和出口贸易；其次是随着经济的发展和生活水平的提高，对纸产品和人造板的需求量迅速增加。

三、世界森林资源及林产品贸易变化对我国的应采取的对策

世界林业经济大环境的变化应引起我们的深刻思考。目前，国内木材需求量已达到 3 亿 ~ 3.3 亿多 m^3，按照国家下达的“十五”期间森林采伐限额，每年只能提供 1.4 亿 ~1.5 亿 m^3，如果严格按照国家限额计划采伐，国内木材市场供应缺口达 1.6 亿 m^3 以上。预计到 2005 年木材需求至少 3.7 亿 m^3，木材供应缺口至少 1.2 亿 m^3；2015 年木材需求达 4.6 亿 m^3，缺口为 1.7 亿 m^3。随着我国经济步入稳步发展阶段，生产建设的扩大和人民生活水平的提高进一步刺激着木材消费，近十年木材消费需求以平均每年 1 000 万 m^3 的速度迅猛增

加。为满足木材需求的迅速增加，我们应采取以下对策：

1. 继续完善和加强六大林业重点工程建设

作为我国改善生态环境和增加森林资源的根本措施，国家将六大林业重点工程列入了国民经济发展的重点。六大林业重点工程自1998年陆续启动到2003年，已累计完成造林面积2 009.75万 hm^2，累计投资946.7亿元，工程区生态状况得到初步改善，仅2003年全国植树造林面积落实1.6亿亩，超过国土面积的1%。尤其令人振奋的是，占国土面积八分之一的内蒙古自治区，通过实施六大林业重点工程，提前6年率先实现全区生态状况总体恶化趋势的初步遏制。六大林业重点工程进展是顺利的，成绩是巨大的。继续完善和加强六大林业重点工程建设是实现林业可持续发展和满足国内木材需求的最主要的举措。

2. 大力发展速生丰产林工程建设

大力发展速生丰产林是解决木材供需矛盾的根本举措，这也是国际林业界通行的做法。近年来，尽管天然林资源保护工程使得每年进入流通领域的天然林商品材以10%的幅度递减，国内木材资源供应逐年减少，但在2001年我国国内木材资源供应已止跌回升，达到了5 100万 m^3。这主要取决于我国人工林发挥的重要作用。今后这种趋势将更加显著。甄选树种，挖掘林木遗传改良的潜力，提高种苗质量，注重良种在营林中推广和应用和等是大力发展速生丰产林工程建设的主要计算措施。另外，实行定向培育，促进林工结合，加强政策扶持，调动经营者积极性，稳定营林权，实行更宽松的采伐政策，真正做到林业所有权和经营权的完全统一以及实行多元化营林投资等改革也是发展速生丰产林的政策导向。

3. 积极扩大林业对外合作，加快林业发展

改革开放以来，我国林业积极引进外资，扩大对外合作对促进林业发展起到主要作用。尤其是我国与世界银行的合作非常有成效。20世纪70年代，世界银行的林业贷款平均每年不到2 000万美元；80年代前半期，林业贷款平均每年增加到1.3亿美元。80年代中期中国提出到20世纪末建立1亿亩（约667万 hm^2）速生丰产林基地的宏伟计划，在这种大背景下，世界银行向中国林业提供了第一个长期贷款的项目，这也是迄今为止世界银行在全球投资最大的林业贷款项目协议。世界银行向中国林业提供2.33亿美元贷款，共营造速生丰产林138.5万多 hm^2，这是中国林业发展史上少有的营林系统工程，真正实现了林业从数量型、粗放型向效益型、集约型的根本转变，探索了一套有效的人工林培育和经营管理方法与模式。这些速生丰产林已逐渐成为我国主要的木材商品林基地。我国还与多个国际组织进行了成功合作，这些项目对发展林业，增加森林资源起到主要作用。今后还在这方面继续加强合作和进一步扩大合作范畴。

4. 多元化扩展林产品贸易对象

在世界森林资源和林产品格局发生重大变化的背景下，积极寻求多元化的贸易对象是解决我国林产品供不应求的有效措施。俄罗斯具有巨大的木材生产潜力，且其森林资源还在不断增长，因此，扩大与俄罗斯的林产品贸易是解决国内林产品短缺的有效途径。俄罗斯林业有几个值得关注的特点。其一是俄罗斯有丰富的森林资源。到2000年为止，俄罗斯森林总蓄积807亿 m^3，占全球森林蓄积的22%。并且在世界森林资源大幅度减少的背景下，俄罗斯的森林资源却连年增加（主要是由于森林的自然生长）。这表明俄罗斯有巨大的林产品生产潜力。其二是俄罗斯的林产品在90年代保持了逐年增加的良好态势。根据联合国粮农组织2001年公布的资料，20世纪90年代俄罗斯林产品出口量一直保持增长趋势，在本世纪，这一趋势将继续保持下去。俄罗斯将成为世界最大的林产品出口国。而且中俄贸易互补性强，我国在这方面是可以大有作为的。当然，日益增加的贸易壁垒也应该引起我们高度重视。

参考文献

[1]（美）查 Kevin Chu，（美）布劳尔 Eric Brower. 实践大师：JAVA 2 编程篇 . 北京：电子工业出版社，2000

[2] 伊格 . 动态网页制作 . 上海：上海交通大学出版社，2000

[3]（美）Vlada Matena，（美）Beth Stearns . J2EE 平台上的 EJB 组件开发 . 北京：机械工业出版社，2001

[4]（美）Subrahmanyam Allamaraju，Cedric Buest，John Davies 等 . J2EE 编程指南 . 北京：电子工业出版社，2002

[5] 李华飚，李水根 . 精通 Enterprise JavaBeans 编程 . 北京：科学出版社，2003

[6]（美）Ben Forta，et al. JSP 应用程序开发指南 . 北京：清华大学出版社，2001

[7] Scott Stark and The JBoss Group . JBoss Administration and Development] . 2002

[8] Struts，the Apache Jakarta Project，http：//Jakarta. apache. org

[9] 刘斌 . 深入浅出 JBuilder 8 程序设计与开发 . 北京：中国青年出版社，2003

速生丰产用材林建设项目融资研究

张彩虹
（北京林业大学经济管理学院，北京，100083）

摘要： 在我国社会主义市场经济体制逐步建立和完善的条件下，速生丰产用材林的发展可以充分利用项目融资的方式有效地缓解其在建设过程中存在的资金瓶颈问题。同时，通过项目融资的实施，引入先进的科学技术和管理方法，对林业投融资理论和速生丰产用材林的发展有着重要的意义。本文从项目融资的定义出发，结合我国的建设发展状况，分析了速生丰产用材林进行项目融资的可能性、可行性和存在的问题，提出了速生丰产用材林项目融资的理论框架，为我国工业人工林建设提供可资借鉴的参考。

关键词： 速生丰产林；项目融资

伴随着经济的快速发展，中国的林产品消费量逐年上升。据行业部门研究预测，从我国目前的森林资源状况来看，到 2015 年，生产建设用材需求量与供应量之间的缺口将达到 1.4 亿 ~ 1.5 亿立方米。这对于中国经济发展和人民生活水平的提高将是一大难题，而速生丰产林建设是解决这一难题的一条有效可行的途径。但是，速生丰产林建设需要投入大量的资金，融资就成其为关键问题。在我国社会主义市场经济体制逐步建立和完善的过程中，投资主体、投资来源、投资渠道和投资方式正在走向多元化，找出适合于速生丰产用材林建设特点的融资方式是需要亟待解决的难题。本文仅就速生丰产林建设项目融资方式进行一些有意义的探讨。

一、我国速生丰产用材林建设中存在严重的资金短缺问题

1. 我国营林资金的原始积累严重不足

营林生产资金难以从木材销售收入中回收，没有资金自我积累过程。在营林与采伐分离的经营模式下，政府规定从木材销售收入中提取一定数额的育林基金作为营林的资金来源。育林基金制度是为保证森林采伐迹地的及时更新，有计划的发展国有和集体造林事业，不断扩大森林资源，根据“以林养林”的原则建立起来的。但育林基金不能补偿营林成本。

从性质上看，提取的育林基金既不反映投入又不反映产出，不能体现资金投入对成本补偿的要求，无法实现资金的积累再投入。从数量上看，育林基金计征的标准是政府规定按销售价格的一定比例提取，而木材价格偏低导致育林基金提取数量的先天不足，无法维持营林的简单再生产，更谈不上扩大再生产。

2. 速生丰产用材林建设国家资金支持很少

速生丰产用材林工程建设约 15 年，计划造林 2 亿亩，预计投资 718 亿元人民币。国家林业局在规划速丰林之初，把工期定为 2001 ~ 2014 年，但是，由于资金问题和国家计委审批的程序，这项工程一直处在外热内冷的尴尬局面。

在规划之初，国家计划对这项工程直接投资144亿元，银行贴息贷款502亿元，其余资金72亿元由民间解决。但是，到国家计委批复时，对资金比例并没有做出明确的安排。资金来源主要采取市场融资的方式，国家补助只占很小的比例。

3. 国家开发行态度谨慎

由于速丰林工程动辄上亿，贷款期限一般都是5~8年，甚至更长，属于中长期贷款，回报的期限太长，一般的商业银行不会轻易放贷。像国家开发银行这类的政策性银行，有意将贷款投向速丰林工程，但由于种种原因，步子不是很大，对企业的审批尤为严格。

国家开发银行已向一些大的林业项目提供贷款。广西高丰林场2000年已获得开发银行6 000万元的贷款用于一期建设；永安林业也得到了它的1.6亿元人民币贷款，也全部用于速丰林建设。但要想拿到开发银行的贷款不是那么容易，原因在于，开发行对于担保要求很严格。一般来说，担保有三种情况，第三方担保、股权质押、固定资产抵押。不同的项目，银行会有不同的担保要求。

福建南纸股份有限公司（南纸股份，600163）向国家开发银行申请1.38亿元速丰林贷款一事终于无果而终，与担保要求不无关系。贷款之初，南纸股份请永安林业（600663）做第三方担保，但没有得到开发行的认可。而开发行要求南纸股份以法人股质押，南纸却放弃了这个选择，因为用法人股质押贷款手续烦琐，数目很大的贷款需要有财政部和国有资产管理委员会的审批，结果贷款计划就此触礁。其实，南纸的贷款挫折只是速丰林工程遭遇资金尴尬的一个缩影。

国家开发银行门槛高的另一个原因是，企业投资的资本金问题。国家开发银行很重视项目资本金的落实，否则不予贷款。据悉，APP集团在海南等地的速丰林项目，计划投资100多个亿，APP集团由于债务影响，无力从海外市场融资，自有资金也无法保障，国家开发银行不得不考虑项目的风险，因此提供的11亿元贷款只是纸上谈林。尽管国家开发银行投资了几个大的速丰林项目，但总体上来说还是比较谨慎。国家开发银行的林业贷款余额25亿元，仅占其总贷款额的0.31%。

政策性银行的产业投向不明确，是林业资金缺乏的主要原因。同其他的基础产业相比，林纸业受市场波动的影响较大，特别是受国际市场的影响，属于竞争性产业。而像电力、交通等行业，垄断经营，不存在不良贷款，所以一直是国家开发银行的重点投向产业。

林业作为基础产业，其下游有一系列的行业，造纸业只是其中之一。林业的培育期至少要6~7年，甚至10年以上，通过一系列产业链的循环转化，林业才能初见成效。对于回报期限长，银行的谨慎值得理解。但林业是一个低风险的行业，并且回报率不低。政策性银行对林业的发展前景认识不够。对于林业带动一系列产业发展的认识也不够。国家开发银行已经在研究速丰林项目的贷款特点，开发出差额贴息贷款等金融服务项目。但具体实施仍不可知。

4. 吸引外资结构不均衡

创造良好的投资环境，吸引外资，也是一条重要的资金融通渠道。在国家投资有限、国内市场融资渠道尚未完全建立的条件下，充分利用外商直接投资，能有效的缓解商品林基地建设过程中的资金缺口。外商直接投资和国际金融组织的援助性资金扶持是目前商品林业进行对外融资的主要渠道。

以非公有制商品林利用外资为例。从非公有制商品林利用外资的投向结构看，我国非公有制商品林业利用外资的58%用于营林、花卉等，35%用于人造板、家具、木制品等。外资投向偏重于营林业，1993～1998年，外资造林面积占全国造林面积的近25%。2002年，林业利用外资项目数26个，合同利用外资金额3 466万美元。这其中包括了国外优惠贷款和外商直接投资，国外优惠贷款大多是官方来源，主要提供给国家的一些林业工程和项目，而非公有制商品林利用外资主要是外商直接投资。建立中外合资企业、中外合作企业和外商独资企业。从非公有制商品林利用外资来源结构看，外商直接投资主要来源于港、澳、台地区，占总投资额的67.1%；从非公有制商品林利用外资的地域结构看，主要投向南方，排名前5名的地区为广东、福建、湖南、浙江、北京，主要投资领域为国内市场需求旺盛的制浆造纸、人造板工业领域以及以出口创汇为主的大中型木材加工、家具制造和林产化学工业等领域。总之，无论从外资的投向结构、来源机构，还是从外资利用的地域结构，我国非公有制商品林利用外资的结构都是不均衡的，

可以看出，我国的速生丰产林有良好的市场前景，但发展存在资金瓶颈，而其在市场融资方面发展非常落后。从理论和实践上解决融资问题，将是我国速生丰产林发展的关键。

二、项目融资的基本概念

项目融资（project financing）是20世纪80年代世界经济发展中出现的一种崭新的国际融资方式。它是以项目的资产、预期收益或权益作抵押取得的一种无追索权或有限追索权的融资或贷款。项目融资为建设周期长，相对经济产出效益较低，要求一次性投资数额较大的基础产业提供国际融资渠道。

项目融资与传统依靠借款人公司（企业）资信及综合债务偿还能力融资的方式不同，项目融资的根本特征在于“项目导向”与“风险分担”。前者指主要依靠项目的现金流量与资产，而不是依靠于借款人的资信来安排融资；后者指项目开发中的各种风险在借款人、与项目开发有直接间接利益的参与者和贷款人之间进行分担。

项目融资的主要参与者包括：项目的直接主办人，通常是独立的项目公司；项目的实际投资者，是项目的真正发起者和主办者；项目的贷款银行；项目产品的购买者，一般由项目者本身、对项目产品有兴趣的第三方，或有关政府机构承担；项目建设的工程公司。

项目融资的借款方希望通过该方式筹集低息、长期、大量的资金投入，而贷款方则靠项目建成后逐步回流的现金流量作为还款的保障，双方都可获益。

项目融资以被融资项目本身的经济强度（从项目未来的可用于还贷款的净现金流量和项目本身资本价值两方面评价）作为是否提供贷款的首要考虑因素。项目融资能根据不同项目本身的特点设计出多种多样的融资结构，满足项目借款人不同需求。使一些在传统融资条件下无法取得贷款资金的项目，通过项目融资手段得以开展。

项目融资已被视作是一种在资金市场上，解决国家信贷困难，为资本密集型项目筹资的有效方法。对资本占用量大，投资回收期较长的部门有特别的吸引力。过去三十年中，项目融资发展迅速，在石油、采矿、发电等大型基础设施建设中得到广泛的运用。

三、速生丰产林建设使用项目融资的可行性分析

1. 速生丰产林建设项目融资方式的可能性分析

速生丰产林建设项目，具有建设周期相对较长，投资数额大的特征，在国内资金紧张的

状况下，可以利用项目融资获取外部资金的支持。可能性表现在以下几个方面：

首先，速生丰产林建设是目前解决我国木材严重短缺，造纸业发展严重受阻，纸张严重紧缺的最终解决办法。当前，由于生态环境的恶化，我国逐步实施天保工程、三北及长江黄河中上游等地区防护林建设工程、野生动植物保护工程等生态建设工程，从现有的资源中取得木材及其相关产品已经不可能。在国际上，随着世界环境保护的大趋势的发展，依赖进口木材、纸浆来满足国内需求也变得越来越困难。可见，速生丰产林建设从大的政治环境看，能够得到政府的大力支持。进行项目融资建设速生丰产林基地也将得到国家的充分支持。

其次，从经济效益分析来看，速生丰产林基地建设具有优越的市场前景和经济收益。通过项目融资的方式开发项目，主导前提就是项目是否有广阔的前景，是否能够偿还融资的债务，能否取得收益，收益有多大等等。这些都是项目融资申请的基本条件。项目融资中贷款银团愿意提供资金支持的条件在于该项目在可预见的未来能够产生稳定的现金回流作为偿还贷款的保证。而速生丰产林进入轮伐期后，通过市场完成商品资金与增殖的货币资金的转化，同时在林木的生长过程中会有一部分稳定的间伐收入。这部分间伐收入使得速生丰产林建设效益回流期缩短，可以提早开始产生一定的现金回流作为贷款的保证。从速生丰产林的经济效益分析的结果来看，通过合理经营能得到较高的投资回报率。而且从项目建设营运时间来看，速生丰产林基地建设的建设期也低于国家大型工程的建设期。从长远的政策和趋势分析，速生丰产林基地建设的成品的市场前景也极其广阔。

第三，速生丰产林基地建设的技术问题。从目前的造林技术和树种栽培抚育技术来看，大规模的速生丰产林建设的技术是基本成熟的。另外，结合国家大力搞生态环境建设，关于林木新品种的研究，老品种的改良，生物分子技术的大量运用，我国速生丰产林基地建设的技术难关已经基本得到解决。这足以达到项目融资的技术要求。同时国家还提供大量的科研基金快速提高我国造林技术的研究等，这些也将减小速生丰产林基地建设的技术风险。

第四，关于项目建设的地点和用地问题。在 2002 年 8 月启动的中国重点地区速生丰产用材林基地建设工程已经对我国整体的速生丰产林基地建设进行了完整的规划。不仅考虑基地建设的地点，而且充分考虑林木生长的特殊性，选择优良的土地资源进行速生丰产林建设，这些都将极大地增加基地建设项目融资的可行性，减小了项目建设的投资风险。

至于其他有关项目融资要求的问题，国家林业行政管理部门都做出了相应的政策配套措施，而且在速生丰产用材林基地建设工程的启动仪式中，着重强调积极支持速生丰产林基地建设的项目进入资本市场。关于这种尝试在广东省已有先例。

可见，利用项目融资方式进行速生丰产林基地建设存在完全的可能性。速生丰产林基地建设符合项目融资的各方面要求。利用项目融资方式不仅解决了资本市场大量资金的投资问题，而且解决了中国林业长期投资不足的问题，特别是在速生丰产用材林基地建设工程中起到了巨大地推动作用。

2. 速生丰产林建设使用项目融资的可行性分析

项目融资方式中包含了国家的支持，通常以特许经营和政策优惠的形式出现。过去我国商品林业发展过程中，很少以单个造林项目为主体吸引外国投资。但一些林业发达的市场经济国家，已经在商品性造林项目中采用项目融资这种国际融资方式。项目融资方式中，国家对商品林业建设项目的支持，体现在对项目投资人及提供贷款支持的银团给予税收免除、市场保证、利润返回等优惠待遇，增强其投资意愿。

贷款人在最初考虑安排贷款时，满足于使用该经济项目现金流量与收益作为偿还贷款人的资金来源，并以该经济项目的资产作为贷款的安全保证。项目融资借款方希望通过该方式筹集低息、长期、大量的资金投入，而贷款一方则靠项目建成后逐步回流的现金流量作为还款的保障，双方都可获益。

速生丰产林工程建设所具有的自然属性符合项目融资方式的对象要求，周期相对较长，投资数额相对较大，需要在短期内投入大量的资金，资金投入密度较集中。在国内资金紧张的状况下，可以利用项目融资获得外部资金的支持。项目融资中贷款银团愿意提供资金支持的条件在于项目在可预见的未来能够产生稳健的现金流作为偿还贷款的保证。

（1）速生丰产林建设的经济效益分析。除了很多学者的研究成果说明速生丰产林建设的经济效益较好外，国外的速生丰产林建设实践也证明了这一点。例如：加拿大安大略省经营杨树短轮伐期造纸林，每年平均投资80美元/公顷，10年收获，平均每年收入750美元/公顷，投入产出比为1:9.5。法国轮伐期为7年的杨树纸浆林，每年投入700法郎/公顷，每年平均收入5 200法郎/公顷，投入产出比为1:7.4；3年轮伐的超短轮伐期林，每年投资800.1法郎/公顷，每年平均收入为6 875法郎/公顷，投入产出比为1:8.6。

虽然，速生丰产林工程是在整个轮伐期后，才能通过市场完成商品资金与增殖的货币资金的转化，但在林木生长过程中会有一部分稳定的间伐收入。以营造杨树的速生丰产林为例，每公顷的间伐收入可达300～350元左右。这部分的间伐收入使得速生丰产林建设效益回流期缩短，一般5～7年后即可以开始产生一定的现金回流作为还贷的保证。

（2）林地投资的风险分析。美国的Mills&Hoover（1982）运用由四个金融投资，四个农业期权和十种不同品种的林木投资组成的一个投资组合，证明了将林业投资加入到农业企业的投资组合中，可使组合多样化，从而在既定的风险水平下提高了收益。

Thomson（1987）考察了两种不同的林地资产，北方的阔叶树林和南方松树林的风险以及相对应的收益，证明加入这两个资产在不同的资产投资组合中，能够有效的降低风险。此后，Thomson（1992）又将标准普尔指数，短期无息国库券，和公司债券等加入到投资组合的分析中来继续论证这一观点。

相对于传统的投资资产组合中的股票、债券和现金而言，林地投资被认为是另一种可青睐的投资资产。林地吸引投资者主要原因是，商品林投资具有较稳定的长期投资收益率，一般情况下，林地投资收益与其他资产类型的收益是弱相关甚至负相关的，也就是说它受投资市场波动影响小，能抵御通货膨胀引起的投资贬值，可以使投资组合多样化，从而降低投资组合的风险。

近来在机构投资组合中出现了采用以资产为基础的指数，来考虑林地投资在机构投资组合中的配额。Caulfield（1998）运用这个指数来决策林地投资在这种多资产投资组合中的投资比重。这个多资产的投资组合中，包括了本国短期股票，国外股票，国库券，长期债券和商业地产项目。结果显示，1981～1996年间，在投资项目期为5～15年的项目中，林地投资都占有相当大的比重。

3. 项目融资应用于速生丰产林建设面临的问题

虽然从理论和实际都明显看出，项目融资方式适合于速生丰产林建设，但是从目前各方面的情况来看，仍然面临诸多问题。

（1）项目借款方资本金问题。由于资本金不足，国内造林项目普遍规模较小，这也是当前大多林业企业面临的问题。分析其原因，林业发展属于大产业循环，资金需求量大，一方面龙头企业如纸业公司结构调整需要大量的固定资产投资，另一方面速生丰产原料林基地建设也需要大量资金投入，两者相加企业普遍存在资本金不足问题。

（2）项目担保能力问题。林纸、林板一体化项目投资额巨大，资金需求量往往达到几十亿甚至上百亿，加之林业属于生态效益外溢、比较收益较低、期限长、风险大的弱质产业，因此，寻找合适的担保单位有一定的难度。

（3）风险问题。在速生丰产林的培育建设中，由于投资回收期要经历一个较长的过程，同时，林木的生长与自然条件紧密相关，营造速生丰产林的技术风险、病虫害和森林火灾等对其而言都是比较大的风险。此外，还有林产品的价格波动风险、经营管理风险等。

由于速丰林建设所需资金额很大，贷款期限一般都是 5 ~ 8 年，甚至更长，属于中长期贷款，回报的期限太长，一般的贷款方不会轻易放贷。

例如，1990 年新西兰政府为削减外债，决定将国有辐射松人工林地在国际上公开招标出售，来自中国、美国、日本和澳洲的一些国际性公司对此很有兴趣，其中一个由几家公司组成的投标财团准备投标购买新西兰南岛的一片林地。项目的可行性研究报告表明，从环太平洋经济发展战略的角度，新西兰森林具有良好的发展前景，随着环保压力的不断增加，北美原木以及东南亚热带森林的出口正在受到越来越多的限制，新西兰和智利人工林正好填补这一空缺，市场潜力非常大。从投资风险的角度，新西兰在国家风险和政治风险等方面又较智利优越，购买新西兰林地在战略上是一次很好的投资机会，并且就具体的项目经济可行性分析来看，在一个轮伐期内（约 20 ~ 40 年），项目的投资收益率是可观的。但是，由于该林地的林龄较低，在未来 8 年内不可能产生可观的净现金流量，因而，该财团为此项目所安排的项目融资就没有成功。道理很简单，贷款银团认为该项目尽管在整个项目生命期投资收益率是很吸引人的，但在银行能够承受的贷款期内（项目融资的期限一般为 8 ~ 12 年）没有足够的净现金流量去偿还债务。

（4）林业税费负担严重。自 1994 年分税制改革后，据统计在南方的福建、江西、湖南、广西、海南等林业大省（自治区）现有林业税费约占木材销售价格的 60% ~ 70%。据统计，1998 年福建将乐县销售木材中的税费已占到了销售价的 76.5%，远高于 1994 年前占销售价 30% ~ 40% 的林业税费水平；在海南和广西所征收的税费大约是销售价格的 34.5%。因此，林业税费的加重挫伤了生产者造林的积极性。主要表现在以下两方面：一方面由于积累不足造成林业内部生产经营者自筹资金投入的数量减少，另一方面，高税费也阻断了来自林业外部对速生丰产林工程的投资。

（5）相关的法律不健全。近年来，我国相继出台了一系列诸如《商业银行法》、《保险法》、《担保法》等新法。它们对引导、规范和促进我国市场经济的发展起到了积极的作用，同时创造了一个有利于项目融资走进中国的宏观环境。然而，到目前为止，我国还没有一个专门的针对项目融资的法律文件。项目融资实施过程中的一些具体问题还处在无法可依的状态。投资者们有时对法人实体的保证或担保的可强制性感到担忧。

从国家政策和法律法规来看，从我国目前的《森林法》以及其他有关的法律规范看，对于速生丰产林基地建设没有独立的管理规范和解决问题的法律依据。目前速生丰产林的建设主要依据普通的造林绿化规定执行。而事实上，由于速生丰产林建设在很大程度上是市场行为，这与纯粹的生态环境建设的造林和采伐抚育有很大的不同。另外，从国家的方针政策来看，目前，仍然没有明确的界定速生丰产林基地建设的范围和生态环境公益林建设的范围，没有解决速生丰产林发挥的生态效益的补偿问题。这些都不利于项目融资方式进入速生丰产林基地建设项目。

（6）速生丰产林基地建设的技术规范不科学，建设标准不完善。目前所有速生丰产林的造林技术；林木选择评价；苗木培养技术；基地林木栽植技术；抚育间伐采伐规范等没有独立完善科学的标准，大多都参照一般林业技术标准，甚至完全没有标准或者和公益林建设一样。这些都将阻碍项目融资方式在速生丰产林基地建设中的运用。

（7）关于速生丰产林基地建设的用地以及林地的权属、管理权和经营权不明确。目前这是严重阻碍项目融资和其他投资方式进入速生丰产林建设的主要障碍之一。造成许多金融机构甚至不知这种项目该向谁咨询，该和谁谈判。因此林地权属问题界定得如何必将影响速生丰产林建设和收益的分配，也影响金融机构介入这种项目的投融资过程。

（8）金融机构没有形成完善的关于速生丰产林基地建设的特殊金融规范和标准。速生丰产林基地建设的项目投融资的方式、过程以及各种技术标准与其他的项目有很大的区别。因此，这种项目向社会广泛募集资金的方式方法将有别于其他项目，所以金融机构应该制定特殊的资金管理规范、资金投放回收规范、项目的经济效益分析方法、项目的可行性评价和风险评价等。而目前我国基本没有关于这方面项目融资管理的完善规范。

总体来看，目前在中国大规模的速生丰产林建设刚刚起步，许多的政策和操作过程并不完善成熟，因此在真正引进项目融资方式进行项目建设时，无论是林业行政主管部门，还是银行、投资公司等金融机构都必须根据林业生产建设的特殊性进行一些必要的调整和准备工作。这些配套工作主要包括速生丰产林基地建设的管理体制和权限划分；具体林地的所有权、使用权的界定规范；速生丰产林造林、种苗等技术标准；中央银行制定关于速生丰产林建设工程项目资金管理投融资规范等。只有进行完善的准备工作才可能吸引资本市场的资金进入速生丰产林基地建设中来。

四、速生丰产用材林项目融资框架初步设计

项目融资的整体结构设计，实际过程是通过投资者之间，投资者与贷款银行之间，投资者和贷款银行与消费者、供应商、政府有关部门等多方面之间的反复谈判，完成融资的模块设计和确定模块相互之间的组合关系。这个过程，需要经过多次的反复，通过对不同方案的比较、选择、调整，最后产生出一个最佳方案。每一个融资结构都带有自己的创造性。无论融资的结构怎样复杂，最重要的就是确认投资方、贷款方和建设方三者之间的各自承担的责任和义务，以及资金流转的关系。速生丰产商品林项目也不例外。

根据我国的实际情况，速生丰产林建设投资方确定为有特定生产项目的林产品加工业大集团较好。因为它们的生产项目须用速生丰产商品林为原料，客观上有投资的经济驱动力。并且这些大集团目前多从事部分林木培育活动，对速生丰产商品林的建设管理有一定的经验。这些大集团从整体经济发展角度，也愿意投资速生丰产商品林建设项目，以获取国家在项目融资中给予的税收减免等优惠政策。此外也可考虑选择国家控股的专业投资公司作为速生丰产商品林工程的投资方。

速生丰产林建设项目的建设方，可由现有的营林主体承担。一是选择国有林场作为建设方，承担育苗、整地、造林、抚育及病虫害防治等具体工作。建设方与投资方是一种法律契

约关系，建设方通过工程的建设完成，并按期提供合格的成熟活立木产品而获得投资方付给的一定的报酬。二是选择集体或私营（个人）的营林组织作为建设方。其优点在于关系明确，运转过程中的额外负担较少。

根据我国目前对外融资的状况，速丰林建设项目的贷款方的确定，可以不完全遵循国际通行的做法。贷款方可以多样化，对经济强度较高的速生丰产林工程可以在国际金融市场上公开招标，寻求有力的投资方与国际大银行的信贷支持；对于经济强度不高的速生丰产林工程，可采用国内外信贷结合的方式，即在吸引国外信贷的同时，利用部分国内政策性信贷和商业信贷。

项目融资这种新型的国际融资方式，区别于获取外国政府或国际金融组织的贷款资金，更具灵活性和针对性，带有权益资金的性质。它克服了个别私人资本在从事专业化的商品林规模经营时可能的资金不足问题。项目融资框架中政府的特许体现了国家对商品性营林产业的扶持。金融机构和项目购买方以合约的形式参予，既保证了资金投入的强度又弱化了资金增殖过程中的市场风险。对于我国大规模速生丰产林基地的建设而言，项目融资无疑是一种崭新的外部资金组织模式。项目融资的结构框架如图 1。

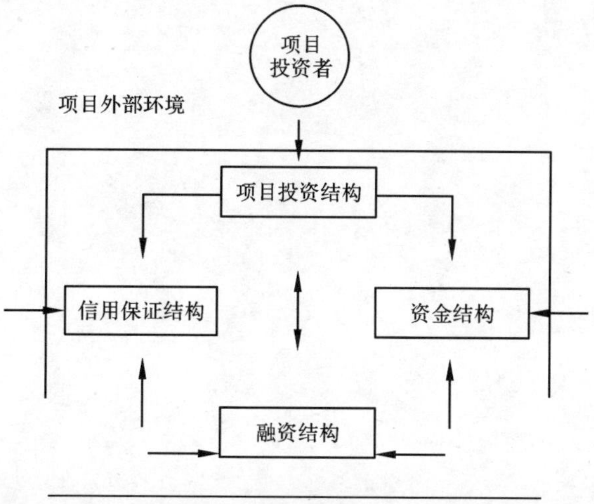

图 1 项目融资的结构框架

当银行在考察是否为一个项目提供融资时，重在分析项目出现坏的前景的可能性（而非好前景的可能性），以及关心项目未来的偿债能力（而非未来的投资收益率）。因此，贷款银行将会比投资者在风险分析方面更保守。项目融资的风险分析是以可行性研究为基础的进一步研究，为在融资结构设计中减少风险提供依据。

主要参考文献

1. 蒋先玲．项目融资．北京：中国金融出版社，2001
2. 马丁·富顿．项目融资指导与借鉴．北京：中国计划出版社，1998
3. 王辰．基础产业融资论．北京：中国人民大学出版社，1998
4. 沈国舫．对发展我国速生丰产林有关问题的思考．北京：世界林业研究，1992
5. 赵鸣骥．关于林业资金实行项目管理的几个问题．林业工作研究，1993（5）
6. 张彩虹．林业投资与林业经济增长的研究．北京：中国林业出版社，2001

7. 林迎星. 中国现代工业人工林发展创新研究. 北京：中国林业出版社，2000

8. Caulfield J P. Timberland Return Drivers and Investing Styles for an Asset That Has Come of Age. Real Estate Finance, 1998, 14 (4)

9. Mills W L. Forestland: Investment attributes and diversification potential. Journal of Forestry, 1988, Volume 86, 1

10. Thomson T A. Risk and Return from Investment in Pine, Hardwoods and Financial Markets. Southern J ournal of Applied Forestry, 1992, 16 (1)

基于森林的我国绿色 GDP 的核算研究

张　颖

（北京林业大学经济管理学院，北京，100083）

摘要：本文在对国内外绿色 GDP 核算研究综述的基础上，论述了什么是绿色 GDP，什么是基于森林的绿色 GDP 核算。在此基础上，论述了基于森林的绿色 GDP 核算的内容主要包括林木、林地、非木质林产品、森林管理与保护活动支出和其他。并且，进一步论述了林木、林地的估价方法主要有消费价值法、立木价值法、净现值法和市场价格法；森林环境服务的估价方法主要包括基于成本的估价方法和基于损害/收益的估价方法。最后，对我国 1998 ~2002 年基于森林的绿色 GDP 进行了核算，并对绿色 GDP 的发展趋势进行了分析。结果表明，我国由于资源损耗、环境损失的影响，1998 ~2002 年国民财富的损失均占 GDP1. 78% 以上。近年来，虽然我国绿色 GDP 呈逐年上升的趋势，但没有根本的改观。

关键词：绿色 GDP；核算；森林；估价；趋势

Abstract: Based on the summary of study of green GDP accounting at home and abroad, this paper discussed on what green GDP is, and what green GDP accounting for forests is. Furthermore, the main contents on green GDP accounting for forests which includes wooded land, forests, forest products, expenditures on forest management and protection, and others discussed in this paper. Besides this, this paper points out that consumption value method, stumpage value method, net present value method and market - price method are the mostly accounting methods for wooded land, forests, cost - based pricing techniques and damage - and benefit - based pricing techniques are mostly used for valuation for forest environment services in green GDP accounting at present. Finally, this paper estimates the green GDP accounting for forests, and analyzes the tendency of development for green GDP in China from 1998 to 2002. The results show that the national wealth loss accounts for more than 1. 78% of GDP per year due to natural resources depletion and ecological environment degradation. In recent years, even though the green GDP in China has increased every year, but it still does not has been changed obviously at all.

Keywords: Green GDP; Accounting; Forest; Evaluation; Tendency

以人为本，全面、协调、可持续的发展观，是科学发展观的核心。科学发展观是引导我国国民经济持续、快速、健康发展、促进经济增长方式转变、走新型工业化道路的重要指南，也是全面建设小康社会的必然要求。科学发展观也要求建立可持续的经济核算体系，从以往的单纯注重国内生产总值（GDP）的核算转变到注重环境、经济的综合核算上来。因此，作为综合环境经济核算（Integrated Environmental and Economic Accounting，简称 SEEA）主要组成部分的绿色 GDP，成为人们关注的焦点，基于森林的绿色 GDP 核算因而也备受人们关注。

一、绿色 GDP 核算的概念

国内生产总值（gross domestic product，简称 GDP），反映了一定时期一个国家的宏观经济总量，它被经济学家萨缪尔森称之为“20 世纪最伟大的发明”，是三百多年来许多经济学家、统计学家共同努力的结果。自从 1953 年创立 GDP 核算以来，在联合国有关部门的主持下，1968 年和 1993 年分别对有关核算进行了两次重大的修改，目前它已成为世界各国普遍采用的核算指标，并成为衡量一个国家经济发展程度的统一标准。

我们知道，经济产出增加的过程，必然是自然资源消耗增加的过程，也是环境污染和生态环境破坏的过程。但在 GDP 核算中，只反映了经济产出或经济总收入的情况，没有反映经济增长引起的资源消耗和生态环境污染。因此，GDP 核算存在着明显的缺陷。

20 世纪中叶以来，随着对环境保护的重视和可持续发展理念的兴起，部分经济学家和统计学家，尝试将环境要素纳入国民经济核算体系，并试图在衡量一个国家经济产出的同时，考虑资源的损耗和生态环境的破坏，以综合反映环境、经济的变化。因此，针对 GDP 的缺陷，提出了用自然资源的损耗价值和生态环境的降级成本以及自然资源、生态环境的恢复费用等调整现有的 GDP 指标，也就是把自然资源的损耗价值、生态环境的降级成本和自然资源、生态环境的恢复费用等从国内生产总值中扣除掉，即所谓的绿色 GDP。

绿色 GDP，是指绿色经济 GDP（greened-economy GDP，简称 geGDP），它是通过调整标准的宏观经济总量指标，如 GDP，让决策者明白发展经济的同时正在损害环境，并且，促使决策者制定相应的政策避免环境损害（United Nations etc.，2003）。因此，绿色 GDP 与其说是经环境调整后的 GDP（environmentally adjusted GDP，简称 eaGDP），还不如说是实现绿色经济的一个蓝图，它要求改变的不是核算惯例，而是经济行为本身。在联合国、欧洲委员会、国际货币基金、经济合作和发展组织、世界银行编写的综合环境经济核算（2003）中，绿色 GDP 核算的内容见表 1。

表 1 SEEA 推荐的绿色 GDP 核算内容

	GDP	NDP
选择 1	GDP = P - IC	NDP = GDP - CFC
选择 2	GDP = P - IC	dpNDP = GDP - CFC - D
选择 3	eaGDP = P - IC - M = GDP - M	eaNDP = eaGDP - CFC - D = GDP - CFC - D - M
选择 4	eaGDP = P - IC - M = GDP - M	eaNDP = eaGDP - CFC - D = GDP - CFC - D - M
选择 5	eaGDP = P - IC + M = GDP + M	eaNDP = eaGDP - CFC - D - M = GDP - CFC - D

注：表 1 中，P—生产（产出）；IC—中间消耗；M—维护成本；CFC—固定资产的消耗；D—净耗减；dpNDP—经耗减调整后的 NDP；eaGDP—经环境调整后的 GDP；eaNDP—经环境调整后的 NDP。

资料来源：United Nations etc. 2003，451。

二、绿色 GDP 核算的研究情况

早在 20 世纪六七十年代，欧美以及日本等发达国家就针对 GDP 衡量经济增长的弊端，提出了“绿色 GDP”核算的设想。1978 年，挪威针对绿色 GDP 核算首先开展了资源、环境核算。在资源、环境核算中，重点核算矿物、生物、水力等流动性资源、环境资源和土地、空气污染以及氮、磷的水污染。此外，挪威还对能源、鱼类、森林存量进行了核算，并建立了废气排放、污水排放（主要人口和农业的污水排放）、废旧物品再生利用、环境费用支出等项目的详尽统计制度，为绿色 GDP 核算奠定了基础。

芬兰也建立了资源、环境核算框架。核算的内容主要包括森林资源、环境保护费用支出和废气排放。其中最重要的是森林资源核算。在核算中，对森林资源和废气排放进行了实物量核算；对环境保护费用支出进行了价值量核算。

在发展中国家中，墨西哥也率先开展了绿色 GDP 核算。1990 年，在联合国的支持下，墨西哥将石油、各种用地、水、空气、土壤和森林纳入综合环境经济核算。他们首先将这些自然资产及其变化编制成实物量数据，然后通过估价将各种自然资产的实物量数据转化为货币数据，进而在传统的国内生产净值（NDP）的基础上，核算了石油、木材、地下水的损耗价值和土地转移引起的损失成本。最后，又进一步核算了环境退化成本。同时，在核算中，在资本形成概念的基础上还首次使用了经济资产净积累和环境资产净积累两个概念。上述核算方法，很具有借鉴意义，印尼、泰国、巴布亚新几内亚等国也参照墨西哥的绿色 GDP 核算，开展了各自国家的综合环境经济核算的实践。

绿色 GDP 概念的正式提出，可以追溯到 1993 年联合国统计机构正式出版的《综合环境经济核算手册》。该手册首次正式提出了“绿色 GDP”的概念，并且，会同世界银行和国际货币基金组织在总结各国绿色 GDP 核算实践的基础上，提出了“综合环境经济核算体系（SEEA）”，并向所有会员国推荐。在 SEEA 中，包括了绿色 GDP 的核算、规范了自然资源和环境的统计标准、及制定了绿色 GDP 核算中自然资源和环境的估价方法。虽然，绿色 GDP 核算在日本、美国、加拿大、欧盟和印度尼西亚、墨西哥等国进行过试点，但迄今为止，全世界还没有一套公认的绿色 GDP 核算模式，也没有一个国家以政府的名义发布绿色 GDP 核算结果。

1995 年，世界银行首次公布了用“扩展的财富”指标作为衡量全球或区域社会经济发展的新指标。在扩展的财富概念中包含了“自然资本”、“生产资本”、“人力资本”、“社会资本”四大要素，使财富的内涵更为丰富，这对开展绿色 GDP 核算，尤其对自然资源和环境的估价有一定的参考价值。

我国也是开展绿色 GDP 核算研究较早的国家之一。1987 年开展了自然资源核算的研究（李金昌，1991），2003 年在海南省开展了基于森林的绿色 GDP 核算的试点。目前，正积极开展绿色 GDP 的全面核算研究。

实践表明，绿色 GDP 核算在科学评估可持续发展进程、为宏观政策制定提供参考依据等方面，具有无可比拟的优势。

三、基于森林的绿色 GDP 核算

森林是重要的陆地生态系统，也是重要的自然资源。绿色 GDP 森林核算是指在一国的经济领土范围内，由所有常住机构单位生产的扣除森林资源消耗、恢复等经常性支出后的可供最终使用的产品（货物和服务）价值之和（张颖，2001）。

基于森林的绿色 GDP 核算是指在不考虑其他资源损耗和环境降级的情况下，把市场估价或类似市场估价的森林资产损耗价值和森林生态环境降级价值以及森林资源恢复费用、防止森林生态环境降级费用从现行的 GDP 中扣除。它只是用森林资源的损耗和生态环境的降级价值以及森林资源的恢复费用等对GDP的具体的调整，是具体的基于一种自然资源的绿色GDP核算。它没有包括土地、水资源（含地表水和地下水资源）、海洋、草地、矿产等资源的调整。因此，基于森林的绿色GDP核算对GDP的调整影响要比所有资源的调整影响小的多。

森林资源在社会经济可持续发展中具有举足轻重的作用，森林资源在绿色GDP核算中具有特别重要的地位。无论从森林资源的分类、估价，还是账户编制都是一个较完整的独立体系。由于森林资源价值核算在我国开展较早，开展基于森林的绿色GDP核算有较好的基础。

在联合国2003年综合环境经济核算中，基于森林的绿色GDP核算的内容主要包括：林地、林木、非木质林产品、森林管理与保护活动支出和森林环境服务（高敏雪等译，2003）。

（1）林地：包括有林地和其他林地。有林地具体分为用材林地、非用材林地。用材林地又分为天然林地、半天然林地和人工林地；非用材林地分为自然保护区和经济林地。其他林地主要指林木郁闭度在5%～10%之间，在林地上生长、高度至少5m，或者林木郁闭度超过10%，在林地上生长、高度小于5m的土地。

（2）林木：分为用材林、非用材林。用材林、非用材林又分天然林、半天然林、人工林和针叶林、阔叶林；无论是用材林、非用材林，都要进行期初、期末存量和流量以及自然生长量、采伐量、分类引起的变化量等的核算。

（3）非木质林产品：主要包括：①食品（猎物、浆果、果品、蘑菇、坚果、棕榈油、蜂蜜等）；②药材；③喂养牲畜的牧草/秸秆；④产业开采品，主要有栓木、橡胶、树脂、化学品等；⑤作为农产品的森林动物，如野猪、驯鹿等。

（4）森林管理与保护活动支出：主要包括营林和采伐、森林保护、森林恢复等支出。

（5）森林环境服务：主要包括森林固碳、水土保持、森林旅游和生物多样性保护等。

在我国的森林资源核算实践中，核算的内容一般包括：林木、林地、林副产品和森林环境服务。其中，森林环境服务包括土壤保育、水源涵养、固碳供氧、净化空气、森林防护、森林游憩和生物多样性保护（侯元兆，2002）。

四、森林估价方法

基于森林的绿色GDP核算，最重要的是森林的估价。由于许多森林产品和服务不能在市场中直接进行交换，因而很难进行价值核算。在对森林资源的价值核算中，对很多非市场性的森林产品和服务的价值评估主要采用近市场的方法，即采用在市场上出售的相同或相似产品的价格来评估其价值。具体包括替代法和生产成本法。替代法是用相近的替代品的成本来估算林产品的价值，如对放牧家畜的牧草可以采用购买等量饲料或租用放牧场地的市场价格来估算。生产成本法，则对没有当地的市场价格或相近的替代品的林产品，根据劳动所花费的时间的机会成本进行评估。

对森林的环境服务的价值估价，主要采用基于成本的估价方法和基于损害/受益的估价方法。前者主要是在森林环境退化或损害之前来想办法防止环境退化或损害，或者在森林环境退化或损害发生之后对它进行治理所发生的一切费用，并用这些费用作为森林的环境服务的价值。后者则是一个遭受森林环境损害或受益的单位，愿意为此承担多少支出，这种支出就是森林环境服务的价值。这两类方法主要包括防护费用法、条件价值法和旅行费用法等。

另外，在核算中，对林木、林地的估价主要采用消费价值法、立木价值法、净现值法和市场价格法。

1. 立木价值法

立木价值法有时也叫“净价法”①。它是当木材被采伐后，运输到路边，并且被归楞后的原木价格，减去采伐、运输、归楞的成本后的价格。它是用来计算立木价值大小的方法。

2. 消费价值法

消费价值法适用于按树种、林龄和径级分类的立木价值大小的计算。当木材按树种、林龄和径级分类并被采伐后，通过立木换算表，换算成原木的材积，然后减去不同树种、林龄和径级的原木的采伐成本，即可求得不同树种、林龄和径级的立木蓄积的价值。它与立木价值法的区别在于立木价值法求出的价格是平均的立木价格，不是分树种、林龄和径级的立木价格。

3. 净现值法

净现值法的计算公式一般表示为：

$$S = \frac{[\sum R_\tau (1+r)^{T-\tau} - \sum C_\tau (1+r)^{T-\tau}]}{(1+r)^{T-t}} - L\frac{[(1+r)^{T-t} - 1]}{(1+r)^{T-t}}$$

净现值法求出的是从 t+1 到 T 年份的森林的价值总和。在上式中：

① 未来收入的现值为：$\sum R_\tau (1+r)^{T-\tau}/(1+r)^{T-t}$；

②未来自然生长的森林的现值为：

$\sum C_\tau (1+r)^{T-\tau}/(1+r)^{T-t} + L[(1+r)^{T-t} - 1]/(1+r)^{T-t}$，即未来森林成本的现值加未来土地租金的资本化值。

在实际计算中，比较困难的是未来收入的确定。

使用净现值法求立木的价值比较复杂的是确定贴现率。在欧洲，采用净现值法计算立木价值的贴现率的范围为 0.5% ~3.5% （EUROSTAT，2000）。

如果假设 T 为立木采伐的年龄，Q_T 为在采伐年龄 T 时每公顷的采伐量，P_T 为在采伐年龄 T 时的立木价格，A_t 为年龄 t 时森林的面积，则立木的净现值为：

$$S_T = \frac{\sum A_t P_T Q_T}{(1+r)^{T-t}}$$

在上式中，如果存在经营成本，且各年的经营成本相等，用 C_t 表示。则从 t 到 T 年，一公顷森林的经营成本每年为 $C_t = C\,[\,(1+r)^{T-t} - 1\,]\,/r$，因此，立木的净现值为：

$$V = \frac{\sum A_t (P_T Q_T - C_t)}{(1+r)^{T-t}}$$

在上面三种方法中，无论是立木价值法，还是消费价值法，都是净现值法的特殊形式。

对林地的估价主要根据现行的市场交易价格或近似的市场交易价格来估算。

森林估价的方法总结见表 2。

---

① 参考 Statistics Canada 1995。

五、基于森林的我国绿色 GDP 核算①

（一）基于森林的绿色 GDP 计算方法

绿色 GDP，全称是经过环境因素调整后的国内产出，简称国内生态产出。它的基本核算思路为：经济系统在其运转过程中，为了满足自身的需要，对资源、环境发生了两种损耗：一种是数量损耗，又称资源耗减，是指人类的生产和生活对自然资源的利用；另一种是质量损耗，又称环境退化，是指由于人类活动对资源、环境的过度使用，而引起的环境系统质量的降级（雷明，1999）。常用的绿色 GDP 的计算公式为：

表 2　森林估价方法小结表

森林核算的内容	估价方法
林地	市场价格法
林木	消费价值法 立木价值法 净现值法
非木质林产品	相近替代产品价格 生产成本
森林环境服务	基于成本的估价方法 基于损害/受益的估价方法。

资料来源：张颖，2004。

绿色 GDP = GDP − 产品的折旧 − 自然资源的损耗价值 − 环境降级成本

在基于森林的我国绿色 GDP 计算中，由于数据、资料的限制，资源的损耗价值主要计算森林资源、城市煤气、天然气、石油气等资源的损耗价值；环境的降级成本主要计算污染损失的成本。即：

自然资源损耗价值 = 森林损耗价值 + 煤气消费 + 天然气消费 + 石油气消费

污染损失成本 = 污水治理费用 + 废气治理费用 + 固体废弃物治理费用 + 环境事故造成损失

（二）2002 年我国社会经济发展情况简介

我国 2002 年国内生产总值为 104790.6 亿元，经济增长水平为 8.5%，人均国内生产总值为 8184 元/人，比 2001 年增长 7.6%。我国国土总面积 960 万 km^2，森林面积 15894 万 hm^2，森林覆盖率为 16.55%。全社会固定资产投资总额为 43499.91 亿元，其中基本建设投资总额为 17666.62 亿元，用于林业的投资总额为 363.11 亿元。

（三）资源损耗价值、环境降级成本的估价

1. 森林资源损耗估价

根据上面森林资源估价方法，收集我国 2002 年森林估价的有关数据和 2002 年投入的造林成本和营林费用等资料，计算得到我国森林每公顷年净价值为 5.77 万元/hm^2。

在计算中，2002 年全国各省（自治区、直辖市）森林面积减少的统计数据来源于国家林业局《2002 年全国林业统计主要指标》。2000 年和 2001 年全国森林面积的减少数据分别按照 2000 年和 2001 年各省（自治区、直辖市）森林面积减少合计计算。1997 ~ 1999 年森林面积变化的数据分别根据我国第四次（1989 ~ 1993）、第五次（1994 ~ 1998）森林资源清查的平均数得到，即每年森林面积平均增加 5.048 万 hm^2。

2. 煤气、天然气、石油气估价

根据中国价格信息中心公布的《全国市场物价监测报告》，2002 年 1 ~ 12 月的统计数据显示：全国煤气平均 1.827 元/m^3，天然气 1.648 元/m^3，石油气 3.278 元/kg。

---

① 在基于森林的我国绿色 GDP 核算中，北京林业大学 2004 级研究生李鹏恒同学完成了大量的资料收集和计算工作，在此表示衷心的感谢。

3. 污水治理费用

世界银行对中国的研究表明，城市污水的一级处理费用为 0.5 元/m^3，二级处理费用为 0.77 元/m^3。在此，取一级处理费和二级处理费用的平均值，即 0.63 元/m^3。

4. 废气治理费用

根据 1997 ~ 2002 年的《全国环境公报》统计数据，求出各年废气治理成本的平均值，即为平均单位废气的治理费用，具体为 0.000 4 元/m^3。具体的计算数据见表 3。同时，也根据有关环境统计资料估算出我国工业废气的排放量，即每年约排放 112 413 亿 m^3 废气（主要根据生活 SO_2 排放量、生活烟尘排放量和工业废气排放量的当量关系估算）。

表 3 各年废气治理成本 单位：万元、亿 m^3、元/m^3

年 份	费 用	废 气	单位费用
1997	287 234	113 378	0.000 253 3
1998	323 814	121 203	0.000 267 2
1999	509 847	126 807	0.000 402 1
2000	909 242	138 145	0.000 658 2
2001	657 940.4	160 863	0.000 409 0
2002	698 000	175 257	0.000 398 3
平均单位治理费用			0.000 4

资料来源：国家统计局，1998 ~ 2003。

5. 废物治理费用

有关统计数据表明，在我国天津，垃圾处理的成本为 75.91 元/t，德国一些城市的垃圾处理成本为 400 ~ 600 马克/t，香港则为 285 ~ 355 港元/t。在此，基于森林的我国绿色 GDP 核算采用 76 元/t 的废物治理成本。

（四）基于森林的绿色 GDP 计算

根据上述估价和绿色 GDP 的计算方法，对我国 1998 ~ 2002 年 GDP 和 2002 年全国各省（自治区、直辖市）的 GDP 调整计算如表 4、表 5、表 6、表 7 和表 8、表 9。在 GDP 的调整中，表 4、表 5 是自然资源损耗价值的估算表；表 6、表 7 是环境污染损失的估算表；表 8、表 9 是绿色 GDP 的计算表。

表 4 2002 年我国各地区自然资源损耗价值估算表 单位：亿元

地 区	煤 气	液化石油气	天然气	森林资源	资源损耗合计
全 国	363.426	372.508	207.538	-87.757	1 031.229
北 京	6.255	9.368	33.747	3.279	46.090
天 津	3.985	3.145 8	6.629	-2.617	16.376
河 北	12.670	10.263	2.631	5.255	30.818
山 西	12.709	8.410	0.957 7	-27.942	50.019
内蒙古	1.405	3.640	0	81.865	-76.819

（续）

地 区	煤 气	液化石油气	天然气	森林资源	资源损耗合计
辽 宁	11.223	12.391	5.060	1.918	26.755
吉 林	2.433	5.673	3.256	-36.040	47.402
黑龙江	5.801	5.856	2.718	-55.865	70.240
上 海	42.524	15.412	7.133	2.307	62.762
江 苏	144.066	8.261	0	4.082	148.244
浙 江	2.213	30.267	0.000 7	-6.879	39.359
安 徽	4.525	15.212	0	-1.387	21.124
福 建	0.194	10.008	0	-2.015	12.217
江 西	6.630	4.284	0	1.105	9.810
山 东	7.832	14.174	10.014	-10.460	42.480
河 南	16.636	5.912	5.824	-5.513	33.886
湖 北	2.697	10.436	0.133	-29.088	42.354
湖 南	36.887	9.752	0	13.899	32.741
广 东	3.129	101.656	1.776	8.757	97.803
广 西	0.640	7.977	0	9.502	-0.885
海 南	0	2.324	0.143	10.482	-8.015
重 庆	0.231	2.711	18.244	-16.920	38.106
四 川	24.226	4.095	86.321	15.827	98.814
贵 州	1.986	1.551	0.074	-30.599	34.211
云 南	3.079	2.760	0	-55.163	61.002
西 藏	0	0.616	0	-3.035	3.651
陕 西	0.874	2.776	7.465	10.796	0.319
甘 肃	0.627	23.676	0.841	5.331	19.813
青 海	0	0.505	4.400	6.091	-1.187
宁 夏	0.520	0.592	7.898	9.797	-0.787
新 疆	7.427	6.028	2.273	27.047	-11.319

表5 1998~2002年我国自然资源损耗价值估算表 单位：亿元

年 份	煤 气	液化石油气	天然气	森林资源	资源损耗合计
1998	306.127	261.355	113.424	-29.125	710.031
1999	241.333	249.521	131.932	-29.125	651.911
2000	278.364	345.403	135.379	-87.757	846.903
2001	250.143	319.867	173.896	-87.757	831.663
2002	363.426	372.508	207.538	-87.757	1031.229

表6　2002 年我国各地区环境污染损失估算表　　单位：亿元

地　区	污水治理费用	废气治理费用	固废治理费用	污染直接经济损失	环境污染损失总计
全　国	276.874	82.166	718.269	0.464 09	1 077.773
北　京	5.895	1.423	8.003	0	15.321
天　津	3.132	1.585	4.887	0.000 01	9.603
河　北	10.930	5.844	64.623	0.020 54	81.417
山　西	5.693	4.728	63.042	0.001 61	73.465
内蒙古	3.001	2.968	23.134	0.006 75	29.111
辽　宁	11.921	4.911	61.910	0.005 67	78.747
吉　林	5.375	1.666	12.396	0.000 06	19.437
黑龙江	7.345	2.096	23.454	0	32.895
上　海	12.100	3.379	12.122	0.007 21	27.608
江　苏	27.217	5.928	28.850	0.068 09	62.063
浙　江	16.323	3.511	13.513	0.047 18	33.394
安　徽	8.993	2.205	25.954	0.025 29	37.177
福　建	8.627	1.465	31.396	0.001 42	41.489
江　西	6.653	1.193	44.460	0.017 08	52.323
山　东	14.535	6.701	49.848	0.016 73	71.100
河　南	15.028	4.688	32.308	0.021 36	52.045
湖　北	14.638	2.796	22.625	0.007 35	40.066
湖　南	13.8718	2.229	18.498	0.057 55	34.657
广　东	30.836	4.305	15.542	0.007 33	50.690
广　西	11.633	2.401	19.266	0.059 02	33.360
海　南	1.505	0.213	0.714	0.000 78	2.433
重　庆	7.955	1.280	10.245	0.002 94	19.482
四　川	14.305	3.534	34.755	0.019 9	52.614
贵　州	3.355	3.882	21.880	0.0143 3	29.132
云　南	4.175	1.698	26.091	0.014	31.978
西　藏	0.097	0.006	0.061	0	0.164
陕　西	4.222	1.648	21.941	0.026 11	27.837
甘　肃	2.366	1.363	13.178	0.012 79	16.920
青　海	0.701	0.408	2.386	0	3.496
宁　夏	1.467	0.768	3.542	0.000 03	5.777
新　疆	3.009	1.346	7.661	0.002 96	12.018

表7　1998～2002 年我国环境污染损失估算表　　单位：亿元

年　份	污水治理费用	废气治理费用	固废治理费用	污染直接经济损失	环境污染损失总计
1998	249.109	64.925	608.518	1.984 37	924.536
1999	252.675	63.873	596.160	0.571 06	913.279
2000	261.548	67.917	620.222	1.780 79	951.467
2001	272.703	76.957	674.470	1.227 24	1 025.358
2002	276.874	54.864	718.269	0.464 09	1 050.471

表8 2002年我国各地区绿色GDP计算表 单位：亿元、%

地 区	GDP	资源损耗/GDP	污染损失/GDP	损耗和损失总额/GDP	绿色GDP
全 国	118 020.69	0.874	0.913	1.787	115 911.688
北 京	3 212.71	1.435	0.477	1.911	3 151.300
天 津	2 051.16	0.798	0.468	1.267	2 025.181
河 北	6 122.53	0.503	1.330	1.833	6 010.295
山 西	2 017.54	2.479	3.641	6.120	1 894.057
内蒙古	1 734.31	-4.429	1.679	-2.751	1 782.018
辽 宁	5 458.22	0.490	1.443	1.933	5 352.717
吉 林	2 246.12	2.110	0.865	2.976	2 179.281
黑龙江	3 882.16	1.809	0.847	2.657	3 779.026
上 海	5 408.76	1.160	0.510	1.671	5 318.390
江 苏	10 631.75	1.394	0.584	1.978	10 421.443
浙 江	7 796	0.505	0.428	0.933	7 723.247
安 徽	3 569.1	0.592	1.042	1.634	3 510.799
福 建	4 682.01	0.261	0.886	1.147	4 628.304
江 西	2 450.48	0.400	2.135	2.536	2 388.347
山 东	10 552.06	0.403	0.674	1.076	10 438.480
河 南	6 168.73	0.549	0.844	1.393	6 082.800
湖 北	4 975.63	0.851	0.805	1.656	4 893.209
湖 南	4 340.94	0.754	0.798	1.553	4 273.543
广 东	11 769.73	0.831	0.431	1.262	11 621.237
广 西	2 455.36	-0.036	1.359	1.323	2 422.885
海 南	604.13	-1.327	0.403	-0.924	609.713
重 庆	1 971.3	1.933	0.988	2.921	1 913.712
四 川	4 875.12	2.027	1.079	3.106	4 723.692
贵 州	1 185.04	2.887	2.458	5.345	1 121.697
云 南	2 232.32	2.733	1.433	4.165	2 139.340
西 藏	161.42	2.262	0.101	2.363	157.605
陕 西	2 035.96	0.016	1.367	1.383	2 007.805
甘 肃	1 161.43	1.706	1.457	3.163	1 124.696
青 海	341.11	-0.348	1.025	0.677	338.801
宁 夏	329.28	-0.239	1.754	1.515	324.291
新 疆	1 598.28	-0.708	0.752	0.044	1 597.581

表9 1998~2002年我国绿色GDP计算表 单位：亿元、%

年 份	GDP	资源损耗/GDP	污染损失/GDP	损耗和损失总额/GDP	绿色GDP
1998	78 354.2	0.906	1.180	2.086	76 719.633
1999	82 067.5	0.794	1.113	1.907	80 502.310
2000	89 442.2	0.947	1.064	2.011	87 643.830
2001	95 933.3	0.867	1.069	1.936	94 076.279
2002	118 020.69	0.874	0.913	1.787	115 911.686

六、基于森林的我国绿色 GDP 核算结果的分析

（一）资源损耗、环境污染损失分析

从上述计算结果可以看出，我国由于自然资源的损耗的国民财富从 1998 年到 2002 年从 710.03 亿元上升到 1 031.23 亿元，基本上呈逐年上升趋势。1998 年是由于煤气和液化石油气消耗量的猛增，带来自然资源损耗的大幅上涨。比较 2001 年和 2002 年的自然资源损耗带来的国民财富损失可以看出，资源损耗上升了近 200 亿元，说明我国自然资源损耗仍未改善。

同样，我国由于环境污染损失的国民财富从 1998 年到 2002 年由 812.08 亿元增加到 1 050.47亿元，除 1998 年外，呈逐年上升趋势。1998 年是由于处理固体废弃物的费用猛增，引起环境污染损失的大幅度上涨。与自然资源损耗相比，环境污染的损失在近几年呈平稳上升趋势，只不过上升的幅度没有资源损耗那么明显。从 2001 年到 2002 年，环境污染的损失上涨了 25 亿元，说明我国环境污染的状况也未得到改善。

（二）绿色 GDP 变化分析

从绿色 GDP 的计算结果可以看出，我国由于资源损耗、环境损失的影响，使国民财富的损失 1998 ~2002 年均占 GDP1.78% 以上，其中，1998 年的损失占当年 GDP 的 2.09% 多，为 5 年之最。从 2001 年到 2002 年，各项损失的比重虽有所下降，说明资源损耗、环境损失已经受到重视，但仍未改善。

另外，1998 ~2002 年，我国 GDP 增长绝对数为 39 666.4 亿元，增长了 50.625%，平均年增长为 10.783%，而绿色 GDP 增长绝对数为 39 192.1 亿元，增长了 51.085%，平均年增长为 10.867%。可见，绿色 GDP 的增长不管是从绝对数还是相对数来看都与 GDP 的增长基本相当。由于绿色 GDP 反映的是一国包括人力资源和环境资源等在内的国民财富，它与 GDP 相比，既可以是正值也可以是负值，如果国家对环境资源保护得力，国家森林蓄积是不断增加的，环境污染损耗降低，事故减少，那么，该国的绿色 GDP 可能要比 GDP 大，是可持续发展的国民经济；反之则小，是不可持续发展的国民经济。而我国历年的绿色 GDP 数值均小于当年的 GDP 数值，说明我国是不可持续发展的国民经济（李金华，2000）。因此，可以看出，我国可持续发展的进程仍然不是很明显。

七、我国绿色 GDP 的发展趋势

根据 1998 ~2002 年我国绿色 CDP 的计算结果（表 10），采用 GM（1，1）模型，对我国绿色 GDP 的发展趋势进行研究。

表 10　我国绿色 GDP 发展趋势分析表　　单位：亿元

年　份	1998	1999	2000	2001	2002
编号（t）	1	2	3	4	5
绿色 GDP	76 719.6	80 502.3	87 643.8	94 076.3	115 911.7

（1）对原始数列累加生成：

$\{y^{(0)}\ (t)\} = \{y^{(0)}\ (1), y^{(0)}\ (2), y^{(0)}\ (3), y^{(0)}\ (4), y^{(0)}\ (5)\}$

$= \{76719.6, 80502.3, 87643.8, 94076.3, 115911.7\}$

$\{y^{(1)}(t)\} = \{y^{(1)}(1), y^{(1)}(2), y^{(1)}(3), y^{(1)}(4), y^{(1)}(5)\}$

$= \{76719.6, 157221.9, 244865.7, 338942, 454853.7\}$

（2）构造 B 和 YN 矩阵：

$$B = \begin{bmatrix} -1/2\ [y^{(1)}(1) + y^{(1)}(2)] & 1 \\ -1/2\ [y^{(1)}(1) + y^{(2)}(3)] & 1 \\ -1/2\ [y^{(1)}(1) + y^{(3)}(4)] & 1 \\ -1/2\ [y^{(1)}(1) + y^{(4)}(5)] & 1 \end{bmatrix} = \begin{bmatrix} -116970.75 & 1 \\ -201043.8 & 1 \\ -291903.85 & 1 \\ -396897.85 & 1 \end{bmatrix}$$

$Y_N = [y^{(0)}(2), y^{(0)}(3), y^{(0)}(4), y^{(0)}(5)]^T = [80502.3, 87643.8, 94076.3, 115911.7]^T$

（3）求估计参数 a：

$(au)^T = (B^TB)^{-1}B^TY_N = (-0.122650868 \quad 63661.80328)^T$

因此，$dy^{(1)}(t)/dt - 0.122650868y^{(1)}(t) = 63661.80328$

（4）求预测模型：

$\hat{y}^{(1)}(t) = [y^{(0)}(1) - u/a]e^{0.122650868(t-1)} + u/a = 595768.5425\ e^{0.122650868(t-1)} - 519048.9425$

因此，根据预测模型，求得我国绿色 GDP 的发展趋势如表 11。

表 11 我国绿色 GDP 发展趋势表 单位：亿元

年 份	1998	1999	2000	2001	2002	2003	2004
编号（t）	1	2	3	4	5	6	7
$\hat{y}^{(1)}(t)$	76 719.6	154 464.2	242 347.4	341 701.7	454 020.8	580 996.3	724 540.8
$\hat{y}^{(0)}(t)$	—	77 741.6	87 886.1	99 354.4	112 319.1	126 975.5	143 544.5
实际 $y^{(0)}(t)$	76 719.6	80 502.3	87 643.8	94 076.3	115 911.7	—	—

在绿色 GDP 趋势分析中，相对误差 $P = 0.1831\%$，说明趋势研究结果具有一定的可信度。从具体的计算结果来看，2003～2004 年，我国的绿色 GDP 将继续保持快速增长的势头，在 2004 年达到 14 万亿元。在增长方面，从绝对数值看也将保持逐年增长的趋势，预计在 2004 年，绿色 GDP 的增长数值将超过前 5 年中的最大值；从相对增长率来看，虽然增长仍在继续，但绿色 GDP 增长的幅度在 2003 年和 2004 年并不会较 2001 年和 2002 年有所改观。因此，还需要相应的政策，在发展经济的同时，减少资源损耗，降低环境损失，促进我国社会经济的可持续发展。

参考资料

1. 李金昌．资源核算论．北京：海洋出版社，1991：12～18
2. United Nations，European Commission，International Monetary Fund，Organisation for Economic Co－operation and Development World Bank，Integrated Environmental and Economic Accounting 2003，2003：452～453
3. 雷明．可持续发展下的绿色核算——资源、经济、环境综合核算．北京：地质出版社，1999
4. 张颖．绿色核算．北京：中国环境科学出版社，2001：21～28
5. 张颖．绿色 GDP 核算的理论与方法．北京：中国林业出版社，2004：58～59
6. 高敏雪等译，联合国、欧洲委员会等．综合环境经济核算（SEEA－2003）．《国民经济核算操作手册译丛》编译委员会．2003：200～205

7. 侯元兆．森林环境价值核算．北京：中国科学技术出版社，2002：20～22
8. EUROSTAT，EUROPEAN COMMISSION，2000，Valuation of European forests—Results of IEEAF test applications，Luxembourg：Office for Official Publications of the European Communities
9. 李金华．中国可持续发展核算体系（SSDA）．北京：社会科学文献出版社，2000：181～185

生态伦理观与西部林业生态环境建设

邵爱英[1]　邱俊齐[1]　车玉芬[2]

（1 北京林业大学经济管理学院，北京，100083；2 河北邢台农业学校，河北刑台，054000）

摘要：关于西部生态环境问题产生根源的研究表明，先天脆弱的自然条件固然起着很大的作用，但人类不合理的土地和森林资源开发活动是加速生态环境恶化的主要原因和症结所在。所以，从根本上解决西部的生态环境问题必须要矫正人们不合理的资源利用行为。约束和修正人们的行为既可以依靠法律、制度、政策的硬约束，也可以通过价值观等意识形态的软约束。在林业生态环境建设中要促使人们出现有利于环境改善的行为，虽然法律、制度、政策等硬约束不可少，但最根本的手段还在于改变人们的价值观，树立生态伦理价值观，使人们自愿地保护森林改善环境，实现人与自然的和谐统一。

关键词：西部林业生态环境；行为；硬约束；软约束；生态伦理观

Abstract: The investigation of seeking the roots inducing the issues of the ecological environment in western China indicates that human's unreasonable developing activities of soil and forest resources are the primary reason to quickly lead ecological environment worse though bad natural conditions also exert a big influence on it. So, it can be concluded that people's unreasonable behaviors for utilizing natural resources must be corrected in order to radically resolve the problems relating with the western China's ecological environment. To confine and correct people's behavior can be realized either by hard restriction such as law, system and policy or by soft restriction such as value. In the construction of forestry's ecological environment, people should be encouraged to behavior friendly to their environment. Although hard restriction like law, system and policy is essential for the construction of forestry's ecological environment, the radical measure for it still lies in helping people build up correct ecological ethic value. This will make people willingly protect forestry and improve their environment, and finally the harmony between people and nature can be realized successfully.

Key words: Forestry's ecological environment in western China; Behavior; Hard restriction; Soft restriction; Ecological ethic view

一、西部生态环境问题产生的根源——先天不足和后天破坏

西部地区是我国长江、黄河等主要江河的发源地，也是我国重要的生态环境屏障和水源保护的特殊地带。但是多年来由于多种原因使得西部地区的森林资源逐渐减少，自然环境不断恶化，水土流失十分严重，干旱和荒漠化问题突出，生物多样性面临危机，人类生存环境越来越恶劣，自然灾害频发。西部地区脆弱的生态环境不仅阻碍了西部经济的进一步发展，而且危机中东部地区的生态环境和经济发展，已经成为未来民族生存环境的重大隐患。

西部地区严重的生态环境问题以及形成的主要原因主要包括以下几个方面：

（1）森林资源少、植被破坏严重，自然灾害加剧。长期以来，由于对西部地区森林资源的过度开发利用，使西部地区的植被越来越少。西部地区的平均森林覆盖率仅为10.34%，只及全国平均水平的5/7，甘肃、青海、宁夏、新疆的森林覆盖率分别只有4.83%，0.43%，2.2%和1.08%；西北广大干旱半干旱地区森林覆盖率不到1.0%[1]。长江中上游地区森林植被屡遭破坏，森林覆盖率由50年代的40%下降到现在的20%。目前沱江、岷江、嘉陵江等主要支流森林覆盖率大多不足3%。其中，191个县（市）不足1%[2]。森林植被的减少导致自然灾害频繁发生。

（2）水土流失严重。最新资料表明：我国目前水土流失面积已达367万km^2，而且每年还以10 000km^2的速度递增[3]，而西部地区的水土流失占我国水土流失总面积的80%，约为293万km^2。西部黄土高原地区，水土流失面积达45万km^2，约占总面积的70%，是世界上水土流失最严重的地区，也是黄河泥沙的主要来源地。长江中上游地区水土流失面积为55万km^2，占总面积的35%，不但使当地的土层日趋瘠薄，不少地区因“石化”丧失基本生存条件，而且造成江河湖泊泥沙淤积，加剧了长江下游洪涝灾害的发生[4]。森林和草地的破坏以及人类不合理的垦荒是导致水土流失的主要原因。

（3）荒漠化加剧。我国是世界上人口最多，受荒漠化危害最为严重的发展中国家，荒漠化土地面积已达262.2万km^2，占国土总面积的27.3%。我国荒漠化地区主要集中在西部地区，有80%的荒漠化土地分布在西部，其中西北五省区是我国荒漠化和沙化土地重灾区，荒漠化占全国的97.88%，其中尤以沙化土地为甚，占全国沙化土地面积的95.37%，且主要是农田、草场沙化严重，耕地和草地退化率分别已达81%和62%，形势十分严重[5]。我国不仅荒漠化面积大，而且荒漠化面积扩展速度快。据动态观测，20世纪70年代以前，土地沙化扩展速度是每年1 560km^2，80年代为2 100km^2，到90年代以后全国沙化普查结果显示每年已达2 460km^2，相当于1年损失一个中等县的土地面积[6]。

土地荒漠化主要发生在脆弱生态环境下，一个重要的原因是由于人为滥垦、樵采、过度放牧或自然灾害所造成的原生植被破坏而形成的。据统计，过度放牧的原因造成的土地退化面积占40%左右，林地破坏占30%左右，其他30%是不适当的土地利用，缺乏对植被的保护等原因造成的退化。

（4）水资源短缺。从总体上看，除四川盆地等少数地区，西部大部分地区严重缺水，但西北和西南地区的缺水类型各有不同。西北地区干旱少雨，年降水量大都在400mm以下，许多地区在200mm甚至50mm以下，而年蒸发量高达1 200mm。新疆、青海、甘肃、内蒙古等地均是最缺水地区，平均水资源量只有$5.2 \times 10^4 m^3/km^2$，仅为全国平均值$40.7 \times 10^4 m^3/km^2$的1/8，属于生态性缺水；而西南的岩溶山区年降水量虽然可达1 000～2 000mm，但地是漏的，水资源多在高山峡谷中或深层地下，很难应用于生产实践，这是工程性缺水。地表植被一旦被破坏，几场大雨就会冲尽表土，使岩石裸露，形成石漠。造成水资源短缺的原因，一方面是由于自然条件造成的干旱少雨，另一方面是由于人为的不合理水资源利用方式造成了可利用水资源减少。

综上看来，西部地区生态破坏严重，生存条件不断恶化，先天脆弱的自然条件固然起着很大的作用，但人类不合理的土地和森林资源开发活动是加速生态环境恶化的主要原因和症结所在。这也是林业科技界大量研究的结论。

过度垦殖和放牧、不合理的水资源利用和乱砍滥伐是造成森林植被破坏和生物多样性减少的主要原因，而森林植被破坏是加剧水土流失、洪涝灾害、沙尘暴频发等自然灾害的根本原因。这在一定程度上反映了人们活动行为处于无规范、无约束的状态，所以要想从根本上改善西部的生态环境，就必须制止对森林、矿产等资源的破坏以及改变人们不合理的资源利用方式。

二、解决西部生态环境问题的措施——矫正人们的行为

为改善西部地区生态恶化的状况，国家提出在西部地区开展大规模林业生态环境建设的计划。林业科技工作者为西部林业生态环境建设制定了科学的技术路线：一是加强对现有植被的保护；二是通过保护和人工措施促进已经遭到破坏但有可能向良性恢复的植物群落的演替；三是对彻底遭到破坏的生态环境进行植被的重建。在实现方法上提出加大对西部林业生态环境建设的人力、物力和资金的投入，加大科技投入和加强管理。具体的措施包括加大对西部地区林业生态环境建设的财政支持力度、加强林业科技研究以及促进林业科技的推广使用、改革产权制度、制定各种优惠政策、加强林业法制建设、解决西部的贫困问题和促进西部经济发展等等。

尽管在西部林业生态环境建设中，上述的措施是非常重要的，但是解决西部生态环境问题，保障林业生态环境建设的成功的最为核心的措施还是要矫正人们对森林资源不合理的利用方式，使人们出现有利于生态环境保护的行为。这可以从三个方面进行解释：

（1）从生态环境问题产生的根源看。先天脆弱的自然条件固然起着一定的的作用，但是后天人们对资源不合理的利用方式却是生态环境问题的产生的罪魁祸首。解决生态环境问题必须从生态环境问题产生的根源入手，所以在西部林业生态环境建设中首要的选择是想方设法修正人们的行为，使人们的行为与生态环境保护相一致。那么能不能选择改善先天脆弱的自然条件作为解决生态环境问题的突破口呢？根据辩证唯物主义的观点，自然条件属于客观环境，在人与自然的关系上，处于主要地位的是自然，人们以适应自然环境为主，这是不已人的意志为转移的客观规律。但人又是具有能动性的，又可在一定的范围内改造自然，对自然环境的良性改造同样需要人们的与环境保护相一致的行为。

（2）从西部林业生态环境建设的技术路线看。体现了保护与重建并重的思想，从而避免本末倒置和不讲求实际治理效果的做法。在人类生态环境保护问题上，存在着一个“本”和“末”的问题。这里的“本”，就是人们如何对待生态环境的问题，这里的“末”，就是采取什么样的手段和技术来消除人们的行为对环境产生的破坏性影响和结果的问题。长期以来，人们在生态环境治理问题上比较注重采取科学技术来治理由人类活动所造成的环境破坏性后果，而没有或不太重视转变人们对环境的态度以及所采取的行为，这实际上是生态环境问题治理上的本末倒置[7]。试想如果只注重生态环境的重建，而没有从根本上改变人们不合理的资源利用方式，加强对环境的保护，无论如何重建都赶不上人们破坏环境的速度，生态环境的治理也将永远难以取得良好的效果。所以，今天人类要想解决生态环境问题，必须首先从“本”抓起，也就是人类对待环境的态度以及与此相关的活动和行为抓起。

（3）从西部林业生态环境建设的各项政策措施看。为保障西部林业生态环境建设的顺利开展并取得预期的成果，出台了一系列的政策措施，主要包括加强林业法制建设、制度建设、制定了一系列相关优惠政策、解决西部的贫困问题等。对这一系列的政策措施加以分析

不难发现，这一系列的政策措施始终围绕着一条主线——即如何约束、修正人们对待资源与环境的行为。

林业法制建设是林业工作中的重要组成部分，对森林资源的保护、培育和合理利用起着规范和保障的作用。法制在林业生态环境建设中的作用是通过法律的强制性对人们的行为进行规范和矫正而发挥作用。

制度是什么？制度被定义为一系列人为设定的行为规则。这种规则能约束、规范人们的相互行为，并帮助他们形成对别人行动的预期。制度包括两个方面，一是“正式制度”，二是“非正式制度”。“正式制度”是指社会已经形成、由法律法规或其他权威文件规范的制度。“非正式制度”是指社会认可的非正式约束，它主要包括价值信念、伦理规范、道德观念、风俗习惯、意识形态等因素。制度是约束人与人之间行为关系的准则，合理的制度安排能够有效地约束人们破坏环境的行为，从而实现保护环境的目的。

政策是贯彻和达到目标的保证，政策为整个组织采取行动规定了指导方针，保证行动符合目标，并引导人们去实现目标。林业政策对林业生产的干预作用表现为各种利益关系的调整而引导林业生产经营者的行为，在形式上表现为各种运作规范对人们的行为加以约束或鼓励，在本质上则是对各种利益关系进行调整而引导林业经营者的行为。林业政策通过抑制或激发林业经营者的积极性决定林业发展的速度和状态。

西部地区的贫困主要是绝对贫困，就是收入难以维持最低限度生活水准的一种状况，其直接表现就是缺吃少穿少住，最基本的生理需要远远没有得到满足的一种状态。根据马斯洛的需求层次理论，在基本的生理需要没有得到满足之前，该种需要就是主导需要，并会为了满足这种需要引起相关行为。贫困的人们为了生存，不得不掠夺式地开发利用当地的自然资源，这对于他们个体而言是能够选择的最经济的行为方式。大量的关于贫困人口生存状态的调查报告都反映出一个事实，贫困人口常常通过乱砍滥伐、滥垦、滥采、滥挖等破坏生态环境的行为来缓解生活的困境。而这种行为直接导致了生态环境的恶化。解决贫困问题就是通过各种手段使贫困人口不需要再依赖对自然资源的掠夺性利用就能够满足基本生理需要，其作用的机理是通过满足主导需要使破坏环境的行为得到改善。

对上述的分析进行归纳，法制通过硬约束来规范人们破坏环境的行为；正式制度和政策既对破坏生态环境的行为具有约束力，又对有利于保护生态环境的行为具有激励的作用；非正式制度则通过伦理道德的软约束来修正人们对待环境的态度和行为；解决贫困问题则是通过改变需求结构而引导行为的改变。所以，可以看出在西部林业生态环境建设中采取的一切措施都是围绕修正人们对待生态环境的行为这个核心问题，从而从根本上解决生态环境问题。

三、修正行为的最根本的手段——生态伦理观的建立

约束和修正人们行为既可以依靠法律、政策的硬约束，也可以通过价值观等意识形态的软约束。但从实施效果看，无论法律规定得多么严格，总有以身试法的违法乱纪者，如无论如何完善林业相关的法律法规，滥垦滥伐、滥挖滥采、盗伐等破坏森林的行为都时有发生；无论政策制定的多么合理，总有不执行者，或者一旦政策的刺激作用消失，不良行为又会死灰复燃。究其原因，法律、政策等对行为的控制机理在于其属于从外部施加于行为主体的力量，而不是行为主体发自内心的愿望要采取某种行为，所以不会持久。由此可见，在林业生

态环境建设中要促使人们出现有利于环境改善的行为，虽然外部的力量不可少，但最根本的手段还在于如何改变人们的价值观，使人们自愿地保护森林改善环境。这也是正确实施科学发展观的重要内容之一。

此外，根据心理学家的研究，需要产生动机，动机引起行为，所以动机是引起某种行为的直接原因。动机是个人为了实现某个目标所愿付出的努力，它是由需要支配的。需要是侧重于缺乏某种东西的客观状态，而动机是经过思维加工的，更多的受社会、文化、意识、道德和个人品质的影响。根据心理学家的研究结论，可以通过文化教育、意识培养、道德塑造来改变动机，从而改变行为。

为保护生态环境，人们从生态伦理学中寻找解决办法，提出建立生态伦理观。关于人与自然和谐统一的生态伦理观，有许多观点，如生态文明观、可持续发展环境伦理观、资源可持续利用伦理学、可持续生存伦理学、生态环境伦理学等等观点。总的来看，尽管不同的观点侧重研究的内容不同，但是具有以下的共性：①这些生态伦理观并非为自然规定什么道德准则，而是基于人类的价值观，用于调整、约束人对自然的态度和行为，促进人与自然和谐相处，使之更有利于人类的健康生存和可持续发展的伦理规则，属于意识形态范畴。②这些伦理观的构建就是要促进人与人之间（包括代内人和代际人）以及人与自然之间的和谐，使人在进行自己的行为时，会发自内心地自觉考虑和顾及自己的行为对他人、社会、后人和生态环境的影响，从而实现这几者的和谐互惠共生。由此可见，生态伦理学家往往是整体利益的提倡者，生态环境的处理要求把市场经济的个体利益驱动与保持生态环境所必需的整体（群体、国家、社会）利益的关怀统一起来[8]。从长远来看，只有符合这种道德的行为才是真正自由的行为[9]。

生态伦理这种价值观念能够有效的校正社会人们行为的机理在于，价值观念与社会经济行为之间不仅具有内在的必然联系，而且影响着社会经济行为的全过程。从一定意义上看，价值观念是经济行为的内在本质，经济行为则是价值观念的外在形式。价值观念一旦形成，就能规范人们的经济行为趋向于价值观念所取向的那种价值目标。因此，价值观念潜在地决定着经济活动主体的经济行为，任何社会经济行为都是一定价值观念的表现形式。

价值观念除了潜在地决定经济行为之外，还可以对行为起到重要的校正、激励、均衡等作用，体现着价值观念与经济行为之间更深层次的关系。在经济活动主体行动的过程中，主体的行为并非完全划一，这是必然的客观实在。在这种情况下，社会价值观念会对有悖于观念规范的行为起到校正作用，通过价值观念所形成的规范要求对“犯规者”形成心理压力和舆论压力，校正其行为表现能够在观念容许的范围以内活动。否则不再是观念的制约，而是制度或法律的制裁。同样价值观念对于符合观念要求的经济行为，还会给予强有力的激励。既然价值观念作为一种对价值客体的评判标准和取向原则，那么只要经济行为符合这种标准和取向，价值观念所形成的社会舆论就会给这种行为以激励，使这种经济行为持续化，产生强大的辐射效应。另外，价值观念对各种经济行为还有重要的均衡作用，可以有效地影响或协调各种行为的追求目标。人们会常常遇到这种情况，在某一群体内看是合理有效的经济行为，而站在群体之外或社会的角度看似乎感到不太合理。在这种情况下，价值观念往往会起到明显的均衡作用。

所以，为保障实现西部林业生态环境建设的目标，需要特别关注价值观念的作用，尤其是生态伦理学的有关观念和原则，如果这些伦理思想能够被人们接受，许多破坏生态环境的行为和不良的资源利用行为就会改变。伦理观念之手不仅能直接调节资源的配置和财富福利的分配，而且作为指导思想和价值标准，它插入个人投资经营的决策、企业经营管理的决策和政府干预调控的决策中，直接影响个人投资经营的目标和方向，影响企业经营管理的目标和方向，以及国民经济发展的目标和方向。

现实中我们可以看到，正是在人们“天人合一”、崇尚自然的伦理观念影响下，促使人们对森林的热爱和保护；在人们生态环保意识不断提高的社会风气影响下，越来越多企业、集体和个人投身到林业生态环境的建设中，在保护“未来人”生存权利的道德约束下，人们开始减少对资源的掠夺式开发利用和浪费；在生态灾难日益严重，人们强烈要求改善生态环境的社会舆论下，政府也意识到进行大规模的林业生态环境建设，改善生态环境是国民经济发展的一个重要方面。由此可见社会伦理调控在解决林业生态环境建设中存在的问题方面其作用是不容忽视的。

参考文献

[1] 国家林业局森林资源管理司．全国森林资源统计［R］：(1994～1998)

[2] 郑泽厚．对长江中上游流域生态重建问题的思考［J］．农村生态环境，1999 (3)：11～13

[3] 刘国华，傅伯杰等．中国生态退化的主要类型、特征及分布［J］．生态学报，2000，20 (1)：13～19

[4] 赵曦．中国西部地区经济发展研究［M］．成都：四川人民出版社，1999

[5] 卢琦．荒漠化防治与生态良好［J］．世界林业研究．2001，14 (6)：33～40

[6] 王俊中．我国土地沙化现状及其防治对策［J］．林业经济，2001 (9)：47～50

[7] 黎德化．论文化模式与生态环境［J］．北京林业大学学报社会科学版，2003，2 (1)：4～8

[8] 王锐生．文化哲学视野下的生态环境问题［J］．北京林业大学学报社会科学版，2003，2 (1)：1～3

[9] 张康之．制度文明与道德行为自由［J］．社会科学，2003 (10)：41～44

全寿命期管理——林业建设项目管理的新模式

谭红杨　金　笙

（北京林业大学经济管理学院，北京，100083）

摘要：森林是维系生态环境的根本，实现林业可持续发展的关键是谋求生态、社会、经济三大效益的最佳组合，因此林业生态工程建设必须实行科学的管理。起源于其他行业的“全寿命期管理”是对一个项目进行的“从生到死”的全过程管理。现代林业工程建设项目的特点和存在的问题对现有的林业管理模式提出了挑战。林业建设项目全寿命期管理的提出是林业项目管理模式的新尝试，旨在为新时期我国林业项目管理理论和实践提供一点参考。

关键字：全寿命期；林业建设项目；项目管理

一、全寿命期项目管理概念的发展

“全寿命期管理”一词，最早出现在20世纪60年代的国外军事管理领域。到1998年，澳大利亚A1i Jaafari博士提出“全寿命周期项目管理（LCPM）”的概念，历经了30年。这期间，全寿命周期管理方法的应用已从军事扩展到机械制造、建筑等多个领域。

20世纪60年代中期，美国为解决武器装备“买得起、用不起”的矛盾，开始寻求解决矛盾的办法，提出了武器装备采办的全系统、全寿命管理的概念。（武器装备）全寿命期管理是指运用系统理论和系统工程方法对（武器装备）“从生到死”的全过程实施完整的科学管理。把追求武器装备的战技性能、全寿命费用、研制进度和综合保障的最佳匹配，以及武器装备各分系统、部件之间的协调发展，作为贯穿全寿命过程的管理目标和要求，并分解和贯穿到武器装备全寿命期的各管理阶段中，使得各阶段的管理形成一个整体[2]；1983年，英国F1anagan教授和Norman教授系统化地提出了LCC（Life Cycle Cost，全寿命周期费用）管理方法，认为项目费用不仅包括一次性投资，同时包括运营和维护费用。应对LCC进行分析，进而通过改变材料、运营方法等措施，降低运营和维护费用；1988年，Winner et. al.对制造业并行工程（Concurrent engineering，CE）进行了准确的定义：CE采用系统化方法，通过对产品的设计、制造、运行和维护进行有效的集成，使发展商从一开始就考虑影响产品全寿命周期质量、费用、进度及用户要求等目标的所有因素；1998年，澳大利亚悉尼大学A1i Jaafari博士领导的建设项目集成化管理研究小组借鉴CC（Concurrent construction，并行建筑）思想提出了全寿命周期项目管理（LCPM）的概念，即：LCPM是一种管理建设项目的方法，以资金目标、用户满意程度目标、防范风险能力作为全寿命周期决策评价的标准[3]。

二、我国林业建设工程项目的现状

我国是一个少林国家，森林分布很不均衡，林种和林龄结构不尽合理，国家的整体生态环境仍十分脆弱，旱涝灾害频繁，风沙危害不断加剧。为扭转我国生态环境恶化的状况，充分发挥森林在陆地生态系统中的作用，自1978年以来，国家相继启动了以改善生态环境、扩大森林资源为主要目标的三北防护林体系建设工程、长江中上游防护林体系建设工程、沿海防护林体系建设工程、平原绿化工程、太行山绿化工程、防沙治沙工程等17个林业重点工程。后来，这些项目与退耕还林、天然林资源保护等项目整合为林业生态建设“六大工程”。据统计，工程项目造林面积已占全国人工造林面积的70％以上，成为我国造林的主体，在造林绿化事业中取得了巨大成效[7]。可见，林业重点工程项目在全国林业建设中的地位和作用是举足轻重的。新世纪，国家林业局提出了以现代林业思想为指导，以建立比较完备的林业生态体系和比较发达的林业产业体系为目标，以保护和改善生态环境为重点，以分类经营、分区突破为措施的林业工作基本思路。在发展与保护矛盾依然激烈的今天，我国建设将面临诸多挑战。贯彻现代林业思想，改革和完善重点林业工程项目管理模式和方法势在必行。

三、存在的问题

近几年，国家采取了一系列重大措施，加大了对林业生态工程的投资力度，增加了预算内林业基本建设投资，使林业生态工程建设进入了一个崭新的发展阶段。然而，各种各样管理上的问题和矛盾也制约着林业生态建设项目的目标的实现。这些矛盾表现为：

1. 政策层面的问题

（1）土地使用权问题。国家早有政策要求土地承包期延长30年。但这一政策并没有得到完全落实，有些地方的确权发证率竟不到30%。屡屡发生的土地权力纠纷直接动摇了农民对林业进行长周期投资建设的信心，不利于林业重点工程建设的长远发展；另外还有集体林地引发的产权问题。

（2）农民作为经营者没有得到应有的收益。承担林业重点工程建设的地区大都是地处经济贫困、交通不便、老少边穷的县。广大林农原本在生态林业建设中就没有直接的经济收益，再要他们掏出配套资金进行生态工程建设，困难是显而易见的。生态林业的公益性和长周期性，使得农民参加工程建设的积极性得不到发挥。

2. 管理机制问题

（1）没有形成项目法人制度，政府职能管理部门角色定位模糊。

政府作为林业工程建设的投资主体，政府职能部门毋庸置疑对林业工程建设主要负有管理和监督责任。但在管理实践中，由于现行的管理体制和农民作为形式上的经营主体具有分散性，使真正意义上的项目法人制度没有形成。职能管理部门在工程建设实践中，“上”对政府承担着完成计划的任务性指标，“下”对工程的建设主体行使计划、组织、指挥、协调和监督等管理职能，是以相当于“业主”和“监理”的双重身份出现，角色地位不确定。

（2）资金的管理问题

首先，项目资金没有有效的约束制度，资金的使用效益和建设质量都还没有达到理想的要求；其次，项目工程投资预算的不完整性以及缺乏严格的审计监督制度，专项建设资金到达县级财政后被挪用的问题严重；再次，工程项目区交叉重叠投资效益不高。

3. 配套机制不健全

由于林业属于社会经济的基础行业，不仅涉及政策、土地制度、税费制度等社会经济的方方面面，而且关系到千家万户农民的切身利益。与之相关的政策、机制建设跟不上或不配套，对林业工程项目建设的管理形成瓶颈。

4. 建设项目的考核问题

首先，各种国家投资捆着用，项目建设成效难以考核。导致国家资金投入不少，但林业项目的效果很难保证；其次，承包造林无合同，资金使用难以进行检查。

5. 管理信息渠道不通畅

林业内部管理部门责权不清，组织指导工程林业无章可循。计划资金管理与工程组织实施脱节。有的省、中央工程林业资金和任务计划下达后，工程业务主管部门还不知道安排在哪个具体工程县市，超前组织搞好施工设计和种苗准备更无从谈起。有的工程县市无飞播和封育的地块，但上面下达计划却安排了飞播和封育任务。有的县尚不知今年中央安排了重点县林业，而且投资尚未到县，上面统计就已超额完成了工程林业任务。管理部门之间缺乏一种运作机制，责权不清，无章可循，难以有效组织指导工程林业，保证工程林业各项措施落到实处。

6. 缺乏项目全程控制

投资前的基础工作、准备工作差，盲目性大。投资者和管理人员只注重制定计划，对投资项目本身了解不多或很肤浅，结果由于项目准备不足，造成低效率运行和资源的浪费。[4][6][7]

四、林业建设项目全寿命期管理的提出

森林是全球陆地生态系统的主体，是维系良好的生态环境的根本。1972 年联合国召开人类环境会议，宣布了指导世界各国人民保持和改善人类环境的 7 条原则。1992 年，在联合国环境与发展大会报告《我们共同的未来》中，正式提出了“可持续发展（Sustainable development）”的概念和模式。近些年人们从生态经济理论、系统科学与工程理论、可持续发展理论、环境科学理论等角度，清楚地认识到决不能单纯地追求经济利益，实现林业可持续发展目标的关键在于生态系统反馈机制是否与社会经济系统反馈机制互相耦合。要实现生态、社会、经济三大效益的最佳组合，林业必须建设重点生态工程，实行科学管理。[4][8]

1998 年，我国遭受建国以来罕见的水灾，造成经济损失数以亿计。其直接原因就是长江上游原始森林遭到过度采伐，造成了严重的水土流失。我国政府在痛定思痛之后，1999 年，朱镕基总理发表“退耕还林、封山绿化、以粮代赈、个体承包”16 字方针。此后，经过了一系列论证，发起了令世人瞩目的“退耕还林（还草）工程”，并将以往的众多林业生态工程整合为著名的林业生态建设“六大工程”，即天然林资源保护工程、三北及长江流域等防护林体系建设工程、退耕还林（还草）工程、京津风沙源治理工程、野生动植物保护及自然保护区建设工程、速生丰产用材林基地建设工程。伴随这些生态工程的建设，我国开始由农耕文明向生态文明过渡。

与传统的林业建设工程不同，现代林业生态建设工程有以下特点：

（1）项目规模大。如退耕还林项目，2002 年在全国 746 个县全面展开，退耕面积达 8 600万亩，2003 年退耕和荒山育林总计面积达 10 700 万亩。

（2）涉及部门多。即单位、主体多，包括投资主体、领导组织机构、设计规划单位、施工单位、成果经营单位等多个主体。

（3）经济组织所有制形式多。包括国有、集体、个人、股份、股份合作等各种形式。

（4）涉及的专业知识领域广。包括育种、造林、管理、生态、经济多个方面多个生产阶段。

（5）所处环境状况差异大。我们各地区的气候、植被、水文、社会、生态、经济、立地条件等千差万别。

（6）监管力度加强，需要早期预测和全过程风险控制。同时，由于林业工程特点，在工程效果、质量监督、评价指标方面表现出复杂性和多样性，和其他非林业工程要求尽快产生直接经济效益有明显区别。

（7）社会各界对生态环境日益重视。

（8）高科技手段的使用。计算机网络的普及给项目参与各方提供了信息交流和共享的平台，使国际组织、政府部门、社会组织、项目科研单位、建设单位、经营单位能够通过网络进行交流和信息的共享。[1]

针对以上现代林业项目的新特点，要求对其项目的管理引入新的模式。全寿命期管理是一个必然选择。项目全寿命期管理尽管在军事、机械制造、建筑、计算机软件开发和一些工业项目中取得了一些成功，但在林业工程领域成果较少。主要原因在于，传统的林业项目组织机构松散、建设周期长、参与的人员素质低、所有制形式多、生产方式落后。目前，现代林业建设项目与传统的林业项目已有本质的区别，因此在很大程度上具备引入项目全寿命期管理理念和模式的条件和时机。

五、林业建设项目全寿命期管理

（一）林业建设项目全寿命期管理模型

图1所示为建设项目全寿命期管理模型。该模型将建设项目作为一个系统，对该系统的输入、输出、控制和反馈以及环境做出了具体规定。

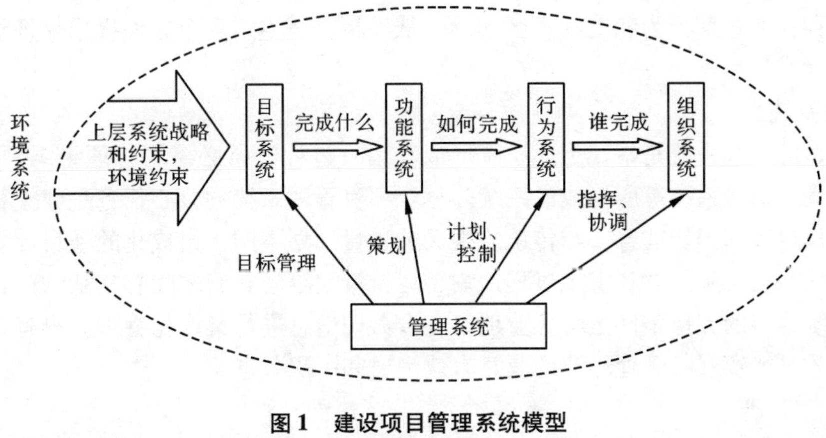

图1　建设项目管理系统模型

环境系统是指对建设项目全过程（包括前期调研、设计和规划、施工、运行）有影响的所有外部因素总和，它们构成项目的边界条件。林业项目环境系统涵盖政治、经济、社会、法律法规、自然、项目的上层组织和合作者以及其他因素等。

在林业建设项目系统内部有如下子系统：

1. 目标系统

目标系统是林业项目所要达到的最终状态的描述系统。目标系统是项目的价值体现，它反映项目管理者（特别是决策者）的价值观念和思维方式。全寿命期的项目目标系统应不局限于通常所指的三大（质量、工期和成本）目标，而是以全寿命期这样更高的视角，把目标系统定义为多个层次，即基本层次（三大目标）、各方满意层次以及可持续发展层次。

2. 功能系统

项目的功能系统是为实现系统目标而必须建立的系统工程技术系统，是通过对项目具体任务进行分解得到的。功能系统是有许多分部、功能面组合起来的综合体，有自身的系统结构形式。通过基于集成管理的项目结构分解方法，把项目中的任务进行科学的系统分解，这种分解对林业项目管理的集成有十分重要的作用，是集成管理的基础性工作。项目的分解结构（PBS）像一根"链子"将项目管理各个职能以及各个阶段管理过程连贯起来，形成集成化的项目管理系统。

3. 行为系统

行为系统是由实现项目目标，完成任务所必需的活动构成的。全寿命期的林业项目功能系统必然包括前期调研、设计和规划、施工和运行以及管理的各种活动，形成一个有机的项目生产和运行过程。

4. 组织系统

组织系统是由项目的行为主体构成的系统。一个项目的参加单位可能有几个、几十个甚至更多，他们形成一个庞大的组织体系。这些参加者属于不同的企业、单位和部门，有不同的利益和目标。他们之间形成复杂、多样的组织关系，有：行政关系，如各林业项目与国家林业局的关系；组织关系，部分项目建设部门之间的关系；合同关系，各利益主体之间的关系等。

通过对组织系统的分析，达到减少项目组织效率和组织运行中障碍的目的。针对传统的项目组织中存在的短期行为和责任盲区问题，从项目责任主体多个方面提出保证组织责任一致性和连续性措施。

5. 管理系统

林业项目的管理系统是指在上述系统形成和运行过程中所必需的管理组织、管理行为、管理规则和管理信息系统等所构成的系统。林业项目管理系统的核心任务是建立林业项目综合计划的工作过程和工作内容。与传统的狭义的项目计划不同，集成化的项目计划必须包括设计、组织战略、实施方案和实施过程计划、运行策划等。它们之间有复杂的内在联系。

管理系统运转的支撑条件是将林业项目全寿命期信息进行集成化管理。只有具备了信息集成平台，才可能实现各管理环节的及时有效沟通和资源共享。

参考资料

[1] 成虎．建设项目全寿命周期集成管理研究（博士论文）．哈尔滨工业大学，2002

[2] 荣明宗．武器装备全系统、全寿命管理的一个首要问题——武器装备全寿命期的阶段划分．装备指挥技术学院学报，2002年4月

[3] 何清华．建设项目全寿命周期集成化管理模式的研究（博士论文）．同济大学，2000

[4] 高建中．林业生态工程与项目管理．西北农林科技大学学报（社会科学版），2001年9月第1卷第

5 期
[5] 张鹏等. 机械产品全寿命期价值期望的可靠性优化模型. 四川大学学报（工程科学版），2001 年 9 月
[6] 张志达. 必须高度重视国家重点林业生态工程投资项目管理工作. 中国林业，2000. 1
[7] 魏红侠，吴庆辉，贡克奇. 关于林业工程项目管理的思考与探讨. 河北林业科技，2001 年 8 月，第 4 期
[8] 联合国人类环境宣言. 1972 年 6 月 5 日

加入WTO后我国主要林产品进出口变化的实证分析

胡明形[1]　汤晓文[2]　刘俊昌[1]
（1 北京林业大学经济管理学院，北京，100083；2 国家林业局，北京，100714）

摘要：本文对2002年主要林产品进出口数据的分析结果表明：加入WTO后，对原木、锯材、纸浆和废纸进口直接影响不大；纸、纸板和纸制品、刨花板、纤维板、家具、松香加工品、核桃、板栗、梅干和李干、柑橘属果汁等产品的进口随进口关税税率的下调而有不同程度的增加，其中，除柑橘属果汁外，纸、纸板和纸制品、刨花板、纤维板等大宗进口产品的进口并未受到冲击性影响，而对于家具、松香加工品、核桃、板栗、梅干和李干等产品，由于进口量都很小，其贸易变化对整个林产品市场的影响也不大。在出口方面，加入WTO，扩大了家具、水果、苹果汁、松香等产品的出口。因此，总体看来，加入WTO对林产品进口的影响是有限的，而对家具、松香、水果等产品的出口扩大产生了有利影响。

关键词：WTO；林产品；进出口

Abstract: An analysis of forest product imports & exports in 2002 showed: since entering WTO, the imports of products such as log, sawnwood, wood pulp and waste paper haven't been directly impacted, but the imports of products such as paper, paper-board, particleboard, fibreboard, furniture, walnut, chestnut, dried plum, processed rosin, citrus – fruit juice have increased to some extent respectively because the tariff rates decreased, but in where, the imports of the staple products such as paper, paper – board, particleboard, fibreboard haven't drastically impacted on the home market except citrus – fruit juice. As a whole, the influence of WTO entrance on forest product imports were limited, meanwhile entering WTO has promoted the exports of products such as furniture, rosin, fruit.

Key words: WTO entrance; Forest products; Imports & exports

2001年12月11日，中国正式加入世界贸易组织，入世以后，国际市场对我国林产品进出口的影响总体上比较平稳。由于我国森林资源相对匮乏，尚远远不能满足国民经济和社会发展对林产品的需要，林业产业国际竞争力不足，因此，林产品进口无论从数量上还是金额上均大于出口，这一格局并没有因入世而有大的改变。

一、总体情况

2002 年的海关统计资料①显示：加入 WTO 以后，全国主要林产品②的进口和出口均呈现出快速增长的势头，其增速高于同期全国进、出口贸易增速（见表 1）。其中林产品进口 119. 08 亿美元，出口 95. 80 亿美元，进出口逆差为 23. 29 亿美元。

表 1　2002 年全国主要林产品进出口增长比较　　单位：亿美元

	出口	增长（%）	进口	增长（%）
主要林产品	95. 80	21. 96	119. 08	17. 83
全国	—	22. 36	—	21. 19

二、主要林产品进出口变化分析

（一）原木和锯材

原木和锯材进口数量快速增长，出口数量有所下降；在进出口价格方面，除针叶原木进口价格略有上升外，原木和锯材的进出口价格全面回落（见表 2）。

表 2　原木和锯材进出口价格比较　　单位：美元/ m^3

	进口平均价格		出口平均价格	
	2001 年[1]	2002 年	2001 年[1]	2002 年
针叶原木	59. 28	63. 18	275. 10	—
阔叶原木	149. 20	133. 46	314. 45	289. 71
锯材	245. 04	212. 90	437. 71	428. 99

2002 年进口原木 2 433. 30 万 m^3，比 2001 年增长 44. 29%；原木进口量中针叶材占 64. 86%，为 1 578. 30m^3，比 2001 年增长 72. 64%，阔叶材占 35. 14%，为 855. 01m^3，比 2001 年增长 10. 73%。原木出口量为 1. 10 万 m^3，比 2001 年减少 0. 68 万 m^3，出口原木全部为阔叶材。

2002 年锯材（不包括特形材）进口量为 548. 37 万 m^3，比 2001 年增长 35. 93%；出口量 44. 83 万 m^3，比 2001 年减少 0. 31%。

由于我国对一般的原木和锯材进口已经实行了“零关税”，入世后已无降税空间，加入 WTO 后对这类产品的进口成本和市场价格将不会产生直接影响。因此，2002 年原木和锯材进口数量快速增加、出口减少的主要原因在于国内木材供需缺口的扩大，而非加入 WTO 的影响。

（二）人造板和单板

2002 年，人造板和单板的进出口数量见表 3。

---

① 文中基础数据由海关总署信息中心提供。

② 主要林产品包括原木，锯材，单板，人造板，木浆，废纸，纸、纸板和纸制品，家具，坚果（核桃、板栗、松子仁），干果（梅干及李干、苹果干、龙眼、柿饼、红枣），水果（柑橘属水果、苹果、梨），果汁（苹果汁、柑橘属果汁）。

表3 2002年人造板和单板进出口数量 单位：万 m^3

	进口			出口		
	数量	增长（%）	比重（%）	数量	增长（%）	比重（%）
胶合板	63.61	-2.27	26.57	179.24	85.67	93.42
刨花板	58.97	31.76	24.63	5.12	105.08	2.67
纤维板	116.82	9.15	48.80	7.50	179.63	3.91
小计	239.40	10.39	100.00	191.86	88.62	100.00
单板	28.67	-14.62	-	9.31	49.41	—

表3数据表明，随着我国加入WTO后，人造板进口关税税率的调减（如表4），2002年我国人造板进口与2001年相比，总体上呈现增长趋势，但税率调减对不同产品的影响结果不同：

（1）影响最大的是刨花板和纤维板。二者的进口量分别比2001年同期增长31.76%和9.15%，分别占人造板进口总量的24.63%和48.80%。主要原因是我国的中密度纤维板、刨花板产业仍处于起步阶段，生产成本高、产品质量差，难以与国外同类产品竞争，特别是用于胶粘剂的关键性的原料有害成分残留、释放浓度达不到国际市场的要求，出口受到一定的限制，关税的减低进一步加大了进口产品的价格竞争力。

（2）胶合板进口关税税率的调减尚不足以形成对国产胶合板的竞争。从胶合板贸易的实际情况看，2002年进口63.61万 m^3，比2001年下降2.27%，而同期出口量达179.24万 m^3，比2001年增长85.67%，胶合板出口占"三板"出口总量的93.42%。可见，加入WTO以后，胶合板进口在不断减少，而出口在逐年增加。主要原因，一是从世界范围看，由于胶合板生产受到资源限制，而全球胶合板需求量大，全球胶合板基本处于一种产销平衡状态。因此，短期内进口胶合板难以大量低价进入我国市场[2]；二是近年来，我国胶合板工业生产规模快速扩大，特别是大量中小胶合板企业的迅速发展，其产品以低廉的价格满足了中低层次的消费需求；三是我国的东部沿海地区的外资和合资胶合板企业的发展，无论在规模上、工艺技术水平还是产品质量方面已经具备了一定的国际竞争力，加上我国劳动力资源价格和土地成本相对较低，其产品与国际市场同类产品相比具有较大的价格优势，产品大量出口；四是原料问题是我国胶合板工业发展的主要瓶颈之一，加入WTO有利于我国胶合板工业充分利用国际市场获取优质大径级原木及胶合板用单板，提高产品质量和竞争力，扩大出口；五是在胶合板生产工艺上，近年来，胶合板面板树种日趋多样化，而且芯板大量应用杨木，使胶合板生产成本大幅度降低，并于2001年首次出现了出口大于进口的局面。

表4 2002年与2001年人造板和单板进口关税税率对照 单位:%

	单板	胶合板	刨花板	纤维板
2001年	6~8	15	16~18	11~18
2002年	3~4	9.6	8.4~11.7	8.4~11.7

（3）随着进口关税税率的调减，单板贸易反而表现出进口减少、出口增加的趋势。这表明：一方面，尽管我国森林资源中大径级原木的供给在逐年减少，但大量进口原木弥补了单板生产的原料短缺；另一方面，进口关税税率的调减带来的进口成本的下降，尚不足以形成进口单板对国产单板的价格竞争。

（三）纸、纸板、纸制品和纸浆

2002年纸、纸板、纸制品和纸浆类产品出口17.10亿美元，进口70.23亿美元，分别比2001年增长15.11%和10.27%，各主要产品的进口变化情况见表5。

表5　2002年主要纸类产品进口量值及对比　　单位：万 m^3、亿美元

产品名称	2002年				2001年
	数量	增长（%）	金额	增长（%）	增长（%）
木浆	523.26	7.38	21.54	4.51	47.92
废纸	687.26	7.06	7.32	11.18	72.85
纸、纸板和纸制品	660.68	12.60	41.37	13.35	-7.04

由于我国纸、纸板、纸制品和纸浆类产品出口相对较少，因此加入WTO对木浆和纸产品的影响主要在进口方面。就对进口影响而言，表5中的数据表明，加入WTO后，我国纸、纸板、纸制品和纸浆类产品进口全面快速增长，但不同产品进口增长所受到的影响程度不同：

（1）木浆和废纸的进口增长直接影响不大。因为，从进口关税税率看，我国木浆与废纸的进口关税税率在1999年1月1日就已实行零关税。从2002年木浆和废纸实际进口数量与金额增长速度的对比关系可以推断：木浆进口的平均价格有所下降，而废纸进口的平均价格有所上涨；而从进口增长的时序变化看，2002年木浆与废纸进口增速远低于2001年。由此可见，2002年木浆进口增长的主要原因在于国内木浆需求的增加和进口产品价格的下降；而废纸进口增长的主要原因则在于国内造纸业的发展，特别是外资、合资造纸企业规模的扩大而导致对废纸需求的增加。

（2）对纸产品进口增长有比较明显的影响。2001年大部分纸和纸制品的进口关税税率为12%～15%，2002年调减到7.2%～9.4%（新闻纸为12%）。随着进口关税税率的调减，进一步强化了进口纸产品的价格竞争优势，从而增加进口。从2002年实际进口看，一是纸、纸板和纸制品平均进口价格总体水平上涨0.66%的同时，许多大宗品种进口价格大幅下降（表6）；二是纸和纸板进口量增长了12.60%，是自2000年和2001年纸产品进口连续两年负增长以来的首次高速反弹，而且高货值产品进口增长迅速（表6），这其中有国内需求增加的影响，也有因进口关税调减引起进口价格下降的影响。2002年纸和纸板进口变化结果表明，新闻纸、书写印刷用纸、未涂布的牛皮纸和纸板、其他未涂布的纸和纸板等产品进口受“入世”因素影响较大。

表6　2002年6种大宗纸产品进口数量与价格变化情况　　单位：%

产品名称	占纸产品进口量的比重	进口数量增长率	价格指数（2001年为100）
新闻纸	2.99	28.35	78.99
书写印刷用纸	5.55	50.34	97.97
未涂布的牛皮纸和纸板	22.15	10.30	99.10
其他未涂布的纸和纸板	24.16	10.98	96.54
涂布无机物的纸和纸板	32.67	13.84	101.36
涂布浸渍覆盖染面饰面或印花纸	5.52	20.85	109.16
合　计	93.04	—	—

（四）家　具

2002年我国的家具进口和出口呈现出高速增长势头，全年家具出口27.06亿美元，进口0.39亿美元，分别比2001年增长46.12%和35.22%。

2002年家具进出口贸易变化结果表明：

就进口而言，随着家具进口关税税率由2001年的19%～22%调减至2002年的11%，以德国、意大利等国为主的家具产品进一步扩大中国市场，2002年家具进口增长率比2001年提高11.43个百分点。尽管如此，家具进口总量依然很少，主要因为目前中国消费者的购买力水平仍然较低，进口家具多为高档产品，即使调减关税，价格依然昂贵，因而难以与国内同类产品进行价格竞争。可见，加入WTO对家具进口的影响是小范围的，也是有限的。

就出口而言，2002年美国、日本、英国等是我国家具出口的主要市场，由于中国对欧美和其他地区家具出口既无配额限制，也无关税壁垒，若仅从这一点看，加入WTO对2002年家具出口增长没有直接影响，但加入WTO后，家具生产企业被赋予了进出口经营权，这在一定程度上促进了家具产品的出口。但从总体上看，2002年家具出口增长主要是我国家具产业发展不断走向成熟的结果。近年来，我国家具产业迅速发展，特别是外资、合资家具企业的发展有力地促进了家具产品的出口。由于家具生产属于劳动密集型活动，我国劳动力资源具有数量丰富、价格低廉、技术熟练程度高的优势，近年来吸引了大量外商在广东、福建等地投资家具生产，外资、合资家具生产企业已成为我国家具出口的重要力量。事实上，近十年来，随着世界家具生产加工企业不断向中国转移，中国木家具出口一直以2位数的速度持续高速增长，我国已成为世界家具的主要生产加工基地和出口基地，2002年中国家具出口位居世界第二。

（五）松香及其加工品

松香及其加工品是我国传统的出口林化产品，2002年松香及其深加工品的进出口量值见表7。

表7　2002年松香产品进出口量值　　单位：万t、亿美元

	进口				出口			
	数量	增长（%）	金额	增长（%）	数量	增长（%）	金额	增长（%）
松香	0.11	35.88	0.02	38.03	35.63	17.87	1.60	12.53
深加工品	0.53	30.65	0.08	34.98	4.94	-16.85	0.40	-11.02
合计	0.64	31.54	0.10	35.58	40.57	12.17	2.00	6.84

从表7可以看出：

（1）2002年松香出口量比2001年增长17.87%，这一速度高于2000年（7.80%）和2001年（7.41%）的增长速度。这说明：加入WTO后，由于进口国放宽对我国松香的限制，促进了我国松香产品的出口。

（2）2002年松香深加工产品出口量减少16.85%，表明加入WTO对松香深加工品出口的利好条件并未得到充分利用，松香的加工水平和加工程度的低下依然是制约我国松香深加工产品走出国门的主要因素。

（3）松香及其深加工品的进口高速增长，表明产品进口关税税率的调减（由2001年的10%调减至2002年的6.5%）和进口配额的取消，促进了松香及其加工品进口的增加。但

同出口相比，松香及其加工品的进口总量仍然很小，因此加入 WTO 对 2002 年松香产品的进口影响是十分有限的。

(六) 果 类

2002 年果类产品的进出口贸易高速增长，出口 11.40 亿美元，增长 19.34%，比 2001 年出口增长速度提高了 10.17 个百分点，进口 3.91 亿美元，增长 47.96%，比 2001 年出口增长速度提高了 30.53 个百分点。

2002 年果类进出口变化结果表明，加入 WTO 从总体上促进了果类产品的出口和进口，但对进口的总体影响程度大于出口。具体不同产品所受影响分述如下：

1. 坚 果

2002 年主要坚果进出口量值及其增长情况见表 8。

表 8 2002 年主要坚果进出口量值及其增长 单位：万 t、亿美元

	进口				出口			
	数量	增长（%）	金额	增长（%）	数量	增长（%）	金额	增长（%）
核桃	0.13	117.67	0.01	289.38	1.86	-24.21	0.52	86.83
板栗	0.58	89.25	0.09	150.92	2.97	6.37	0.47	-9.50
松子仁	0.02	-67.72	0.00	-67.72	0.70	7.98	0.46	52.36
合计	—	—	0.11	132.03	—	—	1.45	31.75

从表 8 中可以看出：

（1）从进口看，加入 WTO 后，随着坚果进口关税税率由 2001 年的 28% ~29% 调减至 2002 年的 24% ~27%，坚果进口增幅很大，其中增幅最大的是核桃和板栗。不过，由于坚果进口总额很小，因此进口关税税率调减所引致的进口增加总量是有限的。

（2）从出口看，2002 年松子仁的出口有大幅度增加；板栗出口量扭转了近年来的连续下跌趋势，但增量不增值，出口额仍然继续下降；而核桃出口量依然延续近年来的下降趋势，但出口额出现较大幅度增长，主要原因是品种结构的调整和质量的提高，使出口价格大幅上涨。总体看，加入 WTO 后坚果出口形势并未有明显改观。

2. 干 果

2002 年主要干果进出口量值及其增长情况见表 9。

表 9 2002 年主要干果进出口量值及其增长 单位：万 t、亿美元

	进口				出口			
	数量	增长（%）	金额	增长（%）	数量	增长（%）	金额	增长（%）
梅干及李干	0.38	44.82	0.03	47.45	0.36	-32.76	0.02	-55.50
龙眼干、肉	3.56	8.98	0.15	6.17	0.03	23.75	0.01	38.54
柿饼	0.00	-80.65	0.00	-71.53	0.88	34.51	0.11	4.32
红枣	0.00	186.97	0.00	151.68	1.23	36.05	0.08	26.49
合计	—	—	0.17	10.70	—	—	0.22	-2.27

表 9 数据表明：

(1) 加入WTO后，干果进出口贸易总体变化不明显。

(2) 从具体产品来看，梅干和李干受到的冲击最大。随着进口关税税率的调减，2002年梅干和李干进口快速增长，并在贸易总量上首次超过了出口，而出口却大幅度下降。其次是龙眼干、肉的进口下降的同时，出口快速增加，尽管进口远大于出口，但进出口变化趋势表明，通过扩大规模和品种改良，我国的龙眼生产经受住了加入WTO的首轮冲击，并朝良性方向发展。另外，红枣的出口也以较快速度增长。

3. 水 果

2002年主要水果进出口量值及其增长情况见表10。

表10 2002年主要水果进出口量值及其增长 单位：万t、亿美元

	进 口				出 口			
	数量	增长（%）	金额	增长（%）	数量	增长（%）	金额	增长（%）
柑橘属水果	5.82	-14.24	0.28	-9.39	21.68	26.63	0.56	37.92
苹果	5.60	42.27	0.22	31.43	43.87	44.53	1.49	48.46
梨	0.07	19.86	0.00	-10.10	24.34	33.56	0.59	45.53
合计	—	—	0.51	5.06	—	—	2.65	45.46

表10数据表明：

(1) 加入WTO后，尽管进口关税税率由2001年的35%～38%降至2002年的22.6%～23.2%，柑橘类水果进口仍然下降，而出口快速增长。苹果、梨的进口和出口均高速增长，出口的增长量和增长速度均高于进口。

(2) 2002年水果进出口贸易，从总体上看，无论是总量还是增长速度，出口都远大于进口。可见，加入WTO导致了水果进口的增加，但并未冲击国内市场，相反，在更大程度上促进了水果出口。

4. 果 汁

2002年主要果汁进出口量值及其增长情况见表11。

表11 2002年主要果汁进出口量值及其增长 单位：万t、亿美元

	进 口				出 口			
	数量	增长（%）	金额	增长（%）	数量	增长（%）	金额	增长（%）
柑橘属果汁	3.80	103.69	0.46	171.34	0.37	0.83	0.04	-6.64
苹果汁	0.06	-28.89	0.00	-18.85	29.66	29.85	1.73	17.20
合计	—	—	0.46	166.34	—	—	1.77	16.58

表11数据表明：

(1) 随着进口关税税率的下调，柑橘属果汁进口成倍增长，同时出口也高速增长，但无论是总量还是增长速度，进口都远远大于出口。

(2) 苹果汁进口下降，而且进口总量很少；出口增长较快。这表明，加入WTO对2002年苹果汁贸易的影响主要表现在扩大出口的利好方面。

(3) 从总体上看，加入WTO对扩大果汁出口的利好影响大于增加进口的冲击。

三、结　论

通过以上分析，可以得到以下基本结论：

加入 WTO 后，对原木、锯材、纸浆和废纸进口直接影响不大；纸、纸板和纸制品、刨花板、纤维板、家具、松香加工品、核桃、板栗、梅干和李干、柑橘属果汁等产品的进口随进口关税税率的下调而有不同程度的增加，其中，除柑橘属果汁外，纸、纸板和纸制品、刨花板、纤维板等大宗进口产品的进口并未受到冲击性影响，而对于家具、松香加工品、核桃、板栗、梅干和李干等产品，由于进口量都很小，其贸易变化对整个林产品市场的影响也不大。在出口方面，加入 WTO，扩大了家具、水果、苹果汁、松香等产品的出口。因此，总体看来，加入 WTO 对林产品进口的影响是有限的，而对家具、松香、水果等产品的出口扩大产生了有利影响。

参考文献

[1] 国家林业局．2002 中国林业发展报告（R）．北京：中国林业出版社，2002：82 ~ 91
[2] 姚昌恬．WTO 与中国林业（M）．北京：中国林业出版社，2002：156

自然保护区生态旅游的项目管理①

谭红杨

（北京林业大学经济管理学院，北京，100083）

摘要： 项目管理运用一系列理论和方法对项目从策划、实施到结束进行全过程、多方面的管理。自然保护区生态旅游是实现自然保护区可持续发展的有效途径，然而目前的管理状况不容乐观。生态旅游经营活动具有项目的典型特点，运用项目管理是提高生态旅游乃至整个自然保护区经营管理水平的可靠保证。

关键词： 自然保护区；生态旅游；项目管理

一、生态旅游概述

“生态旅游”是个外来语，其英文是 ecotourism。20 世纪 60～70 年代，随着传统大众观光人数的大量增加，导致许多风景区生态面和社会面遭受不良影响，国家公园和保护区的生态系统受到严重冲击。于是，人们对旅游观光产生质疑，并开始思考户外野生动植物的自然庇护游憩使用的关系。受这种环境伦理思想的影响，1983 年赫克特首次提出“生态旅游”概念。他提出人类应该到相对未受干扰或未受污染的自然区域去旅行，体验或欣赏其中的野生动植物景象及文化特色，摆脱日常工作、都市生活的压力，然后慢慢变成一个关心环境保护和自然保育的人[1]。

进入 20 世纪 90 年代，“可持续发展（Sustainable Development）”概念的提出极大地影响了传统旅游业，“经营管理生态系统以维护该环境的生态完整性，并不损及后代子孙从中获得愉悦”逐渐成为世界各国开展生态旅游的共识；与此同时，人们对走马观花式的观光已不再青睐，越来越多的人喜欢去自然地区探险，在与大自然亲密接触中寻找新的游憩体验，并在旅途中关注生态环境，自觉接受保护环境的相关知识和文化。这些变化促使生态旅游在各地蓬勃发展。如，澳大利亚开发了丛林漫步、自然资源考察、内地野生动物观赏和鲸鱼观赏项目；日本组织了观鸟旅行、热带雨林旅行、到中国河南省和“三北”地区植树造林旅行等；法国绿色旅游安排游客品尝野味、乘独木舟、聆听篝火燃烧时发出的劈啪声、学习制作肥鹅肝酱馅饼等；英国的 11 家国家公园每年接待 1 亿人次以上的游客，安排的活动有伐木、种树、清理灌木丛、挖池塘淤泥、学会在沼泽地上行走、学习养蜂等。他们在旅游区住的是帐篷或农舍，吃的是当地食品，乘的是不耗油的交通工具，因此花钱少，体验丰富[2]。目前，世界旅游业以每年 4% 的速度增长，而生态旅游则达 20%～30%，正以高速发展的势头占领着旅游市场[3]。

自然保护区不仅具有各类典型的生态系统，还有各种珍稀动植物和奇特的自然景观，蕴

---

① 本论文资助单位：北京林业大学教育振兴计划项目。

藏极为丰富的生态旅游资源，而生态旅游强调把旅游带给资源和环境的负面影响控制在可承受的限度内，旅游设施要与自然景观相协调，同时倡导在能量消耗和转化过程中采取“消耗最小”的原则。从这个意义上来说，自然保护区则成为开展生态旅游的最佳场所[8]。

据国家环保总局最新统计，截至2002年底，中国自然保护区总数已达1757个，总面积1.33亿hm^2，占国土面积的13.2%，居世界第五位[4]。然而，尽管我国在保护区数量居世界前列，但是由于各种原因导致其建设质量和维持其健康发展方面并不尽如人意。近年来，为了维持保护区自身发展，许多保护区都开展了旅游项目。调查显示，我国58.5%的自然保护区已开展了旅游，其中一部分保护区的旅游收入已成为保护区发展的经济支柱。但是由于管理措施不当等原因，有22%的自然保护区因开展旅游而遭受破坏，11%的保护区出现旅游资源退化现象[7]，保护与利用形成了矛盾。

二、自然保护区旅游显现的问题

自然保护区开展旅游能够获得一定经济收入，补偿保护区资金缺口，为保护区可持续发展做出了重要贡献。但在此过程中在资源保护、旅游项目管理以及与当地合作方面也出现诸多问题。

1. 资源保护方面的问题

（1）对野生动物栖息地和野生植物生长的破坏。中国传统文化以人为主，致使野生动物旅游产品建设者和管理者在设施设计和建设上处处表现为方便人的理念，例如，停车场距离野生动物活动区很近，破坏了野生动物的生境[10]。车辆噪声、尾气对动植物造成了较大影响。游客涌进不仅干扰了野生动物的栖息地还频繁地践踏土地，造成土壤板结，影响植物生长[7]。如在长白山保护区，由于缺乏科学规划，修建旅游公路时未留动物通道，把完整的保护区人为地分成了两块，破坏了动物的生存环境，天池公路的修建，对脆弱的高山苔原带造成了严重破坏，苔原带严重退化，处于濒危状态。

（2）自然景观的破坏。游客滥刻滥画以及过多人工旅游设施都对自然景观造成破坏。如，在昌黎黄金海岸国家级自然保护区，在滑沙场临海一侧几十米处修筑高50cm挡沙墙，之后又于此陆续建筑高3m的商业设施，在一定程度破坏了自然景观[6]。

（3）旅游开发区域不合理。还是在昌黎黄金海岸保护区，由于规划不当，在应受保护的核心区（如翡翠岛景区）开展项目，同时却使一些游区疏载，导致资源闲置和浪费，如保护区南部缓冲区尚未开发利用；试验区也未得到有效开发[6]。

（4）旅游垃圾问题严重。游客的生态环保意识不强，随处乱丢旅游垃圾造成环境污染。

2. 旅游项目管理方面的问题

旅游经营管理涉及保护区、旅游公司、游客、当地政府、社区等多部门，以及环保、生物多样性监测、防火、治安、工商、研究教育、扶贫等多个领域的工作，一个复杂的系统。而我国自然保护区由于开展旅游时间短，经验欠缺，因此出现各方面问题。

首先，对有利于保护区可持续发展的生态旅游内涵认识不足甚至没有认识，而国外早有这方面的探讨，如Prism Environmental Consulting Services（1988）报告认为，具有下列特点的动物或鸟类有可能发展成为旅游产品：①动物的活动或地点可以准确地预测；②可接近性；③可观性；④对人类活动的干扰有耐性；⑤珍稀度高；⑥白天活动型动物。总体上来看，我国对开展野生动物旅游资源缺少系统的研究和指导，没有对野生动物旅游资源进行评价[10]。

其次，对开展旅游项目的目的和目标认识不清。

许多保护区管理机构直接或间接参与生态旅游经营，无法理顺保护区与生态旅游经营之间的关系，造成目前不少保护区重经营轻保护的现象，甚至是造成资源破坏的主要原因。如，长白山共有职工近1 000人，而从事自然资源保护与管理的职工仅200～300人，其余600～700人主要从事旅游开发管理，本应作为重点的保护工作却成了保护区工作的一小部分[4]。

与此同时，没有统一长远规划，盲目开发是许多保护区的通病，有的规划则是表面文章，使得旅游的健康发展缺乏基础。

再次，对旅游项目缺乏监控。

当前许多保护区往往以利润最大化为管理目标，旅游服务明显不到位，对旅游者也比较迁就，缺乏必要的环境监测与分析。对旅游经营者缺乏有效制约机制，使之不顾环境的实际可承载力，造成破坏性开发。游客数量过大还增加了保护区火灾隐患，威胁到保护区的生存[4]。

最后，管理人才匮乏，管理滞后。

鉴于生态旅游所固有的特殊性，生态旅游管理人员除具有常规旅游开发与管理能力外，还必须具有很高的环境保护意识、环境管理技能和环境宣传教育能力等素质。自然保护区一些旅游管理人员生态学知识贫乏、生态保护意识淡薄、旅游管理不到位、服务质量差等现象不在少数[6]。

3. 社区参与方面的问题

大多数保护区地处偏远山区，社区居民和旅游经营者的旅游观念尚较落后，发展生态旅游的意识和市场观念淡薄[6]；另一方面，旅游的发展促进了当地社区经济和文化的发展，但也出现了一些负面影响，如少数当地群众非法采集珍奇植物和捕猎野生动物来满足部分游客的“需要”，另外服务意识低下、强买强卖、欺诈游客，导致游客数量下降的问题也存在[7]。

4. 旅游产品和服务的质量问题

从游客得到服务的角度，现今保护区旅游所能提供的产品质量还差强人意。表现在：

（1）品种单一，多数旅游业处于景点稀少、旅游活动范围小、游程短和内容单一等问题，停留在平面观赏的“短、平、快”的浅层次上。旅客一路风尘仆仆慕名而来，少则1日，多则2日，走马观花，使游客兴趣大减，达不到尽情享受大自然、陶冶情操的目的，同时也给旅游资源造成了极大浪费[5]。

（2）缺乏站在整个地区高度的系统成片规划。如，云南地区的旅游产业主要依靠旅游城市和有限的自然保护区所组成的各个旅游景点，各景点之间的连接仅仅是呆板的柏油马路，两侧山坡的环境严重退化，有些地段已是“光秃见顶”，使游客应该非常愉快的旅途倍感疲劳和厌倦。而且，保护区周边环境的生态环境的极大破坏，不仅降低了自然保护区旅游景观的美感质量，也对保护区造成巨大的威胁[8]。

（3）从发展的趋势看，游客出游的目的是要体验真实的生态环境，维持原生生态环境是生态旅游“真实性”体验的基础[10]。而在建项目对这方面很少考虑。如在长白山，建设比较混乱，造成自然景观与人文景观的不协调，降低了长白山生物圈保护区的科学价值和自然风貌的美学价值[5]。

三、自然保护区开展生态旅游的项目管理

1. 项目管理的内涵

人类社会的经济活动可分为两大类：一类经济活动是在相对封闭和确定的环境下所开展的重复性、持续性活动或工作，像企业定型产品的生产与销售、铁路系统的日常运行、宾馆的日常营业等，这类工作称为“运营”（operation）；另一类经济活动是在相对开放和不确定的环境下开展的独特性、一次性工作，这就是“项目”。项目和运营的目的虽然都是创造一定的产品和服务，但是它们之间有许多本质的不同。首先，工作性质与内容不同。相对于运营的重复性，项目是独具特色、有一定初次尝试成分的，所以是开创性的；其次，工作环境与方式不同。相对于封闭环境，项目是在组织外部环境下开展的，它的工作环境是相对开放的，譬如新产品研制项目主要是针对外部市场的新的需求开发的。由于环境的相对开放性，使得项目的不确定性较高；再次，组织与管理上不同。运营工作的组织是相对稳定和相对持久的，其管理模式以基于部门的职能性和直线指挥管理为主，包括计划、组织、领导和控制等一系列功能；而项目的组织是相对柔性和临时性的，项目的组织形式是团队性的。项目的管理模式是基于过程和活动的管理，包括对于项目的提出、论证、规划、实施、控制、结交等项目全过程各个阶段的管理[15]。

项目管理方法产生于20世纪40年代中期，主要应用于发达国家的国防工程和工民建工程，为这些工程降低成本、缩短工期、保证质量起到至关重要的作用。80年代之后，随着各种项目数量增多、规模扩大、复杂程度增加以及竞争激烈导致外部环境恶化等原因，项目管理获得大量应用。特别是进入90年代以后，随着信息技术作为交流手段应用到项目管理领域，项目管理理论和方法的应用开始由军工和建筑项目扩展到软件开发、金融以及其他服务业。基于系统工程理论的项目管理方法为各行业项目的资源管理和优化提供了科学的指导，很大程度上提高了项目单位的管理水平和层次。

2. 项目的周期性理论

项目的一次性经历了从项目定义到项目收尾的一个周期的四个阶段，每个阶段都有相应的工作内容。把这些具体工作连贯起来，就能够最大限度地化解风险、实现项目资源的最后配置和项目的最终目标。表1是项目周期各阶段工作任务列表。

表1 项目管理周期的各阶段工作任务[16]

C（定义阶段）	D（开发阶段）	E（实施阶段）	F（收尾阶段）
1. 明确需求、策划项目	1. 确定项目组主要成员	1. 建立项目组织	1. 最终产品的完成
2. 调查研究、收集数据	2. 项目最终产品的范围界定	2. 建立与完善项目联络渠道	2. 评价与验收
3. 进行可行性研究	3. 实施方案研究	3. 实施项目激励机制	3. 清算最后账务
4. 明确合作关系	4. 项目质量标准的确定	4. 建立项目工作包	4. 项目评估
5. 确定风险等级	5. 项目的资源保证	5. 细化各项项目需求	5. 文档总结
6. 拟订战略方案	6. 项目的环境保证	6. 建立项目信息控制系统	6. 资源清理
7. 进行资源测算	7. 主计划的制订	7. 执行WBS的各项工作	7. 转换产品责任者
8. 提出组建工作组方案	8. 项目经费及现金流量的预算	8. 获得订购物品及服务	8. 解散项目组
9. 提出项目建议书	9. 项目的工作结构分解WBS	9. 指导/监督/预测/控制：范围、成本、质量、进度	

（续）

C（定义阶段）	D（开发阶段）	E（实施阶段）	F（收尾阶段）
10. 获准进入下一阶段	10. 项目政策与程序的制定 11. 风险评估 12. 确认项目有效性 13. 提出项目概要报告 14. 获准进入下一阶段	10. 解决实施中的问题 11. 制订赶工计划	

3. 保护区生态旅游项目管理的实施

上述分析表明，我国自然保护区生态旅游的经营尚处于探索阶段，不仅在内部组织、管理方面不成熟，而且构成其外部环境的政策、法规、经营环境等都具有不确定性，因此生态旅游项目处于开放的环境，面临诸多不确定因素以及每个项目都具有独特性的特点使其十分适合采用项目管理模式进行管理。

（1）项目定义阶段：该阶段的工作是，充分调查研究和收集数据，明确生态旅游项目中游客需求、保护需求、盈利需求，测算可利用资源，分析风险并制定风险等级，明确合作伙伴关系和责任，提出组建项目工作组方案，在可行性分析基础上，提出项目建议书。以四川省为例，杨保国等在《四川省自然保护区的生态旅游定位》一文中，从可供旅游者观赏的旅游目标对象、保护对象受影响程度以及保护区目标等方面着手，把该省的生态旅游项目分成3个类型，即：第一类，森林类型保护区——普通型生态旅游。这类旅游目标对象具有良好的观赏性及可接近性（可进入性），自身生态系统平衡调节能力较强，环境容量较大，因此其客源市场主体为科考人员、生态旅游者、大中城市游客等；第二类，湿地类型保护区——控制型生态游。此类客源市场以科考人员、生态旅游者为主，但其中普通游客所占比例较低，因为受保护对象的生态系统相对脆弱；第三类，野生动物保护区——精品型生态游：由于野生动物具有强烈的移动性及较低的可接近性，加之此类保护区的生态旅游区域相对较小。因此，这类游客只针对少数专业科研人员、高层次生态旅游者；第四类：自然景观类型保护区——大众型生态游[13]。

（2）项目开发阶段：该阶段的任务是确定项目组成员并制定详尽的计划。项目团队是实行项目管理的特有组织形式。根据目前我国自然保护区管理机构和人员状况，设立项目单列组织不具备条件，因此采用图1所示的矩阵式管理机构比较现实，即指定某部门负责人担任项目经理，抽调各部门人员组成项目团队，具体事务由项目经理负责，重大决策和总经理共同完成。

项目团队成立后，明确项目成员的职责。制定项目主计划，描述资金、任务、进度、人员等配置，然后把总任务按照时间、负责人等进行分解，形成工作分解结构WBS。

（3）项目实施阶段：项目团队正式工作，建立项目利益相关者（保护区、当地政府、社区、旅游经营者等）之间的沟通渠道，建立工作人员激励机制。指导、监督、预测、控制项目的范围、成本、质量、进度等各方面指标的完成，解决实施过程中出现的问题。在该阶段，要充分利用信息技术手段，对旅游过程中游客行为、承载力、资源保护、旅游地安全等方面进行监测，为项目后评价积累基础数据。

（4）项目收尾阶段：当某旅游项目失去市场或已经运作成熟可以交由日常管理部门进

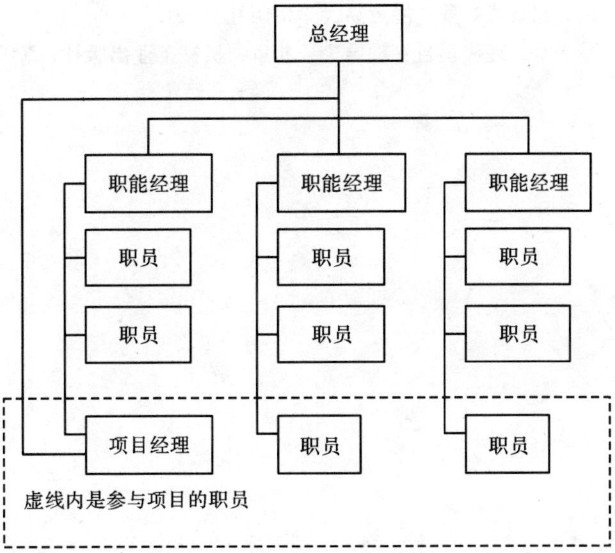

图 1 项目团队组织机构图

行管理，这时进入项目收尾阶段。收尾阶段要根据在项目开发阶段指定的目标和计划进行项目验收。同时还要进行项目的评估，对项目开展的质量进行经济、社会和生态方面的评价。为今后的管理积累数据、技术、理论方面的经验。最后，进行资源清理、文档保存，项目责任移交，解散项目组。

参考文献

1. 郭岱宜．生态旅游——21 世纪旅游主张．杨智文化事业股份有限公司出版，1999 年
2. 卢云亭，王建军．生态旅游学．北京：旅游教育出版社，2001
3. 张斌．我国生态旅游的几个误区［J］．环境保护，2002（7）
4. 文军等．我国自然保护区旅游开发的生态风险及对策．中南林业调查规划，第 22 卷第 4 期，2003 年 11 月
5. 朱永万．长白山生物圈保护区生态旅游开发与可持续发展战略．延边大学农学学报．2003 年 9 月，第 25 卷第 3 期
6. 李育华等．昌黎黄金海岸国家级自然保护区生态旅游开发研究．中国生态农业学报，2004 年 7 月，第 12 卷第 3 期
7. 肖化顺等．湖北自然保护区现状和生态旅游开发对策．湖南文理学院学报（社会科学版）。2003 第 28 卷，第 6 期
8. 赵璟．云南自然保护区周边环境与生态旅游．林业经济问题（双月刊）。2003 年 2 月，第 23 卷第 1 期
9. 方躬勇等．中国自然保护区生态旅游开发对策．东北林业大学学报，2003 年 7 月，第 31 卷第 4 期
10. 徐红罡．中国非消费型野生动物旅游若干问题研究．地理与地理信息科学，2003 年 3 月，第 20 卷第 2 期
11. 卞显红．保护区生态旅游的发展与生物多样性的保护．桂林旅游高等专科学校学报，2003 年 12 月，第 14 卷第 6 期
12. 杨桂花等．生态旅游．高等教育出版社，施普林格出版社，2000
13. 杨保国 等．四川省自然保护区的生态旅游定位．资源开发与市场，2002 年，第 3 期

14. 杜云辉．科技翻译的项目管理．中国科技翻译，2004年2月，第17卷1期
15. 戚安邦．现代项目管理．北京：对外经济贸易大学出版社，2001
16. 邱菀华，沈建明，杨爱华等．现代项目管理导论．北京：机械工业出版社，2002

森林认证——中国林业产业发展的机遇和挑战

陈晓倩　朱永杰

（北京林业大学经济管理学院，北京，100083）

摘要：经过森林认证，通过标签体系，能够使消费者在市场上识别出，来自良好经营森林的林产品，通过选择性购买行为，体现绿色支付意愿。本文考察了森林认证兴起，以及目前消费者对于森林认证产品的支付意愿。并在此基础上，探讨了目前世界范围内森林认证产品的供求状况，以及约束森林认证发展的主要因素。最后，文章结合中国的实际情况分析目前中国森林认证发展面对的机遇和挑战。

关键词：森林认证；林业产业；绿色支付意愿

认证是对消费者的一种承诺，目的是让消费者对产品的质量或性能标准放心。森林可持续经营的认证是一种运用市场机制来促进森林可持续经营的工具，也简称森林认证、木材认证或统称认证。森林认证包括两个基本内容，即森林经营认证和产销监管链认证。

森林经营认证是根据所制定的一系列原则、标准和指标，按照规定的和公认的程序对森林经营业绩进行认证，确认要求认证的森林遵循了可持续经营的规则。而产销监管链认证是对木材加工企业的各个生产环节，即从原木运输，加工、流通直至最终消费者的整个链进行认证，确保木材加工企业生产链的"绿色"，确保木材加工企业提供的是来自于良好经营森林的木材。相关产品森林认证一般都由独立的第三方进行，以确保森林认证的公正性和透明性

一、森林认证的兴起

森林认证是由环境非政府组织和民间组织在认识到一些国家在改善森林经营中出现政策失误，国际政府间解决森林问题效果有限，以及林产品贸易不能证明其产品源自何种森林以后，作为促进森林可持续经营的一种市场机制，在20世纪90年代初发起并逐渐发展起来的。它力图通过对森林经营活动进行独立的评估，将"绿色消费者"与寻求提高森林经营水平和扩大市场份额，以求获得更高收益的生产商联系在一起。森林认证这种保证森林可持续经营的市场化机制，从市场循环的角度，利用市场的力量实现良好可持续经营的森林的相关产品的内在价值的实现。

非政府组织早在1992年前就开始有森林认证的设想，但在联合国环境与发展大会上没有得到完全认可。联合国环境与发展大会这些非政府组织继续致力于推行森林认证这种新体系。为了监督认证的独立性和公开性，1993年非政府组织成立了森林管理委员会（FSC）。1994年FSC通过了原则和标准，开始授权认证机构根据相关原则和标准进行森林认证。一些国家和地区也开始了自己的森林认证进程。90年代后期森林认证工作逐步在世界范围内推广。

经过森林认证，通过标签体系，能够使消费者在市场上识别出，来自良好经营森林的林产品，通过选择性购买行为，体现绿色支付意愿。同时，这种绿色市场的准入规则，会引导或迫使相关生产经营者为能保持自己的市场份额和提高绿色竞争力采用适合的森林经营和加工生产方式。

二、关于绿色支付意愿的考察

很多的研究表明欧洲和北美的消费者更倾向于选择在有利环境条件下生产出的产品，并愿意为其支付高于普通产品的溢价。European Commission's Eurobarometer 在1995年的研究表明，在他们调查的英国人中有58%，德国人中有50%愿意为绿色产品支付更高的价格。在美国的研究也表明美国人中很多也表达了同样的意愿。90年代末路易斯安纳大学农业中心进行的研究表明72%的消费者说他们愿意为绿色产品支付10%到50%的溢价（图1，图2）。

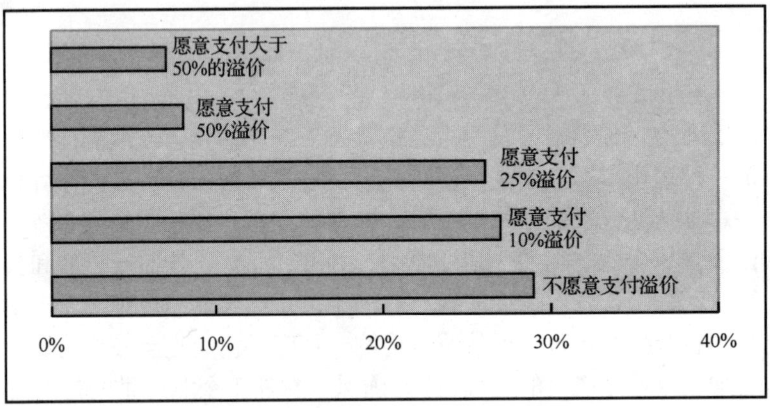

图1 消费者森林认证产品支付意愿①

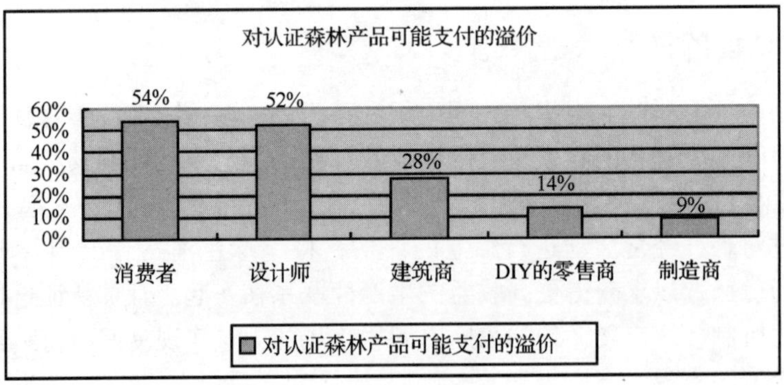

图2 不同主体对认证森林产品溢价的支付意愿②

另一个重要的问题是，如何确定到底有多少有溢价支付意愿的消费者在实际中真实支付

①、②资料来源："Environmental Certification of Wood Products: TheUnited States Manufacturers' Perspective" by Dr. RichardVlosky and Ms. Lucie K. Ozanne, 1998.

了溢价。只简单对消费者支付意愿的调查可能过于乐观。实践中，当消费者面对两个除了在价格和绿色标签外相似的产品时，通常会选择较便宜的一个。

一般来说公司很难持续获得认证森林产品的溢价。通过对美国及欧洲 11 家公司的调查，发现有 6 家为认证产品支付 5% ~20% 的溢价，4 家公司声称其客户愿意为认证产品支付 5% ~10% 的溢价。瑞典经营森林认证锯材的某些公司能获得未认证同等锯材 6% 的溢价，其送往欧洲市场经认证的纸浆每吨可多获得 20 到 30 美圆。尽管坚持认证的公司不见得都能持续的获得认证产品的溢价，但多数企业都坚信森林认证或帮助其在市场上区别于竞争对手，并影响消费者的购买决策。

三、森林认证产品国际市场供求分析

森林可持续经营方式是否成功最终要用全球林产品市场的变化来衡量。在 20 世纪 80 年代末，一些乐观的专家认为，到 90 年代初经认证的绿色林业产品市场将伴随人们对世界森林保护意识的高涨而兴旺起来。但这种对绿色森林产品的需求并没有变成事实。一些持怀疑态度的人开始提出相反的观点，认为基于可持续的认证林产品潜在市场是虚幻的。

到 90 年代中期，市场开始出现了一些转机。实际上消费者仅仅只是导致林产工业转向森林可持续经营方向的一种因素。从林产品零售店到纸浆厂，锯木厂到木地板工业普遍提高了对环境的关注意识。该时期，认证森林产品的需求高涨已不言而喻，但这种市场如何实现还不清晰。

在 90 年代末期，贴着由第三方独立认证机构颁发的“生态标签”的森林产品在市场上出现，森林可持续经营迎来一个里程碑。经认证的林业产品市场是一个在不断滚大的雪球。

从总体看，认证森林产品市场尚处于发展初期。用绿色认证来区别产品是 1992 年以来才有的现象，并且目前主要集中在特定的小环境中。任何对认证产品的需求都要受到认证木材产品供给数量的制约。在 20 世纪 90 年代森林认证出现的最初几年，森林认证的实施很困难，认证的森林面积仅以缓慢的速度增长。但近年来，认证的森林面积呈指数快速增长。到 2002 年 1 月，全球已有约 60 多个国家的 1.09 亿多 hm^2 森林通过了各种森林认证体系的认证（ITTO，2002），认证面积几乎是 2000 年的 4 倍。

森林认证产品市场的发展具有明显的地域性，其中欧洲是 21 世纪认证木材产品市场增长最迅速的地区。认证的森林一半以上在欧洲，约 40% 分布在北美。发展中国家认证的森林所占的比例不超过 8%。世界银行/世界自然基金会联盟的目标是，到 2005 年认证的森林总面积达到 2 亿 hm^2，发达国家和发展中国家各占 1 亿 hm^2。

1. 森林认证林产品的供给

在市场上有几方面的因素会刺激认证林产品的供给。一方面各种环境集团要求工业在相关林业行为中最小化环境损害，另一方面政府不断出台的环境法规迫使木材公司使其经营行为更可持续。两方面的推动促使林业企业和森林经营者采纳森林认证体系，提供更多的代表森林可持续经营方向的认证产品。在森林认证产品市场发展中不能忽视消费者对认证产品选择的影响力。各种购买集团，工业产品的消费者及专业人员如建筑师等在推动认证产品供给方面起到积极作用。但从目前世界认证森林产品提供的数量看一个显著的特征是总体不足，地区分布不均衡。超过 70% 经 FSC 认证的林地集中在瑞典，美国和波兰。美国联邦政府所拥有的林地认证的潜力仍不确定。

据有关专家估计1997年来自认证森林的原木大约是9 500万m^3。并且预期的供应量增加不会很快。尽管FSC及其授权的认证机构非常小心的对已经认证的森林进行追踪，他们还是没能够执行一套量化的体系对交易市场上的各种认证林产品进行确认。由于没有专门的机构系统的量化认证林产品的交易，想获得该市场客观全面的认识有困难。

世界银行和WWF（世界自然基金会）已经结成一个战略同盟，共同实现在2005年完成2亿hm^2森林认证的目标。据此推算，世界6%的森林产品及大约每年6亿m^3的原木生产将来自经认证的良好经营的森林。当然，由于该项目仍在执行中，因此其对短期的认证林产品供给市场的影响不大。

FSC认证过程程序较为繁琐，要求比较严格。在森林认证过程中森林管理总会审计人员要到现场进行一系列独立的环境、经济和社会的审计，如被调查的森林中乱砍滥伐的程度如何，使用了多少杀虫剂和除草剂等。而在FSC的“产销监管链”的认证中：树木在森林中被砍伐后运到木材加工厂，从加工厂装船运往目的地，最终进入消费市场每一个环节都受到森林管理总会的监控。很多希望得到FSC认证的森工企业认为这套认证程序过于繁琐了（一般需要几年的时间）。

FSC的认证程序虽然能筛选出真正绿色的林区，但数量太少。目前，全球大约有200个林区得到了森林管理总会的认证，但这些林区能够提供的木材远远不能满足市场需求量。世界自然基金会的专家有一个形象的比喻：“如果FSC的认证人员都到国外出差了，那么已得到认证的林区的木材只够全球木材市场一天的需求量。”

2. 森林认证林产品的需求

以往，木材消费者只关心木材的质地、价格、颜色等因素，而不必考虑木材来自地球上的哪个林区和其环境价值是多少。但现在一些地区尤其是发达国家，人们在购买木材和家具时开始考虑它是否帖有生态标签。森林认证产品需求的增长迅速，但也呈现出比例较低，区域分布不均衡的状况。需求分布呈现出区域性，并被欧洲购买集团主导（European buyers groups）。由于缺乏统计数据，认证森林产品的实际需求量大小难以衡量。

森林认证产品需求市场还处于一个初级阶段，一个显著的表现是在林产工业领域抱怨缺乏对认证森林产品需求的呼声大于抱怨缺乏认证森林产品的供给。据估计，2003年对认证林产原料的需求大约1亿m^3。

认证森林产品的需求从目前看集中在英国，芬兰，德国和美国。而东欧那些处于变革时期的国家及亚洲需求意愿很小。

目前对认证森林产品的需求最大的需求者是一些购买集团。购买集团是一些公司自愿联合在一起形成的组织，并承诺只购买来自良好经营（经过认证）的森林的木材和相关林产品。

一些国家公众意愿推动下禁止热带木材交易，转而寻求认证林产品。例如美国的一些大城市，如洛杉矶和旧金山积极推动对认证森林产品溢价支付的实现。美国政府在其政府采购中提出了绿色购买计划。

除了购买集团成员外的其他一些公司也要求购买认证森林产品。在美国一些大的最终销售商对此表示浓厚的兴趣。同时，德国的出版业也在推动认证纸张使用方面做出了积极努力。政府，公众和越来越多的企业加入到森林认证产品市场中来，会极大推动未来对认证森林产品的市场需求。

3. 森林认证产品市场发展的阻碍因素

最终消费者对认证森林产品的需求有多大仍不十分清楚。在目前的市场中起决定作用的不是最终的消费者。1997 年欧洲消耗木材中只有不到 1% 是认证的森林产品。有些消费者仍对森林产品认证是什么不很清楚。在认证产品的提供者和需求者之间有时存在障碍。在美洲一些不发达国家，公司进行了森林产品认证，但却发现很难吸引购买者。

不少制造商和零售商在寻求认证产品方面碰到困难。一个美国著名的零售商抱怨他无法获得足够的经过认证的森林产品。而不少欧盟的零售商也都在焦急的等待认证森林产品的供给，以满足作为购买集团成员的承诺。如果没有好的方法解决认证森林产品的供给问题，FSC 认证森林产品将会失去市场。

尽管主流工业部门对森林认证给予了热情，但实际其他工业部门仍有一些抵触情绪。据调查只有 75% 的芬兰公司，68% 的英国公司，60% 的德国公司认为广泛使用森林认证体系是必要的。抵制的原因很多，包括对 FSC 认证成本不确定性的疑惑，对未来需求市场的悲观态度，及在了解认证过程中的信息扭曲。对 FSC 森林认证标准直接提出反对的有欧洲的非工业私有林林主。实际上芬兰，英国的私有林主基本上没有从认证体系中获得什么利益。

有些经济学家认为，追求产品的溢价会阻碍市场的发展。美国的硬木胶合板工业就是一个例子。在该工业中，在整个供给链中每个环节买方都支付溢价，结果是当认证的胶合板到最终消费者手中时比同样未经过认证的胶合板贵 50%。这种价格差使发展认证胶合板市场遇到困难。另一方面如果生产商拿不到认证产品的溢价，他们进行森林认证的动力不足。

因为森林认证产品供给水平不高，生产商经常发现很难满足其客户各种具体要求。例如，在美国硬木胶合板工业，对经过认证原料的厚度有要求，因此，最终产品的厚度也被限定了。因此，公司目前能提供的认证硬木胶合板很难满足客户的全部要求。此外，客户需求的认证森林产品选等级较集中。这意味在某些等级上生产商可有很好的利润，但另一些等级的市场很小。还有一个现实的问题就是无论是大的小的供应商都希望认证产品的订单有一定规模，但目前实际情况与该预期有一定距离。

三、中国林业企业应对森林产品认证的新挑战

中国是一个林业大国，既有广阔的森林面积，也有一个庞大的林业工业。在可持续发展浪潮的推动下考虑森林的可持续经营，及实现森林可持续经营的市场手段森林认证，在近些年引起了广泛的关注。1993 年中国开始参与有关森林可持续经营方面的国际活动。1995 成立中国林业可持续发展研究中心，开展森林认证方面的研究。1999 年 WWF/WB 联盟 森林可持续经营与认证国际研讨会。1999 年中国政府正式加入蒙特利尔进程，中国政府积极支持森林可持续经营和森林认证。2001 年国家林业局成立质量标准和森林认证处。2001 年 5 月，在世界自然基金会和世行联盟等的资助下建立森林认证国家工作组。2001 年 7 月，国家林业局成立森林认证领导小组。森林认证工作已经在中国部分企业进行，并取得了一定的效果。国家林业局将森林认证作为促进中国森林可持续经营的一种潜在市场机制。

1. 机　遇

中国是一个木材进口大国，随林产工业发展，家具等深加工产品的出口额与日俱增。2000 年中国家具（包括木制品家具）出口额已从 1990 年的 0. 5 亿美元增加到 30 多亿美元。而且发展势头强劲。中国已经加入 WTO，同时又作为 APEC 贸易自由化小组的成员，中国

经济必将与世界经济全面接轨，面临更为广阔的国际市场，这给中国家具等林产品出口带来了非常良好的机遇。但国际市场对绿色产品的需求以及由 此形成的非关税壁垒也使我国面临严峻的挑战。中国林产品主要的出口市场是欧洲、美国、日本、新加坡。广大的木材加工企业，为了适应出口市场竞争和准入的认证要求，必须在生产过程中引入森林认证，确保海外市场的份额并提高产品竞争力。因此，国际市场是我国推行森林认证的外部拉动力。

2. 挑 战

（1）可能存在认证行为的不经济性。

林产品产销监管链认证是森林认证的重要组成部分，受到各国木材加工企业的重视。现在，世界上共有1579家木材加工企业、2万多条生产线通过了FSC的产销监管链认证。

中国林产品产销监管链认证开始于1999年。当时只有4家企业通过了认证。截止2001年8月份通过认证的企业已经达到了17家，它们均分布在经济较发达的沿海地区。就企业性质而言，12家为外商独资企业，4家为中外合资企业，1家为国内股份制企业。这些企业均具有一定的经营规模和经济实力。在以知确切数据的14家企业中，职工在1 000人以上的有4家，500~1 000人的有4家，100~500人的有5家，而100人以下的只有1家。这些企业年产值大部分为几百万元到上千万元，有2家超过亿元。大部分企业认证产品的比重并不高，很多企业在确认客户需要经认证的产品后才生产。

认证产品主要是家具类，如家具配件、户外家具、木窗帘、太阳伞等，主要销往美国、加拿大、英国、德国、比利时和丹麦等国。

所有17家认证企业都是由FSC授权的国外认证机构认证的，其中英国的SGS认证9家，美国的SmartWood认证，5家美国的SCS认证3家。

认证的成本效益是企业开展认证要考虑的核心问题。林科院在南方进行了认证成本效益的相关研究调查。

从产销监管链的直接费用来看，一个中小型企业（150人左右），评估员每人每天的评估费为900美元。认证的直接评估费用约为4 600美元，每半年一次的审核费用约为4 000美元。企业普遍表示认证费用可以接受。但是，认证产品的成本却大幅提高，其主要原因是：一购买经FSC认证的木材比未经认证的木材贵很多，平均高20%左右；二是购买的经FSC认证的木材大部分来自人工林，出材率低；三是增加了企业改进管理支出的其他间接费用。

在认证效益方面，认证产品的价格与未认证产品的价格差异并不明显，最多高出10%左右。大部分企业人证产品的利润较未认证产品低，只有1家企业表示利润率有所上升。大部分企业扩大了市场份额，但总的增长幅度不大（最多增加20%），有4家企业无明显变化。由于上述原因，中国企业对森林认证还在观望阶段，只把认证作为未来的发展趋势。

（2）现存的信息阻碍。

大多数企业认为开展产销监管链认证不难，但存在信息不灵的问题。企业的职工对森林认证的知识，国外有关森林认证机构和国外认证林产品市场的发展状况等信息了解很少。有些企业受到了国内外市场的认证要求压力，但信息不灵，对如何认证，认证的基本步骤等方面了解很少。

（3）缺乏国内的森林认证机构。

现在国内尚未建立森林认证机构。企业的林产品不得不聘请国外经FSC授权的SGS、

SCS 和 SmartWood 等认证机构认证，增加了认证的直接费用，提高了认证林产品的成本，不利于产品的市场竞争力。

（4）认证原材料比例难以确定。

按 FSC 的规定，某类产品只要认证的原材料达到一定比例即可算作认证产品。但认证产品必须标明认证原材料的比例和来源，这在实际工作中往往无法具体确定。在生产过程中，难以掌握上述的比例尺度，容易出现混淆，甚至可能为一些企业作弊提供条件，从而影响其可信性。

（5）对认证产品的市场前景表示担忧。

据调查，由于认证产品的价格比未认证产品价格高，有些消费者不大愿意承担这笔费用，一些企业对认证产品能否被消费者接受表示担忧。尽管有这些问题，但现在的国际木材市场和林产品市场变化很快，为适应这种新形式的需要，中国外向型木材加工企业对待产销监管链认证的态度很积极。

（6）中国的森林经营认证的滞后。

中国森林经营认证的步伐落后于产销管理链认证。已通过森林经营认证的单位寥寥无几。其中浙江省临安市昌化林场干坑经营所 2000 年申请，2001 年 4 月 26 ~ 28 日，FSC 授权的森林认证机构 SmartWood 对 940 公顷森林进行了森林经营认证预评估，最终于 2002 年 2 月颁发了认证证书。这是我国第一家经过独立第三方通过的森林经营认证案例。此外，广东嘉汉国际有限公司向 SmartWood 申请森林经营认证，计划在 2002 年 6 月到 7 月进行森林认证评审。

为促进森林认证产品市场的发展，需要从需求，供给两个方面，寻求合理解决上述问题的方法。作为发展中国家的中国，要密切关注森林认证全球市场的发展，促进本国森林认证进程，确保在国际市场上的份额和国内森林的可持续经营。

参考文献

1. 沈孝辉．促进可持续发展 实行木材生产和贸易森林认证．人民日报，2003. 12. 3
2. Jenkins Smith. The Business of Sustainable Forestry. Island Press，1999
3. J. Sainsbury Plc. The Home Depot：Retailer’s Impact on Sustainability. Forestry working Group，1999
4. 肖文发等．森林可持续经营认证以及影响．世界环境，2001 年第 4 期

森林资源价值核算研究

——黑龙江天然林资源保护工程实施后的森林资源综合效益实证分析

周　莉

（北京林业大学经济管理学院，北京，100083）

摘要： 本文从森林资源的认识，包括森林资源的定义和功能入手，综合分析了森林资源价值核算的历史进程和研究现状，通过黑龙江天然林保护工程实施三年后的森林资源综合效益进行实证分析，分别核算了森林资源的经济效益、生态效益和社会效益，并提出了森林资源价值核算的基本模式。

关键词： 森林资源价值；核算

一、对森林资源的认识

森林资源是陆地森林生态系统内一切被人类所认识可利用的资源总称。它是以多年生木本植物为主体，并包括以森林环境为生存条件的动物、植物、微生物在内的生物群落，它具有一定的生物结构和地段类型并形成特有的生态环境，在进行科学管理及合理经营条件下，可以不断地向社会提供大量的物质产品和非物质产品即发挥多种生态功能。

森林资源虽与没有开发的气候、矿产、草原、土地、海洋等其他自然资源同属社会财富，但作为陆地生态系统的主体森林，其产生的生态效益、经济效益和社会效益远大于其他资源。因此将森林资源核算纳入国民经济核算的体系中，就成为必然。

二、森林资源价值核算的国内外研究进程

至今为止，对于森林资源价值核算的体系设计和内容核算，均没有形成一个固有的格式。因此，国内外学者对此问题的研究也众口难调，但各有千秋。下面将对国内外森林资源的价值核算的研究现状加以综述。

（一）国外森林资源价值核算的研究进程

随着环境保护在人类的发展中日趋重要，人类对于森林资源价值的核算也愈加重视。1991 年，国际科学联合会环境委员会组织召开了一次会议，专门讨论了如何生物多样性的定量研究。1997 年，Daily 主编的“Nature’s Service：Societal Dependence on Natural Ecosystem”，书中介绍了生态系统服务功能的概念、研究简史、服务价值评估、不同生物系统的服务功能以及区域生态系统服务功能等专题研究。Costanza 等人对全球生态服务功能进行了划分和评估。1999 年，“Ecological Economics”杂志以论坛或专题形式汇集了有关生态系统服务功能及其价值评估的研究。许多学者从不同角度对生态系统的服务功能及其价值评估进行了研究。

目前，对于国外森林资源价值核算的内容有以下几方面：

芬兰的森林资源价值核算体系主要包括三部分：一是森林资源实物量核算，主要包括森

林经营、立木蓄积、固碳数量、生态数据、酸雨影响、森林游憩信息等项目；二是森林质量指标，主要包括森林生态指标、特殊用途指标、变量、价格、质量指标等；三是森林资源价值量指标，主要包括森林永续收益、木材生长与利用、森林保护成本、森林游憩价值等。

法国的森林资源价值核算体系主要包括生物多样性、森林游憩、保育土壤、涵养水源、净化空气、固碳以及森林健康等方面的核算。

另外，日本森林资源价值核算体系主要包括林地、林木、涵养水源、保护野生动植物、国土保安（保土、防止雪崩和滑坡等）、净化环境、景观与游憩等效益。中国台湾、韩国的森林资源价值核算的内容与日本大致相同。

（二）国内森林资源价值核算的研究进程

在我国，毕绪岱和侯元兆于1992年和1995年先后评估了具体的生态系统的服务功能。1997年，刘丛、刘发明对甘肃省三北防护林森林资源资产进行了评价。1999年，欧阳志云、王如松等对中国陆地生态系统服务功能及其生态经济价值评价理论与方法做了分析。2000年，周冰冰、李忠奎等对北京市森林资源的价值进行了核算。2001年10月，在北京召开了森林资源价值核算国际研讨会，国内还有一些学者对森林资源价值核算提出不同的看法，其中何乃维认为森林的价值只能按保护、建设、经营管理的劳动投入多少加上社会评价利润进行核算。

目前，从国内研究进展来看，不同学者对于森林资源价值的核算内容有这不同的看法。

以李金昌、孔繁文为代表的森林资源核算体系主要包括两方面的内容。一是核算森林生产有机物的价值，主要有木材及其他林产品价值，和其他各种直接或间接来自光合作用的生物量；二是森林的多种生态效能价值，比如涵养水源、保持土壤、固碳制氧、森林游憩、生物多样性、森林净化环境等。雷明提出森林账户的核算指标是林业用地、森林面积、立木蓄积等。

侯元兆课题组认为，森林资源核算框架由三部分构成，内部结构特征相同，又与邻接部分有显著差别的森林地块——林分，它的价值以立木计算为25 007.59亿元；第二部分分为林地价值，计算结果为33 496.55亿元，为林分的1.3倍。第三部分为森林环境资源，主要通过涵养水源、土壤保育、固碳供养三种环境资源进行概略核算，其年价值达78 980亿元，为立木价值的3倍以上。经过粗略推断，森林全部环境资源价值可能是立木价值的6~20倍，即15亿~50亿人民币。

周冰冰、李忠魁编写的《北京市森林资源价值》，其中，对于森林资源价值的内容主要包括林地价值、林木价值、经济林价值、环境价值（包括涵养水源、保土、固碳供养转化为太阳能、净化环境、防护林、景观游憩、生物多样性）、和社会效益。

三、森林资源价值核算体系构想

从森林自身的功能来看，总体可以将森林资源的价值产生的效益分为三类，即经济效益，主要核算林木和林地的价值；生态效益，按照森林的生态功能，包括涵养水源、保土、固碳供养转化为太阳能、净化环境、防护林、生物多样性等；社会效益，主要是核算满足人民物质文明和精神文明需求的价值，这里我们以就业率来粗浅的反应其价值。

下面将以黑龙江省天然林资源保护工程，从1998~2000年，三年来的工程实施成果，计算森林资源的价值。

（一）森林资源的经济效益

黑龙江省天然林保护工程的实施，其林业财政支出的经济效益主要是林木收益和林地价值。由于在调查中未能取得计算林地机会成本的原始数据，所以，这里我们主要以林木收益作为森林资源的经济收益加以核算。

1. 林木收益

按照销售定价，可以将林木收益按以下公式计算：

林木收益＝生产成本＋利润

以立木价值近似作为林木的收益。参照林价基本理论及省林业资产评估所对立木价值所作的评价，按每公顷蓄积量85m^3、100元/m^3计算，从1998～2000年底，立木价值约为12.3663亿元（14.5486×85×100）。

2. 木材调减带来的经济损失

由于黑龙江森工集团木材产量由1997年的670万立方米调减到450万立方米，天保过程实施以来，到2000年底共调减木材产量为220万立方米，以平均每立方米400元计，其经济价值约为8.8亿元。由于工程实施带来损失8.8亿元，作为该工程的机会成本。

因此，黑龙江省天保工程的直接效益为35663（12.3663－8.8）万元。

（二）森林资源的生态效益

1. 森林保土效益

工程造林建成后，平均每公顷森林每年保土60t，到2000年天然林建设区域每年可减少土壤流失872.916（14.5486×60）万t，土壤侵蚀模数大大降低，按固定工程每吨以目前建造维护类似工程的最低耗用为0.7元/t计算，其固土替代值为611.0412万元，防止水土流失的效益是非常显著的。

2. 涵养水源效益

目前，国内外研究的方法有两种：一是森林区域水量平衡法；二是根据森林土壤的蓄水力和森林区域的径流量计算森林涵养水源量。根据后者计算，其公式如下：

森林土壤蓄水量＝森林面积×土壤层平均厚度×非毛细管孔隙度

森林土壤的粗孔隙率为20%左右，粗孔隙可促进降雨向土层中渗透，增加森林土壤吸收降雨的能力。天然林工程的建设，使得水源涵养、水文状况的改善，调节水分循环的作用更加突出；若按每公顷森林蓄水能力375m^3计算，项目建设区从1998～2000年森林蓄水增加了5455.725（14.5486×375）万m^3，修水库所需经费0.3元/m^3，即替代值每立方米0.3元计，森林蓄水效益增加1636.7175（0.3×5455.725）万元。

3. 减少泥沙滞留效益

利用清除滞留泥沙的经济费用作为森林减少泥沙滞留的经济价值，计算出我国森林每年减少泥沙滞留的经济价值为381.78亿元（按1990年的不变价格计算），每公顷森林每年贡献的经济价值为310.4元。则从1998～2000年，黑龙江省天保工程的实施，对于此方面的经济贡献增加值为9155.362万元。其中，1998年为1158.1334（3.7311×310.4）万元，1999年为3481.229［（3.7311＋7.4842）×310.4］万元，2000年为4516（14.5486×310.4）万元。

4. 森林减少泥沙淤积效益

森林减少泥沙淤积的经济价值，采用的是蓄水价格进行计算，即影子工程法，当环境破坏后，人工建造一个工程来代替原来的环境功能，以此工程投资来计算破坏的经济损失。以蓄水价格作为替代值，估算出我国森林每年减少泥沙淤积的经济价值 39.58 亿元。每公顷森林每年贡献的经济价值为 32.18 元。则从 1998～2000 年，黑龙江省天保工程的实施，对于此方面的经济贡献增加值为 948.975 2 万元。其中，1998 年为 120.066 8（3.731 1 ×32.18）万元，1999 年为 360.908 4［（3.731 1 +7.484 2）×32.18］万元，2000 年为 468（14.548 6 × 32.18）万元。

5. 固碳制氧效益

森林在净化大气，防止环境污染方面的重要作用是制造氧气、吸收二氧化碳，所以需要计算森林固碳制氧效益。

根据光合作用反应方程式：$6CO_2 + 6H_2O = C_6H_{12}O_6 + 6O_2$

据研究，一般森林生产 1 吨干物质可吸收 CO_2 1.6～1.85 吨，释放 O_2 1.393～1.423 吨，考虑到枯枝落叶分解消耗 O_2 和 CO_2 量与枝叶形成所释放 O_2 和固定 CO_2 量大致相等，故只以树干部分生物量来计算，则固碳效益（V_C）和制氧效益（V_O）：

$$V_C = g \times d \times k_C \times p_C$$

$$V_O = g \times d \times k_O \times p_O$$

式中：g—— 该地区森林生产量；

d——木材容重（一般为 0.45 千克/立方米）；

k_C——生产 1 吨物质固定 CO_2 量（1.6～1.95 吨）；

p_C——固定 1 吨 CO_2 的费用；

k_O——生产 1 吨物质释放 O_2（1.393～1.423 吨）；

p_O——工厂生产 1 吨 O_2 的费用。

黑龙江省从 1998～2000 共生产木材 1 582 万立方米。参照林价基本理论和省林业资产评估所对立木价值的评价，一期建设工程后，每公顷蓄积量 85 立方米。森林生产 1 吨物质固定 CO_2 量按照最低标准 1.6 吨，释放 O_2 1.393 吨，固定 1 吨 CO_2 的费用是 273.3 元，生产 1 吨 O_2 的费用是 369.7 元。则三年增加的固碳效益为

$$V_C = (606 \times 3 + 526 \times 2 + 450) \times 0.45 \times 0.001 \times 1.6 \times 273.3 = 653.296\ 3 \text{（万元）}$$

三年增加的制氧效益为：

$$V_O = (606 \times 3 + 526 \times 2 + 450) \times 0.45 \times 0.001 \times 1.393 \times 369.7 = 769.398\ 2 \text{（万元）}$$

6. 农田防护效益

森林还具有很强的调节流量的作用，能把洪水期的流量蓄积起来，在枯水期释放出来；把丰水年的降水涵蓄起来，到欠水年再释放出来，以丰补歉，有利于农业水利灌溉。森林可以对周围一定范围内区域性气候具有调节作用，对改善农田稳产、高产，增强农业发展后劲提供有力保障。森林通过调节温度，提高空气和土壤温度，减少地表蒸发量和作物蒸腾量，防止自然灾害，改善了农业生产的生态环境条件，促进农业增产。

根据黑龙江省林业局统计提供的增产幅度 15% 计算，黑龙江全省现有耕地 1 180 万公顷，天然林面积 1 515.1 万公顷，按照 2001 年主要农产品单位面积产量 5 000 千克/公顷（以上数据来自黑龙江农业信息网），每千克 2 元计算，新增天然林增加的粮食产量的收益为：

$$1\ 180 \times 10\ 000 \times (3.731\ 1 \times 3 + 7.484\ 2 \times 2 + 3.333\ 3 \times 1) / 1\ 515.1 \times 5\ 000 \times 2 \times 15/100$$

=229 714.870 3 ×5 000 ×2 ×15% =344 572 305.5 =34 457 （万元）

黑龙江省天保工程的生态效益，除了上述效益以外，还有野生动、植物保护效益和森林的保健游憩效益，但由于数据有限，无法计算。下面将黑龙江省天保工程实施后的三年中，森林资源所产生的生态效益汇总计算如下：

611.04 +1 636.7 +9 155.36 +948.975 +653.296 3 +769.398 2 +34 457 =48 231.77 （万元）

（三）森林资源的社会效益

由于天保工程的建设为人们修养度假、观光旅游提供了良好条件，促进全社会物质文明、精神文明建设，促进林区经济的发展。因此，其社会效益表现在物质生活满足度与精神生活满足度两方面。在下面的具体分析中，主要计算由于天保工程的实施，对黑龙江省工程区社会就业的影响。以此作为林业财政支出产生的机会成本，综合评估黑龙江省天保工程林业财政支出的综合效益。

由于黑龙江省天然林保护工程的实施，木材产量调减，因而使得黑龙江森工集团22.3万富余职工需要进行分流安置。具体分流安置途径如下：

一是转向森林资源管护。黑龙江森工集团分流4.8万人。

二是企业解除劳动关系，领取一次性安置费后自谋职业。黑龙江森工集团共安置10.5万人。

三是进入企业再就业服务中心。黑龙江森工集团7万人。

工程实施后，到2000年底，共分流职工195 283人，其中，从事森林管护的人员共计65 808人，从事生态公益林建设共计68 372人，从事商品林建设3 806人，从事种苗建设3 428人，从事转产项目1 605人，从事其他工作人员共计52 264人。下岗职工进入再就业服务中心人数57 520人；发放一次性安置费解除劳动合同自谋职业人员3 258人。

从1998～2000年，富余职工安置分流的工资总额约为8.706亿元，下岗职工进入再就业服务中心，其生活费总计约为0.456亿元，对于发放一次性安置费解除劳动合同自谋职业的人员，按照政策应为不高于森工企业所在地企业职工上年平均工资收入的3倍，发放一次性安置费。若按照12 000元/人发放一次性安置费，则发放总费用为0.391亿元（见表1）。

表1 单位：人、万元

项目 年份	分流职工年末人数							分流职工年工资总额	下岗职工情况		发放一次性安置费解除劳动合同自谋职业人员
	合计	从事森林管护	从事生态公益林建设	从事商品林建设	从事种苗建设	从事转产项目	从事其他工作		进入再就业服务中心人数	生活费	
1998	58 210	12 077	30 031	2 354		1605	12 143	18 814.6			
1999	62 587	25 127	22 108	1 452	889		13 011	26 290.9	17 290	1 504.9	3 258
2000	74 486	28 604	16 233		2 539		27 110	41 954.0	40 230	3 054.7	
合计	195 283	65 808	68 372	3 806	3 428	1 605	52 264	87 059.5	57 520	4 559.6	3 258

由于工程实施，木材调减，导致职工安置、分流，进而产生的机会成本总额为：分流职工的工资总额+下岗职工进入再就业服务中心的生活费+一次性发放安置费解除劳动合同自谋职业人员的费用。

即：87 060 +4 560 +3 910 =95 530 （万元）

黑龙江省天然林保护工程的实施，从就业来看，共支出 95 530 万元，用于职工安置、分流和下岗一次性安置。

四、结 论

森林资源的价值核算可以根据森林自身的特点和市场运作机制，将其分为森林资源的经济价值、生态价值和社会价值。经济价值可以通过对林木的市场价格和林地的机会成本进行计算；生态价值反映的是森林自由的生态功能，比如森林保土效益、涵养水源效益、减少泥沙滞留效益、森林减少泥沙淤积效益、固碳制氧效益，以及农田防护效益等；而森林的社会效益可以通过职工就业率、森林游憩等指标来表现（如图 1 所示）。

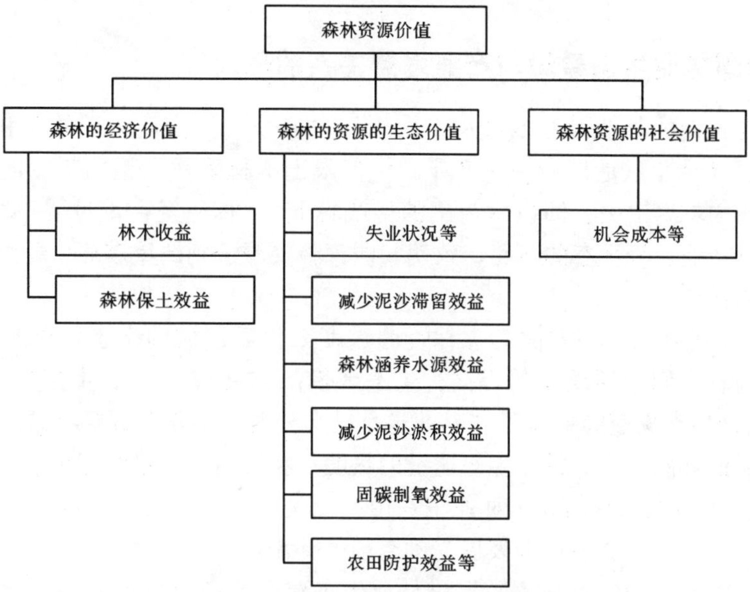

图 1　森林资源价值核算框架图

在本文的森林资源价值核算体系中，也存在几个问题：首先，森林的社会效益只能通过部分指标来表现，不能从各个层面全面反映，从而很难计算出一个综合的社会效益；其次，森林的林木价格只能通过平均价格来反映，由于林木的种类繁多，而各地的市场差异较大，所以，很难统计一个精确的市场价格。因此，对森林资源价值的核算模式还需要进一步深入研究。

参考文献

1. 杜丽娟，王冬梅，李忠魁．森林资源价值核算研究进展．水土保持报，2002：(10)
2. 郑小贤．森林资源价值的理论探讨．林业资源管理，2000
3. 林业财政支出效益研究课题组．林业财政支出效益评价报告．2000
4. 张祖荣．我国森林社会效益经济评价初探．重庆师专学报，2001：(3)
5. 杨磊，黄月君．黑龙江省天然林资源保护工程（一期）综合经济效益及生态效益评价．林业勘察设计，2000：(1)
6. 王迪海．森林社会效益观测与评价方法．河北林业科技，1998：(3)

中国林业产业发展中几个问题的思考

——兼论对《中共中央 国务院关于加快林业发展的决定》相关方面的认识

田明华

（北京林业大学经济管理学院，北京，100083）

一、对中国林业生态建设与产业发展关系的思考

我国过去在长期的林业经营实践中，由于历史原因（国家尚处于资本积累初始阶段）和认识上的失误（林业只是作为一个产业，仅仅限于木材采伐和粗加工，把其他的森林功能和产品从林业中剥离出去，即以木为纲的传统林业），林业经营走过了一段重木材生产、轻资源培育，重产业、轻生态的弯路，致使我国森林资源遭到严重破坏，并为此付出了生态严重恶化的惨痛代价。

20世纪90年代以来，一方面对森林资源过度采伐后造成的生态环境恶化问题突出显露，另一方面随着人们生活质量的提高，生态环境问题便成为整个社会关注的热门话题。“森林是维护陆地生态平衡的主体”、“林业也是社会公益性事业的重要组成部分”等已成为全社会各个阶层的共同认识。林业生态建设的热度不断升温，关乎全国生态环境建设的大型工程相继启动，21世纪初提出我国林业正在由主要是一项产业转向主要是一项社会公益事业[1]。在生态大旗之下，林业产业发展受到空前的抑制。

近年来，许多专家和学者在不断探讨林业生态建设与产业发展关系，指出只抓产业建设，忽视生态建设，是对当前林业主导功能和作用的本末倒置，是没有前途的林业；反之，只搞生态建设，忽视产业建设，是短视的林业，没有希望的林业[2]。生态和产业如同一鸟两翼，没有产业的林业是不完整的，二者相互依存，相互促进[3]。认为发展林业产业与建设生态体系具有同等重要的战略地位[4]。

从对中国林业生态建设与产业发展关系的历史回顾中可以发现，我们基本经过了一个先“重产业、轻生态”，后走向另一个极端，“轻生态、重产业”，目前正在向“生态和产业协调发展”转变。这无疑是一个历史的进步。历史经验告诉我们，林业生态和林业产业是相辅相成的，是现代林业涵盖内容的两个重要方面。任何把二者割裂开来、对立起来的认识，任何倚重一方，偏废另一方的做法，都不会把现代林业建设引向健康发展之路的[5]。在2003年6月《中共中央 国务院关于加快林业发展的决定》（以下简称《决定》）中指出“林业是一项重要的公益事业和基础产业，承担着生态建设和林产品供给的重要任务”[6]，对林业发展进行了科学定位。产业体系和生态体系是林业建设的两大目标，缺一不可，缺了任何一个，都是残缺不全的林业，都是“小林业”。现在我们大搞生态环境建设，也决不能放松和排斥林业产业的发展。没有经济效益的林业，是没有活力、没有后劲、没有希望的林

业。相反，要加快林业产业的发展，以满足市场对多种林产品的需求，从而从根本上缓解其对生态建设的巨大压力。

那么，如何认识和理解《决定》中“我国林业正处在一个重要的变革和转折时期，正经历着由以木材生产为主向以生态建设为主的历史性转变”呢？

首先笔者认为，我国林业过去确实以木材生产为主，目前也的确以生态建设为主，因此《决定》中的表述并没有错误。据报道，2002 年，全国造林面积达 777.1 万公顷，创历史之最。其中六大林业重点工程造林 677.74 万公顷，占 87.21%。各工程造林面积分别为：天然林资源保护工程造林 85.61 万公顷，占 11.02%；退耕还林工程造林 442.36 万公顷，占 56.92%；三北防护林工程造林 77.56 万公顷，占 9.98%；京津风沙源治理工程造林 67.64 万公顷，占 8.70%；速生丰产用材林工程造林 4.57 万公顷，占 0.59%[7]。

其次，笔者认为，“我国林业正处在一个重要的变革和转折时期，正经历着由以木材生产为主向以生态建设为主的历史性转变”代表了从政府的职能的转变。众所周知，在市场经济中，政府的主要职责之一就是提供社会所需要的公共物品，创造社会经济正常而又有效运行的基本条件，而不是去经营一般企业能够生产的私人物品。森林的生态功能就是一种公共物品。木材生产是一种经营性活动，按照市场经济的要求，政府当然应该从中退出。林业产业作为一种经营性活动，也不是政府主要的职责，因此，笔者认为，“我国林业正处在一个重要的变革和转折时期，正经历着由以木材生产为主向以生态建设为主的历史性转变”主要是从林业主管部门的角度而言的，并不代表整个林业。

第三，虽然《决定》中指出“我国林业正处在一个重要的变革和转折时期，正经历着由以木材生产为主向以生态建设为主的历史性转变”，但是，我们发现，《决定》中开篇即对林业做了一个科学的定位，指出“林业是一项重要的公益事业和基础产业，承担着生态建设和林产品供给的重要任务”。因此，那种只认为林业就是搞生态建设的认识是错误的，仍然只把林业界定为营林，显然是有失偏颇的，从林业的内涵上看，林业是兼有从事生态建设的公益事业和从事林产品生产的基础产业的双重属性，既包括了生态建设，又包括了林业产业。有学者认为，林业产业的内容至少应包括：林木种植业，林业规划设计业，森林培育业，林果、林药、菌类等的培育利用业，森林动物驯养业，森林狩猎业（在自然及法律允许的范围内），森林采伐运输业，木材（含竹材）加工业（包括深加工的各个层次），林产化工业（包括深加工的各个层次），森林旅游业（生态旅游业），森林保健业，林产品市场营销业[8]。

笔者认为，仅仅把中国林业生态建设与产业发展关系放到“协调”上述是不够的。在强调“协调”的背后，实际上还是把两者放到了“对立”的一面，先“对立”后“协调”。笔者认为，二者本身就是一个统一体，是相互交叉的、相互渗透的。一方面，没有完备而良好的林业生态体系，就不可能拥有发达的林业产业体系，反之，没有发达的产业体系作为支撑，生态建设也就不可能得到长足的发展。很多国家的实践早已证明，主导林业的两大体系（生态和产业），二者并不是相克的关系，而是互补、互助的关系。很多林业发达国家不但林产工业发达，而且资源越用越多。如美国在 1952～2000 年的近半个世纪里，木材年采伐量由 1.16 亿立方米增加到 4.97 亿立方米，增长了近 4 倍，但通过大力发展更新造林，林木总蓄积量在此期间却由 174.23 亿立方米上升到 227.64 亿立方米，净增了 30.7%。又如芬兰，地处欧洲北端高纬度地区，气候严寒，土壤瘠薄，但是这里通过大力发展以制浆造纸为主的高附加值林产工业却成功地实现了林业现代化。如今，该国的林业产值已占国民经济总产值的8.1%，而且实现了森林资源越采越多和可持续经营[9]。这一层面很多专家都有了共识。另一方面，即使是生态建设，也包含了林业产业的内容。生态建设是一种公共物品，但是，经济学家认为，政府提供公共物品绝不等于政府生产全部公共物品，更不等于完全取代公共物品的“市场”。单纯由政府生产和经营公共物品，由于多种原因往往缺乏效率：第一，政府在生产和经营公共物品时，没有私人部门与之竞争，处于垄断地位，容易造成效率低下；第二，从政府部门生产和经营公共物品的非营利性来看，缺乏利润动机的刺激，因而不可能实现高效率；第三，政府部门生产和经营公共物品的支出来自预算，不同的部门为了各自的利益，往往强调本部门公共物品的重要性，尽可能地扩大预算比例，结果势必造成某些部门的过度供给，损害效率[10]。因此，要区别“政府提供”和“政府生产”这两个概念：后者是政府对公共物品进行直接生产，而前者是通过某种适当方式，也许是自己直接生产某些公共物品，也许是将某些公共物品委托给其他组织包括私人企业进行间接生产。政府的职能应该是“提供”，而不是自己“生产”全部的公共物品。就生态建设而言，其公共物品性质决定了生态林业建设的资金应该由政府提供。因此生态林业建设，例如水源涵养林的营造和维护、生物多样性的保护，需要政府的资金补贴，但并不一定要政府来经营，其实施完全可以通过市场竞争交给市场来运作[11]，这也是林业产业的重要内容。也就是说，生态建设也包含了产业的内容，因此二者是不能决然分割的。

二、对林业发展中“生态优先”与产业发展关系的认识

《决定》中提出了加快林业发展的基本方针之一是“坚持生态效益、经济效益和社会效益相统一，生态效益优先”[6]。针对我国的实际情况，这是正确的决策，毋庸置疑。但是要全面理解《决定》的精神，这个“生态优先”是“坚持生态效益、经济效益和社会效益相统一”基础上的优先，而不是绝对的优先，并不是忽视或排斥林业产业发展的优先，优先并不是唯一，没有其他内容的衬托，也无所谓优先。

在现阶段，我国面临生态压力和林产品供给严重不足的双重矛盾，《决定》中指出“目前我国生态状况局部改善、整体恶化的趋势尚未根本扭转，土地沙化、湿地减少、生物多样性遭破坏等仍呈加剧趋势”“从整体上讲，我国仍然是一个林业资源缺乏的国家，森林资源总量严重不足，森林生态系统的整体功能还非常脆弱，与社会需求之间的矛盾日益尖锐”，“生态需求已成为社会对林业的第一需求”[6]。这些决定了林业发展中“生态优先”的要求。笔者认为，中国经济实力的增强，为“生态优先”的决策和实施创造了条件。也就是说，我国在近时期内，可以通过大量进口国外林产品满足社会日益增长的对林产品的需求。2002年，我国共消耗木材约1.8亿立方米，其中进口木材及木制林产品9 445万立方米，占总量的50.3%[3]。但是，我们不能不认识到，社会日益增长的对林产品的需求是“基础需求”，“基础需求”不满足，将难以保证“生态优先”战略的实施。显然，满足我国对林产的需求不可能长期依赖进口。一是随着环境问题日益国际化，各国都在不断加强对森林特别是天然林的保护。二是这么大的贸易量也是国际市场难以长期承受的[12]。中国已经成为世界上原木进口量最多的国家，也是木材及木制品净进口最多的国家。解决我国对林产品的需求必须立足国内，一是大力营造人工速生丰产林，增加木材供给量；二是积极发展采运技术，提高森林采伐利用率，三是大力发展林产工业，提高木材综合利用率。林产工业的发展，是以前

大量弃之不能用的次、小、薪材和采伐加工剩余物能够得以利用，同时，每立方米人造板材可以替代3立方米以上的原木，这“一里一外”两方面，一年可以为我国带来上亿立方米木材的实际效益[13]。而这些都是林业产业担负的重要任务。因此，林业发展“生态优先”，也绝不是排斥林业产业的发展，相反，而是要加快林业产业的发展，以满足市场对多种林产品的需求，满足社会和经济可持续发展对木材和林产品等基础性原材料的需求，从而从根本上缓解其对生态建设的巨大压力。因此，“生态优先”不仅不排斥林业产业的发展，相反，对林业产业发展提出了更高的要求。林业产业具有广阔的发展空间，发展林业产业正是保证实现“生态优先”目标的重要举措。

但是，我们应认识到，由于林业产业是以森林、林木、林地资源为加工利用对象、以获取经济效益为目的的产业，不可避免的存在与以发展森林、保护森林为中心的生态建设的矛盾。在此，笔者特别强调，林业产业对资源的利用，必须服从生态效益优先的大局。然而，笔者认为，生态效益优先更多的应从宏观上实现，而不应要求微观经营者牺牲自己的利益来保证“生态优先”。因此应当加快实行林业分类经营管理体制，依托政府投资为主的生态公益林满足改善生态状况、保障国土生态安全的需要。在强调“生态优先”时，要注意不要静态、保守地保护森林资源，简单地认为不利用森林资源就是保护森林资源，这是一种禁锢森林资源发展的做法。黄牛为什么并不因为人们的经济利用而灭绝，是因为人们为了获取出卖黄牛得到的经济利益而主动大量地饲养黄牛。人们现在刻意地保护老虎，老虎为什么仍然濒临灭绝？是因为饲养老虎者不能从老虎身上获利。森林资源也是一样，如果人们不能从中获取利益，为什么要保护和发展森林资源呢？由于不可能完全放弃对森林资源的利用，同时又没有人有积极性去发展森林资源，最终结果必然使森林资源越来越少，因此并不利于森林资源的保护与发展。如果森林经营者保护和发展森林资源有利可图，他们会积极主动地保护和发展森林资源。不利用森林资源的做法对于森林经营者的生产积极性无疑是釜底抽薪，也不会吸引其他投资者投资于营林，从而扩大森林资源。单纯保护森林资源与以前的单纯利用森林资源一样，是两个极端，都是错误的[12]。

三、对林业产业发展中政府作用的认识

在计划经济年代，对林产工业实行多部门管理，木材行业企业一直分属林业、轻工、经委、建材、乡镇等诸多部门，管理相当混乱，实际上是山上（林业）一把锄，山下（各工业部门和物资系统）万把锯。部门之间各行其是，对市场热点产品不顾市场容量、资源配置和生产力布局的合理要求，盲目投资和扩大生产能力，加上农民自发的手工作坊式的木材加工点遍地开花，木材行业呈现了盲目无序的发展态势。这在南方集体林区尤为严重。这种管理体制是造成营林和产业两大体系分离，林业不能形成良性循环和资源受到严重破坏的主要原因。

改革开放后，撤销了林业部门产业管理机构（产业司），国家林业局木材行业管理职能被削弱，物资部和其他工业部门亦相继撤销，管理体系受到严重冲击，而新成立的一些行业协会先天不足，有些协会仍挂靠在公司，起不到行业管理作用，管理不断弱化，致使全国林产工业处于放任自流，盲目发展状态。企业数量多、生产规模小、布局不合理、重复建设严重、产品结构单一、无序竞争等问题严重存在。由于众多企业的无序竞争，对有限的森林资源造成了极大压力，诱发了森林资源的过量消耗和乱砍滥伐，严重威胁着生态建设的发展。

一些企业建成后因原料短缺，长期不能达产达标，影响了企业效益。因此又出现了加强政府管理的呼声。国家林业局恢复木材行业管理职能为各省区加强木材行业管理树立了信心，各省林业主管部门在原有管理机构的基础上，加强机构建设，充实管理力量，并逐步恢复、建立地方各级林业主管部门木材行业管理机构和职能[14]。那么，林业产业发展中政府究竟应该其什么样的作用呢?

笔者认为，首先，依靠政府对林业产业进行统一管理的路是行不通的，不管是这个管理机构依托于林业部门还是其他部门。我国建立社会主义市场经济的目标决定了我们建立“小政府、大社会”的要求，当前国有经济从大部分行业撤离正反映了政府经济职能的削弱，反应了政府体制的方向。为什么过去有那么多部门管理，一方面是我们的管理体制有问题，管得过多过细，另一方面，是林业产业的复杂性，涉及国民经济第一产业、第二产业、第三产业的多个门类，虽然都以森林或林木为对象，但产业内容和性质有相当大的差别。因此依靠政府的某一个机构对林业产业进行统一管理的路是行不通的。

其次，实践证明，在当前处于经济改革的变动时期，那些被政府管得越多的行业，往往发展得越慢。我们过去对人造板、造纸等行业管的那么多，国家投入了巨资，但一直发展缓慢，经济效益低下，不仅不能拉动林业大发展，反而拖了林业的后腿。相反，那些不被政府管理的行业，却获得了迅速的发展，例如家具行业，已经成为林业产业的重要行业，2003年出口创汇达到70多亿美元[15]。

第三，尽管新成立的一些行业协会先天不足，未起到相应的行业管理作用，但笔者认为这是发展中的问题，未来林业产业的行业管理仍然需要各种、各层次的行业管理协会发挥作用。我们注意到，越是在政府主导下的行业管理协会，其作用越是薄弱，相反，那些在市场经济中自主发展起来的行业性组织，其作用越来越明显，例如南方地区的各级家具协会。

因此，在林业产业发展中政府应退出其管理职能，大力促进引导各种、各层次的行业管理协会的自主发展。有学者提出，当前林业产业的协会仍处于各自为战状态，互相协调少，联合作战能力差，加上有些协会成立时间短，先天不足，掌握情况少，缺乏宏观调控能力，这些协会至今迫切需要政府部门的支持；全国木材行业管理办公室是主管全国木材行业的政府职能机构，虽设在国家林业局，但其职能应涉及各木材行业，因此也是能在各行业协会间起协调作用的唯一政府职能机构，希望全国木材行管办今后能在协调各行业协会工作上多做工作，这亦是扭转计划经济时期林产工业实行多头管理，各自为政的大好时机[9]。笔者认为，这种做法不可取，一是全国木材行业管理办公室设在林业局，其部门性质不能覆盖林业产业，难以发挥其协调和扶持作用；另一方面全国木材行业管理办公室发挥作用，将置刚成立的中国林业产业协会于何地？因此笔者认为全国木材行业管理办公室应取消，林业局也不再设立产业司，相反，应大力扶持中国林业产业协会的建立，将其设为一级协会，将造纸协会、家具协会、木材流通协会、林产工业协会、林产品经销协会、建材协会、室内装饰协会等进行优化组合，设为二级或三级协会，发挥其统领林业产业的作用。

笔者认为，政府当前的首要任务是要为产业发展创造一个公平竞争的环境和条件。例如在政府和企业明确分工的前提下，政府应对产业发展研究制定未来一段时间的发展规划；出台与产业特点相匹配的，体现加强、优惠、扶持、保护原则的经济调节政策（税收、贷款、贴息、补助）；建立健全市场体系，包括林产品市场、活立木市场和要素（人才、资本）市场，以经济手段维护正常的市场秩序和市场运行规则，保护合法经营者的利益；建立高速度、大容量、全面、准确的市场信息管理系统，强化各项信息服务，降低经营者的经营成本和市场风险[4]。正如《决定》中所指出的，政府应“加强对林业产业发展的引导和调控”，“根据市场需要、资源条件和产业基础，抓紧编制林业产业发展规划，制定产业政策，引导产业健康发展，避免低水平重复建设”，“扶持发展各种专业合作组织，完善社会化服务体系，培育、规范林产品和林业生产要素市场”[6]，为了加快林业产业的发展，政府当前迫切需要解决的是，进一步完善林业产权制度，加快推进森林、林木和林地使用权的合理流转，放手发展非公有制林业，减轻林业税费负担，加强林业法制建设，进一步扩大林业对外开放等等，这些在决定中已经明确阐述，在此不再赘言。而这些都是在努力创造促进林业产业发展的环境和条件。

对于《决定》中提出的“切实加强对林业工作的领导”，要求“各级党委和政府要高度重视林业工作”“坚持并完善林业建设任期目标管理责任制”[6]，充分表示了中央对林业工作的重视，是以往林业政策的延续，但并不说明政府在林业工作中处于主体地位，尤其是在林业产业发展中处于主体地位，《决定》中明确指出是政府的任务是“支持林业发展”，致力于“规划”“监测”和“服务”，林业建设任期目标管理责任制的主要目的是落实“责任”，笔者认为，这个责任主要是指各级政府在改变《决定》中所指出的目前“土地沙化、湿地减少、生物多样性遭破坏等仍呈加剧趋势”“乱砍滥伐林木、乱垦滥占林地、乱捕滥猎野生动物、乱采滥挖野生植物等现象屡禁不止”“森林火灾和病虫害对林业的威胁仍很严重”[6]等方面的责任。同样，“动员全社会力量关心和支持林业工作”[6]，也是为了迅速改变“目前我国生态状况局部改善、整体恶化的趋势”，“为把我国建设成为山川秀美、生态和谐、可持续发展的社会主义现代化国家”[6]的有力举措。因此，并不是说“切实加强对林业工作的领导”就意味着像过去一样政府成为林业发展的主体，它体现了我国政府新的林业发展观，具有新的内涵。

中国林业产业发展中问题还很多，在此仅就几个笔者认为关键的问题进行了探讨，提出了笔者对《决定》中与林业产业发展相关方面的认识，希望抛砖引玉，在各界的共同努力下，使中国林业产业获得长足的发展。

参考文献

[1] 周生贤．突出布局调整，加速生态建设，努力实现新世纪林业的跨越式发展．国家林业局网站，http：//forestry. gov. cn，2001. 2. 15

[2] 祝列克．解放思想，开拓创新，扎实有效地推进速丰林建设工程．林业经济，2002（8）：11～15

[3] 周生贤．生态建设：呼唤林业产业比翼齐飞．中国林业产业，2004（1）：5～7

[4] 靳爱仙．关于发展林业产业若干问题的思考．林业经济，2001（6）：20～22

[5] 山云．试论林业生态与林业产业的关系．甘肃林业，2001（2）：26～27

[6] 中共中央，国务院．中共中央国务院关于加快林业发展的决定．2003年6月25日

[7] 中国绿色时报．国家天然林保护工程使林业产业增幅显著．中国绿色时报，2003. 10

[8] 沈国舫．关于林业作为一个产业的几点认识．中国林业产业，2004（1）：1～3

[9] 林凤鸣．关于我国林产工业发展问题的思考．世界林业研究，2003（5）：40～45

[10] 黎诣远．西方经济学．北京：高等教育出版社，1999

[11] 田明华．陈建成，陈晓倩．我国生态林业运作制度框架研究．林业经济，2003（4）：36～38

[12] 田明华，张卫民，陈建成．推动我国商品林业发展的几点建议．北京林业大学学报（社会科学版），

2003（1）：22～28

[13] 孙建．关于林业产业发展若干问题的宏观思考．中国林业产业，2004（1）：18～20

[14] 贾骞，赵戈，刘国珍．对我国林业产业发展有关问题的思考——东北重点国有林区、南方集体林区林业产业情况调研报告．中国林业企业，2002（6）：3～8

[15] 宋百虎．春节前后家具上演清货高潮．http：//www.fsonline.com.cn/life/house/jiaju/200401160078，2004.5.23

对生态旅游的本质探讨

李淑艳　高　岚　魏庆华

（北京林业大学经济管理学院，北京，100083）

摘要：生态旅游是一种在生态学理论指导下，以自然生态区域为对象，以享受大自然和了解、研究自然景观、野生生物及相关文化特征为旅游目的，以不改变生态系统的有效循环及保护自然和相关地域文化为宗旨，并使当地居民和旅游企业在经济上受益为基本原则的旅游活动。生态旅游的本质定位是指类似在“家”中的休闲生活并以相互依存为行为指南。生态旅游的本质关系主要表现为自然性与参与性的统一、保护性与生态性的统一、波动性与稳定性的统一、安全性与风险性的统一。生态旅游的本质特征是生态文化熏陶、自然唯美体验和育化“绿色”消费方式。

关键词：生态；旅游；生态旅游；本质

Abstract: Ecotourism is the tourism activity which is guided by the theory of ecology. It studies the natural ecology zone. The goal of ecotourism is to enjoy the nature, learn and study nature landscape, wildlife and relative culture character. Its basic principle is to benefit the local resident and tourism enterprise. The essential relation of ecotourism is the amalgamation of nature and participation, conservation and ecology, fluctuation and stability, safety and risk. Its basic character is to learn the ecology culture, experience the natural beauty and stimulate the “green” consummation style.

Key words: Ecology; Tourism; Ecotourism; Essence

综观国内生态旅游研究涉及领域，大致可分为生态旅游理论研究和生态旅游实践研究两大方面。目前关于生态旅游的理论研究，最为集中的就是对生态旅游概念、特征、内容、功能以及与其他旅游概念的比较等有关内涵和外延的研究方面；其次，对生态旅游与环境保护的关系以及生态旅游与可持续发展的关系一直以来也生态旅游理论研究重要内容。本文主要侧重生态旅游理论研究，对生态旅游的本质做进一步探讨。

一、生态旅游的概念分析

“生态”作为一个学科术语，早在1866年被德国博物学家海克尔（E. Haeckel）解释为“生物的生理特征与生活习性”或“指生物在一定的自然环境下生存和发展的状态”。20世纪60年代以后，随着全球环境问题的日益严重，生态学取得了长足的发展，“生态”的解释已经超出了生物学领域，通常是指人与自然协同进化的存在状态或存在方式。

“旅游”是非定居者的旅行和暂时居留而进行的人类休闲活动。

“生态旅游”是个外来语，英文为Ecotourism，“生态旅游”这个概念由国际自然保护联盟（IUCN）特别顾问、墨西哥专家谢贝洛斯·拉斯喀瑞在1983年首次提出的。其作为一个旅游概念的提出，也不过只有二十几年的历史。

1. 概念引入阶段

有关生态旅游的理论研究，某些方面早在“生态旅游”概念引入之前就开始了，如旅游与环境这个生态旅游密切相关的问题早在20世纪70年代初就引起了旅游界的注意，有关学者从80年代初期就开始研究旅游生态环境方面的问题，并呼吁“创建旅游生态学、开展旅游生态研究”。进入90年代以后，伴随着“可持续发展”思想的深入和国际旅游业的发展，“生态旅游”的概念在我国也日益深入人心。这一概念传入中国并得到中国专家和学者的普遍接受和不断研讨。

2. 概念界定阶段

目前，关于生态旅游概念的研究较多，不同的组织和学者所给出的“生态旅游”的定义也各不相同，其定义有73种之多。虽然专家学者对旅游与环境的关系等问题的研究已经具有较长的历史了，但是国内明确引入“生态旅游”概念并对其进行研究却是近十年的事。在近十年中，有关生态旅游研究的大量文献和资料都集中在对生态旅游概念的界定、内涵的解释、功能的探讨，特征的描述等基础理论研究方面。在研究中，有关生态旅游这一概念的某些方面也基本达成了一致。如生态旅游的对象包括了自然和人文两个方面；不少专家学者都强调了生态旅游对环境的保护作用和环境教育功能；认为生态旅游对象不应该受到损害；都认为生态旅游具有高层次、专业性强等特点；社区的参与是生态旅游的题中之意；生态旅游是一种多样化的选择性强的旅游活动，它不要求大量及高档次的硬件设施、食宿和交通供应等，而是要求质朴的与自然协调的住房和食物，文化的真实性和完整的自然环境，旅游者在生态旅游活动中可以有更大的主动性和随意性。学者专家们从中国实际情况出发，不断赋予生态旅游以中国特色的内涵，积极探讨中国发展生态旅游的优势条件和制约因素，并不断推动生态旅游在中国的实践。

二、生态旅游的内涵

关于生态旅游的实质是什么？目前基本上有以下几种说法：模式论，产品论，产品和模式论，旅游活动形式论。针对国内对生态旅游定义内涵的众说纷纭，从生态旅游的实质和定义的角度对目前的生态旅游定义作一个概括总结，认为目前流行的生态旅游定义大致可以分为如上四类。模式论观点认为生态旅游是一种与自然和谐的旅游发展模式。产品论观点认为生态旅游是作为一种特殊的旅游产品。产品和模式论观点认为生态旅游是一种特殊的休闲消费方式，把生态旅游内涵分为三个层面：作为旅游发展模式的生态旅游；作为旅游产品的生态旅游；作为旅游消费方式或行为方式的生态旅游。旅游活动形式论观点认为应该狭义地理解生态旅游的概念内涵，把生态旅游看作是一种旅游活动形式。

模式论观点是从区域发展的宏观角度提出来的，基于对区域经济、社会、环境、文化、人口等方面的考察。“在选定的自然区域中，规划出游憩基地以及生物资源部分，并标出其与社会经济方面的联结。另一方面，相对于一般观光旅游的规划，生态旅游可被视为一种有事先妥善计划，详细谨慎思虑其利益冲突的旅游，它可同时促进地方文化整合，可将规划重点放在提升地方知识、技能与生活形态，促进当地传统价值的保存，并且透过这个管道向游客介绍他们的文化”。显然，作为一种发展模式，生态旅游“把自然地区作为旅游目的地，以及将生物资源同社会经济明确相连”。在该模式中，主体是旅游规划者和管理者，即是政府主导，并涉及旅游企业，当地居民和其他主体，关注旅游供给方的行为。其将生态学思想贯穿于整个旅游系统中，指导其有序发展，目标是实现旅游发展中生态、经济、社会三方面效益的统一和综合效益的最大化。

产品论观点是作为旅游产品的生态旅游。这种旅游着眼于旅游产品这一微观层面，此时生态旅游的语义指的是“产品”形态，并定向于市场。即将生态旅游作为一种旅游产品向市场推销。这种旅游方式是以生态环境和生态类型与生态资源为主要对象和活动形式，以欣赏大自然风光，接受生态知识的科普教育或探索和研究生态科学为主要内容及目的的一种新型的综合旅游项目。作为产品形态的生态旅游，一是要以生态旅游资源为基础，二是能满足旅游者体验生态环境、丰富生态知识等需求，三是必须有助于维护生态平衡。

产品和模式论观点是作为特殊休闲消费方式的生态旅游。这种旅游从旅游需求的角度提出，主体是旅游者。旅游者的消费方式或行为方式是界定这种旅游的关节点。

旅游活动形式论强调生态旅游是一种有目的的旅游活动，是一种多样化的选择性强的旅游活动。

上述四种生态旅游的观点，实质上是相互联系、相互依存并在旅游活动中共同发生作用。首先，生态旅游作为一种人的休闲活动，作为主体的游客的需求和行为方式必然对作为客体的提供生态旅游规划和服务的单位产生影响。其次，生态旅游作为一种人与自然和谐的旅游模式也必然通过旅游活动把理想的生态理念渗透到旅游者的思想和观念之中，对游客的身心产生影响。再次，生态旅游作为旅游业向社会推出的一种走向生态文明的旅游产品，必然是通过这种旅游服务的单位（主体）与游客（客体）的相互作用效果向社会推出生态旅游产品。然而，现有的生态旅游的概念，大都只关注到了上述三个层面中的某一个或某两个层面，具有片面性。完整意义的概念应该将三个层面涵盖于一体，从总体上予以全面的诠释。作为一种旅游发展模式，构建的是生态旅游发展框架和宏观环境，主导着生态旅游的发展方向。作为一种旅游产品，赋予了生态旅游实在的存在形态，营造了直观生动的微观消费环境，提供了有形的价值承载体。作为一种旅游消费方式或行为方式，表现为在实践层面生态旅游的外化，是生态旅游的实际内容。从旅游供给角度来讲，生态旅游是一种将生态学思想贯穿于整个旅游系统并指导其有序发展的可持续旅游发展模式，其目标是实现旅游发展中生态、经济、社会三方面效益的统一。生态旅游内涵三个层面之间的关系如图 1 所示。

从对以上生态旅游概念三个层面的分析，一个完整的生态旅游概念应该具体包括以下几个方面的涵义：

（1）是一种依赖于当地资源的旅游，旅游的对象是原生、和谐的生态系统，这一系统包括自然生态和文化生态双重指向。

（2）把旅游者和旅游环境看作是一个整体的旅游生态系统，强调人是这个系统的有机组成部分，而非独立于风景之外。

（3）满足旅游者体验生态环境、丰富生态知识的一系列生态需求。

（4）注重环境保护和管理，强调保护当地资源，特别是保护生物的多样性和系统的稳定性，维持资源利用的可持续性。包括对旅游企业在技术和

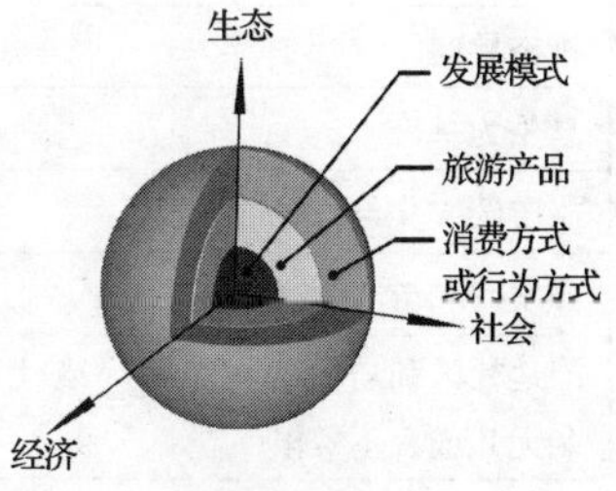

图 1　生态旅游内涵的三个层面

管理等方面的专向性要求，也包括旅游者的行为有利于维持并促进旅游环境的生态平衡。

（5）维系当地人民生活，强调社区的参与和利益的保障。

三、生态旅游的本质

综上所述，我们认为生态旅游是一种在生态学理论指导下，以自然生态区域为对象，以享受大自然和了解、研究自然景观、野生生物及相关文化特征为旅游目的，以不改变生态系统的有效循环及保护自然和相关地域文化为宗旨，并使当地居民和旅游企业在经济上受益为基本原则的旅游活动。简要地说，生态旅游也就是作为一种既能满足游客游览观光自然风景，又能通过旅游探索自然奥秘、了解和认识自然，进行环境教育并促进地方经济发展的特殊旅游形式。

1. 生态旅游的本质定位

（1）在“家”中的休闲生活。“生态”一词的英文词头“Eco”有“家”的涵义，生态旅游英文词是“Ecotourism”，所以生态旅游可以译为在“家”中的旅游。而旅游又是一种休闲活动，与“工作”状态相对应。所以解释为在“家”中的休闲。这里所说的“家”是指大地母亲，即地球是人类的家园。生态旅游是人类在地球母亲的怀抱中的休闲生活。实际上把生态旅游定位为在家中的休闲，有三层含义：一是这种旅游是精神收获旅游；二是这种旅游是在特殊的环境——地球家园，这里主要是指荒野自然环境；三是这种在“家”不是随心所欲的，应当顺应“家庭的习惯”。

（2）以相互依存为行为指南。在“家”中的旅游，这个“家”是个大家，她的成员不仅仅只有我们人类，还包括山川河流、虫鱼鸟兽。我们与其他生命存在的关系是不可分割的关系，或相互依存的关系。用“有机体模型”与“机器模型”能够更深刻地加以说明。地球这个“家”是一个超级有机体，她所产生出来的人类生命和其他生命存在方式，都是类似于她机体上的各个“器官”，是有一定结构和功能的，不能造成破坏。如果一旦破坏，这个超级有机体就会缺失功能，甚至死亡。

2. 生态旅游的本质特征

关于生态旅游的特点，包维楷和吕永龙都通过生态旅游与现代传统旅游的区别中来认识，从目标、受益主体、管理方式、旅游者特征、正负面影响等多方面进行了比较，在比较中可以清晰地看出生态旅游所不同于传统旅游的特征（表1）。

表1 生态旅游与现代传统旅游的区别

现代传统旅游		生态旅游
目标	利润最大化	适宜的利润于环境和资源价值的持续维持和保育
	价格导向	价值导向
	享乐为基础	以自然为基础的享受，生态教育
	旅游区文化与景观的研究	环境资源和文化价值魅力的展示和保育
受益者	开发商和游客为净受益者	开发商、游客、当地居民分享利益
	当地社区和居民的受益与环境代价相抵所剩无几或入不敷出	

（续）

	现代传统旅游	生态旅游
管理方式	游客第一　有来必应	自然景观和环境保护第一，有选择的满足顾客要求
	渲染型的广告宣传	温和适中的宣传与环境教育结合
	无计划的空间扩展	有计划的空间安排
	分片分散的项目管理	功能导向的景观生态控制
	社区与居民不参与或部分参与	全面考虑社区发展与居民要求，吸收社居民参与
	交通方式不加限制	有选择的交通方式
旅游者特征	游客素质一般　追求享受　视觉观光	素质较高，期望获得有深度的体验与经历，追求经理身体与精神的挑战而非享受，追求积极的参与，而非被动的接受
	行为特征是亲近自然	行为特征是学习自然和保护自然
	对当地居民及其传统好奇	希望与当地居民交往、学习文化，了解宗教文化传统
	动机是度假、休闲、娱乐	动机是满足“回归大自然”的心理需求
正面影响	创造就业机会	创造持续就业机会
	注重短期经济效益　刺激区域经济增长	促进经济增长和环境保护
	获取外汇收入	提高人口素质，获取长期外汇收入
	促进交通 娱乐和基础设施的改善	交通、娱乐和基础设施的改善与环境资源保护相协调
	经济效益	经济、社会和生态效益的结合
负面影响	高密度的基础设施建设与土地利用和景观破坏问题	短期内的游客数量少，但趋于增加
	机动车拥挤、停车场占用空间和机动车产生的大气污染问题	交通受到管制（多数情况下，不容许产生污染的机动车使用）
	水体开发导致水污染	水边景观廊道建设阻碍了水体进一步开发
	乱扔垃圾引起的地面污染	要求游客将垃圾分类收集，游客行为受到约束
	旅游活动打扰当地居民和生物的生活规律	游客的活动必须以不打扰当地居民和生物的生活为前提
可能的后果	环境与景观自然的破坏，生态系统退化严重	旅游区健康发展，资源环境得
	旅游业衰退	得到有效的保护，旅游业持续发展

通过对生态旅游与现代传统旅游的区别及与其他旅游形式相比较，可以看到生态旅游具有范围上的自然性、层次上的高品位性、利用上的可持续发展性、内容上的专业性等突出的特点。生态旅游的本质特征可以概括为以下三方面：

（1）生态文化熏陶：生态旅游作为一种发展模式，渗透了可持续发展的理念；作为一种消费方式或行为方式，体现了生态内涵。生态旅游以各种生态景观为消费客体，是高层次的文化活动，探析其本质，客观上要求我们要超越其旅游的表层限定，而要立足于深层的文化和价值的视角。

生态旅游是通过对传统的“大众旅游”的拓展与创新，本质上实现了人类理性的复归，是一种思维方式的转变，具体表现为生态文化的导向和资源利用的伦理学选择。从价值这一角度来看，传统的“大众旅游”把人作为主体的存在归结为生命、能力、享乐和财富等因素，其所蕴含的价值观念，引导旅游系统中的旅游者、管理者、经营者对旅游环境无限度索取，在主客观两方面，在纵横两个维度上，都妨碍了绝大多数人的主体价值以及自然物内在价值的发挥，使旅游环境和后续消费者及旅游相关人群的利益都受到了严重损害，因而出现了旅游生态的危机。这一危机的根源并不在于技术层面，而是在于生态价值还没有被人们和社会广泛认知，生态环境对主体的意义还没有成为价值评价的主要内容。生态旅游所反映的是社会进步和发展在一具体领域的体现，其把人的价值评价标准由主体的个体形态移向群体形态和社会形态，以全社会的、长远的利益作为评价的价值尺度。“生态旅游通过减轻环境压力来平衡经济利益，通过保持旅游区景观资源和文化的完整性，实现代际间的利益共享和公平性”。生态旅游的内涵已超越了其内在的规定性，以整体性、多样性、公正性折射出生态文化形态。人类理性的关照把环境价值尺度——环境质量，社会价值尺度——利益共享与公平和经济价值尺度——经济收益一同纳入了旅游的价值评价体系，形成生态的旅游价值观，在客观上使生态旅游成为一种发展哲学，表现为旅游资源利用的伦理选择。

（2）自然唯美体验。“从旅游的发生和运行过程上看，审美和愉悦是旅游的内核”。生态旅游的本质应是以欣赏体验生态美为目的的旅游活动，这一点认识是基于微观层面而产生的。生态审美是人把自身所赖以生存的生态环境和生态过程作为审美对象而产生的审美观照。生态美是以生态价值观为取向，体现人的生存状态中主体的参与性和主体与自然环境依存关系的审美范畴，它是由人与自然的生命关联而引发的一种生命的共感与欢歌。在生态旅游中，旅游者对生态美的感受是直接参与到生态系统中去，人就是环境不可分割的部分，旅游者感知不是停留在外在的颜色、形态等直观形式，而是深入包含着与生命存在密切相关的生态规律和道德规范的内容中去，将真、善、美有机地统一起来，以一种新的心态和角色向自然交往。生态旅游既是符合客观规律的真，又是符合人的目的的善，是人类在当代旅游活动实践中真与善的统一。由此形成了以“人—地和谐统一”为主旨的真与善的价值判断标准，并且这一价值准则直接影响着当代人的审美判断。这使生态旅游的审美对象不再局限于单纯意义上的自然山水之美和人文景观之美，而是高于自然资源和社会文化资源的，使自己成为审美对象的真正意义上的“回归大自然”，并认识到“生命是建立在生命之间、生命与环境之间相互支持、彼此依赖共同进化的基础上。每一生命本身也包含着其他的生命、生命之间相互包含、生命本身也包含着环境，没有谁能独立生存。生命之间的关系、生命与环境的关系，与生命的存在同样真实”。生态旅游的产生正是从爱美、知美到创造美的审美实践活动。人们在旅游过程中按照生态平衡的价值取向去有意识地恢复和繁荣生态环境的美，使旅游区成为人类和地球生命家园最为和谐、最为美的区域。

生态旅游是导向于主客体之间对立的统一，是人们对“天人合一”之和谐的追求。人类已经饱受了工业文明所酿就的人与自然尖锐冲突的磨难，其理想和憧憬中的后工业文明是农耕文明的优美朴实和工业文明的崇高恢弘的完美结合，它意味着人和自然在更高层面上重新回归和谐。生态旅游意味着人类重新回归大自然。人们到乡村田园中去，到自然保护区、森林公园中去，满含激情地观赏濒临灭绝的珍稀动植物。生态旅游者以个人宽广的胸怀去体验和感受环境之美、自然之美，人与自然及自然各物种之间协调与和谐的生态之美。旅游者在此过程中增进生态保护意识，在生活实践上将对生态美的感悟与净化心灵、丰富人的精神品格的崇高审美价值取向结合在一起，并在旅游过程中进入“相看两不厌”的境界。在美景中，人类之爱亦成为自然的一个有机组成部分，进而达到一种“天人合一”的和谐境界。

(3) 育化"绿色"消费方式。开展生态旅游提倡一种"绿色"消费方式。所谓"绿色消费"就是符合生态的消费。在生态旅游消费过程中,消费者通过与自然、历史、社会、文化的"交换"应当按照生态规律满足自己休闲的需要。作为旅游单位也应当在旅游线路和设施上不失时机地向消费者传递绿色消费的信息。如必要的"绿色公益广告"和"绿色提示牌"使作为消费主体的游客,感受到身处大自然的怀抱之中,自觉地约束自己的行为。

作为生态旅游的单位,应将环境资源价值纳入消费经济学的理论框架之中,在生态旅游消费者的目标函数中不仅包括个体意义上的效用最大化,还包括对生态环境以及社会、历史、文化等非经济因子的权重,其约束条件应系统地纳入政府的生态旅游发展战略、旅游商的生态保护措施和相关公众的评估与控制等因素之中。

生态旅游作为一种存在方式,它向社会展现一种可持续发展的"绿色"休闲方式,是人类亲近大自然、回归大自然,向大自然学习生存智慧的课堂,也是保持人类子孙后代生生不息,以及保护自然资源的多样性、生物多样性和地域传统文化的完整性的新的消费方式的发展方向。

3. 生态旅游内在的本质关系

(1) 自然性与参与性的统一:自然性是指旅游地生态环境和土著文化环境的原始自然性。一是指旅游者所到的旅游区域具有独特的自然生态风光,由于受外界影响较小,保存着生态环境的相对原始自然状态;二是指在这个区域内具有独特的历史和文化,其生活方式和文化模式保留着纯自然原始状态,这二者对旅游者具有心理和文化需求上的吸引力。自然性是生态旅游的品质所在,是其发生空间内在的质量规定。参与性是旅游系统中,旅游者行为方式和强度,以及与旅游场所各组分关联程度的内在规定性。

生态旅游是自然性与参与性的统一。一方面,生态旅游可以让旅游者亲自参与自然与文化生态自然系统之中,在与这个自然系统的交融、亲近与互动中,感悟自然与人文景观的和谐、深邃与博大。参与的过程崇尚的是"无为"和"倾听",尊重自然系统的整体性、多样性和异质性。另一方面,生态旅游是旅游者、旅游地居民、旅游经营者和政府等广泛参与的一种旅游活动,这种在宏观和微观层面上的广泛参与和协同,实现了生态旅游自组织的有序运行。

(2) 保护性与生态性的统一:保护性是表现在生态旅游主体在客体和相关的各个层面间的能动性。对于旅游开发规划者来说,保护性体现在遵循自然生态规律和人与自然和谐统一的旅游产品开发设计上;对于旅游开发商来说,保护性体现在充分认识旅游资源的经济价值,将资源的价值纳入成本核算,在科学的规划开发基础上谋求持续的投资效益;对于管理者而言,保护性体现在资源环境容量范围内的旅游利用,杜绝短期经济行为,谋求可持续的三大效益协调发展;对于游客,保护性则体现在环境意识和自身的素质,珍视自然赋予人类的物质及精神价值,保护旅游资源及环境成为一种自觉行为。生态性是指生态存在的本性或属性。任何生态存在,无论是高山雪地,还是原始森林,都有其存在的特有属性。这些属性,或者满足热力学第二定律,或者遵从生态学规律。这些规律成为生态旅游设计和活动过程限度的依据。

生态旅游是保护性与生态性的统一。一方面,旅游设计和规划贯彻环境保护原则,应当有生态方面的标准,这方面的标准不是局部的,而是景观整体层面的标准。遵循这个标准可以避免本位主义和盲目主义。另一方面,作为生态旅游是人类的一种干预大自然的活动,或多或少必然对生态产生负面影响和作用，限制人们在旅游中作用和干预生态的限度，可以为环境保护提供最大范围的空间和机会。

（3）波动性与稳定性的统一：这是生态旅游的自然生态系统和自然—经济复合体系状态的表征。一方面，开发生态旅游资源，其扰动不能超出自然生态系统的安全阈值，要保持其应有的动态稳定。另一方面，发展生态旅游，在微观尺度上控制环境投入和经济产出的平衡点，在大自然动态平衡限度内施以必要的人为干预，以增加环境效益与经济效益，尽管在局部生态系统上呈现波动性，但在整体生态景观层面仍然保持健康的稳定性状态。如滑雪旅游中的人工造雪是一种人为的干预大自然的活动，造成雪地生态的波动变化，但是并不影响和破坏整体雪地景观生态系统的稳态，同时产生生态和经济效益。

（4）安全性与风险性的统一：生态旅游是一种“接近大自然”的旅游活动，或多或少地给旅游者带来风险。尽管作为旅游服务单位在提供服务时非常重视安全性，也没有一个游客愿意使自己陷入不安全的境地，但是，生态旅游相对其他旅游而言，是安全性与风险性并存的旅游类型。因为生态旅游是在大自然中的旅游，无论是滑雪、穿越原始森林还是湿地，旅游者的冒险性是客观存在的，同时作为服务单位的生态旅游业也为了满足游客回归大自然的精神享受，推出一系列惊险旅游方式和安全保障办法。实际上，对于游客而言，只要踏上生态旅游，那么，安全性就是与风险性始终相关联。但无论是作为管理者，还是开发者，都在多方面采取措施保证生态旅游的安全性，以规避其中的风险。

参考文献

[1] K Kutay. The New Ethic in Adventure Travel. The Environmental Journal, 1989, 1 (4): 30~36

[2] Martha Honey. Ecotourism & Certification: Setting Standards in Practice. Island Press, 2002: 1~7

[3] David B Weaver. Magnitude of Ecotourism in Costa Rica and Kenya. Annals of Tourism Research, 1999 (4): 792~816

[4] Vanessa Slinger. Ecotourism in the Last Indigenous Caribbean Community. Annals of Tourism Research, 2000 (2): 520~523

[5] 刘红，袁兴中，李瑞波．山东省自然保护区生态旅游开发 [J]．地域研究与开发，1995，14（4）：67~70

[6] 卢云亭，王建军．生态旅游学．北京：旅游教育出版社，2001：148~180，10~26，30~33

[7] 宋子千，黄远水．对生态旅游若干问题的思考．林业经济问题，2001，21（4）：214

[8] 郭岱宜．生态旅游——21世纪新主张．杨智文化事业股份有限公司出版，1999：124~145

[9] 张广瑞．生态旅游的理论与实践 [J]．旅游学刊，1999（1）：51~55

[10] 杨开忠，许峰，权晓红．生态旅游概念内涵、原则与演进 [J]．人文地理，2001，16（4）：6~10

[11] 宋子千，黄远水．对生态旅游若干理论问题的思考 [J]．林业经济问题，2001，21（4）

[12] 吕永龙．生态旅游的发展与规划 [J]．自然资源学报，1998，13（1）

[13] 张广瑞．生态旅游的理论与实践．旅游学刊，1999（1）：52

[14] 冷平生．哥斯达黎加生态旅游的考察与思考．北京农学院学报，1997，12（2）：24~27

[15] 肖扬，杨瑞卿．生态旅游的定义、产生背景及发展现状．忻州师范学院学报，2001，17（3）：56

[16] 徐期勇，艾南山，李立华．生态学原理在生态旅游中的应用研究．生态与自然保护，2000（3）：32

[17] 谢彦君．论旅游的本质与特征．旅游学刊，1998（4）：42

[18] 许振晓．生态旅游审美本质探析．社会科学家，2002（6）：33~36

[19] 司金銮．生态旅游消费发展论．财经科学，2001（4）：106~108

关于北京市森林旅游业发展的若干思考

米 锋　陈梅生
（北京林业大学经济管理学院，北京，100083）

摘要： 随着我国社会经济的发展和人们生态意识的增强，森林旅游得到迅速的发展。目前，森林旅游作为一项新兴产业，已经成为北京市林业支柱产业之一。虽然，森林旅游的开发提高了北京市社会综合效益，促进了多种经营项目的发展，增强了林业部门自身经济实力，是振兴经济的朝阳产业。但是，森林旅游在创造可观的经济效益的同时不可避免地给旅游区的森林生态环境带来许多影响，也存在着诸多问题。本文在全面分析论证的基础对北京市森林旅游业发展中存在的主要问题及其对策进行了探讨。

关键词： 北京市；森林旅游；问题；对策与措施

旅游业是当今世界上发展速度最快、发展势头最强劲的产业之一，无论是发达国家还是发展中国家，旅游业作为重要的经济支柱的地位不会改变。森林旅游作为实现旅游业可持续发展的重要内容，在全世界范围内获得了快速发展，已成为最具有生命力和发展潜力的旅游形式。20 世纪 80 年代以来，随着旅游事业的发展和人们生态意识的提高，崇尚自然、回归自然已成为人们越来越强烈的愿望和追求，因此我国森林旅游业得到了迅猛发展，现已初具规模，数量众多的森林旅游目的地已在我国悄然兴起。经过近 20 年的发展，已初步形成了以森林公园、自然保护区、森林狩猎场为主要森林旅游目的地的基本框架。到 2000 年底，全国共建森林公园 1 050 处，面积 962 万 hm^2，自然保护区 1 276 处，面积 102 亿 hm^2，国际森林狩猎场 22 处[1]。森林旅游是我国旅游业发展的主旋律，在世人“渴望自然、回归自然”的热潮中，森林旅游对都市人有着挡不住的诱惑。北京作为我国的首都，森林旅游业同样有着巨大的发展潜力和广阔的发展前景。到目前为止，北京市已建成森林公园（森林旅游区）22 个。其中，国家级森林公园（自然保护区）6 个，市县级森林公园（自然保护区）16 个。开展森林旅游的面积 57 万亩，占全市国土面积 2.3%。有 14 个国有林场被批准建立森林公园（旅游区），占全市国有林场 41.2%。几年来，北京市的森林旅游业取得了较快的发展。

谈到森林旅游，目前对此概念还尚未有统一、标准的界定，提法各异。其中，钟林生认为森林旅游是以良好的森林景观和生态环境的主要旅游资源，利用森林及其环境的多种功能开展旅游活动。冯书成指出森林旅游是对在特定的自然条件下形成的森林生态景观的观赏，是对孕育人类文明的大自然之回归，是生活在现代文明社会中人们对森林野趣之寻觅。而陈鑫峰则在他的博士论文中指出森林旅游是人们为了消遣、观光、商务、会议、探亲、访友等非就业目的，离开常住地到森林区域旅游和暂时居留而引起的现象和关系的总和[2]。

森林以其特有的魅力，吸引着越来越多的人们到森林里游憩、观光、野营、避暑、疗养、登山、森林浴、狩猎、滑雪、摄影、考察、观赏野生动植物、探险[3]。总之，森林旅游是在林区内依托各种森林风景资源以旅游为主要目的的多种形式的野外活动。

一、森林旅游业已成为北京市林业支柱产业之一

森林旅游作为一种独具特色的旅游方式，越来越受到世界各国的重视，并逐渐发展成为一项新兴的旅游产业。美国92%以上的林地（包括公有林地和私有林地）都允许公众进入，进行户外游憩，每年森林旅游超过3亿人次，年消费高达3 000亿美元；世界上发展森林旅游较早的拉丁美洲，森林旅游已占到整个旅游收入的90%；德国提出了“森林向全民开放”的口号，全国60多处森林公园的旅游收入达80亿美元，占国内旅游收入的67%；英国每年森林旅游人数在1亿人次以上。森林旅游已在全世界形成了一股热潮，并成为人们休闲娱乐的一种时尚。有专家预测，在21世纪的最初20年里，森林旅游人数将以两位数百分比增长，全球旅游总人数中，有一半以上的旅游者要走入森林[1]。

1. 森林旅游已成为北京市林业产业的重要组成部分

目前，据不完全统计，北京市林业系统各有关单位在森林公园接待服务、娱乐设施等各项基础设施建设方面累计投资1.64亿元。到2000年底，共形成接待床位3 862张，其中标准间床位420余张，森林木屋床位200张，餐位2 600多个，公共厕所34座，停车场总面积2.73万平方米。年接待量由1992年的8.4万人次增加到2000年的200万人次；累计创收3亿元（由214万元达到8 000多万元）；累计创利3 000万元（由18万元达到500万元）。森林公园已成为首都市民休闲、观光、度假、疗养、健身、科普教育等活动的理想场所。

2. 发展森林旅游是实现林业可持续发展的有效途径

北京市现有的森林公园和森林旅游区基本上都是在国有林场的基础上创办的。由于相当一部分国有林场地处边远山区，加上国家财力紧张，每年下拨北京市国有林场的基建、事业经费有限，正常的林业生产无法开展，造成森林资源减少，林分质量下降，各种基础设施欠账多，开展多种经营比较困难，经济状况不好，职工收入偏低，队伍不稳定的现象较为普遍。如云蒙山林场在未开展旅游前，各项生产经营管理基本处于停滞状态。每年职工工资和该发的各项补贴无法兑现，职工情绪低落。从1992年开始开发森林旅游，特别是被批准建立国家森林公园后，经济状况逐年好转，去年收入近200万元，除满足全场（公园）各项开支外，还上交县林业局10多万元。据对14个国有林场调查，发展森林旅游有效地改善了林场的经济状况，加速了森林资源的培育和管护，为实现林业可持续发展找到了一条有效的途径。

3. 发展森林旅游带来富民一方的明显效果

北京市森林公园大多地处偏远山区。建立森林公园和开展森林旅游，增加了餐饮、住宿、娱乐服务、承包工程项目等社会就业机会。据调查，北京市森林公园职工人数与社会就业比例为1:3。按一年工作7个月计，每人可收入3 000元，全年社会就业收入近400万元。同时，森林旅游的兴起给土特产的开发销售提供了机遇和市场。近几年发展起来一批“绿色食品”，如蕨菜、香椿、花椒芽、苦杏仁、葫芦丝等以及结合森林旅游举办果品观光、“采摘节”等活动，有效地促进了地方经济的发展。

二、森林旅游业发展中存在的问题

虽然，森林旅游的开发提高了北京市社会综合效益，尤其对经济落后的偏远山区，是振

兴经济的朝阳产业。森林旅游的开发也促进了多种经营项目的发展，增强了林业部门自身经济实力，为森林资源保护体系的建立和运行提了供物质保证。为森林旅游业的大发展打下了良好的基础，游客的游、住、吃、购、娱、行等六大要素得到初步解决，森林旅游业出现了方兴未艾的发展势头。但是，森林旅游业迅速发展的同时，也存在着诸多问题。

1. 建设项目选址不当，建设规模偏大，影响了旅游区的环境质量

一些森林旅游区（多为森林公园）在建设项目选址时，为片面追求经济利益和片面理解方便游客，在主要景区内建设饭馆、招待所和疗养院，破坏了风景区的整体面貌；同时，由于对废水、污水及污物的处理不力，或者由于地形条件所限处理不当，给旅游区的主要景区造成环境污染，形成垃圾堆、臭水坑，影响了景区的环境质量。有些森林旅游区在建设规模上一味追求豪华、壮观，采用现代化装饰材料，脱离森林环境求“气派”，使森林公园失去了原始、神秘、幽深、宁静的特色；另一方面，在生活区的建筑密度过大，超出了规划的密度控制限额指标，形成了森林旅游区内繁华闹市区，淡化了森林旅游区的环境特色，影响了环境质量[4]。

2. 设施建设及旅游产品生产基地影响环境的问题

随着森林旅游区的游人增多，景区内的原有林区小道不能满足大批量游客的游览需求，在这种情况下，一些森林旅游区就不顾环境保护的要求和旅游区的特色，计划在区内扩建公路，有些公路单纯求直求宽，穿越景区，影响景区的完整性；同时，还由于工程量大，又模仿城市中的柏油路面和水泥路面，于是就劈山炸石，终日炮声隆隆，砂雾弥漫，机器轰鸣，影响游人观赏的兴致；更为严重的是，破坏了森林景观环境，秀美的山体划开一道口子，整齐茂密的林木也遭到破坏，影响风景资源的观赏性能[4]。

有些森林旅游区一味追求短期利益，于是在利益的驱使下，只注重旅游基础建设的开发而忽视对自然生态环境的保护和改善，致使旅游区自然植被在大量的旅游服务设施建设、旅游公路建设以及架空索道、电力线路等的建设过程中遭到不同程度的破坏。

3. 游人的增多对生态环境带来严重影响

游人的大量进入使旅游区的地被及土壤结构遭到破坏，也使一些珍贵动植物的生境受到威胁。游人在旅游活动中，由于环保与法律意识淡漠，采折花木以及未经允许的狩猎、采集标本等行为，均对物种保护造成危害。此外，汽车进人森林环境产生的尾气、饮食活动带来的烟尘等使原本纯净的大气受到污染。旅游活动带来的大量废弃物、垃圾和污水也对森林中的水源和环境构成危害。

4. 管理措施不到位对旅游区环境的影响

有些森林旅游区注重大型旅游接待设施的建设，但对环境保护及建设却不太重视，规划的污水处理系统、排烟除尘设备迟迟不动工。忽视“三废”问题的处理，造成“三废”对森林旅游区环境质量的不良影响，随着游人增多，这种影响有越来越严重的趋势。

开展森林旅游虽然是促进林业经济转轨的有效途径，但不应一哄而上，不切实际。盲目开发旅游项目，不仅对资源环境造成破坏，而且可能使自身背上更沉重的负担。森林旅游的发展，可能淡化管理者的环保意识，而注重短期效益，这与资源永续利用的大政方针相违背。旅游和其他经营活动的开展，可能削弱科研与保护的力量，从人才投入和物质投入上造成资源保护事业的萎缩。

综上所述，在北京市森林旅游业实践中，没有把森林旅游经济发展与生态环境保护作为一个不可分割的有机整体，而是把二者脱离开来。在追求森林旅游经济效益时，生态环境保护却严重弱化，形成一手硬一手软的态势。其原因是多方面的，但深层次原因却在于现行的森林旅游业管理机制存在着严重缺陷，主要表现在只重视森林旅游经济管理，而忽视森林旅游生态环境管理，并把二者对立起来，没有认识到二者具有统一性的一面，导致生态与经济之间的矛盾关系日益尖锐化，严重制约了森林旅游业的可持续发展。从长远看，必然成为森林旅游业可持续发展的障碍[3]。如何解决这一突出问题，关键在于建立起科学规范的管理机制，促进森林旅游业的可持续发展。

三、森林旅游业发展对策与措施

为了解决上述问题，发挥好森林旅游的生态社会效能，提高森林旅游的经济效益，为林业建设服务，我们应该从实际出发，根据实际情况探索北京市森林旅游业的发展之路。

1. 科学规划、规范管理

森林旅游的发展存在着旅游开发与自然生态环境保护这样一对矛盾，对森林旅游进行科学规划和规范管理就是解决这一矛盾的有效办法。通过科学规划可以最大限度地防止旅游基础设施建设对自然生态环境的影响和破坏；通过规范管理可以尽可能地减少森林旅游对自然生态环境负面影响而充分发挥它的积极作用[5]。

森林旅游业的发展受当地社会文化条件的影响，所以森林旅游的发展必须讲科学、重实效，既要积极、又要稳妥。首先要认真研究森林风景资源的质量、数量和分布，进行森林风景资源普查和质量评价，确定森林风景资源价值的大小和森林旅游区的等级，坚持分类指导、分级管理的原则；其次要考虑森林旅游区的地理位置和对外交通情况，根据国家和地方旅游事业发展规划、游客需求来确定开发的重点，在全市范围内确定一批重点森林公园进行开发建设，实施龙头优先战略，在政策与资金上予以倾斜，抓住重点，带动面上的发展，坚持重点开发、分步实施的原则。同时还要坚持由近及远、先易后难、先缓后急的原则，促进森林旅游事业尽快走上全面发展的道路[6]。

森林旅游业的兴起与发展源于人们对大森林的向往、对大自然的崇拜，所以对森林风景资源的保护是一切工作的出发点，一切活动都要有利于森林风景资源的保护与发展。借森林风景资源发展森林旅游业，首先应该认识到只有保护好风景环境、风景资源，建设好森林旅游区的游览设施，才能谈得上发展旅游。森林旅游区建设的目的在于方便游览，把游人对资源的破坏降低到最低限度。建设的重点应该放在搞好森林旅游区水、电、路及安全卫生防火等基础设施上，以满足游人的基本需求。森林旅游区的建设要突出生态旅游的特点和地方特色，体现个性和主题。森林旅游区不是城市园林的再现，在森林旅游区内不能刻意追求楼堂馆所、小桥流水的园林风格，更不能盲目建设豪华的高楼大厦和高档的娱乐设施，而是要创造性地对各具有特色的自然景观、人文景观进行合理地开发利用，尽量不建或少建人工景观，禁止带有封建迷信色彩的项目建设。总之，森林旅游区范围内每一项建设都要体现与自然的协调，每一项活动都要体现融合于自然山水之间[6]。

2. 重视开展森林旅游环境保护工作的宣传，提高公民对自然生态环境保护的认识水平

森林旅游是现代人类社会经济活动的一个方面，在这种活动中，管理只是一个外在因素，起根本作用的内在因素则是人的素质。因此，通过各种途径来提高全体公民对自然生态环境的认识水平有着非同寻常的重要意义[5]。

通过摄制森林旅游区风光电视片、印刷和发放森林旅游区宣传图册、召开有关会议等各种形式，大力宣传森林旅游环境保护工作的重要性、紧迫性，宣传环境保护工作与森林旅游区开发建设、与森林旅游业发展的关系，提高森林旅游区各级管理人员对环境保护工作重要性的认识，树立将环境保护建设放在第一位的指导思想，从而，自觉地保护森林旅游区的环境，加强环境建设，使森林旅游区真正成为环境优美、风光奇特、空气清新的旅游胜地，满足人们“回归大自然”的需求，从大自然中得到情操的陶冶、身体的保健、美的享受和知识的启迪[4]。

3. 加强人才培养与培训，开展科学技术研究

森林公园与森林旅游事业涉及到多种学科，综合性强，牵涉面广，它要求从事这项工作的人员不仅要有行政管理的知识，而且要有自然、地理、生态、历史、美学、工程规划等多方面的专业知识和技能，对人的素质要求是比较高的。目前，一方面要加强在岗人员的培养与培训，提高素质；另一方面，要通过招聘、引进，吸纳我们急需的高、精、优人才。要依托高等林业院校已有的基础，培养森林公园与森林旅游方面的高级人才，使其成为事业发展的生力军。同时要加强对森林公园与森林旅游的科学研究，对森林公园的资源培育、名胜古迹保护、规划设计、气象水文、地质地形、美学等方面进行观测研究，对森林旅游市场进行科学预测，以便更深入了解情况，掌握规律，科学地制定有关保护、建设、管理的政策和措施，保证森林旅游业的持续发展[6]。

4. 进一步提高认识，更新观念

国家林业局提出“森林旅游业具有开发效益与资源保护同向发展、良性互动、无污染，市场前景日趋看好，对相关产业带动功能强，就业容量大等独特优势，是林业行业新的增长点，也是实现可持续发展，兼顾生态、社会、经济三大效益的有效途径”。北京市应以申奥成功为动力，以“绿色奥运、科技奥运、人文奥运”为主线，抓住机遇，乘势而上，把北京市森林旅游同首都大生态建设结合起来。

5. 进一步明确北京市森林旅游产业的发展方针

继续坚持“立足保护、适度开发、引资共建、突出特色”发展北京市森林旅游业的方针，在保证森林旅游资源总量和质量提高的前提下，兼顾生态、社会、经济三大效益，并在体制和机制上创新，高标准规划，建设独具特色的森林旅游区将成为北京市今后森林旅游产业发展的总体要求。

6. 制定《北京市森林旅游管理条例》，争取早日将北京市森林旅游纳入法制管理轨道

据调查，北京市各郊区县利用森林资源开办的森林旅游景区（点）有100多处，近期准备开发的还有50余处，分别归属于各级机关、企事业单位、部队和国外独资或联营机构。立柱为门，划地为园，盲目开发，大搞人工建筑，不顾环境和林木资源的保护，对森林景观和资源及生态环境带来较大的危害以及个别单位或个人甚至为了局部或集体利益，想方设法蚕食和侵占国有林地等现象时有发生。此问题已引起市政协委员、人大代表的关注，因此应尽早制定《北京市森林旅游管理条例》，促进和规范森林旅游业的进一步发展。

通过采取以上对策及措施，增强人们的环境保护意识。可以预计，随着森林旅游业的规范以及宣传的进一步深入，北京市森林旅游的环境建设和保护工作将会进一步加强，出现新的面貌。

参考文献

1. 俞晖. 21世纪中国森林旅游业发展战略研究. 林业经济，2001（9）：51~53
2. 张华海，张超. 森林旅游中几个重要概念的溯源. 贵州林业科技，2002，30（1）：52~55
3. 陈秋华，余建辉. 生态经济管理. 北京：经济科学出版社，1999
4. 王可安. 关于森林公园建设中的环境保护问题及其对策. 林业资源管理，1995，3：60~62
5. 张祖荣. 森林旅游对旅游区生态环境的影响及对策. 四川林勘设计，2002（1）：43~46
6. 王棋，胡春姿. 我国森林公园与森林旅游业发展对策. 林业科技开发，1997（2）：3~5

振兴老工业基地中的东北林业与林区发展①

佟光霁
（东北林业大学经济管理学院，黑龙江哈尔滨，150040）

摘要：在振兴东北老工业基地的过程中，林业与林区既要发挥支撑作用，又要借势实现自身的跨越式发展，而人力资源的开发是实现两大目标的重要保证。

关键词：东北经济区；林业；林区；发展

Abstract: During the process of revitalizing the old industrial base of the Northeast, forestry and forest zone should give play to the function of supporting, and also should take advantage of the tendency and should realize one's own great-leap-forward development, in which development of human resources are the important insurances of realizing two major goals.

Key words: Economic zone of the Northeast; Forestry; Forest zone; Developing

党的十六大做出了“支持东北经济区等老工业基地加快调整和改造，支持以资源开采为主的城市和地区发展接续产业，支持革命老区和少数民族地区加快发展，国家要加大对粮食主产区的扶持”的“三支一扶”决策。这不仅给东北经济区整体发展提供了历史性的政策机遇，也为东北的林业和林区提供了千载难逢的发展契机。抓住国家支持老工业基地和粮食主产区发展的政策机遇，重构东北林业和林区新功能，实现跨越式发展，是所有务林人的历史责任。

一、借势与支撑：东北林业、林区发展的着力点

从老工业基地振兴的一般规律看，主要工作应集中在区域内产业结构的调整优化、高新技术对传统产业的改造以及生态环境的恢复改善。对于东北这样一个长期沿循计划经济发展模式的区域，在全国经济体制转型的宏观大背景下，体制和机制的变革也同样不容忽视。而作为国家重要的粮食主产区，协调好经济加速发展和保证粮食安全的关系也是十分必要的。按照这样的规律和背景，东北地区的林业与林区发展，应因势利导，作好支撑和借势两方面的工作。

所谓支撑，就是要为东北老工业基地的振兴和商品粮基地的建设提供生态保障。林业作为生态建设的主力军，为振兴东北老工业基地和商品粮基地建设提供大生态屏障，责无旁贷。为此，要在全面加强天然林资源保护的基础上，继续推进以防沙治沙为主的“三北”

---

① 本论文根据教育部人文社科项目（02JA790001）黑龙江省科技攻关计划软科学重点项目（GB03D105）、哈尔滨市软科学研究项目（2004AC9CT061）的部分研究内容整理成文。

防护林建设，积极实施以治理水土流失为重点的退耕还林，认真搞好沿海、沿边、沿江防护林，切实加强物种多样性保护。并以此为基础，努力推进部门林业向社会林业的转变。

所谓借势，就是要借助振兴东北老工业基地的历史机遇，尽快改变林业、林区的落后面貌。五十几年的发展，东北形成了比较完备的森林工业体系，拥有84家较大型森工企业，百多万职工大军。可以说，众多的森工企业是东北老工业基地产业架构中的重要组成部分。同东北老工业基地的其他企业一样，它们有过同样的辉煌，处在同样的困境，面临着同样的改革与发展难题。要想和东北老工业基地同步振兴，森工企业必须深化改革，大力推进调整、重组、改造，消除所有制结构单一、体制僵化等制约发展的重大体制障碍。同时，要按照现代企业制度的要求，培育大型龙头企业，增强产业整体素质，提升市场竞争力。在此基础上，应正确面对林区经济、社会发展的落后现实，依据林区自身禀赋条件，在产业选择的基础上，将林区发展融入整个东北经济区的振兴与发展当中，实现林业、林区的跨越式发展。

综上，振兴东北老工业基地中的林业与林区发展，支撑与借势是两个重要的着力点。

二、支撑：历史的责任

在振兴东北老工业基地的过程中，东北林业和林区承担起支撑这一历史责任的关键，在于充分发挥林业在生态建设中的主力军作用。林业建设和发展的工作应围绕这一中心，作好以下工作：

1. 全面转变林业的发展思路

东北经济区的林业为承担这一历史责任必须处理好三方面的关系。

一是，要处理好林业建设和社会经济可持续发展的关系。林业要实现跨越式发展，必须要与经济、社会的可持续发展有机地结合起来，并要纳入其中心范畴，要在发展中提高林业的现代化水平。要明确林业不再是一个单纯、封闭的行业，而是一个面向社会各方面、具有多种功能和多层次发展的社会公益事业，加快林业由部门林业向社会林业的转变。

二是，要处理好“三大效益兼顾，生态效益优先”的关系，林业在其发展中，具有三大效益的功能。既要切实解决好三大效益的同步发展，同时又要使生态效益优先，就需要找到有效的结合点，处理好各方面的需求，不能顾此失彼。

三是，要处理好近期建设和长远发展的关系。通过大规模的人工造林，可以实现尽快提升生态环境指标的目的，并为改善日益恶化的生态环境发挥作用。但从另一个意义上来讲，短期的建设并不是目的，要达到人与自然的协调发展，更重要的还在于长期的努力，逐步实现人与自然的和谐发展。因此，从长期发展看，在全面实施六大生态建设工程中，要有意识地去增强东北经济区林业的自身造血功能。

2. 构建林业科技创新体系

20世纪80～90年代初，我国林业科技进步贡献率不足30%。根据国家林业局《2001中国林业发展报告》，“九五”期末，我国林业科技贡献率仅为27.3%。根据中国农科院数据，截至目前为止我国林业科技贡献率也只为31.4%，林业科技进步贡献率低必将限制林业可持续发展，降低林业为东北提供生态、经济与社会支撑的能力。因此，一要提高对林业科技创新重要作用的认识，加大林业科技投入力度，提高林业科技贡献率；二要建立以公益性科研机构和高等院校为主体的基础研究和应用研究基地，加大科技总体投入，特别是基础研究和应用研究的科技投入；三要建立经济、科技互动机制，使经济和科技互为条件、互相作用，促进林业科技开发型企业和生产经营型企业技术的创新；第四，应自主创新、模仿创新和合作创新相结合的原则；第五，应进一步建立健全林业科技推广体系。其核心任务是，促进林业增长方式的根本性转变。

3. 林业发展应注重多样化

现代林业的基本标志是“生态体系要达到覆盖普及，布局合理，结构稳定，功能齐全，整体效益最佳，能够满足现实社会发展的需要并对未来发展创造条件；产业体系要达到林产品产出与资源多样性相称，产业素质较高并具有国际竞争力，结构合理，技术先进，林工一体化”。而对于处于转型期的中国林业，所有制形式多元化的程度是一个重要的评价标准。

其中，森林生物的多样性是实现林业可持续发展的重要前提条件。为了维护森林生物多样性，应科学确定树种比例，不应盲目追求丰产速生，对于种植环保作用大但经济效益不理想树种的政府应可额外予以补贴，以避免出现树种单一的人工纯林，使林成为森林物种多样化的基础，并为林区多种经营的发展创造条件。

实现多样化，应充分重视私有林业在林业可持续发展中的作用。中国的情况同许多市场经济成熟国家的情况不同，林地多为国家所有，森林的主要组成部分是国有林，这一特征在东北林区更为明显，森林的经营和利用主要依靠国家。在国家财力有限的条件下，林业很难取得长期、稳定的发展，鼓励私有林业的发展应该是弥补这一不足的可行办法。因此，应积极探索私有林业的发展模式，采取有效的政策促进私有林业的发展，使私有林业真正成为林业的重要组成部分和重要力量。

产业结构体系的多样化是多样化的基础。产业体系的基本功能是提供多种物质产出，充分利用资源，并具有竞争力。产业体系的主要内容包括林业产业化和林工一体化。体现多样化架构的产业体系框架应由 3 个层次构成。第一层次：以具有规模效益的主导产业群为支柱。主导产业群应按如下标准进行选择：具有较高的规模经济效益和劳动生产率；具有较高的产业带动能力；能够成为产业及经济的主体；能够促进林业的科技进步；产品具有广阔的市场；产业链的初端应该伸向林业原料培育；能促进原料培育效率的提高，核心是培育周期的缩短；有利于从结构方面推动林业产业组织向专业化方向发展，达到合理的经营规模。第二层次：以林业多种资源充分利用，增强林业整体实力为主的产业。并按以下标准进行选择：资源具有较高的商业价值，但难以具备主导产业的实力；产品具有市场，但资金技术密集度要求不高；能在一定程度上兼容就业目标。第三层次：充分就业型产业。其选择标准是：以劳动密集为主，产品具有一定的市场，无规模约束；利用资源的竞争性不强。产业体系框架在保证向现代化推进的同时，追求发展过程对三个目标的保证。即能够支持国民经济发展和壮大自身行业的发展实力；区域经济的发展有支持作用。

三、借势：难得的机遇

借助振兴东北老工业基地的大好形势，促进林业与林区经济社会的发展，是东北林业与林区难得的历史机遇。借势的核心是，利用国家加大东北经济区基础建设投资的有利时机，顺应东北经济区体制、机制创新的大趋势，推进林业和林区经济、社会的跨越式发展。从目前实际看，以下三方面工作应作为当前工作的重点：

1. 加快国有森工企业的改革

国有企业改革将是振兴东北老工业基地的中心工作之一，各种推进措施和相关政策正相继出台，国有森工企业应利用这样一个有利契机，从产权结构调整入手，以提升企业竞争力为目标，加快国有森工企业的改革，并同时作好以下工作：

（1）统一思想认识，抓住历史机遇。改革首要的任务是要解决思想观念和认识上的问题，要审时度势，联系林业实际，选好、找准国有森工企业自身的位置，积极寻求林业经济新的增长点，努力加快发展步伐。

（2）完善经营机制，重塑微观基础。完善企业经营机制，塑造适应市场经营发展的微观主体，建立企业内部激励机制，是国有森工企业走出经营困境的根本所在，而完善经营机制，具体要落实三项制度改革：①在劳动用工方面，要砸烂铁饭碗，实行双向选择，竞争上岗。②在人事制度改革方面：一是不拘一格选贤任能，打破工人、干部界限。③在收入分配制度方面：打破平均主义和大锅饭，建立按劳取酬、效率优先、兼顾公平的分配机制，实行按劳分配和按生产要素分配相结合。

（3）盘活存量资产，强化资本经营。盘活存量资产是国有林工企业经营转向的重点之一，盘活的原则是，解放思想，抓大放小，实行资产重组。

（4）加强内部管理，提高经济效益。森工企业在改革的过程中，要把企业管理做精、做细，改变长期以来森工企业内部管理相对粗放的状况。为此，要做好产销衔接，提高原材料效益；要学习先进企业，狠抓生产管理；要实行成本否决，严控成本费用；要与全面推行人事、用工、分配“三项制度”改革相结合。

（5）对于国有森工企业内部的医院、学校等具备社会公共事业功能的部门、单位，能社会化的就尽量社会化，减轻企业负担。

以上各点是国有森工企业改革的阶段性工作目标和措施，核心应该是通过产权结构调整，从根本上解决出资人缺位问题，为提升企业竞争力构筑基础平台。

2. 构筑具有现代市场特征的林业产业市场网络体系

林业产业市场网络体系发育迟缓，是不争的事实。在振兴东北老工业基地良好的发展氛围中，应将建设和完善林业产业市场网络体系作为一项重要的工作。

建设和完善林业产业市场体系，应加强对林产品市场的规划、建设和管理，修改和完善木材及林产品运输管理制度。要协调好与相关运输企业的关系，妥善解决木材及林产品运输问题。林产品加工企业要充分运用信息技术和现代营销手段，建立和完善市场预测系统，及时掌握市场供求信息，按市场需求组织生产。要大力发展电子商务、物流配送等现代营销形式，提高林产品营销的组织化程度，努力开拓国内外市场，进一步扩大国际交流与合作，搞活林产品流通。

要采取有效措施建设好活立木市场，完善市场规则，规范市场秩序，建立完整、翔实的数据库，使之成为推进六大林业重点工程的支撑。

目前，我国林业资本市场存在着资本资源配置对产权界定作用弱化、林业资本市场流动性弱、市场机制失灵、资本结构不合理、资本价格被扭曲等问题。要加快中国林业资本市场建设必须“创建森林投资基金市场”，建立林业“公司债券”市场，加快林业“股票市场”发展，繁荣林业“信贷市场”，扩大企业留利投资和解决农民投劳资本界定问题。使林业资本市场在振兴东北老工业基地的过程中，融入国内外整体资本市场之中。

3. 依托东北大经济区城镇网络体系推进林区城镇化建设

实践证明，城镇化发展是解决制约区域经济社会发展问题的最佳经济综合点。林区城镇的落后事实充分证明了，依靠林业自身推进林区城镇化发展的思路并不可行。因此，要从地理定位、资源定位、市场定位和中心城市辐射定位4个方面入手，科学制定东北林区产业布局，依托东北大经济区业已形成的城镇网络体系，推进林区城镇化建设。在这一过程中，林业区应以附近中心城市为增长极，在增长极的极势作用下依靠交通网络聚集增长圈，各增长圈相互辐射，交织成为网络，并使自身成为所在城市圈的发展辅助网络，为增长极创造生态与经济增长优势，同时林区可以充分利用增长极的经济、社会资源，推进各种历史与现实问题的解决，在时间与空间上实现互补。

为此，应大力推进以下措施：第一，大力加强通讯与交通网络建设。国内外的发展经验证明，交通与通讯条件是林区城镇化网络建设的根本基础。通过广布便利的交通与通讯网络，各林区之间、林区与中心城市之间可以建立自发的资源纽带，实现资源的动态最优配置；第二，做好林区城镇建设规划，突出林区城镇特色。林区城镇建设要做到规划先行，规划的优劣决定城镇建设的成败，搞好林区城镇建设，必须坚持规划的科学性和严肃性；第三，搞好与地方政府的关系，合理利用资源。对与各级地方政府所管理的地区有交叉的林区城镇，在规划建设上应与地方政府加强沟通联系，重大问题应进行专题讨论，达成共识。避免复制以往各自为政、低水平重复建设的局面，给国家资源和财产造成浪费，给市民生活带来不便；第四，拓宽融资渠道，汇集多方力量。通过争取国家及各级政府的政策支持、开放小城镇建设市场吸引民间资金，发动林区职工和林农义务劳动参与小城镇建设，可以最大限度的利用市场融资与民间游资，提升林业引资能力，降低建设成本，增进林区城镇化发展动力。第五，在调整林区产业结构中，充分发挥森林中多种丰富的自然资源优势，优化林区产业结构，加速城镇建设；第六，充分利用当前振兴东北老工业基地的各项政策资源。

四、人力资源开发：实现目标的基础

应该说，在21世纪的发展中人是最宝贵的资源。当前决定林业、林区发展的不是资源量、资本量，甚至也不是知识量，而是“知识人量”，即具有林业知识创新、扩散和应用能力的人（林业人力资源）在林业发展中的密集度和广度。没有相关企业员工和各级、各类管理者素质的不断提高，特别是没有兼林业生产与经营管理于一身的广大林农素质的提高，就不会有支撑和借势过程中林业、林区的跨越式发展（佟光霁等，2004）。

为此，应从以下三方面强化务林人素质的提高：

1. 重视企业家的培养

企业家是林业与林区经济发展中的稀缺资源，但是企业家的成长，需要特定的环境，要积累经验和资本。对企业家的成长来说，政策十分关键，实践必不可少，但到先进行业、地区开阔眼界也同样重要。对林业而言，应当鼓励和欢迎林业、林区的企业家参与到更大范围的区域经济发展中去；对行业主管部门和林区政府来讲，应当制定政策吸引企业家加入到林业和林区的创业中来。

2. 重视培养行政官员的工作能力

推动一批高素质的林业、林区政府机构人员的出现，是实现快速发展的前提和保证。林业主管部门应当为林业、林区行政机构人员的工作能力提高提供帮助。林业系统内部经过长期建设，已拥有一批高等院校、高等职业技术学院和中等专业学校，区域内政府机构和企事业单位的培训中心、高等院校的经济管理学院比比皆是。应充分发挥它们的作用，与相关机关事业单位建立固定的联系，进行长期或短期地各类人员培训。另外，还可以用互相交流挂职等方式进行培训。

3. 人力资源开发的重点

生产一线广大林农素质的提高，是务林人素质建设的重点。在提高林农专业技能素质上，一要不断发展林区初等、中等职业学校和中高等林业院校的培养规模。二要通过建立乡村图书馆为林农传播林业生产技能。另外，还可通过广播电视、专业技术人员指导、示范户、乡村技术培训站等形式传播林技知识。实施林农专业技能素质教育要注重教育—生产—致富的一体化，以提高林农接受再教育的主动性（佟光霁等，2004）。

东北老工业基地振兴中的东北林业与林区发展，是一项牵一发动全身的系统工程，文中有关支撑和借势的措施建议，也只是择其要的管窥之见，难免挂一漏万。因此，尽快开展深入、系统的研究工作是十分必要的。

参考文献

1. 吕肖华．“第三意大利”对东北振兴的启示．中国经济时报，2003－11－28
2. 东北老工业基地林业发展综述．绿色时报，2004－2－25
3. 朱佳佳．德国鲁尔区复苏给东北的启示．中国经济时报，2003－09－12
4. 佟光霁，尚杰．林业知识化——新时期中国林业的发展道路．林业科学，2004（7）
5. 江曼琦．聚集效应与城市空间结构的形成与演变．天津社会科学，2001（1）
6. 杨伟民．未来产业 科学布局．时代经贸，2004（3）

塑造林产品品牌的战略初探[①]

李德立　王　威

（东北林业大学经济管理学院，黑龙江哈尔滨，150040）

摘要：在我国林产品生产经营中实施品牌战略具有重要的现实意义。本文探讨了当前林产品品牌战略实施的可行性，塑造林产品品牌的必要性，并就此提出了塑造林业品牌的策略建议。

Abstract： Implementing the brand strategy in products has important realistic meanings on production and management of the forestry in our country. This article probes into the feasibility of brand strategy implementation of the present forestry products and moulds the necessity of the forestry products brand though putting forward the tactics suggestion of molding forestry's brand on it.

品牌是一个企业或企业集团产品的标志，它代表着企业的社会形象，是现代企业生存和发展的基础。当前大部分商品市场已成为买方市场，市场特征由消费者确定。在这种形势下，企业必须打出自己的品牌，在激烈的市场竞争中，通过树立自己的品牌，塑造自己的形象，增强自己的综合实力。林业一直被认为是传统的弱势产业，其主要原因是林产品的价格与成本之间的比例关系失衡、林产品的附加值低、林业企业规模小等产业劣势。但如果把林业产业链扩展到产业化全过程，则林业将会成为收益较高的行业之一。经验证明，通过成熟的品牌运作方式可以小品牌带动大产业，促使产业聚集，进而达成规模经济。因此，通过实施林产品品牌战略，改变林业的弱质形象，拓宽林产品的增值空间是一个促进林业企业跨越式发展的途径。

一、塑造林产品品牌的可行性

1. 资源禀赋的独特性

创建林产品品牌充分体现了区域资源特色和优势。许多林产品种类及其品种具有生产的最佳区域。不同区域地理环境、土质、温湿度、日照等自然条件的差异，直接影响林产品品质的形成。哪怕是同一品种的林产品，也会因不同的区域而显示很大的品质差异。因此，因地制宜发展当地名、优、特产品就成为各地提高林产品竞争力的首选之策。而与此同时，各地特色产品又往往因当地特有的文化习俗而大放异彩。可以说纵观古今，任何一个产品品牌的创建和确立无不与当地的资源特色和传统渊源紧密地联系在一起，积淀着深厚的文化底缊。如东北三宝、黑龙江的黑木耳都充分说明了这一点。它们也因此而获得较高的附加价

① 本论文根据教育部人文社科项目（02JA790001）黑龙江省科技攻关计划软科学重点项目（GB03D105）、哈尔滨市软科学研究项目（2004AC9CT061）的部分研究内容整理成文。

值，从而使名牌林产品具有相对高价的优势。

2. 产业化发展的要求性

创建林产品品牌适应了林业产业化生产的要求。长期以来，尽管我国林产品资源十分丰富，也有很多优质林产品，但绝大部分林产品仍是分散经营，不仅没有在国内外叫得响的牌子，而且连品牌都没有，以致在市场销售中节节败退。而与此相反，一些质优价高的国外名牌林产品却在各地市场走俏。不同品牌的林产品具有如此大的悬殊，告示我们各地应因地制宜，从创造名牌林产品入手，继而打造一批名牌林产品加工企业，再以名牌集团的规模和名牌效应去建立商品生产基地，从而形成一批主导林产品及其相关产业，带动林产品产业化、规模化发展，在国内甚至国际市场上形成强大的渗透力。

3. 固有品牌整合的可行性

创建林产品品牌适应了林业企业固有品牌发展的要求。经多年发展，林业企业塑造的品牌仍屈指可数，基本上处于有品无牌、一品多牌、少名牌、无名牌的状态，但是毕竟一部分品牌已经生存下来，它们为黑龙江林业名牌的产生构筑了一个良好的创建平台。名牌产品只要借助现有品牌的技术、标准、企业等基础就可以在创立之初获得良好的保护。如黑龙江森工集团塑造的黑森品牌就为未来林业的名牌提供了一个很好的孵化器。

4. 满足消费需求的迫切性

创建林产品品牌可以满足消费者追求高质量生活的需求。随着社会经济的发展，人们越来越注重生活质量和品位，健康意识明显增强，绿色食品备受青睐。但如何区分市场上琳琅满目的林副产品究竟哪些是绿色食品实属不易。另外，同类林副产品的品质差异也经常相距甚远，即使有两种品牌的林副产品都能达到绿色食品标准，但仍可能存在风味、口感、质地等差异，这些差异是消费者无法用肉眼识别的，他们也不可能在购买之前都亲口品尝。因此，消费者需要有容易识别的标志，这一标志只能是品牌。品牌经营将是林业经营的主要方式，品牌林产品将会吸引更多的消费者而具有相对的市场垄断优势。

二、塑造林产品品牌的必要性

1. 提升林产品品质的必然要求

发展“有机”林业是提高林产品品质的必然选择。加入WTO后，贸易壁垒正在消解，但国外对中国林产品的技术壁垒特别是“绿色壁垒”则日趋严重。而与此同时，有机食品却越来越引起国际市场的重视和青睐，其价格会于普通同类食品的50%～200%。所以，我们必须以长远的发展眼光，对林业资源进行有机开发、标准化生产，让其具有畅通无阻的“国际通行证”。如尽快制订一套符合国际标准的有机产品标准，规范配育、加强管理，尤其要注意污染、病虫害防治。

发展立体林业是提高林产品品质的重要保障。生态林业要求：发展林业应主要依靠林业生态系统中的可再生资源，充分利用生态系统内物质与能量的循环与转换、各生物以及生物与环境之间的共生、共养规律，建立起一个综合发展、多级转化、良性循环的高效林业立体体系。

加快技术投入是提高林产品品质的必要前提。质量是品牌的基础和生命，而科技进步又是优质、低耗、高效林业生存和发展的基础和保障。林产品品牌的创建是一个生产、加工、销售等方面综合优化的过程，因此，在产前、产中、产后各环节都要有名牌意识，也都要注重科技的投入。

总之，通过发展有机、立体、科技林产品提高林产品品质是推进林产品品牌化事半功倍的途径

2. 林业企业规模化的必然要求

实施优势林产品品牌发展战略是林业企业规模化经营的关键。企业规模化经营是我国林业发展的方向，也是林业发展的根本出路。近年来，随着国内林产品买方市场的形成，尽管一些具有传统优势的林产品稍有增产，但由于“卖难”问题相当突出，结果是增产不增收，其根本原因在于这些林产品的“档次”不适应市场的需求。但仔细审视市场不难发现，名牌林产品的市场却十分活跃，而拥有这些品牌的企业创出了一批对市场具有吸引力的名牌林产品，获取了高额的利润。通过创出名牌和特色，提高了产品的市场占有率和市场竞争力，并利用名牌效应巩固、壮大自己的实力，实现联合、兼并，真正成为“龙头”，实现了资源的优化配置，促进企业规模化经营的高效、持续发展。

3. 林业企业融资的必然要求

实施林产品品牌发展战略是林业企业解决融资难问题的关键。以往的林业企业由于历史包袱太重、效益低下造成融资艰难。但是通过品牌甚至名牌的创立后，必然会拓宽融资渠道，加强融资力度，改善融资结构，增加融资信度。

4. 企业虚拟化经营的必然要求

由于林业企业的弱势现状必然造成企业无力再实现所有产品都通过传统的生产、营销渠道，所以采取虚拟化品牌战略是一种必然选择。所谓虚拟品牌战略，就是自己拥有一个品牌和品牌整合的概念，围绕其核心即品牌概念，通过一个完整的思路去驾驭每一个环节，带动更多的社会资源来参与。可以这么说，在中国加入 WTO 后的今天，将会有更多的中小企业实行虚拟品牌战略，将有限资金集中到品牌经营和产品设计上，以求迅速提升品牌的市场影响力和竞争力。

5. 拉动整个林区经济的必然要求

名牌产品就是具有一定生产规模的，有较高知名度和较高市场占有率的优质产品，不仅可以有力地带动区域的经济发展，而且可以给整个区域带来可观的社会效益。这主要表现在以下三个方面：名牌可以使企业有自豪感和荣誉感，从而增强加快发展的信心和勇气。并且，培育名牌的过程就是奋力竞争的过程，积极进取的过程；名牌可以促进相关产业的发展，通过名牌的创立可以拉动运输业、邮电业、服务业等等相关产业的发展；名牌可以提高企业在国内外的知名度，从而为扩大开放、招商引资创造了极为重要的前提条件，带动区域外向型经济的发展。

三、塑造林业品牌的策略建议

实施林产品品牌战略，特别是创立名牌，往往需要长时间的艰苦创造和努力，凝结着几代人坚持不懈的追求和辛勤劳动。实施林产品品牌战略，还是一项复杂的系统工程，必须从全局出发，综合谋划。

1. 从林产品生产经营主体来看，林产品生产经营者应作好以下工作

（1）转变观念，树立林产品品牌意识和名牌意识。要充分认识建立品牌、创立名牌是提高林产品科技含量和商品化程度，促进企业增产增收的需要；是提高林产品档次，改善人

们生活质量，取得良好社会效益的需要；是企业在市场竞争中立于不败之地，求得生存与发展空间的需要。

（2）科技创新是实施品牌战略、提高林产品质量的关键措施。市场竞争就是产品竞争，产品竞争就是质量竞争，而质量竞争往往是通过科技创新和争创名牌来实现的。争创名牌就是要追踪世界高新技术前沿，逐步形成科技创新体系，加快科技成果的转化。因此，名牌的形成过程就是创造优质产品的过程。质量是产品的生命，是竞争力的源泉，是高效益的保证。我们必须以科技进步为主要推动力。主要体现在：以林业科学与现代生物技术交融为基础的新物种的塑造和新快速繁育技术的应用；适合动植物生长发育内外部环境的养殖和栽培技术以及设施林业的应用；有利于环保的新型生物肥和农药的研制与运用；能够有效延长产品链的林产品加工技术和新人造合成技术的应用；林业发展新空间领域的拓展等（佟光霁等，2004）。

（3）建立林业企业化组织，实施科技创新，生产有特色的优质林产品。一是以林业产业组织为主体，加强林产品优良品种的培养，优化品种结构，形成各自特有的专用性品种。二是加强林业经济作物栽培技术以及林蛙等特种经济动物集约化饲养配套技术的研究和开发工作，确保生产出营养性高、安全性好的优质林产品。三是加强林产品的采收、包装、储藏、运输和加工技术的研究与开发，通过林产品的精加工，提高林产品的科技含量和附加值，从而增加林业生产的收益。要形成批量生产的林产品，必须要有林产品生产的标准。标准化生产是创品牌的前提。林产品的品质因林业生产地区，产前、产中、产后技术操作规程的不同而相异。高质量的林产品通常不但具有产中的林业技术标准，还具有产前、产后的林业技术标准，实行系列化的标准化生产。

（4）要实施林产品品牌战略，必须解决我国林业生产规模小、林产品品质差别小、营销方式落后等问题。这就需要建立各种形式的林业产业化组织。在生产方面，可以建立专业性生产协会、专业性生产合作组织；内部实行不同程度的企业化管理与经营，如专业性生产某一种类或品种的林产品，统一进行产品的加工并使用同一品牌销售。在市场方面，建立有特点的品牌产品产地市场，集中销售当地的名优林产品；同时，建立稳定的销售渠道、开拓新的业务关系，促进林产品的大流通。在有条件的地方，还可以促进品牌林产品走向世界市场。

（5）要采取有力措施，依法保护名牌林产品。在市场经济中，品牌与市场主体的生存、发展紧密联系。市场对国内品牌林产品的冲击可能主要来自两个方面：一是假冒伪劣林产品的冲击。二是自砸牌子的行为。目前，来自第一种冲击的风险会非常大。相对于工业产品来说，林产品更容易被假冒或侵权。林产品要在市场上站得稳、立得住，就必须用法律来保护它。林业企业必须重视产品商标专用权，因为商标就是自己产品的身份证，是企业进军市场、抢占制高点的秘密武器。

2. 林产品品牌战略的实施离不开政府的支持和领导，政府要为实施林产品品牌战略创造一个良好的环境

（1）要制定有利于实施林产品品牌战略的倾斜政策，支持以品牌生产为龙头的林业企业化组织建设。一是要选择林产品品牌“苗子”，提供引导投资，即政府通过优惠利率、贷款贴息、投资补贴等措施引导企业按政府意愿投资。二是要调整科研任务和研究方向，开发林产品品牌产品并加强相关技术的科技攻关。针对林产品新品种培育、配套，在配合饲养技术、产品加工、包装和市场营销等环节，开展多学科、多领域的科技攻关，为实施林产品品牌战略提供技术储备和支撑。三是推进林业标准化。标准化是实施林产品品牌战略的重要基础，没有标准化就难以实施品牌战略。因此，政府应制订符合当地实际的先进、合理、可靠、可操作的林业标准，为确保林产品质量的稳定和培育优质品牌林产品提供依据和支撑。四是政府各部门之间要加强协调，从全局的利益出发，认真贯彻执行品牌战略倾斜政策。

（2）增加投入，加大品牌宣传力度，营造创立名牌的社会氛围。各级政府要通过各种途径，广泛进行质量、品牌、商标、广告和营销策略的宣传教育，让林产品生产经营者把经济发展的出发点和落脚点放在实施品牌战略上。各新闻媒体要通过对林业产业化经营组织先进典型的报道，宣传品牌经营的经验，增强全社会的品牌意识。

（3）各级执法部门和司法部门要紧密配合，旗帜鲜明地运用法律手段扶持龙头企业，实施品牌经营。品牌保护既是对企业利益的保护，也是对顾客和社会利益的保护。对假冒品牌农产品的行为和虚假广告，要坚决查处打击，为品牌林产品脱颖而出创造良好的市场环境。国家应尽快制定和完善保护品牌健康成长的法律法规，把品牌的培育和保护纳入法制化轨道。政府职能部门要加大执法力度，铲除不正当竞争行为。只有这样，才能创造出一个公平竞争的市场秩序，为品牌林产品的生存和发展创造良好的条件，做到创一个品牌，带一个行业，兴一方经济。

（4）深化改革，增强企业与林农的创新能力。推进品牌战略的实施，必须加快和深化体制改革，使企业和林农成为实施品牌经营的主体。实施林产品品牌战略是林业企业和林农的行为，只有当他们真正成为市场主体，拥有经营自主权，才有市场竞争的强烈意识，才有品牌意识。林区经济体制改革虽然已进行了几年，但仍然存在着产权不明的问题。因此，只有进一步推进林区产权制度改革和创新，林农才有主体行为意识，才有实施品牌经营的行为。

林产品的品牌战略一直是林业企业发展的薄弱环节，更是中国林业经济跨越式发展的关键。提高实施林产品品牌战略，就可以提高中国林产品的国际竞争力，提高中国林产品的国际市场份额，在竞争中立于不败之地。

参考文献

1. 佟光霁，尚杰．林业知识化——新时期中国林业的发展道路．林业科学，2004（7）
2. 仟熹真，程玉林，王兰霞．发展绿色食品产业与打造黑龙江省绿色食品“品牌”的战略思考．商业研究,2002（5）
3. 徐燕．深刻理解品牌内涵，实施品牌战略．江西行政学院学报，2004（6）

依托东北城镇网络推进大林区发展①

王　威　李德立　佟光霁

（东北林业大学经济管理学院，黑龙江哈尔滨，150040）

摘要：林区多年城镇化的事实证明，依靠林业自身发展林区城镇体系的思路并不可行。本文提出了依托东北的城镇网络促进林区城镇化建设的思路及相应的措施建议。

Abstract：The fact of the urbanization has proved that the thinking of relying on the forestry oneself to develop the urban system in the forest zone is not feasible for many years. This article putts forward the ideas and proposes that is relying on the Northeast urban network to promote forest zone urbanization.

目前，我国林业正经历着传统林业向现代林业的转变，党中央、国务院提出了包括实施天然林资源保护工程在内的一系列政策和措施，给林业的发展提供了一个历史性的契机。能否利用这一契机促进东北林业与林区的跨越式发展是对东北林业、林区的挑战，也是对全国林业、林区的挑战。

一、东北大林区面临的挑战与机遇

（一）东北大林区面对的城镇化挑战

从历史上看，东北大林区建设了许多林区小城镇，一直通过林业自身的发展带动城镇化，使林区城镇化建设逐渐进入误区，造成林区小城镇发展至今依然十分落后。从林业"两危"到林区城镇的落后事实充分证明了，依靠林区自身发展城镇体系的思路并不可行。因为，林区难以提供满足自身需要的社会产品、公共产品和经济要素，林区的地域与资源特征造成通讯、交通基础落后，教育薄弱，融资艰难，造成城市化的推力不足，各林区之间交流合作困难。十六大报告指出"中国要走农村城镇化的道路"，这为东北林区的发展提供了新的思路。

（二）东北大林区的五大战略机遇及其发展思路

1. 区域战略空间广阔

基于铁路等基础设施的发达状况与联结及其区域分布，东北经济区域应在战略层面中寻找自己的空间联结。从区域最短半径和传统经济关联度看，东北地区首先面对的是环渤海地区。这个地区是举世并不多见的资源、区位、人力、环境匹配完整的大经济圈。

---

①　本论文根据教育部人文社科项目（02JA790001）黑龙江省科技攻关计划软科学重点项目（GB03D105）、哈尔滨市软科学研究项目（2004AC9CT061）的部分研究内容整理成文。

2. 国家和区域内各级政府对东北地区林业发展的高度重视

国家实施的“天然林保护工程”，将国有林区作为工程实施的重点。东北各省政府和各林业局在林区建设发展规划中均强调要构建布局合理的生产和生活区，加强小城镇建设。

3. 显著的自然资源优势

林区地域辽阔、自然资源丰富。除木材资源外，还有动物、植物及菌种资源，以及独具特色的矿产资源、水利资源和景观资源等，为林区的全面发展及生态园林城镇的建设提供了物质基础。林区经济正经历着主辅换位的转变，从单一的木材生产为主向多种经营发展，黑龙江省 2004 年上半年森工总产值 12 亿多元，其中 60% 为多种经济作物产值。

4. 相关理论研究的指导性

目前，关于城镇发展和城镇建设方面研究是比较热门的课题，包括：自然资源和环境保护、城镇可持续发展、生态园林城镇建设、加速发展的中国城市化等。这些研究对于林区城镇建设具有较强指导意义。适应东北大林区的战略主要有：

（1）艾伦·斯科特（Allen Scott）的城市地域结构经济理论研究。东北三省林区经济布局应将交易成本概念赋予“空间”概念，通过分析企业内部、企业之间的劳动分工和生产组织过程中的纵向一体化和纵向分解、生产联系、集聚经济而得出区位原则。尤其是林业所进行的社会生产组织形态与大城市空间经济动态时空关系的研究，从产业联系和联系成本的角度来探讨集聚的过程和产业综合体的形成。重点从关联性的角度来解释因集聚经济原则导致的区位会聚和再集聚。同时，要注意对人的关怀，在城市的地域结构上不仅要考虑集聚经济，也要从关怀人、体现人的全面需要和尊严的角度出发来规划、建设和管理城市，达到总体空间的均衡性和局部空间的非均衡性。

（2）经济布局要因地制宜，遵循各林区的经济和自然条件发展。差异化战略的体现主要是根据各资源区的禀赋不同，发展各自的增长点，以点带面，拉动一个增长带，通过增长带的扩张，形成增长圈，并达成对周边各区的辐射，将东北各林区的增长圈在交叉影响下形成东北林业经济、城镇发展网络。

5. 可借鉴的丰富经验

经济发达城镇建设的成功经验、失败教训可为东北林区建设提供借鉴，认真研究，取长补短。可避免少走弯路，节约人力、财力、物力，有利于加快林区建设的速度。

二、东北林区经济与城镇布局中存在的问题

1. 林区城镇选址不合理

林区城镇最初选址是根据森林资源开采时序而确定的，随着森林资源开发临近后期及林区人口变化，原有城镇选址的不合理性逐渐显露出来，城镇分布不均，各级城镇之间级差不合理，缺乏有机的联系与补充。

2. 产业结构不合理影响林区城镇发展

部分林区单一消耗木材的独木支撑经济的局面长期以来没有改变，国民生产总值中，第三产业比较弱小，第二产业比重仍然很大，产业结构调整缺少大工业项目牵动，新的替代性和支撑性产业尚未形成。原有的产业优势、资源优势已经消失，导致小城镇缺乏支柱产业的支撑，发展后劲不足，有的甚至出现衰落现象。

3. 基础设施建设落后，不能满足城市发展需要

林区城镇建设同东北三省其他资源型城镇建设一样，木材采运业始终占据整个林区的经济主导地位，对涉及人民生活的交通、文化、教育、娱乐等基础设施投入不足，城镇设施指标远低于全国平均水平。主要表现在林区公路总长度不足，等级偏低，低于各省平均水平；邮电、通信设施尚显落后；电话普及率达不到城镇化的要求；有部分地区供水供电仍紧张；医疗、教育条件差，影响生产和生活需要。

4. 城镇建设资金严重短缺

大部分林区的单位，既是企业又是政府，使企业社会负担过重，历史欠账过多，企业经营步履艰难。并且林区仍处于由计划经济向市场经济过渡的初期，融资手段单一，运用市场机制融资的办法不多，在吸引社会资金上缺乏有效的机制，不能调动社会闲散资金投入到城镇建设中。城镇建设的资金单一由企业投入，使城镇建设资金总量难以保证，也增加了企业的负担，严重地制约了企业的发展。

5. 与地方政府在城市建设问题上协调性欠佳

东北各省是林业大省、农业大省，由于历史的原因和开发建设的需要，形成了地方、森工、农垦交叉存在的格局。系统间各自为政，自成体系。城镇建设上有限的资金分散使用，条块分割，“大而全、小而全”的低水平重复建设时有发生，影响了城镇建设整体质量的提高。

6. 缺乏规划设计，城镇建设无特色

由于重视程度不足，以及专业技术人员短缺，林区城镇规划设计工作较为欠缺。城镇镇区建设都是新区加老区，一字长街两侧建筑大同小异，且过于单调、呆板，缺少个性和变化，对于有利的自然资源利用不足，使得整个城镇没有特色。

三、调整东北林区经济和城镇布局与强化合作的建议

（一）林区城镇布局原则

林区布局的总体原则是：将林区体系规划与林区林政规划、大区域城镇网络规划相结合。

以黑龙江省为例说明。黑龙江省现有四大林业区域，即伊春林业区、合江林业区、牡丹江林业区、松花江林业区。这四大林业区的布局并不是孤立的，其中以松花江林业区为中心，向东、向北分布着伊春林业区、合江林业区，然后再向东北是牡丹江林业区。它们以自然资源的地域分布为基础呈现着极点向东北方的辐射，这种自然地理空间分布对经济与城镇的布局起到了关键的作用。哈尔滨都市圈规划的逐步实施对周边的辐射将逐渐深远，以松花江林区为中心增长极的林区区域发展格局已经形成。其中，主增长点哈尔滨城市经济区包括哈尔滨市区、阿城市、双城市、肇东市、宾县、巴彦县、木兰县、通河县；辅增长点绥化城市经济亚区包括绥化市区、兰西县、青冈县、望奎县、明水县、海伦市、绥棱县、庆安县等；尚志城市经济亚区包括尚志市、五常市、延寿县、方正县、依安县等。通过“一大”带动“两小”：即哈尔滨带动绥化、尚志，进而带动伊春、佳木斯；松花江林业区带动伊春、合江林业区。初步建立的松花江林业圈包括绥棱、通北、铁力、桃山、双峰、兴隆、亚布力、苇河、山河屯等林业局；伊春林业亚圈包括沾河、红星、乌伊岭、友好、上世岭、五营、汤旺河、新春、美溪、乌马河、翠峦、带岭等林业局，依附于伊春城市亚群包括以伊春

为中心，由21个卫星城镇组成的群体城市，1市（县级）1县15个区；合江林业亚圈包括鹤北、金山屯、鹤立、南岔、朗乡、清河、方正、桦南、双鸭山、迎春、东方红等林业局，依附于佳木斯城市亚群包括以佳木斯为中心，牡佳铁路为骨干的城镇经济带，辅以四大煤城（鸡西、双鸭山、鹤岗、七台河）、密山、鸡东、宝清、铁力、虎林、桦南、富锦、同江、抚远、桦川等城镇；牡丹江林业亚圈包括柴河、海林、大海林、东京城、穆棱、八面通、绥阳、林口等林业局，依附于牡丹江城市亚群包括以牡丹江为核心，辅以海林、宁安、绥芬河、穆棱为次级中心，加上林口、东宁等县镇的城市群体。这种格局一旦形成，黑龙江省将建立以哈尔滨、伊春、佳木斯、牡丹江为极点的林业经济与城镇发展网络。

（二）推进东北大林区发展的措施建议

构造东北三省的林区产业与城镇布局应依赖东北三省城市经济圈的布局，在各个城市经济圈的带动下，林业区以附近中心城市为增长极，在增长极的极势作用下依靠交通联系聚集增长圈，各增长圈相互辐射，交织成为网络。这就形成城市圈的发展辅助网络，为增长极创造生态与经济增长优势，同时林区可以充分利用增长极的社会与经济资源，将各种历史与现实问题彻底解决，达到时间与空间的互补。具体的措施如下：

1. 大力加强通讯与交通网络建设

国内外的发展经验证明，交通与通讯基础是林区城镇化的重中之重。通过广布便利的交通与通讯网络，各林区之间、林区与中心城市之间可以建立自发的资源纽带，资源可以实现动态的最优配置。例如，上文提出的黑龙江省林区城镇网络的交通渠道一旦建立，各林区与中心城市之间的高速公路最多只要2个小时，普通公路也只需4个小时，一天之间可以来回，大大便利了经济的交流与合作。此外，还应多设立通讯中转站保持各区域之间的通讯畅通。只要各区域之间的基础合作设施到位，整个东北大林区的城镇经济网络必然水到渠成。

2. 做好林区城镇建设规划，突出林区城镇特色

林区城镇建设要做到规划先行，规划的优劣决定城镇建设的成败，搞好林区城镇建设，必须坚持规划的科学性和严肃性。聘请专业技术水平较高的专业人员对城镇进行科学规划，建设规划经过批准后将成为法定文件，必须严格执行，不能因为个别领导意见或投资者的要求而随意修改内容。随着经济形势的变化和城镇建设的发展，原有规划与城市建设存在矛盾时，应请专家论证，经有关部门批准后进行调整更改。林区城镇规划应与其所处的寒地、林地、坡地等自然特征相协调，具有鲜明的特色。

3. 搞好与地方政府的关系，合理利用资源

对与各级地方政府所管理的地区有交叉的林区城镇，在规划建设上应与地方政府加强沟通联系，重大问题应进行专题讨论，达成共识。避免出现以往各自为政、低水平重复建设的局面，给国家资源和财产造成浪费，给市民生活带来不便。

4. 拓宽融资渠道，增加资金投入总量

（1）争取国家及各级政府的政策支持。可利用国家投入的“天然林资源保护工程”中相应的资金，集中林区建设基础设施，同时可利用国家其他相关政策，争取资金。如：大兴安岭地区目前享受国家西部大开发政策的投资项目已获批了8项，资金额9.5亿元。

（2）开放小城镇建设市场吸引民间资金。各省林区经历过了建国后的大发展阶段，民间资金相对充足。如：大兴安岭地区人均储蓄存款1.25万元，高于全国人均储蓄6 000元的2倍。城镇建设应本着谁投资，谁受益的原则，引导个人和个体企业投资入股建设和经营市政公用基础设施，激发个人积极性。逐步建立起企业、集体、个体和吸引外资投入相结合多渠道融资体系。

（3）发动林区职工义务劳动参与小城镇建设，使其成为小城镇的建设者和受益者。

5. 调整产业结构加速城镇建设

传统的单一经营模式造成林区经济一直是“独木支撑”，森林中多种丰富的资源得不到合理开发利用，影响了城镇产业结构及城镇规模的发展。

（1）利用现有资源建立一批龙头企业，增加城镇就业机会，使人、财、物向城镇集中。如木材产品的加工业可包括：各种板材、家具、木质工艺品等，林副产品加工、贮藏、销售包括各种天然绿色食品、药品等，如：山野菜、山野果、食用菌、森林鸡、林蛙、北药等。

（2）用机械增加城镇人口的方式扩大城镇规模。大部分林区正由木材采伐、运输为主的经营方式，向以造林和护林为主的经营方式转变，为使人的活动对森林造成的威胁降低到最低程度，林区居住人口应逐渐减少，实现“把山上建成生产区，把山下建成生活区”的目标。随着交通业、通讯业的发展，远距离进行林区作业（如森林采伐、运输、各种林间养殖业、种植业）成为可能，剩余人口应集中在中心城镇内，增加城镇人口规模，产生人口的集聚效应。

（3）大力发展林区旅游业。林区旅游资源极其丰富，有独特的冰雪森林、江河、古驿站、要塞等自然和人文景观，可提供多种多样的森林旅游活动。据有关部门测算，旅游方面有1元的收入能够带动其他产业的8元的收入，旅游方面就业1人，能带动其他产业就业5人。旅游业给城镇建设带来的要求和收入应是显而易见的。

（4）全面提高城镇人员素质。林业科技创新是林业知识生产与应用的源泉，更是实施知识林业的基础和前提（佟光霁等，2004）。林区城镇应制定相应的优惠政策加大对人才引入的各项投入，吸引高素质的专业技术人员流入。同时对现有城镇人员或因产业调整而由山上迁入的工人进行培训，提高市民素质，抓好精神文明和公民道德建设。使之有意识地把自己培养成具有现代观念，有开拓精神，有现代竞争意识的城镇市民。

（5）大力发展第三产业。第三产业以高就业容量和较快的发展潜力成为推动城市建设的新动力，大力发展第三产业，改变原有“先生产，后生活”的思想所带来的城镇居民生活质量低下的局面，使生产、生活建设同步进行，使林区城镇市民安居乐业。

面对中国区域梯度发展的第三次浪潮和东北传统老工业基地改造的历史契机，东北大林区应转变观念，适应新情况和市场变化，从林区的城镇化入手，依托东北城镇网络，发展依附于东北经济网络的大林区城镇经济网络，协调与侧重共进，坚持注重城镇建设的基础投入，使东北大林区实现经济社会的跨越式发展。

参考文献

1. 佟光霁，尚杰．林业知识化——新时期中国林业的发展道路．林业科学，2004（7）
2. 谭伟东．把握“东北战略”构想．神州学人，2004（3）
3. 江曼琦．聚集效应与城市空间结构的形成与演变．天津社会科学，2001（1）
4. 杨伟民．未来产业 科学布局．时代经贸，2004（3）

发展林业解决“三农”问题的几点思考

尚　杰

（东北林业大学经济管理学院，黑龙江哈尔滨，150040）

摘要：本文针对我国目前“三农”问题的主要表现，提出了通过发展林业解决“三农”问题的5个途径：积极发展林业产业，增加农民收入；继续搞好林业建设，保护和改善农村生态环境；促进林业跨越式发展，吸纳农村富余劳动力；合理开发利用森林资源，缓解农业资源的压力；深化林权制度改革解决“三农”问题。

关键词：林业；“三农”问题；途径

一、背景分析

中国是个农业大国，更是个农民大国（70%的人口是农民）。所以有农业兴，百业兴；农村稳，天下稳；农民富，国家富的说法。20世纪90年代以来，“三农”问题被归纳到一起，作为一个整体问题提了出来，引起了政府和社会各界的广泛关注和高度重视。

进入21世纪，在中国实现全面小康的过程中，最难解决的就是“三农”问题。在城市基本实现小康的同时，城乡差距有进一步扩大的趋势。著名经济学家胡鞍钢曾经表示，“三农”问题已成为制约中国实现全面小康的“瓶颈”。对于我国这样一个有9亿农民的发展中国家来说，没有农民的小康就没有全国的小康，没有农业的现代化就没有全国的现代化。如果农民的收入和农村经济不能快速发展，中国要实现全面小康将是不可能的。广大农村是林业建设的主战场，六大林业重点工程覆盖了全国97%的县和几乎所有的农村。林业的跨越式发展对于增加农民收入、调整农村产业结构、吸纳农村富余劳动力以及最终实现农业现代化都发挥着不可或缺的作用。

二、“三农”问题的主要表现

（一）农业问题

目前，我国农业问题主要表现在：①农业生态恶化，水资源短缺，土地荒漠化严重，人均耕地面积锐减等；②农业人口过多，大量富余劳动力滞留在农村，转移任务非常繁重；③因资源配置长期形成的农业产业结构和产品结构不合理，导致农产品结构性过剩；④因农产品市场化率低、生产成本过高、农产品质量及污染问题而缺乏国际竞争力；⑤因粮食流通体制、农村金融体制、科研推广体制改革滞后而阻碍了农业经济的持续发展。

（二）农村问题

农村问题集中表现为农村面貌落后，经济不发达。国家财政用于农村农业的支出严重不足，而且还逐年下降，这样，在基础设施（交通、邮电、通讯等）、医疗卫生和义务教育等公共品供给方面农村远远落后于城市。①在基础设施方面，近5年来，国家用于农业基础设施建设的支出，只能满足同期农业基础设施建设资金需求的10%左右。②在医疗卫生方面，近5年来，政府投入农村医疗卫生总费用比重呈下降趋势，87%的农民是完全自费医疗，据统计，我国70%的农村人口仅消费5%医药商品，而30%的城市人口消费95%的医药商品。③在义务教育方面，据国务院发展研究中心的调查，我国农村义务教育的投入几乎全部是由农民负担，省级以上财政专款仅占0.1%左右。

（三）农民问题

农民问题，是三农问题的核心，直接表现为农民收入低，增收难，城乡居民贫富差距大，实质是农民权益得不到保障。农民收入低、增收难的主要原因在于：①农产品结构性过剩、价格较低，增产不增收；②城镇化进程滞后，城市人口相对少（只占30%），购买农产品的城市消费群体相对比重太低；③城市企业开工不足，乡镇企业有很多破产，劳动力转移困难，没有非农就业收入，农民增收陷入停滞。结果城乡差距拉大，如2003年城乡居民的收入差距比为3.1∶1，已超过国际公认的城乡差距3∶1警戒线，若将城市居民的一些隐性福利（比如奖金、住房补贴、公费医疗等）、优惠折算成收入，城乡居民收入差距将达到6∶1。这已严重影响到国民经济的整体发展和社会的全面进步。

可见，“三农”问题是一个综合性问题、长期性问题，在今后相当长的时间里，都将是一个重要的课题。这就需要通过多种途径解决这一问题，而加速林业发展将是最近一个时期有效解决“三农”问题的一条重要渠道。

三、以林业解决“三农”问题的途径

（一）积极发展林业产业，增加农民收入

发展林业产业是农民增收、农村经济发展的一条重要途径。“三农”问题的核心是农民收入问题。农村改革20多年来，农民收入水平总体上有了大幅度的提高，但影响农民增收的一些长期性、根本性因素并未自行消除。20世纪90年代中期以来，影响农民收入增长的主要因素已发生变化，过去行之有效的通过增加农产品产量、提高农产品收购价格来增加农民收入的办法现在已明显失效，需要在更广阔的背景下寻找农民增收的新途径，而大力发展林业产业不失为增加农民收入的有效途径。在广大农村、尤其是山区农村，在产业结构调整过程中，通过大力发展速生丰产林、工业原料林、经济林和木本粮油，尤其是重点发展市场容量大、前景好并具有竞争力的森林旅游、森林食品、药材、花卉等新兴林业产业，增加木材和非木材林产品的供给，以提高农民收入水平。在发展林业产业的过程中，应注重保持产品的绿色品质，积极推行无害化生产，提高林业产业发展的质量。同时，充分利用国家对六大林业重点工程投入的巨大资金和实施的优惠政策，提高农民增收的幅度。

在这个过程中应解决好以下问题：①提高技术水平，实现与世界先进水平接轨。②建立国家标准体系、检验体系，提高林副产品在国际市场上的竞争力。③提高农民的组织化程度。一家一户无法闯市场，政府要介入，要通过支持龙头企业来解决林副产品的销路问题。例如，近几年来，江苏省宿迁市大力调整种植结构，把以杨树为主体的林业产业作为“强市富民、绿化城乡”的支柱产业，发展林木种苗业，种植速生丰产林，推进杨树产业化经营，农民收入稳步提高，林业已成为该市农村经济发展的第一支柱产业，全市农民人均来自杨树产业的年纯收入达到400元，占农民人均纯收入的12%以上。

（二）继续搞好林业建设，保护和改善农村生态环境

森林具有保持水土，涵养水源，改善气候的作用。我国的农业对自然条件依赖性强，对林业的依赖也较为突出。我国的丘陵和山地占国土面积的69%，沙漠化土地占国土面积18%。由于森林植被稀少，且分布不均，大部分山区和沙区植被稀少，自然生态环境恶劣，自然灾害严重。不断恶化的生态环境，加剧了农村贫困人口的贫困程度，制约了中华民族生存和发展的空间，严重影响了中国“三农”问题的解决。

应继续搞好林业建设，以保护和改善农村生态环境。积极发展林果、林草，恢复林草植被，是改善农村生态环境的治本之策。应巩固天然林资源保护工程成果，高质量、高标准地推进退耕还林工程和野生动植物保护工程等。退耕还林工程要在稳定基本农田、保证粮食安全的前提下，突出治理重点。首先要把水土流失严重、粮食产量低而不稳的陡坡地和沙化土地退下来，并采取封山绿化等有效措施，巩固还林成果。要切实落实向农户兑现钱粮补助政策，保护农民的积极性。要坚持生态优先，在保护好现有森林资源和生物多样性的同时，结合小流域治理和农田水利基本建设，大力营造生态公益林，绿化荒山荒地，加快绿色通道和农田林网化建设，逐步形成布局合理，片、带、网、点相结合的多功能防护林体系，构筑宏大的生态屏障，为农业生产和农村人民生活创造良好的生态环境。

（三）促进林业跨越式发展，吸纳农村富余劳动力

人口和就业压力始终是我国经济增长面临的长期制约因素。据估算，“十五”期间，农村富余劳动力1.5亿，城市新增劳动力4 650万人，加上现有的1 057万下岗待业劳动力，再加上我国加入WTO后粮食的进口将给农业减少1 000多万个就业机会，总共需要满足2.2亿人就业。而目前每年就业缺口将在2 200万个以上，使城市就业和农村劳动力转移面临巨大压力。所以，创造就业岗位和吸纳农村富余劳动力是今后我国经济发展的重大而紧迫的问题。同时，我国耕地少，山地、沙地等宜林地多，而且随着森林生态功能的逐步加强，林业占用的国土面积日益增加，预计，到2050年将超过27%。因此，林业的跨越式发展可以有效吸纳农村富余劳动力。

林业作为劳动密集型产业，吸纳富余劳动力的潜力非常巨大。除了育苗、造林、森林抚育和采伐为农民提供大量就业机会外，林产品加工以及森林旅游业也为农民创造了可观的就业机会。①以森林为主的林业种植业涉及广大农村特别是山区的千家万户，能吸纳数以亿计的农村劳动力；②林业新兴产业，如，花卉、竹藤、苗木、中药林等是属于劳动密集型的，吸纳劳动力容量也很大；③实施覆盖全国的退耕还林、“三北”四期工程、防治荒漠化工程、沿海防护林等六大工程，都有很大容量的就业空间；④林业产业化生产部类齐全，特色产品众多，多次加工产业链条长，有很大的吞吐劳动力的能力；⑤我国沙化、石化、盐碱化地域广，防沙、治沙、固沙、防治水土流失的任务艰巨，也需足量的劳动力。概言之，完成大规模生态治理的任务，将能大大缓解农村劳动力转移的压力，这在某种意义上讲，将对我国经济增长、扩大内需起到一定的拉动作用。

（四）合理开发利用森林资源，缓解农业资源的压力

森林是自然界最大的生物多样性基因库。我国是世界上生物多样性最丰富的国家之一，拥有高等植物30 000余种，脊椎动物6 347种，均居世界前列。生物多样性为人类提供了基本的食物，人类可食用的植物中，约30种成为粮食；各种家畜家禽和水产品也都是从野生动物驯化而来的。因此，应合理开发利用森林资源，生产种类繁多的森林绿色产品，满足人民的绿色消费需求，并可替代粮食和油料，以缓解农业资源的压力。

（五）深化林权制度改革解决“三农”问题

深化林权制度改革，是进一步明晰林业产权，减轻林农税费负担，维护农民合法权益，调动全社会发展林业积极性的根本措施；是解决“三农”问题，促进农民增收和农村经济发展，实现全面建设小康社会的重要途径。应在全国林区加快林权制度改革，以此促进我国“三农”问题的解决。应着重解决目前存在的政策不完善、不落实，森林资源质量不高，思想观念陈旧及体制不顺，机制不活的问题。通过改革，明晰所有权，放活经营权，落实处置权，确保收益权，真正做到“山有其主，主有其权，权有其责，责有其利”，以促进农民增收、农业增效和农村稳定。

重构国有林区林业微观主体的研究

万志芳　耿玉德

（东北林业大学，黑龙江哈尔滨，150040）

摘要：以木材生产为核心的国有林区现行的林业微观建制已成为国有林区及国有林业可持续发展的主要制度性障碍，因此重构国有林区林业微观主体便成为我国国有林区能否尽快实现良性运转的关键。本文首先研究了国有林区林业微观主体重构的现实基础和经济可行性，新的微观主体构建符合市场经济理念，可以节约交易费用，实现专业化分工，提高资源配置效率；其次研究了国有林区林业微观主体重构的内涵与特征；第三，研究了重构后国有林区林业微观主体的基本类型，分别界定了基础性林业企业和商业性林业企业的目标、特征和经营内容；第四，研究了由现行的国有森工企业向新的林业微观主体过渡的主体路径，指出了打破现行国有森工企业格局的深刻内涵和经济本质。

关键词：国有林区；林业微观主体；重构；运行关系

Abstract: In the state-owned forest area, present forestry micro-system is as timber producing its core, and this has been the main institutional obstacle to the sustainable development of the state-owned forest area and the state-owned forest. So forestry micro-main body's reconstruction is key to benign operation of the state-owned forest area in China. At first, this paper studies practical base and economic feasibility of forest micro-main body's reconstruction of the state-owned area. New micro-main body's construction is according with the theory of market economy. It can save transaction cost, realize the specialization division of work, rise efficiency of the allocation of resources; Secondly, this paper studies the connotation and character of forest micro-main body of the state-owned forest area. The third, it studies the basic style of forest micro-main body after reconstruction, it separately defines the goal, character and managerial content of basic forest enterprise and commercial forest enterprise. The last, the paper studies principal path of transition form the present state-owned forest industrial enterprise to the new forest micro-main body. It points out the deep connotation and economic essence of the broken present state-owned forest industrial enterprise's structure.

1　问题的提出

随着我国林业新定位和林业新的发展思路的确定，国有林区林业在整个林业体系中的地位与作用也日益明确，与过去相比，其主导作用在发生变化。由于国有林区拥有大面积的天然林资源系统，及其所处的特殊的生态地位，决定了其在生态环境建设中的不可替代的重要作用。为此国有林区林业必须由生产木材及其林产品向提供以生态效益为主的森林综合效益方向转变，为适应这种转变，国有林区林业经营思想不仅要发生质的变化，更重要的是要有与之适应的国有林区的林业微观主体，这样才能确保国有林区林业经营战略的转变落到实处，达到预期目标。

然而国有林区现行的微观基础是传统林业的产物，它与以木材生产为核心的单一林业生产定位相对应。随着我国林业整体战略和经营思想的转移，这种微观基础愈发表现出与新的林业发展思路的相背性，而且，国有林区林业企业虽经历了多年的改革，采取了多方位、多项改革措施，但仍然未能形成与新的林业经营思想相适应的微观基础。现行林业微观主体的这种不适应性已成为国有林区林业乃至我国林业整体按新的思路发展的关键制约，因此只有彻底打破现行的林业微观主体框架，才能从根本上铲除以木材生产为中心的束缚（包括由此形成的观念和制度上的），使林业微观基础与新的林业经营思路相融合，确保国有林区新的林业定位及经营思想的有效实施。《中共中央 国务院关于加快林业发展的决定》已明确将国有森工企业的重组改造列入重要的内容，指出："国有森工企业要按照专业化协作原则，进行企业重组。"

重构国有林区林业微观主体就是在打破现行的国有林区林业微观体制基础上，建立起新的符合社会主义市场经济体制要求，适应林业宏观定位及国有林区林业发展目标的林业微观基础。这不仅是适应林业新定位和社会对国有林区林业新需求的客观要求，也是林业企业自身良性发展的必然选择。国有林区林业微观主体重构的内在逻辑如图1。

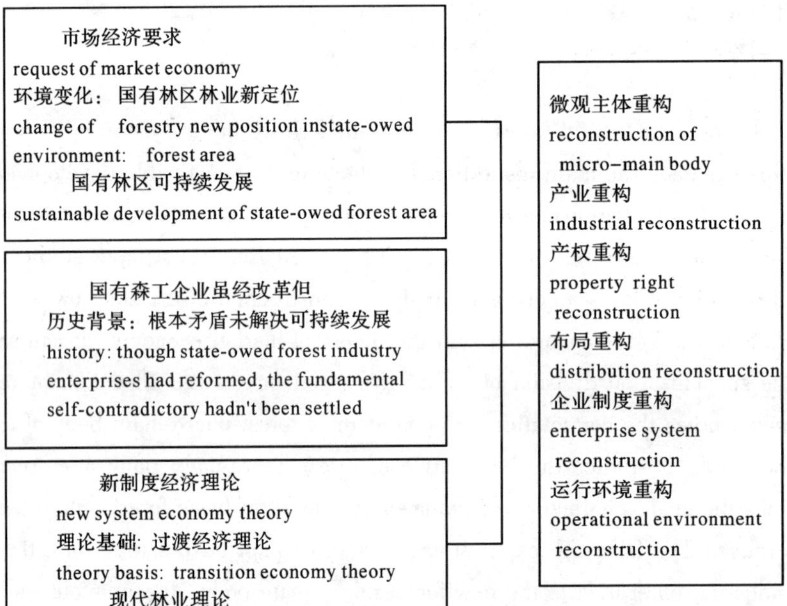

图1　国有林区林业微观主体重构的内在逻辑

Chart 1　the initial logic of reconstruction of forestry micro-main body In the State-owned Forest Area

2　重构的理论分析

2.1　现代林业理论是重构的发展理论基础

现行国有林区的林业微观运行的林业理论基础是传统林业论。传统林业论的核心是以木材生产为核心，单纯追求经济效益。具体而言，它把林业生产限定为单一的生产经营内容上。在林业实践中，国有林区形成了以木材为核心的微观基础；同时，传统林业论限定了林业的部门界限，把林业生产经营的权利仅赋予林业部门自身，排斥林业与所在区域的有机联系，排斥非林业部门的个人、单位、企业对林业的经营与投资等建设活动。长期以来，把林业禁锢在林业系统之内，把其他主体皆视为林业生产经营的无关者，这不仅限制了林业的发展空间、削弱了林业的发展力量，更主要的是强化了林业这种弱势产业的单一国有格局。

现代林业论的理论基点是森林资源是平衡生态环境的重要生物系统，其拥有的生态效益及对环境的改善作用，是其他任何生物系统所不能代替的，为此在林业生产经营内容上强调森林资源的多资源开发利用，防止并杜绝单一追求经济效益的行为。同时强调生态效益的特别重要性，生态产出将成为林业多目标经营中的首要目标，直接制约着其他生产目标的实现程度；现代林业还强调林业主体的广泛参与性，将林业与社区经济发展紧密联系起来，倡导在区域经济发展同时，发展林业的崭新理念。

国有林区林业微观主体的重构正是这种新的林业经营理论在微观上的落实，是微观基础制度创新的必然过程。否则，现代林业论的主张将无法在国有林区得以有效实践。

2.2 森林资源生态系统规律是重构的林学理论基础

森林资源生态系统规律主要包括：森林生态系统健康和完整性理论（包括森林区域分布规律、维持生物多样性、生态过程、物种和生态系统的进化潜力）；森林可持续经营理论，具体反映在森林生态系统，不论是天然的或是人工的，动态地维持其组成、结构和功能的能力，实现森林可持续经营相应的标准和指标体系。森林资源生态系统分布及演替与发展规律决定了森林经营必须区别对待、分类指导，同时森林经营必须注重多样性的保护与维持，经营目标要符合其基本的演替规律；森林的可持续经营理论决定了森林经营行为、经营目标以及经营方式的选择与确定。

国有林区林业微观主体的重构要以这些相关的林学理论为基础，注重遵循森林资源生态系统自身的规律，在新的林业微观主体的建立与运行过程中都要充分体现这些自然规律的导引作用。

2.3 市场经济理论是“重构”的经济理论基础

市场经济理论相对于计划经济理论强调各经济主体利益的不同，不同的主体有不同的经济利益，并承认这些利益存在的客观性（刘凡等，2002）。各主体间利益的合理分配，是社会经济发展的基本动力。然而现行国有林区无法真正确认各微观企业的利益，实践中以国家利益代替企业利益；把林业强制于林业部门，而排斥其他部门或个人的进入，这些无疑已严重违背市场经济准则；市场经济理论还强调应根据其提供产品性质对企业进行分类，而不是依据所有制进行划类。据产出产品性质进行分类的目的在于对其实施不同的管理，并建立内部不同的微观基础制度，承认差别，不搞一刀切式的制度与管理。国有林区林业微观主体重构必定要很好的解决这个问题，使得这种在计划经济体制下的微观组织实施创新。

市场经济理论不是把所有的产业、行业都推向市场，而主张市场配置资源与政府配置资源的协调并存，这主要是依据产业或行业所提供产品（服务）的性质及其与国民经济整体间关系的重要程度而定（潘岳，1997），国有林区林微观主体重构将科学运用这种界定，发挥政府与市场的有机作用。

可见，市场经济理论取代计划经济理论，意味着原有微观经济的理论基础已发生根本变化，国有林区林业微观主体的重构正是以市场经济理论为依据而进行的。它是在新的理论指导下的国有林区林业微观制度的创新过程。

2.4 重构的经济可行性

2.4.1 符合帕累托改进原则

一种新的制度安排能否顺利代替既定的制度安排，主要取决于相关利益主体利益的重新分配：是否存在有些人受益的同时，有些人受损，受损的人自然会反对新制度的实施；“重构”强调的是在遵循市场经济原则下，根据林产品产出性质不同，建立不同微观建制的企业群体，明确各自的产出目标。企业目标的明确有利于各微观组织的生产组织和运作，克服过去过分多角化经营带来的各方限制，从而各个生产经营者都会各得其所，这样自然会带来资源配置效率的提高。随着资源配置效率的提高，各生产组织的经济效率也会提高。企业的员工自然也会从中受益（J. C. Nautiyal，1988），因此，从长远的角度，也会赞成这种创新与改变。

2.4.2 重构突出了“专业化分工”的思想

重构的过程实际上也是一种产品产出和企业性质的重新“分工”的过程。从企业所从事的生产经营内容而言，是将多元化或称多角化，甚至是矛盾的生产经营内容（公益林经营与木材生产）进行分工的过程，使其成为由不同企业提供的产品（服务）；从企业分工而言，要对重构后的企业进行重新划类、定位，使之更能明确其在市场经济体制及国有林业发展中的应有位置与功能。这样分工明确后的微观基础，不仅有利于技术进步，提供出更精良的产品（服务），从而促进经济效率提高；而且这种微观基础有利于制度创新的整体实现，因为这有利于根据不同类型企业分别建立不同的企业制度，构建适合的产权制度和信用制度，无疑将会大大促进国有林区林业经济增长。总之，“分工”主要带来的是产业内企业间交易费用的下降（刘凡等，2002），同时还可以促进其间建立起经济协作联系，这完全是市场经济导向，而不是政府行为的结果。因此，“分工”的经济合理性更加重其可行性。

2.4.3 重构将促进国有林区林业市场化进程中政府与市场作用关系的规范

市场化进程并不意味着所有的经济活动都靠市场规律作用，而是应恰当地、有机地将市场与政府的作用结合起来，这是最重要的（张树义等，2002；杨瑞龙等，2000）。国有林区林业微观主体的重构，将新林业微观主体分为基础性林业企业和商品性林业企业两类。前一类企业的生产活动具有明显的外部性或完全是公共产品的产出，因此对其应突出政府的干预；而对于后一类企业，因其所生产的产品属于一般竞争性产品，因而只需按市场规律去组织运作，政府不再介入其内部的生产经营活动决策。这种“市场”与“政府”边界的确定，既可以省去政府不必要的干预成本，又可以提高商品性企业效率，从两个方面节约了交易成本（刘凡等，2002）。同时，由于政府的有力介入，又可为社会提供所需的生态产出，改善了环境，从而一定意义上提高了资源配置效率，因此说，这种重构有利于国有林区林业在社会主义市场经济体制下规范的持续发展。

3 国有林区林业微观主体重构的实质与目标

3.1 重构的实质

国有林区林业微观主体重构，是指在打破现行国有林区林业微观制度基础上，依托国有林区各类有效资源，吸纳有效的社会资源，建立起新的既适应社会主义市场经济体制要求，又符合林业宏观定位及国有林区林业企业特点的新的林业微观基础的过程。其目的是实现国有林区林业可持续发展，更好地发挥国有林区林业在整个社会经济可持续发展中的重要作用。

国有林区林业微观主体重构的实质是关于国有林区林业微观经济的一种全新的制度安排，是制度创新的过程。这种重构是在打破现行微观体制，打破现有的地域、部门界限基础上进行的，它是对现行国有林区林业微观制度的一种否定，因此它不同于一般的改革（只在现行的框架下进行局部的调整）；也不同于企业内部制度的再造（只是在一个微观体内进行的制度创新）。国有林区林业微观主体重构，是要建立一个全新的国有林区林业微观经济基础，它是从国有林区整体出发，在科学有效的限定下，对林业微观基础进行的重新规范，从产权制度到管理制度对微观主体进行的根本性改造（或称革命）。这种微观经济的改造不仅涉及微观经济自身的重构，更重要的还需要有相关基础环境要素的重构，因而使得国有林区林业微观主体重构显出更加复杂的特点。

国有林区林业微观主体重构，具体的应包括国有林区产业重构、产权重构、布局重构、企业制度重构和运行环境重构等基本内容。由此可以看出重构不仅包括制度本身的内容，也包括形成制度的基础环境内容，涉及到几乎国有林区林业经济活动的方方面面。

国有林区林业微观主体重构具有根本性和长期性，它是在借鉴已有改革经验教训基础上进行的全方位、根本性的改造，将对国有林区林业产生前所未有的大能量冲击，实际上，它也预示并规范出国有林区林业企业未来的发展方向和发展道路。

3.2 重构的目标

国有林区林业微观主体重构的基本目标是使国有林区实现可持续发展，持久地承担起以生态环境建设为主，多效益综合发挥的历史使命。具体地应体现在林业微观经济基础的可持续发展。这意味着：

（1）新的微观主体能更大规模地支配资源，这不仅包括企业通过内部开发和管理等方式、方法扩大自身拥有的各种资源支配规模，还包括通过资产运作对企业发展有价值的其他人或组织所拥有的资源的支配。

（2）新的微观主体的可持续发展是以取得更大市场份额和更加优势产业地位为目的。对于以经济效益为主导目标的企业，则应以扩大市场占有份额为企业持续发展的支撑；而对于以生态（公益）效益为主导目标的企业则应以扩大产业优势地位，增加更广泛的受益群体为支撑。

（3）新的微观主体的可持续发展要求其具有不断创新的能力，包括技术创新、制度创新、组织创新、市场创新和管理创新，使之拥有动态的发展空间和应对环境变化的自我完善和调整能力。新的微观主体不是固化的一种状态，而应具有很强的自调节能力，具有与环境达成协调的运作能力的开放系统。

（4）新的微观主体的可持续发展伴随的必将是企业全要素资源配置效率的明显提高，以及由此带来的良好的经营业绩，对于产出经济效益为主的企业则表现为效益、效率的明显提高；而对于产出公益效益为主的企业则是效率的提高，服务质量的提升。

值得注意的是，微观经济基础的可持续并不是就某一个微观主体而言，而是就国有林区微观主体的集合而言，因此称其为微观经济基础。要想实现微观经济基础的可持续发展，企业必须在核心竞争力，长期竞争优势，创新体系，运行机制的建立与运行等方面建立起重要的支撑体系。

4 新的林业微观主体确立的基本准则

4.1 微观基础的生产经营体系要与森林资源系统综合开发整体匹配

林业微观基础所从事的生产经营内容要与森林资源系统组成及其开发利用的基本思路相吻合，坚持以林为主，多资源平衡开发利用（这不同于多种经营①的概念），使微观基础在整体上表现出经营内容的复合性和其间的有机互动联系性特征。从较为宏观层面上看，新的林业微观主体要突出以林为主的经营，体现林区林业特色的同时，要重视多资源经营和开发利用，要避免单一产业、产品经济格局，形成以林为主，多资源开发利用并存的整体格局。从微观层面而言，各个微观主体的生产经营内容首先应是单一化、专业化，然后才是循序的多角化经营。同时，各微观主体间要寻求一种有机的联系，这既包括生产经济顺序上的自然衔接（如采集与加工），也包括其间的经济联系（资金往来、其他要素流动等）。这些联系是微观运行的互动基础，在新制度设计时必须予以考虑的。

可见，整体匹配是从微观经济基础所包容的全部生产经营内容而言的，不是指单一一个或几个微观主体的生产内容的包容性，这样也就有机地实现了林业分类经营的微观格局，建立起与资源系统组成以及市场需求相吻合的区域产业结构。

4.2 微观经济基础的目标是生态优先，综合效益协调产出

对不同微观经济主体而言，要有不同的意义和主旨。对于以生态产出为目标的公益林生产—生态型产业生产主体，强调的是以生态产出为首要目标，在不破坏不影响生态产出的前提下，鼓励并提倡经济效益的产出。比如，在公益林生产中适当进行林中和林下资源的开发利用，同时也包括对公益林中有特殊经济价值的林木及其他非木资源和生态旅游资源的开发等。但一定要限制好，规划好，对此要有强制性法律和行政性管制。

对于其他资源型，如商品林经营企业、多资源采集业、种植业、林间养殖业、木材采运生产等微观主体，其生产经营决策中，资源约束为刚性约束，市场需求只是位居其次的影响因子，因为这些产业属资源型产业或与之紧密相连的第一级利用，它直接关系或影响到国有林区森林资源系统的结构及其变动情况，为保证该区域生态环境建设地位的需要，这些产业的发展规模、资源利用强度都将受到森林资源状况的总体限制，特别是当某种产品的市场需求规模增大时也不能完全按需定产，这是这类产品需求价格弹性小决定的。而且从目前以至相当长的一段时期看，这种略带强制性所形成的需求价格弹性特征不会有太大变化。

对于从事各种加工业的微观主体，因其与资源联系相对减弱，因此本着效益、效率的经济原则，这部分微观主体完全可以树立经济效益为优的产出目标，只是在生产经营过程中要强调生态意识和环境观念。在这里生态约束转而成为隐形的约束，通过相应的机制与制度，成为各企业自身行为的一个潜在导向，但不会成为企业经济发展的羁绊。

4.3 微观经济主体要坚持区域化、开放式

所谓区域化，就是林业微观主体的建立与运行，要置于区域经济发展当中，要有利于繁

① 多种经营：目前，在林业中已成为一种约定俗成的用语，并已正式进入统计年鉴作为与营林、采运、林产品加工并列的一个产业，实际上这种认识不尽规范。多种经营原本是与单一经营相对提出的，是多种资源经营开发利用之意，但在我国特指除林木生产之外的生产经营，是相对与林木生产经营而言的。实际中其所从事的生产经营内容已超出其规定的原意。目前的多种经营以种、采、养、加为主，但也有相当部分的林木加工生产项目，因此它不能与营林、采运等生产活动相并列。本文更关注的是“多资源开发利用”之意，而非上述之意。

荣林区经济，促进林业社会文明、进步，使国有林区林业不再“条条”为上，要位居一方、造福一方。要体现林业的本质是促进经济发展和社会进步。坚决摒弃把林业束之高阁，与地方区域不相联系的做法。

为此，新的微观经济主体的构建要从国有林区实际出发，明确区位优势和资源优势的基础上，以森林资源的总体特点和要求作为核心指向资源，进行布局和配置其他要素资源；同时要充分发挥劳动力资源优势，发展劳动密集型的产业项目，增加就业机会，保障林区人民生活（耿玉德，2000）。

所谓开放式经营就是要打破部门界限、地域界线，广泛吸引各方力量参与林业经营事业，可以是直接投资入股建厂，也可以是投工投劳、投技术、管理等，这种开放式经营不仅适合于各种林产品加工生产，也适合于包括资源型和与资源紧密相关型，甚至是生态型产业的生产，要在平等竞争的基础上，按市场原则打破原存的“条条”“块块”限制，在完善的法律体系框架下和相关的产业政策引导下，形成林业经营主体在所有制、部门、地域等多方面呈现出多元化的状态。这不仅仅是社会办林业的意义，更主要的是人们对林业的一种全新理念和认可。

4.4 要符合社会主义市场经济体制的总体要求

新的林业微观经济基础是在社会主义市场经济体制框架下运行的，同时它必须符合市场经济体制的总体要求。

首先，林业新的微观主体的建立要符合市场经济原则。对于生态型产出的微观主体应以国有投资为主；对资源型产业国家可以参股；而至于其他的各种加工性生产则应该完全推向市场，靠市场原则，在利益驱动下，重新配置现有资源，建立新的高效率微观主体。

其次，林业新的微观主体的运行总体要符合市场原则。这包括要有与各微观主体性质相符合的企业制度和运行机制，这些企业制度和运行机制应符合市场经济总的原则，放弃行政诱导，使得林业微观经济主体的运行成为一种符合经济规律的自觉过程。同时也包括运行中各微观主体间关系的确认，他们应是一种经济联系。这包括在“一体化”基础上产生的规模扩张，以及由此形成的规模效益和联合经济运行。同时运用外部性理论恰当解决和化解林业生产经营中的外部性问题，尽量使外部性成为生产经营自身的行为而得到生产者或社会应有的认可。

为此，企业制度和运行机制的建立是尤为关键的，要摒弃计划经济体制下的制度安排以及与之相关的制度环境基础。

第三，在总的市场化取向下，明确界定市场与政府的作用范围。

此外，要注意重构的成本原则，尽量降低重构的成本，以提高重构的效益与效率。

5 林业微观主体重构思路

国有林区林业微观主体重构的基本思路是（万志芳，2003）：在打破现存国有森工企业格局的基础上，建立起符合上述基本准则的林业企业群，依据不同的类型，分别建立不同的运行机制，管理体制和企业制度，并通过对其运行的科学预期，进而分析并预见国有林区林业企业的发展道路和未来发展的基本格局。

5.1 打破现行国有森工企业的制度安排

打破现行的国有森工企业的制度安排主要应包括这样几方面的深刻内涵：

（1）打破既定的生产经营内容的联系格局，变现在的企业内多元化经营为单一化、专业化经营。从营林与其后续生产的分制入手，将国有资本限定于森林资源培育性等资源或生态型生产上，而逐步退出林产品加工类产品生产领域，将采运生产和各种林产品加工生产理论上全部推向市场，使各个微观主体的生产经营内容，产品产出尽量单一化、专业化，避免相互掣肘带来的无为损失和困扰。让经营者有更多的精力、时间去熟悉并精炼所经营的品种和产业项目，以提高经营效率。同时，还可以缩减国有资本的分散式和不必要的投资，使其能更有效地发挥在提供生态效益和森林资源方面的重要作用。

打破既定的生产经营内容联系格局，并不是在否认一体化的客观存在，反而是为了更好的实现一体化经营。目前的国有森工企业并不是一体化经营组织，理由有三。一是目前的森工企业经营的森林资源中有近77%的林地面积属公益林，商品林只有23%，因而作为森林资源培育性生产，绝大部分已成为培育经营公益林，产出生态效益为主，而与木材生产已无关系，甚至是大相径庭，而所谓的一体化严格的说是指的商品林培育—采运—加工构成的联合生产，因此这种情况下，很难将其再视为是一体化生产组织；二是目前森工企业内单就营林、采运、加工之间的联系看，纯属于一种行政性联系，不具有经济联系，经不起市场的考验，也难以与真正的一体化经营相提并论；三是森工企业除了林木生产系列外，仍存在大量的非林非木资源的培育、种植、采集、加工等多项生产内容，这又很难与之相互协调，强行的组合在一起，已远远不符合市场经济的基本理念和发展原则。实际上，打破既定的这种联系，是为了建立新的联系，希望在市场经济规律导引下建立起真正的一体化经济组织，并使之经过竞争的考验，而有望成为大规模的企业集团。这种重构正是为了能让国有林区林业企业有更广阔的、更适合经济原则的发展机会和发展空间。

（2）破除现有的产权结构，变单一产权结构为多元产权结构。目前的森工企业仍是国有企业，其内部虽拥有多项生产门类，多种产品生产单位，但这些内部的生产单位却不是独立的法人，都隶属于森工企业。微观主体重构中，通过国有资本逐步退出除森林资源培育性生产以外的其他领域，便意味着民营资本进入机制的建立，这样在科学、有序的进退机制的运作下，这些领域的生产企业使可由单一产权结构变为多元产权结构，以此为基础成为真正的企业，可以真正进入市场，建立与市场经济体制相符的现代企业制度（周其仁，2002），彻底消除目前这种是企业又不能按企业运行的两难困境。

同时，在森林资源培育中也可适当的引入民营资本投入，改变单一产权的状态。

（3）打破现行的政企关系，实现政府与企业职能的合理定位。到目前为止，森工企业与其主管部门间仍保持极为密切的关系，改革前所形成的政企合一关系没有多大改观，无论是政府还是企业都存在很明显的职能角色错位，因而至今，政府仍对企业有相当大的行政干预力，这不仅包括任免经营者，也包括一些企业经济活动决策方面的干预等。尤其是对企业基本的生产经营决策，不加区分的统统干预，不仅增加了政府干预成本，也不利于企业经济发展。同时森工企业所承担的政府职能依然沉重，并也一定程度存在经理（经营者）内部人控制问题（耿玉德等，2001）。

为了在新的林业微观经济基础中有效避免这些问题的产生或延续，要针对目前的这种状况进行彻底改造。因产权结构的不同，施以不同的管理行为，对从事生态产品和资源型产品生产的微观主体，由于其基本是国有或以国有为主，因此政府以投资人身份，加强对这部分企业的管理和引导；对于从事各种林产品加工生产的企业，政府与其之间的关系应同于政府与一般企业的关系，主要是制定政策、提供服务等宏观经济管理方面的工作，若是有国有股的则还应行使股东的权利。

对于现有森工企业所承担的办社会职能，要慎重处理，在维护林区社会稳定的前提下，分步骤予以解决，尽量做到政府、企业、职工各方都能满意，实现局部的一种均衡。不能破坏国有企业与其职工间业已形成的暗含的合约，而损害职工的利益。

（4）打破现行的企业制度，建立起与各类微观主体相应的企业制度。随着森工企业现存生产经营内容联系格局的被打破，便预示着现行森工企业的解体，随之现行的国有林区微观制度也宣告结束并消失。与此同时，随着新的微观主体的建立，就应建立与之相应的企业制度。

在现行的企业制度中，一直没有解决好这两个基本问题（张维迎，1999），原因有两方面，一是计划经济的影响与束缚，使得沿袭至今的激励机制比较好地解决了短期激励问题，但未能解决长期激励问题。主要是因为经营者在企业任期的长短主要取决于主管官员的偏好，而与企业业绩关系不大，对于企业经营者多是政府官员任命，而政府官员并非真正的出资人，难以避免逆向选择的现象发生。另一方面是因为森工企业中包括了各种性质的生产内容，无法按一种企业制度模式进行操作，因而也客观上限制了企业制度的有效更替，这应是企业自身体制的弊病带来的，因而在此提出必须打破现行的森工企业体制，从而才可能根据不同性质的生产企业建立不同的企业制度，以解决好两个基本问题。

具体而言，应根据新的林业企业的分类及其性质、职能定位，选择出既符合市场经济体制框架要求，又符合各自生产经营内容性质约束的内部治理结构和产权结构，以有效实现激励和经营者选择的科学有效。

5.2 建立起新的林业微观经济基础

由于森林资源的组成丰富性及其可利用的多元性特点，所形成的微观主体不可能是单一的，而应是一个企业群，首先应对其进行科学的分类。这种划分既要体现林业微观主体的关键特征，又要便于合理确立不同类别的微观主体应有的运行机制、企业制度和管理制度，同时还要能正确反映不同类别微观主体间的关系特征。

根据企业生产经营所提供的供给类型的不同，可以将国有林区林业微观主体分为两大类，一类是基础性林业企业；一类是商品性林业企业。

5.2.1 基础性林业企业

所谓基础性林业企业是指从事培育森林资源或直接与森林资源相关的公益性生产或资源型生产的微观企业，其提供的产品具有公益性或资源型的特征，属生态型和资源型的产业生产活动。主要包括森林资源培育企业（含公益林培育和商品林培育两类）；以森林资源为依托的森林旅游企业，各种植物动物的种植性、培育性、养殖性、采集性的企业。

基础性林业企业在职能和目标上表现出很大的特殊性：第一其产品具有明显的公益性特点，或者是公共品，如公益林生产经营者所提供的生态效益，或者其产品具有明显的外部性，如各种资源型的产业的生产。公共品难以作为商品在市场上实现正常的交换；而外部性的存在，也使得这些产品的生产经营不能简单等同于一般商品的生产经营，这些特点直接关系到这类微观主体的运行与管理机制。第二公益林经营的目的具有服务性的特点。其主导目标是为社会经济和区域发展提供优良的环境保障，经济效益不是其追求的目标，但在经营时也应讲求经济效果，重视投入产出的比较与分析，但并不追求企业自身的盈利，而是通过为其他行业、产业及居民改善环境而带来全社会福利的增加；第三，这些企业大多具有垄断性特点，由于其产出产品的公益性，致使民间资本不愿进入这个生产领域，因此形成了政府性垄断的特征。

上述特征可概括为企业盈利的特殊性，这些企业或没有办法计量其利润，或是企业利润不足以反映其生产经营效果，因此，经济效益类指标（如利润）失去了对这类企业经营活动的指导性和约束力，因此，应有与之相应的特殊考核方法。

一般而言，企业应是独立自主，自负盈亏的经济实体，在此，之所以也将这类微观主体称为企业一是因为在企业经济理论中"企业"其实只是一个合约的形式（组织），是与市场对应而存在的一种资源配置方式，是否能盈利取决于其配置资源的目的，故从这个意义上说，也完全可以将其称作"企业"；二是由于具有某些特殊的功能，使得有些企业成为特殊的企业（陈小洪等，2003）。经营公益林的基础性林业企业就是特殊的企业组织，其基本功能是实现国家政策目标，即产出公益效益，它体现政府某种意图或承担某种"准政府"职能，不受或不完全受公司法、税法等法律的约束，而是受特定法规或条例的约束，因此经营公益林的基础性林业企业完全可以实行特殊法人制企业的组织形式。

5.2.2 商品性林业企业

商品性林业企业与基础性林业企业相对而存在，指的是从事各种林产品利用加工生产的微观组织。从其所遍布的生产领域看，主要包括木材采运企业、多资源采集企业；木材加工业；木制品、人造板、家具、纸浆等木制品生产企业；以及各种非木林产品的加工企业等。商品性林业企业的主要特点有：第一，所提供的产品皆具竞争性，与一般商品无区别，均可

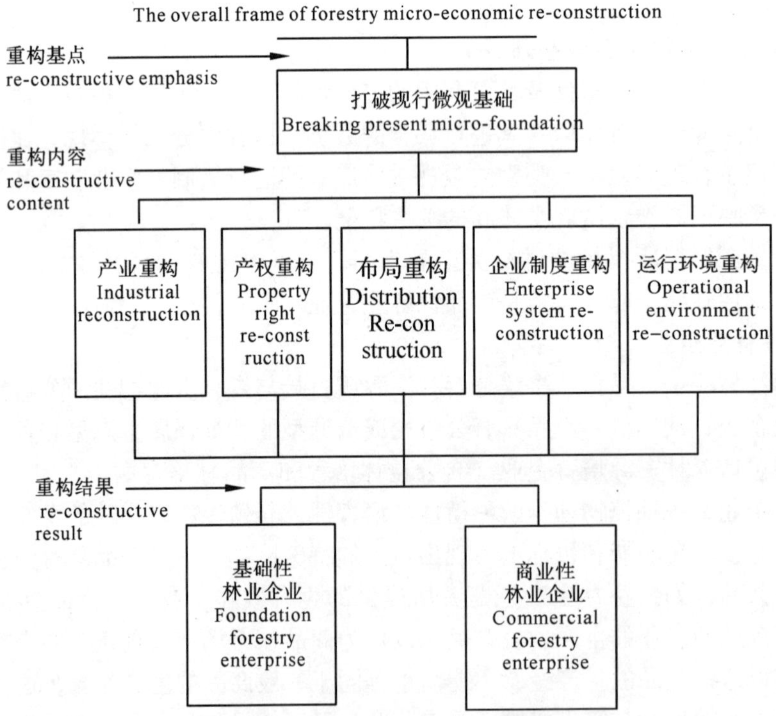

图2 林业微观主体重构图示

Chart 2 Re-construction of forestry Micro-main body

以通过市场进行交换和转让；第二，这类企业的主导目标是经济效益，追求盈利是其生产经营的主要动力，经济效益指标是这类企业考核主要内容；第三，这类企业一般不具垄断性，但却有区域性。这包括，一方面在理论上可以吸收各方投资者加入，包括国有、民营。同时，这些企业不应受部门、地域限制，且在企业建制和运行上也应多元化共存。另一方面，地域性也使得这类企业的经营在追求经济效益的同时，特别受到生态环境的隐形制约，坚决防止外部负效应的存在，同时，还应考虑林区社会就业和林区居民受益的需要。林业微观经济重构的思路可如图2所示。

国有林区两类新的林业微观主体标志性对比见表1。

表1 国有林区新的林业微观主体主要标志对比

Table 1 The main symbol contrast of new forestry micro－main body of the state-owned forest Area

类型 type	经营目标 management goal	主要经营内容 main management content	代表性的主体 typical main body	运行依据 operation basis	与政府的关系 relationship with government	企业产权特征 the character of enterprise property right
基础性林业企业 foundation forestry enterprise	提供公共品和资源性产品 provide public and resource product	森林资源培育和以其为依托的资源性生产 planting of forest resource and resource production based on it	公益林经营主体和商品林经营主体 Commonweal forest management body and Commercial forest management body	市场机制和政府行为相结合 the integration of market mechanism and government behavior	较为密切：以政府配置资源为主 comparatively intimate: esource distribution mainly depending on government	国家资本将占较大比重 state-owned capital will account for a large proportion
商业性林业企业 commercial forestry enterprise	提供私人物品 provide private product	以森林资源所提供的原料为对象的加工生产 process whose raw material come from forest resource	木材采运、林木加工和非林木加工生产企业 the production enterprise which engaged in collect and transfer timber, wood process and non-wood process	市场机制 market mechanism	相对独立：接受一定的政府规制和宏观调控 relative independent accept certain restriction and macro-control from government	以民间资本为主 mainly non-government capital

5.3 新的林业微观主体运行关系

基础性林业企业和商品性林业企业是国有林区林业微观主体的两类基本形态，他们在国有林区林业生产实践中的相对独立存在与发展，从经济理性角度，是由于专业化分工可以带来经济的增长和效率的提高；同时也可以称为是经济发展到一个特定阶段的必然产物。而随着专业化分工达到一定程度和水平，企业便会谋求扩大规模，从而就会有相关企业间的关系状况的改变。在市场经济框架中新的林业微观主体间运行关系主要有以下三种：同类微观主体间的横向一体化；相关微观主体间的纵向一体化；微观主体间的混合一体化。各种一体化形式的出现将使得新的林业微观主体的存在形态更加多样化。也就是说，国有林区新的林业微观主体可以以最基本的类型存在，也可以基本类型之间的各种一体化形态存在，这主要取决于林业经济的发达及市场化程度。新的林业微观主体运行关系如图3。

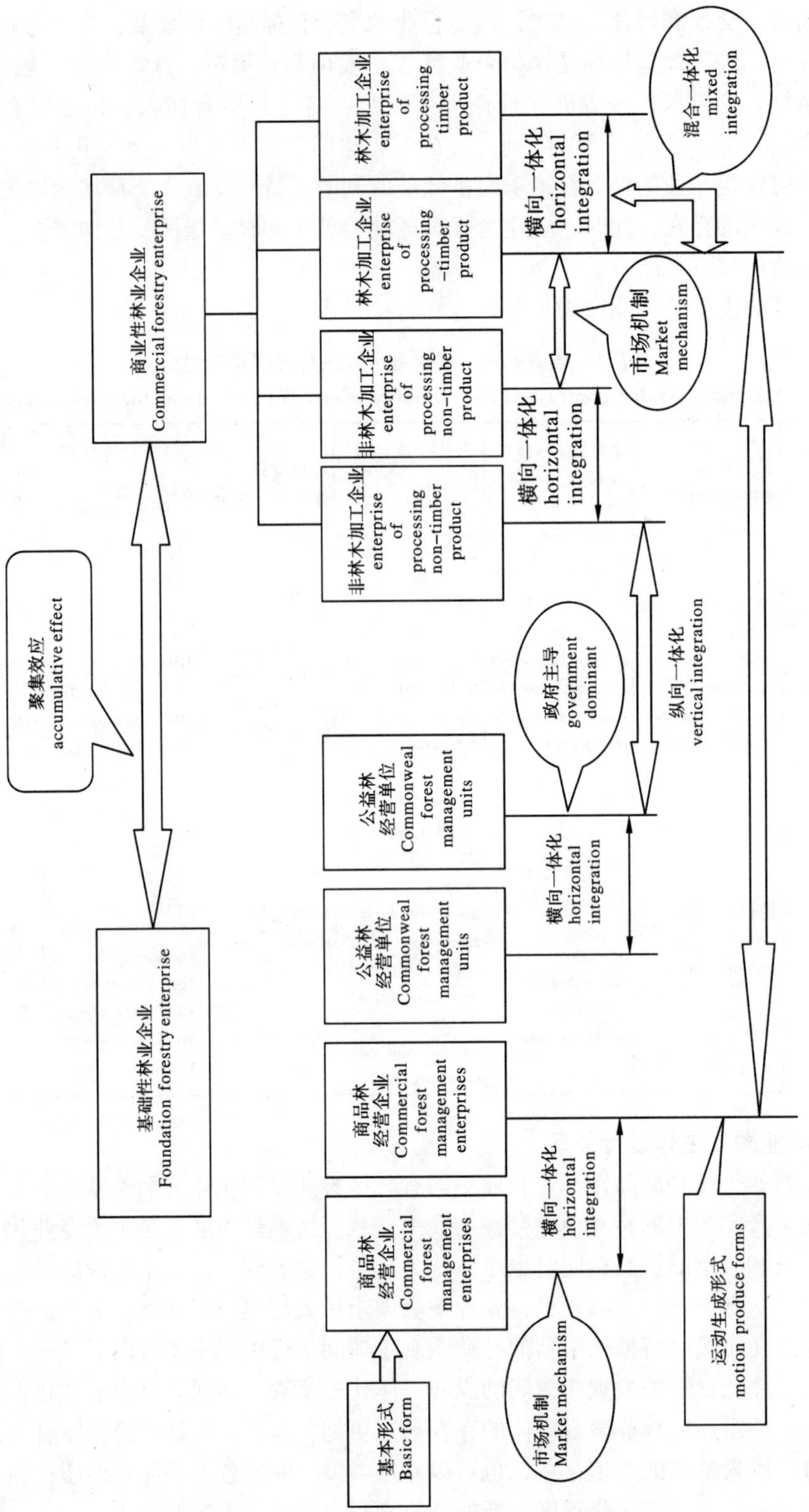

图3 新的林业微观主体运行关系图示

Chart 3 The moveable relation of micro-main body of the new forestry

6 国有林区微观主体重构的对策

国有林区新的林业微观主体的建立与运行，是在打破原有微观制度的基础上重新确立符合社会主义市场经济体制要求的国有林区林业企业总的发展取向的制度变迁过程，为减少制度变迁成本，包括新制度实施成本和打破原有利益格局引起的“摩擦成本”，使这种变革有效、稳妥地为各相关利益方所接纳，必须研究和实行一套新的微观制度过渡对策，否则新制度是难以实施的。

由现行的林业微观制度相新的林业微观制度过渡要体现渐进式过渡的理念，应体现在策略的内容与现行的相关制度和有关的改革措施的承接；承认人们已有观念的不同所带来的对新制度接受程度的差异以及已有制度更替中常见的惯性制约。具体的过渡性步骤与对策包括：①使国有资本平稳从林产品加工业等商品性林业企业有序退出，完成林产品加工生产与原森工企业的剥离；②重新配置林地资源，有效实现森林资源的授权经营，建立起基础性林业企业；③实现国有林区政企的有效分离，重新建立与新的微观制度相应的政企关系，这是国有林区新的林业微观制度变迁的重要支撑；④寻求有效的对策措施对国有林区林产品加工业进行改造、改组，使其真正成为有效益、有效率的产业。此外，为满足新的林业微观制度运行的需要，还要恰当解决企业债务与失业问题。

参考文献

1. 耿玉德，王永清，蒋敏元．黑龙江省大兴安岭国有森工企业体制改革研究［J］．林业经济，2001（4）：30～34
2. 耿玉德．国有森工企业进入市场的特点和规律研究［J］．林业经济问题，2000（1）：27～29
3. 万志芳．国有林区营林与林产品加工分制研究［J］．林业经济问题，2003（4）：204～207
4. 潘岳．中国国有经济总论——历史沿革改革历程发展趋势［M］．北京：经济科学出版社，1997．53～74，203～229
5. 杨俊一．制度变迁与管理创新．上海：复旦大学出版社，2000，8
6. 刘凡，刘允斌著．产权经济学．武汉：湖北人民出版社，2002，10
7. 周其仁．产权与制度变迁——中国改革的经验研究．北京：社会科学文献出版社，2002，9
8. 盛洪．寻求改革的稳定形式．上海：上海财经大学出版社，2002，10
9. 石峰，李智勇，关百钧等．市场经济国家的国有林发展模式与发展道路［M］．北京：中国林业出版社，1998．10～22
10. 张於倩，王国安，马椿平．黑龙江省国有林区林业生产布局调整设想［J］．林业经济，2001（4）：35～38
11. J. C. Nautiyal. Forest Economics Principles& Applications. Canadian Scholars'press Inc，1988
12. 张树义，武振业，李强．国有企业制度创新博弈分析．科研管理，2002，（1）：27～30
13. 杨瑞龙，杨其静．阶梯式的渐进制度变迁模型．经济研究，2000，（3）：10～13
14. 张维迎．企业理论与中国企业改革．北京：北京大学出版社，1999，3
15. 陈小洪，刘俊海．建立与社会主义市场经济体制相适应的产权制度．中国经济时报，2003，10，31

重构国有林区社会文化

王玉芳　蒋敏元
（东北林业大学经济管理学院，黑龙江哈尔滨，150040）

摘要：作为人的一种生存方式，文化是社会结构中的重要组成部分。在重构国有林区社会结构时，不能忽视文化结构的重构。本文指出了文化重构是国有林区社会结构重构的起点；分析了国有林区社会文化重构的动因，认为价值观的重构是国有林区社会文化重构的核心。从传统层面和现代层面具体分析了国有林区社会文化重构的实施。探讨了国有林区社会文化重构的机制，并提出了重构的规范性对策。

关键词：重构；国有林区；社会文化；价值观

Abstract: As an existent manner, culture is an important part of social structure. We will reconfigurate social structure of the state-owned forest area, the reconfiguration of culture structure must not be ignored. In this paper, culture reconfiguration is considered the jumping-off-point of social structure's reconfiguration in the state-owned forestry region. Culture reconfiguration's impetuses are discussed of the state-owned forest area society, and pointed out the value's reconfiguration is a core. Analyzed culture reconfiguration's actualization from traditional lay and modern lay. Analyzed the systems of culture reconfiguration and putting forward some normative countermeasures.

Key words: Reconfiguration; State-owned forest region; Social culture; Value

从社会结构主体的主观角度理解，国有林区社会文化结构是指国有林区社会成员对社会存在较为系统、稳定与定型的认识与价值取向。林区人们文化观念的转变可以说是新时期林区社会结构重构中表现最为激烈的一面；是国有林区社会结构重构的必要前提。社会的变革，从实质上而言，不仅是社会组织的规模、社会功能或社会系统的改革，更重要的是社会文化的变革。

1　社会文化重构是国有林区社会结构重构的起点

与一般社区文化相似，国有林区社会文化是具有林区特色的物质财富与精神财富的总和，包括国有林区社会环境、行为准则、道德规范、精神文明和价值观念等，其核心是国有林区人民的价值观念和行为准则。国有林区社会结构重构的实质是要变革整个林区社会内的传统思维模式，改变人们的传统行为做法，使人们的思想和行动能够紧跟时代发展的脉搏，这种变革意味着对长期形成的林区社会组织内的人们的传统思想观念的挑战。

目前，国有林区社会基本上处于一种经济落后和生活贫困的状态中，随着国家对林业建设与发展的重视，对国有林区社会的脱贫致富也给予了大力的扶持。虽然贫困的社会不必然与文化的贫困相联结，但贫困的社会如果同时又是一个缺乏进取精神的社会，就必然同文化的贫困相关。一种缺乏积极进取精神的社会文化心态，往往直接构成了贫困社会的心理和观念的背景，致使这个社会自身缺乏一种进步的内驱力。经济学家薛永应在分析一些贫困地区的问题时，特别提出了“扶贫要扶人”的观点。他认为，贫困地区如果不在精神面貌上有所改变，人的进取精神缺乏，再多的国家投入和外界扶持也是浪费的。虽然贫困与落后显示为一系列经济的、体制的指标和范畴，但是地区文化尤其是人的素质及其价值观等因素也起着至关重要的作用。

因此，国有林区社会结构重构要从改变人们的意识出发，转变人们的思想模式和思维方法，进而改变人们的行为和组织的行为。要使广大林区人们明确社会结构变革的动机、行动方案和远景目标、林区社会的新使命、新价值观和新愿景。特别要使林区社会全体成员都能认识到，林区社会结构重构是针对原有的，已不再适应当前市场经济和社会发展的一些要素，并不是单纯地作一些简单的调整。国有林区社会结构重构后，能更明显发挥自身的特色和优势，使国有林区社会安定，人民福利增加，在未来的区域竞争与发展中获胜。

社会是人的社会，人是社会一切活动及关系的主体或承担者，因而，社会的发展状况与人的素质和人的观念及行为模式直接相关。社会的发展和进步，非有一种积极进取的文化精神提供精神动力不可，因此，文化重构是社会改造与进步的应有之义，是社会结构重构的起点。国有林区社会结构重构首先必须要有条理地、全面着手文化方面的重构。

2 国有林区社会文化重构的动因

马克思主义告诉我们：社会存在决定社会意识，有什么样的社会存在就有什么样的社会意识。一个社会文化观念的变革，是受社会环境发展影响的。林业新定位、林业跨越式发展及市场经济的逐步完善，使国有林区社会处于一种全新的环境中，林区居民的社会文化观念也必然会随着改变。

2.1 国家经济改革的社会转型为国有林区社会文化重构提供了客观的历史性机遇

社会文化具有结构性，在不同层次、不同因子之间是相互依存、相互作用的。文化的整体性变动往往由边缘开始，最后才进入内核，一旦进入内核，则整个结构就发生了变化。一般而言，文化变迁是从表层的物质领域向中层的制度领域发展，最后进入精神领域。一旦物质领域的生产、消费出现了新的方式，则其社会也逐步对之规范而形成新的典章制度，最后也就改变了原有的思维方式、价值观念和审美趣味等。文化重构即文化在层次上的提升，反映了文化发展的一种质变。

众所周知，我国经济体制改革所带来的社会转型，在空间上是全国性的，在内容上是广泛的，对文化重构的影响也是多方面的。正是全国性的社会转型及其影响，为国有林区社会文化重构提供了一次历史性的机遇，全方位改革开放的境遇作为一种现实的社会背景，对国有林区而言，使其处于一种全新的文化环境中，具备了新生文化的境遇：一是处于多元文化交融共处的时期；二是从传统文化向现代文化的转型时期；三是从文化的封闭性传承走向开放性生成的发展时期。

2.2 国有林区社会主体结构的改变是社会文化结构重构的直接动力

社会的文化观念取决于社会主体结构，林业新定位下，国有林区社会的主体结构发生了巨大改变，尤其是富余劳动力的重新配置，改变了以往知足常乐、保守而满足现状及恋土恋乡的传统观念，由原来稳定的国有职工身份变成了外出打工仔或个体工商户，使国有林区原有单一的主体结构发展成为多元化的主体结构，这种地位身份的改变，使改革开放的观念、市场竞争的观念、物质利益的观念及独立自主的观念等都逐步渗透进每位林区人的心中，改变了国有林区传统的文化价值观。

2.3 林业经济结构的调整是国有林区社会文化重构的根本原因

恩格斯说过："一切社会变迁和政治变革的终极原因，不在人们的头脑中，而应在人们对永恒的真理和正义的日益增进的认识中去寻找，应在生产方式和交换方式的变更中去寻找，在有关时代的经济学中去寻找，而不应该在有关时代的哲学中去寻找。"国际国内对生态环境的普遍重视、天保工程的实施和林业新定位，使国有林区的经济结构、产业结构、生产方式、生活方式及思想观念等发生了根本性改变。改变了那种只追求森林经济效益的传统观念，树立了保护森林生态环境、坚持生态优先的同时，追求社会和经济效益的一种全新的理念。同时人们也逐渐意识到，要想在保护好生态环境的同时又能使自己脱贫致富，就要及时从那些部适应市场经济的传统的林木生产部门中退出，投身到旅游、服务等新兴产业中去。当人们投身到市场经济活动中时，就又必然会形成利益观念、竞争观念，这又会促使他们自然地联系到人的政治、教育等素质方面的问题，进而改变了人们对教育、对人才的看法。

2.4 国有林区居民生活方式和交往方式的变化加快了其文化的重构

作为精神形态的文化，其产生和发展的动力只能来自于现实，文化实质是生存方式的反映，特定的文化产生于特定的生存方式。当生存方式发生根本性质变时，文化也必须进行根本性置换，即依据新的生产方式重构新文化。国有林区城镇化的发展，改变了国有林区传统而分散的居住方式，居民原有分散而封闭的活动空间和交往方式也随之发生巨大的变化。在林区小城镇的社区内，由于实行统一的城镇社区管理方式，逐渐形成了一种民主的、大众的、平等的社会结构。建立在熟人和人伦关系基础上的国有林区社会正在向专门化和分工化基础上的契约型关系转化。国有林区居民的人际关系也逐渐趋于复杂，交往面趋于广泛。这些又会促使人们形成一种以自我价值实现为中心的独立自主的价值取向。

2.5 外来文化的渗入冲击国有林区社会成员传统文化观念的变革

市场经济的发展，林区交通、通讯等设施的改善，使国有林区再也不是那种封闭的区域了。读书、看报、看电视使国有林区居民不断接触到越来越多的新鲜事物，更多地了解到国家政治、经济的发展，不断适应社会形式的新变化；林区小城镇建设，使居民有较高的生活热情和社会参与意识，能主动参与林区的公共事务和经济活动；劳动力结构的改变，外来人才的引入，使居民之间的关系由以地缘、血缘为主转向以业缘为主。劳动力的流动、外来人员的引入以及外出打工返回者带来了许多新思想、新观念、新文化，强烈地冲击着林区传统思想文化观念。

2.6 国有林区社会主体学习、教育与生活环境的变换是其文化重构的基础

文化的重构与变迁是靠社会文化主体的实践来实现的，因而国有林区社会主体的学习、教育与生活环境等对文化的重构性生成就变得至关重要了。在国家科教兴国战略的指引下及国有林区现实发展的要求下，现阶段的国有林区非常重视教育和学习，教育事业在国有林区取得了很大发展。据统计，大兴安岭地区从1998年到2003年期间，林区办学条件得到明显改善和加强，硬件设施得到补充完善。随着木材产量的调减，对生产任务不足的林场和贮木场进行了撤并，实施了生态移民战略；对林区中小学和其他院校实施了撤并调整，对学校进行改造和搬迁，所属小学都集中到综合林场，中学集中到县区所在地，基本实现了集中办学，提高了教学质量，实现了教育资源的优化配置和资源共享。全区的中小学数量由1997年的186所减少到2003年的153所，而教育投入（含固定资产）也从1997年的12397万元增加到2003年的23491.2万元。大兴安岭地区的中小学教育已全面普及，全区人口素质也得到大幅度提高。

同时国有林区也不断加强对专业技术人才的培养，目前大兴安岭林区拥有培养初、中级专业技术人才的学校：职教中心和林业职业学院各1所，其他各类专业学校多所，可培养林区发展特色经济急需的大量初、中级林业专业技术人才。建立了博士后科研工作站，定期参加省里组织的“引智”活动，借助外部智力发展林区经济。这些教育、生活及学习条件的改善，为国有林区人民接受新知识、新技术，改换传统价值观提供了坚实的智力基础。

3 国有林区社会文化结构重构的核心——价值观的重构

文化的发展是多种形式的。对于特定的文化圈来说，有外来文化的移植、嫁接、同化与整合，有对自身原典文化的继承、超越与创新等。无论以怎样的形式展开，文化一旦具有了特定的传统模式，其发展都是在原有样式上进行重构而发生的，高丙中教授定义文化重构为“一个民族或地区对文化观念的改造和文化因素的重新构建”。因此，价值观是社会文化的基石和核心。社会的所有文化都是在价值观的基础上产生的，都是价值观在不同层次、不同角度、不同方面和不同时期的体现和具体化。价值观的核心作用远远大于技术和组织结构的作用，文化虽然可能表现为一种习俗行为或一种行为方式，但实质上是以一定的观念体系为核心的，即受观念的东西所支配的，从这个意义上说，文化的重构过程就是一定社会的人群自觉改造其价值观念的过程。因而对社会文化的重构首先必须重视价值观的构建。

国有林区社会文化是伴随着森林文明的产生、发展以及人类对森林和林业地位与作用认识的逐步深化而形成并不断发展的。建国以来，林业在国家经济建设进程中一直在发挥重要的作用，并由此形成了众多林业经营思想和森林资源管理理念，推动林区社会文化由原始状态向现代文明转化。改革开放后的国有林区社会物质文明和精神文明建设不断深入发展，林区社会人们的精神风貌和思想观念等都有了很大的进步，居民的整体素质也有了很大提高。但从实质上来看，尤其是现阶段的国有林区社会文化仍然存有很大的落后性和封闭性，与市场经济体制下开放的、先进的、现代化的文化还存有很大的差距，由于受国有林区地域环境的限制，使国有林区社会文化长期以来具有闭塞性、传统性和以林木文化为主体的单一性等特点，这使得国有林区社会文化的价值观具有分散性、保守性、落后性和单调性的缺点。但同时，以林木生产为主体的国有林区社会文化又使得林区人勤劳善良、艰苦创业、朴实真诚、默默奉献等优秀的道德品质在林区文化的价值观中占据相当大的比重。

改革开放、市场经济体制的建立及国家和全社会对林业及林区的重视，使未来国有林区社会文化价值观在保持传统优秀品质的同时应向以下方向转变：由闭塞向开放转变，由传统向现代变革，由落后向先进发展，由单一向融合改变，由贫乏单调向丰富多彩转变，由传统的物质文明和精神文明向生态文明转变。

国有林区社会价值观的取向决定着人们的一切思想和行动，国有林区社会结构的重构，必将深深改变人们的价值观，使人们逐渐形成适宜国有林区社会发展的新的文化理念和核心价值观，并融入到国有林区生产实践中，逐渐形成新的社会核心竞争力，促进国有林区社会的可持续发展。

4 国有林区社会文化重构的实施

4.1 国有林区社会文化传统层面的改造

社会文化传统层面的改造是社会文化深层次的改造，是构建社会文化新价值体系的重要措施。对于国有林区来说，新形势下，要重构新的社会价值观，首先要改造社会文化的传统层面。国有林区社会应该从理性的立场出发，以市场经济、时代精神和林业发展的新形势为基准，以新的科学发展观为引导，对国有林区社会文化的传统层面进行全面清理、改革。中国拥有悠久的历史文化传统，包括古代文化传统、近代资本主义文化传统、近代革命文化传统、和计划经济体制下的文化传统等，它们对现实国有林区社会文化及其价值观有着深刻的影响，因此对社会文化传统方面给予理性地自觉清理、改革是国有林区社会文化重构的重要前提。

在重新构建国有林区社会适应市场经济和未来林业发展需要的文化及其价值体系时，应具体分析现有文化传统的二重性，把握两个原则：一是与不良的传统彻底决裂；二是继承优秀传统并不断发扬光大。

从国有林区特定的区域范围来看，其社会文化相对于整个国家社会文化的范畴而言是属于一种亚群体文化，在对其传统层面的改造中应主要把握两个方向：

（1）增强国有林区社会文化整体的凝聚力。我国文化传统中包含着很强的内聚力特征，使社区居民对其所居住的社区有着较强的依赖感、认同感和归属感，能够根据生产的要求自觉团结一致。但是这种自然经济条件下所形成的内聚力，从本质上来说，并不能形成真正意义上的具有很强凝聚力的社会团体力量，而只是血缘共同体和地域共同体的内聚力，带有一定封闭性。在现代工业社会，在信息共享和市场经济时代，国有林区必须对文化的传统层面加以理性的改造，建立共同目标、共同利益追求团结协作的共同体，增强国有林区社会的竞争力。

（2）把人力资源放在国有林区社会文化的中心地位和主动地位上。以人为本的思想是我国文化传统的优秀成分，但对国有林区传统文化中重视人的传统也要加以理性改造。改造传统的重视人力资源的价值观，使其转变为重视现代人力资源尤其是智力资源的价值观，这是林区社会文化重构中的重要任务。

4.2 国有林区社会文化现代层面的构建

构建社会文化的现代层面是一件极其复杂的事情，要使国有林区社会文化由传统向现代层面转变，必须努力实现如下转变：

（1）由物质的以人为本向精神的以人为本转变。人是物质和精神的二元存在，人的追求也是物质和精神的二元追求。人总是力图突破物质的自我桎梏实现精神的自我。根据马斯洛的需求层次理论，人对生理需求、安全需求、情感和爱的需求、尊重的需求、自我价值实现等以人的精神为本的需求是不断上升的。国有林区在历史与现实的变革中，不断受到各种经济形态和文化观念的复杂影响。新时期的国有林区在某种程度上受到社会新文化观念的影响，逐渐接受了“以人为本”的哲学理念，但是目前基本上是停留在物质的以人为本的阶段，尚未上升到精神的以人为本的阶段。如果林区社会文化不提升到精神的以人为本的境界，就无法把人们的追求从物质的层面引向精神的层面，国有林区社会文化新价值观及崇高的理想、信念和良好的精神品质就无法确立下来。

(2) 由经验理性向科学理性转变。林区社会文化不仅应当以人为中心，而且更应当以科学为中心。要以科学发展观作为未来文化建设的主轴，尊重客观规律，尊重科学。国有林区社会尤其是社会的管理者，如果不具备尊重科学的理性精神，就没有对未来的良好预见和对未来发展趋势的良好把握，也就没有科学的决策和勇于开拓创新的精神。

(3) 由单一向多元化融合转变。国有林区原来单一的社会文化形式，阻碍了林区社会文明的发展。在以信息技术为先导的开放社会中，必须形成融合多方特点的统一的林区社会文化形态，才能使林区精神文明建设充满生机和活力。统一必须以多元为基础，多元化的融合发展又会给统一提供依据。应该在国有林区构建特色、个性、差异和竞争等多元化相融合的统一的社会文化形态，要自觉地引入先进的文化要素，不断综合消化新东西，令其塑起一种新的、与其优秀传统相容的文化精神，注重整体价值观的改造，在国有林区社会构建学习型组织和学习型社会。

5 国有林区社会文化重构的机制

国有林区社会文化重构有其产生的条件，同时也有多方面促成其重构的机制。

第一，政府主导与国有林区社会互动形成的运作机制。从宏观的背景来看，我国改革的社会转型是由政府倡导而促成的，因而社会发展具有自上而下的性质。就改革本身作为一种文化重构而言，政府是站在主角位置的，改革的决策来源于上层的特点，决定了民间社会从属于政府的引导和规范。针对具体的国有林区社会而言，实际上是这种全国模式的具体演绎和引申。在社会变化中，政府起到了中枢的作用，国有林区社会是逐步适应并产生互动。林业在国家生态环境建设中的主体地位以及国家对林业事业的高度关注，使全社会的价值观念发展了转变，由原来盲目采伐森林，单纯追求经济效益向重视经济、社会和生态三大效益转变，重视保护森林和林业。全社会价值观的这种转换，必然带动国有林区社会主体价值观也发生相应的转变。

第二，文化的传统改造与创新建构的运作机制。社会文化的变迁与重构就对象与载体来说，它们引起变化、重构，在机制上是传统的改造与创新建构相结合而形成的。文化重构首先是打破传统的束缚、旧的规矩，然后按新的情况、新的理念建立新的规范来实现。

比如天保工程实施和林业重点生态工程的建设，导致国有林区产生了大量富余下岗人员，仅大兴安岭地区就有 79 886 名森工职工需要分流安置，他们由原来处于国有职工的地位一下子变成了无业游民的境地，这对于一向拥有保守思想的林区职工来说，确实是很难接受的事实，因为他们已经习惯了长期以来的那种“等、靠、要”的传统思想。但是经过党和政府的大力努力和林区人民思想观念的不断更新，很多林区职工放下一切思想包袱，改变了传统的就业观念，勇敢地开始自谋职业，甚至有的外出打工。大兴安岭地区集团公司通过资金、政策扶持，已使 6 409 名富余人员自谋出路实现了再就业。

第三，林区社会文化的内在保存与外来融合的运作机制。多元文化交流融合是文化重构的方式之一。天保工程的实施及林业在社会、经济发展中的重新定位，改变了国有林区传统的产业结构，森林旅游业已成为林区新兴的主导产业和林区经济新的增长点。森林旅游的大力开展，使国内外大批旅游者不断涌向林区社会中，并随之带去了很多先进的思想文化观念。同时大量外出打工人员返回林区时也带回许多林区以外的先进文化知识和科学技术。还有国家投入大量资金吸引外来优秀人才去开发建设国有林区，在建设开发的同时，他们也把先进的科学文化知识及思想观念传播给林区人，使他们在保留国有林区优秀传统文化根基的同时，逐步与外来文化相融合。

6 国有林区社会文化重构的规范对策

国有林区社会文化的重构对林区社会经济的发展将产生很大的影响，它能够促进国有林区社会文化品质的现代性转型；能够调整、提升国有林区社会文化资源及其开放价值；能够促进国有林区社会维系由传统道德制衡向法制规范转变。

社会改革是有意识地进行的，是一种自觉的行为，对文化重构也应自觉对待它，并有针对性地提出一些规范性的对策是必要的。在对国有林区社会文化重构进行规范时，应注意一下几方面：

第一，在国有林区开发建设中，应处理好经济与文化的平衡发展，注重对人文力的投入和开发。社会发展具有双向价值目标，一是物质经济的增长，一是以人的素质提高为核心的精神文明的发展。这双向目标在社会实践之中具有相互依存、相互作用的关系。无论从目的，还是从手段而言，二者都应该是平衡发展的。从国有林区目前的发展现状来看，以抓经济建设为主线是必然的选择，但是由于社会文明层次低，目前还不能形成较强的人文力予以支持从而阻碍了国有林区经济的发展，反过来，国有林区经济发展缓慢又制约了林区教育的发展，进而不利于林区社会人文力的增强。一个社会的人文力处于低势，对经济发展和人的发展都是不利的：其一，人们不能科学认识自己社会的物质和文化资源，不能优选其发展途径；其二，因劳动者素质低下，吸收先进文化和改造传统文化的能力差，比如有些林区拥有丰富的、良好的旅游资源，却不被人们所认识，而至今没有得到很好的开发利用，发挥这些资源的潜在价值。因此，国有林区社会在加强经济建设时，一定要加强文化教育建设，注重对人文力的投入和开发，把增强林区人们素质作为林区实现文化现代化的关键因素。

第二，做好林区传统文化项目的现代改造与利用。一个地方的社会发展必须依赖于自己的文化资源，但传统文化资源总是有局限性的。从国有林区特定的区域来看，以林木为主体的传统社会文化存在着一定的不足：一是在整个社会文化体系中，科学技术文化知识匮乏而落后；二是因源于国有林区特殊的地域范围和特定的生活习惯，以至使其使用范围狭窄；三是文化理念的独特性使其与其他地区的社会文化形成一定的差异，从而缺乏普适性。要克服上述不足，就要进行改造：一是要探索和引进先进的现代科学技术知识，大力发展科学教育事业；二是应积极吸收其他地区的文化要素，进行文化整合，创建新的文化氛围和文化理念及文化产品；三是要不断注入现代文化的思想和理念，增强国有林区社会文化的时代性、先进性和科学性。如此才能形成具有国有林区特色的文化创新性和普适性，更好地开发利用文化资源，为林业经济及国有林区的建设、发展服务。

第三，积极探索林区社会文化重构中传统性与创新性的统一发展。在文化重构中往往由于盲目开发，容易造成一些优秀文化的丢失，使文化出现断层。一方面使人们未认识到它的社会或经济价值；另一方面是人们在文化开发中的单一性，出现顾此失彼，重要的部分被忽视或被遗弃。而社会的发展必须依赖于对优秀文化的利用。因此，国有林区适应林业及国家新的发展时期，对其文化的重构应是主动的，要处理好继承与创新的关系。为此，首先要对国有林区现有文化资源进行科学评价，对优秀的东西要进行抢救与保护；其次，要努力开展对林区社会文化资源的研究工作，主要着眼于对其原有价值的提升、开发和创新探索工作，自觉维护传统文化资源并开发其价值。

第四，发挥政府在国有林区社会文化重构中的主导作用，有效行使其职能进行积极引导与规范。落后地区的发展，因民间力量过于薄弱，要有所改变必须要有政府的领导和支持。目前，国有林区正处于经济社会发展的转型期，社会的贫困是一个明显的事实。所以有必要在国有林区建立一个林区政府，加强其职能的有效发挥，帮助国有林区社会进行良好的文化建设与规划，提供法律保护、信息输送等资助，完善各项文明制度，这样才能产生发展的牵引力量。

参考文献

1. 王仕国．文化重构：乡村从小康到现代化的选择．江西社会科学，1999. 3
2. 张 谦．林业生态建设战略目标实施要点和保证措施．林业经济问题，2002. 1
3. 刘宗碧．经济改革的社会转型对侗族文化的重构性影响．黔东南民族师范高等专科学报，2002. 5
4. 戴庆中，靖晓莉．经济社会发展的必要前提：文化重构与人的重塑．贵州财经学院学报，1996. 6
5. 傅先庆．林业社会学．北京：中国林业出版社，1990
6. 吴榜华，李斌．林区社会学．北京：中国林业出版社，1993

云南林业可持续发展障碍分析和对策探讨①

赵　璟
（西南林学院经济管理学院，云南昆明，650224）

摘要：云南是全国的四大林区省份之一，林业在国民经济和社会发展中占有极其重要的地位。分析了云南林业可持续发展面临的障碍因素，提出了以保护森林资源为基础，以科技为手段，以人力资本为核心，以制度、政策、法规为保障的战略措施，以促进云南林业的可持续发展。

关键词：云南省；林业；可持续发展；障碍

Abstract: Yunnan province is one of the largest forestry provinces in China. Forestry is very important in the national economy and community development. The factors influencing Yunnan forestry sustainable development were analyzed, some strategy measures such as protecting forest resource as basement, science and technology as instrumentality, human capital as focus, and bylaw, policy and law as ensure were proposed in the paper. The purpose was to the forestry sustainable development of Yunnan province.

Keywords: Yunnan province; Forestry; Sustainable development; Obstacle

云南地处我国西南边陲，为典型的山区、贫困多民族省份。全省山区面积占国土面积的94%[1]。云南也是全国的四大林区省份之一，林业在国民经济和社会发展中占有极其重要的地位。林业的可持续发展关系全省乃至全国生态环境的改善以及社会的可持续发展。

1　云南省林业可持续发展障碍分析

1.1　森林资源现状及存在问题

据云南省森林资源连续清查复查报告，全省林业用地全省土地总面积的63.7%，占全国林业用地总面积的9.6%，云南森林蓄积所形成的资产总量（仅计算木材）达2 350亿元，且每年以3%的速度稳定增长[2]，全省森林资源中各种主要指标在全国的排名见表1。

表1　云南森林资源现状

Table 1　The status of Yunnan forest resource

名　称	数　量	在全国排名
珍稀植物物种占全国的比例/%	67.50	第一位
脊椎动物物种占全国的比例/%	55.00	第一位

① 基金项目：云南省自然科学基金重点项目（2001D0008Z）。

（续）

名　称	数　量	在全国排名
林业用地面积（hm^2）	2.4360×10^7	第三位
活立木蓄积量（m^3）	$1.4.22\times10^5$	第三位
有林地面积（hm^2）	1.2873×10^7	第四位
有林地覆盖率（%）	33.64	第四位
森林覆盖率（%）	24.50（建国初为50%）	第四位

云南森林资源与其他资源相比具有明显的优势，但从森林资源结构来看，用材林成过熟林蓄积持续下降，林分质量不断劣化，林地林用率太低，林地逆转问题严重；人工林中单层同龄纯林的面积较大质量较差，平均每亩蓄积只有 $4m^3$，并且病虫害和地力衰退比较严重，这将严重影响林业和经济可持续发展。

1.2　林产工业欠发达，林区建设严重滞后，林业可持续发展后劲不足

云南是林业大省，但又是林业产业弱省，林产品综合利用率和产品附加值低，林业产业结构不合理，高附加值的、科技含量高的产品少，多数为劳动密集型原木生产、粗加工的低价格的林产品。2000 年云南省林业总产值 1 156 737 万元。其中在林业中的第一产业占 749 460 万元，第二产业 385 701 万元，第三产业 21 576 万元[3] 均低于不是林业大省的浙江和山东（图 1），与云南林业占有的国土面积的比例极不相符。2001 年，云南林业总产值占全省产值只有 6.1%，占全省农业产值的 17.6%，每亩林业用地年产值贡献仅为 22.1 元，在所有依赖土地而生存的产业中是最低的[4]。许多森工企业仍在高投入、高消耗、低质量、低效益的水平状态下运行，缺乏可持续发展的后劲。

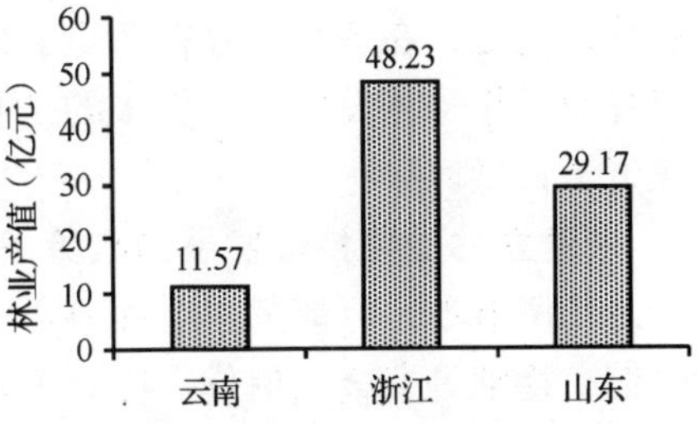

图 1　云南林业产值比较

Figure 1　The comparing of Yunnan forestry production value with other province

云南现有林区（特别是天然林区），主要分布在地理环境复杂，交通、通讯困难，经营作业不便的特殊地域。长期以来，林区社会主要依靠国家投入和以木材生产为主森工的经营收入进行建设。天保工程实施后，国家虽然在森林培育、管护和苗圃基本建设等方面投入了巨额资金，但用于改善林区职工生产、生活条件的基础设施建设却没有明确、稳定的资金来源，加之森工采育企业原以木材生产为主的营业收入断档，缺乏维护、改造、更新和续建基础设施的再投入能力，从而在一定程度上制约了林区社会的经济可持续发展。

1.3　林业科学技术研究滞后，林业人力资本质量明显偏低，技术创新能力较低

世界主要发达国家的林业科技总体发展水平是比较高的，一些国土面积和森林面积较大的发达国家，都将遥感系统、地理信息系统和全球定位系统（3S 技术）作为森林资源和灾害调查、监测的手段。我国虽然在“3S”应用方面形成了一批成果，但多限于单项技术，未能系统集成和产业化[5]。云南省林业系统虽然对“3S”技术进行了一定的研究和探索，但离大面积的应用还相差甚远。林业科学技术研究相对滞后，技术的创新能力较低的根本原因之一是低质量的林业人力资本。

目前全国林业系统各类专门人才仅占职工总数的 13.6%，远低于其他行业，更低于发达国家同行业30%以上的水平[6]。云南林业劳动力资源与全国平均水平相比其质量水平更低。以云南省第二大林区思茅地区为例，2001年，思茅地区共有林业工人11 905人，大专以上学历的311人，占总人数的2.61%，中等学历4 061人，占总人数的34.11%，初中以下学历7 533人，占总人数的63.3%，整体劳动者素质偏低。从而导致林业科技进步对林业经济增长贡献率较小。

1.4 林业经济增长方式主要以传统理论增长模式为主

无论是马克思主义经济学，还是西方经济学，都对依靠物质资本投入型的增长方式作过充分的论述，尽管这些经济理论性质不同，对增长源泉研究的角度不同，所建立的模型不同，但这些理论对推动经济增长基本条件的认识都是相同的，即经济增长最终依靠物质资本和劳动的投入使劳动生产率得以提高。在这种共性理论影响下，经济运行总是沿着不断提高资本积累率，不断加大资本和劳动的投入量，不断追求高速度的轨迹运行。近年来，云南林业的可持续发展呈现出以下特点：①造林发展速度与造林质量不同质。云南林业造林投资增长迅猛，以年均30万左右的造林速度进行森林资源的培育，营造了大面积的生态公益林和商品林，但是，在造林中存在明显的低质量扩张型特点。②林业可持续发展推动要素单一，云南林业近年来的发展中，更多的是看到资本增长的活跃性，云南林业与其他省相比属典型的投资增长型。

1.5 未建立林业可持续发展的政策保障体系

市场调节不是万能的，对林业资源配置尤为明显，这就需要从宏观上制订正确的林业经济政策，特别是资金、信贷、税收等政策，直接影响林业的投资方向。云南省目前还没有形成系统的林业可持续发展的理论研究体系，在林业经济建设中更多的是服从于特定时期的特定需要和长官意志。在林业政策和法规上，对林业领导干部的素质要求上没有明确的政策规定，主观随意性较大，对不依靠科技进步和提高劳动者素质，随意决策者，没有任何政策和法规上的约束；对从实际出发决定工作方针，缺乏应有的支持和保护。

2 云南林业可持续发展的对策探讨

2.1 森林资源可持续发展是林业可持续发展的基础

根据社会对林业生态和经济两个方面的需求，实现森林资源可持续发展，必须遵循森林多种功能和其主导作用的不同规律，应对森林资源实施分类经营，应将森林划分为生态公益林和商品林两大类，生态公益林具有很强的外部经济性，市场对这种外部经济性都是失灵的。如每培养1万元的立木，大约向社会无偿贡献十几万元或几十万元的外部效益，社会各行各业都在无偿地从森林中受，因此生态公益林的经营是一种公共福利事业，需要全民的参与，需要政府以财政的方式建立补偿机制；而商品林的经营追求最大的经济效益，同时也必须意识到商品林也具有生态效益，忽视了商品林的生态效益，就是忽视了林地的可再生产能力，政府应给予林农一定的引导，引导林农在林木可忍受干扰的限度内，获得最大利益。

2.2 提升林业人力资本质量是实现云南林业可持续发展的核心

以人力资源素质的提高来弥补经济发展过程中对自然资源的过度消耗，是人类社会发展的必然趋势。据世界银行对许多国家的经济增长差异分析发现，物质资产投入只能解释这些差异的不到30%，其余的70%以上直接或间接归因于知识、信息、教育、技术等无形因素[7]。美国经济学家测算，1900～1957年，物质资本投资增加4.5倍，利润只增加3.55

倍；人力资本投资增加3.5倍，利润增加17.55倍，其乘数效应是十分明显的[8]。究其原因是由于人力资本具有双重效应：一是内部的核聚效应，随着人力资本存量的增长，它的资源配置能力可以获得更多经济效果，其所涵的生产能力将呈现倍增的扩张趋势；二是人力资本的外部效应，人力资本之间的技能及知识的传递，不仅提高自身的生产率，而且增加劳动物质资本的生产率，进而使生产的收益呈递增状态[9]。舒尔茨说："在现有的劳动者既缺乏技术有缺乏知识的条件下，通过增加常规资本，也能获取某些进展，但是，增长率则肯定是十分有限的。离开大量的人力投资，要取得现代农业的成果和达到现代工业的富足程度是完全不可能的"[10]。

从影响云南林业可持续发展的主要因素来看，无论是传统的经济增长理论改变还是区域竞争能力提高；无论是林区现状的改变还是制订正确的林业经济发展政策，而这一切都需要由高素质的人去实现，都需要由传统的资源依赖型向依赖于人的知识智慧和创新的知识依赖型转变，这意味着云南林业的可持续发展必须从重视物质资本投入向重视人力资本投入转变；需要对现有的林业人力资源的潜能给予充分的释放。而对人力资源进行各种投资是人力资本潜能释放的核心。为此应继续把"两基"作为重中之重。力争使绝大多数适龄儿童能接受较为完善的基础教育；要大力发展职业技术教育，以培养多层次，多用途的适用型人才；要加快发展高等教育，培养林业系统高技术人才；建立多元化的林业人力资本投资机制，为提高林业人力资本质量提供一定的经济保障。

2.3　加快林业科技成果转化是林业经济可持续增长方式的重要途径

我国林业发展的实践表明，如果科研成果还处于"知识形态的生产力"或"潜在的生产力"阶段时，就不能发挥其经济增长第一推动力的作用[11]，如果企业采用陈旧、过时的技术而无法采用现代先进科技成果，就不能生产出高质量、高附加值的产品，林业经济增长方式就难以实现由粗放型向集约型的转变。因此必须在林业系统营造一种重视科技进步的氛围，首先应通过宣传、教育，强化林业干部职工的科技意识，增强其林业利用科技创新的紧迫性和自觉性，其次要通过深化改革，解决林业科研单位自身存在的重科研、轻转化问题，再次政府应加强宏观调控力度，促进林业科技成果转化，因为对于林业科技成果这一具有鲜明特点的产品，不能纯粹依靠市场调节，政府应适当地应用法律、经济和必要的行政手段来加以调控。

2.4　优化林业产业结构，促进林业产业的发展是林业经济可持续发展的关键。

云南的林业，特别是在一些天然林林区，过去以开发利用木材为主，在实施天然林保护工程后，现在是要以保护生态环境为主，林业企业不能再以传统的林业资源开发利用为中心，应向可持续发展经营、集约化经营方式转变，实现森林的生态、环境、社会和经济等多方面效益。因此在整个林业系统和主要林区应建立利用森林多种效益为目的的经营体系，在第一产业方面，应大力推进短周期工业林和其他原料林、速生丰产林竹林的建设，充分利用生物技术、基因工程提高良种壮苗培育技术，搞好树种结构的调整；在第二产业方面，根据云南实际，应积极开发非木质森林生物资源，加大新产品的开发力度，促使林产工业向高层次综合精深方面转变，提高林产工业产品的附加值；在第三产业方面，要开发森林非消耗性使用价值，发展森林旅游、中草药药品、林产生态食品、花卉等产业。

2.5　林业可持续发展需要制度、法规、政策给以保障

首先应在全省范围内，建立明确的林业产权制度。清产核资，界定产权，领取林权证，鼓励以森林资源资产为资本控股，与其他资本联合组建股份制企业，实行多元化经营。值得一提的是对于国有产权林权其产权明晰化的基本作法就是要建立起有效率的委托代理关系，林业行政管理机关作为公有产权管理的法定代理人，必须赋予其足够的权力，否则，监督管理不力将是必然的结果。其次要建立资源有偿使用的制度。森林资源的公益性、较强的外部性特征，决定必须实行森林资源的生态补偿效益，实现由无偿使用向有偿使用转变，发达地区必须给下游地区缴纳一定的生态环境保护补偿资金。最后应严格依法治林，为此结合云南省林业实际，一方面切实加强对广大群众的法制教育和生态意识教育，另一方面必须强化执法力度，必须建设好一支强有力的高素质的森林执法队伍止，开展多种形式的执法监督。做到依法保护、有序开发、合理利用、科学经营，政府应切实减轻木材税费负担，充分调动林农造林护林的积极性，取消对木材的不合理和不合法收费，使林业走上良性循环发展的轨道。

参考文献

1. 令狐安．要切实保护云南的森林资源．云南林业，2001，22（5）：4~5
2. 周远，陈宝昆．云南林业报告［M］．昆明：云南科技出版社，2003：18
3. 国家林业局．2001中国林业发展报告［M］．北京：中国林业出版社，2001：105
4. 吴晓青．云南经济发展的战略性选择：建设绿色经济强省［J］．生态经济，1999（6）：1~6
5. 特别报道，世界林业科技发展的现状与趋势［J］．中国林业，1999（10）：8~9
6. 许文兴，陈建明，陈金明．林业企业技术创新的客观性分析［J］．林业经济问题，2000，20（4）：210~213
7. 曲格平．西部大开发与可持续发展［J］．环境保护，2000（6）：5
8. 余建辉，刘燕娜，黄振胜．林业持续发展与人才培养［J］．林业经济问题，2000（6）：327~330
9. 刘燕娜，冯亮明．论林业企业可持续发展与人力资源管理的辩证关系及矛盾．林业经济问题［J］，2003（1）29~31
10. ［美］西奥多·W·舒尔茨．论人力资本投资［M］（中译本）．北京：北京经济学院出版社，1992：16
11. 林其屏．科技转化为生产力：经济增长方式转变的关键［J］．当代经济研究，1997（1）：23~26

对国有林场改革与发展有关问题的思考

文建林　尹少华

（中南林业科技大学旅游与管理学院，湖南长沙，410004）

摘要：当前国有林场的改革与发展存在许多深层次的矛盾，面临着经营方式的转变、经营资金严重不足、林产品销售难、森林权属纠纷和内部管理机制不健全等问题；必须全面实施林业的分类经营，拓宽资金渠道、完善投资机制，调整林产品生产结构、规范市场建设，进一步加强资源林政管理和内部人事、机构的改革，为国有林场经济健康、持续发展创造条件。

关键词：国有林场；改革；发展

Abstract: There exist a lot of problems in the reform and development of state owned for-est farms—change in operation mode, serious shortage of funds, poor sales of forestry prod-ucts, disputes about the ownership of forests and poor management. Inorder to create favourable conditions for the sound and sustainable development lf state—ownde forest farms, we should do as follows: carry out forestry classified operation in an all—round way; broaden financial channels and perfect the investment mechanism; adjust the structure of forestry products and standardize market construction; and further tighten up the management of forest resources and deepen the reform of personnel and organizational structure.

Key words: State—owned forest farms; Reform; Development

几十年来，经过国有林场广大干部职工的艰苦努力，国有林场为国家的经济发展，为维护生态环境做出了重大贡献。但由于历史和现实的原因，相当一部分国有林场当前仍然存在着许多深层次的问题，我们只有全面认识和解决它，才能把国有林场的改革进一步推向深入，林业跨越式发展的战略目标才能实现。

一、经营方式问题

长期以来，国有林场的经营方式一直遵循“以林为主，多种经营，以短养长，长短结合”的方针。这是在计划经济条件下，根据林业生产周期长的特点，单纯从商品林生产这个角度提出来的。在建国初期，尤其是短缺经济时期，的确起到了刺激林业生产发展的作用。但在进入市场经济以后，随着人们对森林生态效益需求的日益增长，若继续沿用过去的经营方式，就会导致两方面的恶果；一方面，“以短养长”多种经营，无法保障大量的后续资金来发展生产，在激烈的市场竞争中，势必会被拖垮；另一方面，林场往往为了尽快收回投资，本来就以消耗资源起家的多种经营，只能继续、大量消耗资源，以保证经济效益，这无异于“杀鸡取卵”。

要摆脱国有林场在资金上和资源上的“两危”境地，根本的出路是：必须加快实施林业经营的改革，尽快实现国有林场经营方式的重大转变。实行分类经营，在世界上许多国家，诸如新西兰、法国、德国等取得了既发展林业，又保护了生态环境的成功经验。我们应该借鉴它们的做法。

林业分类经营的关键，是建立森林生态模式在全国11个省（直辖市）进行试点，森林生态效益的资金补偿已经启动。由于该机制的建立与实施牵涉到政府各个部门和经济领域，在理论与实践当中还存在一些问题。这些问题需要政府予以协调解决。因此，政府必须将其列入重要议事日程，做出成效。

二、经营资金问题

林业建设点多面广，原有资金渠道远远满足不了形势发展的需要，资金紧张已成为制约林业发展的一大难点。国有林场的资金问题尤为突出，有些国有林场的国家投入部分，只占林场年度所需经营资金的2%～3%，有的已完全靠自己投入。笔者认为，可从拓宽资金渠道、盘活存量资产、完善投资机制三方面着手解决之。

1. 拓宽资金供应渠道

国有林场的资金渠道，已经有三条：①财政投入；②引进外资；③林农投入。现在，除此之外，还可以考虑第四条渠道——股份制。可以考虑以几个大型国有林场为主，组建林业股份有限公司，争取其股票上市，或是发起建立林业基金股。后者，有些地方（比如福建）已经取得了一些经验，我们可以学习、研究、借鉴；对于前者，可以先行论证，局部试点，然后铺开。

2. 盘活存量资产

资金紧张有投入不足的原因，也有资金沉淀的原因。我们现在的问题是：一方面资金不足，又不断投入；另一方面投资形成的资产又不断闲置。由于资金没有充分有效地利用，供求紧张的矛盾日趋尖锐。怎么解决？最好的办法就是盘活存量资产。对于防护林、特种用途林，由国家财政或受益主体支付森林生态效益补偿费，以补偿国有林场多年来造、抚、管资金投入的不足。对于用材林、经济林和薪炭林，新颁布的《森林法》第十五条明确提出：这些“森林、林木、林地使用权可以依法转让，也可以依法作介入股或者作为合资、合作造林、经营林木的出资、合作条件，但不得将林地改为非林地”。我们应该尽快建立国有林场的产权交易市场，如林木、林地资产拍卖行，或林木、林地产权交易中心及交易所等，以促使国有林场的存量资产能在林场之间、本行业内部，或跨行业、跨地区，甚至在不同所有制成分之间，进行合理流动、优化配置，以缓和资金紧张的矛盾。

3. 完善投资机制

过去我们一直沿用计划经济时期“先拨钱，后办事”的办事模式，拨钱与办事相互脱节。有的钱拨下去了，使用效果如何，无人问津，当然无法做到专款专用。有的单位，为了争投资，立个项目匆忙上马，既无配套的自筹资金，也不认真搞可行性研究分析，结果是项目一建，就开始亏损。因此，非改革投资管理机制不可！怎么改？应抓住三个环节：①项目审批环节，应采用专家“联审制”，即由经济、工程、资源、环境等方面专家联合审签后，项目方可上马；②项目投资环节，可采用分期“报账制”，即按照工程进度，分期分批地先办事后拨款，事情做好了，通过验收后再给钱；③项目投产环节，要建立经济“责任制”，将投资回收、利益分成等经济指标，落实到部门、基层单位和人，做到谁投资谁受益，谁管理谁负责，不能项目一验收完就万事大吉。只要坚持把好这三关，就可在一定程度上遏制资金的盲目需求，减轻资金紧张的压力，就可以集中资金办大事。

三、林产品市场问题

目前，国有林场多数面临林产品市场需求不旺，销售不畅的问题，其原因主要是两方面：一方面是生产上的原因，表现在林产品品种结构单一，科技含量低，加工层次浅，少数产品规模过大，生产过剩；另一方面是销售上的原因，表现在林产品销售各自为政，形不成规模，供求信息不畅，盲目销售，甚至出现互相压价、低价倾销等消极竞争行为。如何在宏观上为国有林场创造一个良好的市场环境？笔者认为应着力抓好两件大事：

1. 调整林场生产结构

国有林场新的生产结构，除了上面所说必须在遵循生态效益优先条件下，林产品生产部分必须适应市场的需要，这是解决林产品销售难的一条根本途径。在调整林场的生产结构过程中，值得注意的是：①第一产业，千万避免“走回头路”，如柑桔多了改种奈李，奈李多了又改种银杏，银杏多了又改种柑橘；②第二产业，要以科技为龙头，拓宽林产品加工门路，增加林产品加工深度；③第三产业，要以市场为中心，大力发展林产品分选、包装、贮藏、运输等产后服务业。生产结构的调整，关键是要调整管理体制。在生产经营的管理上应放手让林场自己当家，切不可再用行政命令去定指标、分任务。要做好科技推广、市场信息服务工作，让林场学会自己去认识市场、适应市场、调节生产。同时，注意宏观调控，要利用资金、技术、政策等手段，避免重复建设，避免“撒胡椒面”。只有这样，才能既保证林产品结构的多元化，又保证适度生产经营规模，才能提高林产品的市场竞争力。

2. 规范林产品市场

规范林产品市场，笔者认为，可以从以下三方面来着手：①搞好林产品基地中心市场的建设，即在相应的林产品生产基地建立贸易中心市场，如木材产品市场、药材市场、水果市场、花卉市场等，为国有林产品开辟广阔的销售渠道；②建好林产品销售网络和以电子计算机为手段的林产品及相关替代产品的信息网络，密切注视林产品的生产、需求、销售、竞争情况，与林产品相关的替代产品的生产情况、上市时间、投放数量等信息，及时提供迅速、可靠的信息，为国有林场调整林产品营销策略服务；③成立“林业商会”，该商会是由政府支持、林场自由参加，聘请林业、商业、法律界知名人士组成的中介服务机构。其主要职责是：组织认证名特优新林产品，打击假冒伪劣；组织调查市场份额，为各林场的林产品提供指导性的市场流向、市场销售和价格信息；组织定期的林产品展销和质量抽查，实施名牌林产品战略；协调处理林场之间、林场与其他经营者之间，以及林场与消费者之间的商业矛盾；维护消费者、经营者的正当权益；树立国有林场企业形象和林产品市场形象。林为商会成立后，既可以避免政府对市场的过多干预，又减轻了这些部门的经费开支，还可为国有林场的发展创造一个良好的外部环境。

四、森林权属纠纷和乱砍滥伐问题

近年来，森林权属纠纷的发案数较往年有所减少，但它对林业生产和资源保护造成的负面影响仍不可低估。在国有林场中，由山林权属纠纷引起的盗伐、乱砍滥伐也时有发生，导致国有林木被吞食，造成国有林场资产流失，进而挫伤了国有林场造林、育林的积极性。因此，必须进一步加强资源林政管理，加大执法的力度。

1. 领导工作要落在实处

森林案件的解决可通过司法和行政两种方式，且首先是用行政方式。所以，各级领导切不可从本位主义和地方保护主义出发，要站在维护《森林法》、保护生态环境这个高度，搞好国有林边界勘测、权属确认、证书发放等林政管理基础工作，防止林权纠纷、乱砍滥伐的现象再度发生。

2. 森林执法要落在实处

林政管理人员一定要深入国有林区，严厉打击各种乱砍滥伐林木、乱占林地的违法行为；要突出重点，集中查处一批国有林权属纠纷的积案、大案和要案。

3. 森林公、检、法经费要落在实处

成立森林公、检、法的目的是依法保护森林资源，自森林公、检、法各级机关设立以来，其经费来源一直是靠林业部门自己解决。有人测算，一名森林公、检、法人员的人头经费和办案经费，每年要消耗20～30立方米的木材，由此看来，保证森林公、检、法机构和正常运转，反过来要以牺牲资源为代价。这种经费渠道一方面进一步加剧了林业部门自身资金紧张的矛盾，另一方面容易导致森林热法中“以罚代法”的司法腐败。因此，森林公、检、法经费应尽快落实到财政，为国有林场改革发展创造一个良好的法制环境。

五、内部管理问题

国有林场内部管理的改革，是全面深化国有林场改革的重点。有些国有林场规模不小，条件也蛮好，效益反而不如小场，这说明抓好内部管理的改革是相当重要的。国有林场内部管理的改革，关键在人！我们必须以人为本，加大国有林场内部人员管理改革的力度，把人事制度作为国有林场改革的重中之重。在这方面，有的国有林场已积极开展了以劳动用工为重点的“三项制度”改革，取得了好的经验，迈出了可喜的一步。应该巩固、扩大这一改革成果，将这一改革进一步推向深入，必须积极、稳妥地进一步做好以下两方面的工作：

1. 要做好林场机构、人员的分流工作

首先，对富余人员实行分流，林场要同政府、职工、社会有关方面协同操作：①对达到法定退休年龄的职工和病残职工，林场应制定措施鼓励其退休；②对失业、下岗人员，应通过社会保险机构保证其基本生活，并组织转业培训、职业介绍等，帮助重新就业；③对林场职工子女，提倡个人和林场双向选择，实行由林场安置、个人自谋职业和争取社会帮助安置相结合，解决就业问题。这样，既减轻了林场的负担，又解除了职工的后顾之忧。其次，是机构分流，解决林场办社会的问题：托儿所、幼儿园、中小学、商店、招待所等后勤部门，能交给政府办的交由政府去办；能交社会办的，就由社会去办，从企业划出去。一步到位有困难的，财务上可以先实行内部独立核算，逐步减少补贴，再待时机成熟时推向社会，实现自负盈亏；条件的确合适的，随时可将其转为社会公益性单位。

2. 要建立和完善林场干部职工的激励、约束机制

(1) 深化劳动用工制度的改革，应采取“老职工用老办法，新职工用新办法，特殊职工用特殊办法”的多种用工形式。林场的老职工是建场创业的有功之臣，在改革的过程中要正确对待，要照顾他们的利益和心态，在劳动用工上应根据国家的有关法律、法规，可采用原有的用工形式，也可根据岗位特点采用竞争上岗或轮岗的形式；对于新职工，则应完全按照双向选择、择优上岗的原则，通过签订岗位合同的形式将其责、权、利和林场具体的岗位工作紧密结合起来；对于不能来林场落户和长期工作的特殊人才，可采用聘其兼职、定期来场指导的“候鸟”式用工方式。

（2）深化人事制度的改革，要改变过去那种“上级搭台，领导导演，人事唱戏，群众看戏”的用人机制，建立起优胜劣汰的用人制度，根据公开、竞争、择优的原则，按业务能力和业绩考核情况，结合本林场工作的实际需要聘用干部，坚决做到量才施用，人尽其才，能者上，庸者下。

（3）深化分配制度改革，要从根本上克服干多干少一个样、干好干坏一个样、上班拿工资干活拿资金的现象，合理拉开个人劳动贡献大小的分配差距，真正把职工的工资与岗位劳动成果紧密地结合起来。

参考文献

[1] 湖南省林业厅调查组．来自邵阳市国有林场深化改革的报告［J］．IDFMSS OG. 1998. 5
[2] 张恒生．排牙山林场改革的招数［J］．湖南林业，1998. 1
[3] 文建林．分类经营搞活国有林场经济［J］．湖南林业，1999. 1.
[4] 文建林，鲁退龄．湖南国有林场林业可持续发展对策初探［J］．中南林业调查规划，1999. 1

基于 SCP 范式的湖南林产工业产业组织实证分析

尹少华　梁成军

（中南林业科技大学旅游与管理学院，湖南长沙，410004）

摘要：本文根据产业组织理论，运用哈佛学派的 SCP 范式，对湖南林产工业的市场结构、市场行为与市场绩效进行了实证分析，并在此基础上，针对林产工业市场需求的变化和行业未来的发展趋势，提出了优化湖南林产工业产业组织、全面提升竞争力的对策建议。

关键词：林产工业；产业组织；湖南；SCP 范式

Abstract: The paper, mainly in light of industry organization theory, analyzes the market structure, conduct and performance of Hunan's forestry industry through the SCP model of Harvard school, and on this basis, puts forward some countermeasures to optimize the industrial organization of Hunan's forestry industry and comprehensively step up its competitive force according to the change of market demands and the future developing trends of the industry.

Key words: Forestry industry; Industrial organization; Hunan province

森林是陆地生态系统的主体，也是人类发展不可缺少的自然资源。以森林为经营对象的林业，既是重要的社会公益事业，又是重要的基础产业，它肩负着生态环境保护和促进经济发展的双重使命。而林产工业则是林业的重要组成部分，林产工业不发达的林业，很难成为充满活力的高效林业。

1　SCP 范式与湖南林业产业现状

1.1　产业组织分析的 SCP 范式

产业组织理论是 20 世纪 30 年代以来在西方国家产生和发展起来的，以特定产业内部的市场结构、市场行为和市场绩效及其内在联系为主要研究对象，以揭示产业组织活动的内在规律性，为现实经济活动的参与者提供决策依据，为政策的制定者提供政策建议为目标的一门微观应用经济学。该理论自产生以来就一直对西方国家产业组织政策的制定产生着重要的影响。

1959 年，美国哈佛大学的贝恩（J. Bain）所著的第一部系统阐述产业组织理论的著作《产业组织》的出版，标志着西方产业组织理论的主要学派——哈佛学派（Harvard School）正式形成。哈佛学派以实证分析的方法，推导出企业的市场结构、市场行为和市场绩效三者之间，存在着一种因果联系，即：市场集中度的高低决定了企业的市场行为方式，而企业的市场行为方式又决定了企业市场绩效的好坏。这便是产业组织理论特有的“结构-行为-绩效”（structure - conduct - performance，简称SCP）分析范式。哈佛学派建立的SCP分析范式，为产业组织理论研究提供了一套基本的分析框架，使该理论得以沿着一条大体规范的途径发展。不过在后来的发展中，SCP分析范式的内涵发生了很大变化，产业组织理论的研究也随之有了新的发展。

1.2 湖南林业产业现状

湖南是我国南方重点林区省份之一，森林资源极为丰富，发展林业生产的潜力和优势很大，特别是经过近年来的发展，湖南林业取得了令人瞩目的成就，现已基本形成了木材采运、制材、人造板、林化、木竹浆造纸、木竹地板、林药林果加工、森林食品等多种经营，门类比较齐全的工业体系。据国家林业局的统计，2003年全省林业总产值达361.8亿元，居全国第2位。但与国内其他省市相比，尤其是与东南沿海省市相比，全省林业产业在农村经济中所占的比重还不大，对农民收入的贡献率还不高，林产工业在全省林业中所占比重还较低，林业中一、二、三产业的结构还不尽合理（目前的结构比为55∶27∶18），全省林产工业的产业组织形态也还很落后，这些都与市场经济发展的要求不相符。

按照现代经济学理论，市场经济条件下产业的市场竞争能力，与该产业的组织化程度呈正相关关系。被英国经济学家马歇尔称之为“第四生产要素”的产业组织，其高度化程度是产业市场竞争取胜的关键。而目前湖南林产工业落后的产业组织形态，严重制约着全省林产工业、甚至全省整个林业的进一步发展。因此，在当前全省加快“城镇化、工业化、农业产业化”以及全面小康社会建设的过程中，大力优化全省林产工业的产业组织，充分激发林产工业的活力、全面提升其产业竞争力，具有十分重要的现实意义。

2 湖南林产工业产业组织分析

2.1 市场结构分析

2.1.1 市场集中度

市场集中度是确定市场上买卖双方竞争程度的一项指标，是指所考察的市场上买卖双方各自的企业数及其在市场上的相对规模状况。它反映了市场垄断或竞争情况，可以为政府制定限制垄断或抑制过度竞争政策提供依据。

湖南是我国南方的重点林区省份。有关统计资料显示，目前全省共有林产工业企业1.8万多家，其中规模以上的大型林产工业企业只有8家，中型企业只有12家。因此，全省林产工业企业的市场集中度处于低位度。企业市场集中度不高，一般预示着市场竞争性较强，有利于资源的合理配置。但事实上，一方面湖南林产工业企业由于企业数量少、规模小，企业之间缺乏有效的市场竞争，资源配置的市场机制受到了阻隔；另一方面，由于企业没有实现规模经营，造成了巨大的社会劳动浪费，资源被低效率地平均使用，长期影响着全省林产工业发展的速度和效益。

2.1.2 企业规模与产业集群

企业规模是市场结构的一个重要变量。湖南省林产工业企业的规模，绝大多数是小型企业。湖南全省林产工业企业总数虽然有1.8万多家，小作坊有10万多个，但规模以上的大型林产工业企业只有8家，中型企业也只有12家。从生产能力上看，人造板企业多在3万立方米以下，竹胶合板生产企业的生产能力一般都在3000立方米左右。因此，从总体上看，目前全省林产工业的产品加工机械化、自动化和标准化程度普遍不高，虽然个别企业达到了生产的经济规模，具有规模经济优势，但绝大多数企业没有达到经济规模。这种规模结构，使得全省林产工业的垄断力量很薄弱。

产业集群是指在某一特定领域，大量产业联系密切的企业以及相互支撑的机构，在空间上聚集，并形成强劲、持续竞争优势的现象。目前，产业的空间集聚已经成为世界性的现象，这是产业内部分工深化、价值链重构和技术进步的共同结果。从产业集群的构建来看，目前湖南林产工业众多的小企业，绝大多数是各自为政、分散经营，企业与企业之间的联系不紧密，无法形成产业协同力和产业竞争优势，从而也就无法获得产业集群所带来的效益。

2.1.3 产业、产品结构与产品的差异性

产业、产品结构与产品的差异化程度，是衡量产业竞争实力的重要因素。在湖南林产工业的发展过程中，由于各地不恰当地强调产业结构的完善，造成了全省各地市之间严重的产业同构化，使得各地在产品品种上差异不大。而且由于大多数企业的规模偏小，市场竞争紊乱无序，企业技术创新的动力不足，一些产品的生产技术如出一辙，只是在具体生产规模上要么原搬、要么放大或缩小，导致产品的差异化程度不大，同质化现象严重。产品同质化是造成企业市场垄断力量弱的重要原因。

湖南林产工业的产业、产品结构也不尽合理，主导产业和产品发展不快。从全省林产工业的原料结构上看，松、竹、杨、优良阔叶树种的供需偏紧，而传统树种杉木则相对过剩；在经济林品种上，低产品种多，高效品种少；一般品种多，名特优新品种少；鲜果多，干果少；初级加工产品多，精深加工产品少。同时，在全省生产的林产品中，获得省级名牌产品称号的仅有4个。由此可以看出，全省林产工业的产品结构不尽合理，人造板、木浆造纸、家具制造、松香加工等主导产品发展滞后。如2003年全国生产人造板已突破3000万立方米，而湖南只有145万立方米，排在全国第15位。又如湖南的松树资源与广西接近，而全省的松香产量却只有广西的1/15。

2.1.4 进入壁垒

进入壁垒是影响行业间竞争和促进资源优化配置的重要因素。目前湖南林产工业的进入壁垒，主要来自三个方面：

一是由资源结构所造成的壁垒。森林资源是林产工业的物质基础，前者的状况很大程度上影响着后者的生产与发展。湖南是一个森林资源丰富的省份，特别是近年来通过大力培植人工林，突破了松、杉大省的传统格局，林种、树种结构得到了一定优化。但是结合市场需要来看，湖南的林业资源结构还存在一些缺陷。这主要表现在：在主要用材树种结构上，传统树种杉木相对过剩，而松、竹、杨、优良阔叶树种供给偏紧；林龄结构低龄化，大径级和特大径级林木蓄积比重下降。在经济林品种上，低产品种多而高效品种少，一般品种多而名特优新品种少，鲜果多而干果少等。这样的资源结构，无疑与当前的市场需求形成了一定的错位。由于基于市场需求的某些资源有效供给相对不足，为一些想进入林产工业的企业设置了进入障碍。

二是由林业企业高税负、低盈利所造成的壁垒。企业经营活动的目的，就是为了追求较高的利润。由于多层次计税，造成了林业比农业所承担的税费负担还要重，高税费率伴随税费减免，以致存在较严重的税负不公现象。林业产业与其他许多产业相比较，确属于获利能力较低的弱质产业，且林业产业中的营林业，主要是以国家拨款的形式来维持正常生产。林业企业的这种高税负、低盈利现象，就使得投资者由于对林产工业的盈利能力缺乏信心，而限制了那些期望高收益的企业的进入。

三是由部门封锁及地方保护所形成的壁垒。在我国市场经济体制还不健全的情况下，行政隶属关系对企业基本经济活动的制约作用往往很大。由于林业产业中营林业属于第一产业，林产工业属于第二产业，两者隶属的部门不同，再加上两者的利润率不均等，因而往往造成一些地方的部门封锁。而这些地方的部门封锁，又在一定程度上割断了原材料生产、供给与产品加工之间的有机联系。同时，在目前各级地方财政分灶吃饭的财政体制下，一些地方政府往往通过保护本地企业来振兴地方经济。而这种做法，实际上是为投资主体设置了地区壁垒。

2.2 市场行为分析

市场行为是指企业在市场上为赢得更大利润和更高的市场占有率所采取的战略性行为。企业所采取的市场行为受市场结构的状况和特征的制约。总体上来看，湖南林产工业企业的非市场竞争行为较为严重，影响着企业的效益和产业的活力。

2.2.1 价格行为

由于湖南林产工业真正发展起来还不久，其市场还处于发育初期，大多数企业由于规模小，技术水平差，营销方式落后，对市场需求的影响和调节能力十分有限，因而价格策略是目前市场上用得最频繁，且最有效的策略。同时，由于初级阶段市场的层次较低，影响了竞争的空间和层次，以致大多数林产工业企业都视竞争为一种威胁，只要有可能就尽量回避和减轻竞争，加之大多数企业的生产多为低水平的重复，产业同构现象严重，因此，大多数企业在制定价格时，多采取阻止竞争对手进入的定价行为与驱除竞争对手的定价行为，企业之间相互压价，使得产品的价格水平偏低。这种恶性竞争不但使竞争过程充斥了大量不合理的价格行为，还在很大程度上导致企业缺乏进行技术创新和新产品开发的能力，最终导致市场的低效化，从而制约整个产业的进一步发展。

2.2.2 非价格行为

总体上来看，湖南林产工业企业的非价格行为不明显。比较大的林产工业企业，比较注重通过产品的多样化来扩大产品的差别化，从而增加本企业产品的销售额和市场份额。但大多数企业还不够重视顾客对产品的需求，不愿也不敢实行多角化经营，更不用说多元化经营了，使得市场上产品的多样化程度不够。企业的广告促销行为比较欠缺，只有个别企业（如洞庭木业）有所投入。企业之间的分工协作不明显，许多企业实行“单打独争”，企业间的横向联系不多。在企业间的兼并与收购上，除了少数企业通过整合一些实力弱、低盈利或濒临破产的小企业，共同组建新企业（如2001年成立的湖南恒生林业股份有限公司，是由原靖城贮木场、靖州县排牙山林场、怀化市泸阳林场、怀化市林科所等共同发起组建）之外，整个行业的兼并行为很少（在全省的林业龙头企业中，只有常德湘联实业有限公司，是由原常德市武陵区福利木材厂先后兼并常德市工具厂和常德市木材厂形成）。以致企业规模偏小，经营分散，缺乏市场竞争力。

2.3 市场绩效分析

2.3.1 生产力累积

据统计，新中国成立以来，湖南林产工业企业累计为国家提供木材2.5亿立方米、竹材17亿根、人造板800多万立方米、松香系列产品80多万吨、木竹浆纸680多万吨、贴面板2 700多万平方米、竹木地板4 600多万平方米、森林食品和药材加工产品70多万吨，累计上交国家利税80多亿元。仅2003年，全省林产工业企业共生产人造板145万立方米、竹木地板和复合地板620万平方米、竹木家具100万套（件）、木竹浆造纸54万吨，林产工业总产值达到95亿元。目前，全省有木材加工企业1.02万户，从业人员约50万人；林产品经销企业8 900家，从业人员约10万余人。从这些数据来看，湖南林产工业取得了一定的成绩。但是相对于全国森林资源大省的资源地位以及全国其他林产工业强省的产业实力来说，湖南所取得的这些成绩还是不够的，林产工业的生产潜力还远远没有挖掘出来。

2.3.2 技术进步与产品创新

从整个湖南林产工业来看，除个别企业外，多数企业的生产设备陈旧，技术进步动力不足，技术水平较低，产品创新力度不够。诚然，从纵向对比来看，自1980年以来，全省陆续引进了多种人造板、家具、薄木、胶合剂、地板、食品罐头等生产线20余条和生产技术20余项，也自主创新了一些技术，发明改进了一些生产设备，技术进步的态势有所改善。这在一定程度上加快了全省林产工业的产业化发展，带动了新产品的开发，提高了林业资源的利用率。但是从横向对比来看，湖南林产工业的技术进步与产品创新力度，与全国林产工业强省之间的差距还很大。而且也不能充分满足市场对技术进步和产品创新的客观需求。从具体的行业来看，目前全省的林产工业企业中，纸及纸制品业的技术进步率最高，其次为林产化工行业，再次为木片加工与木材加工行业，而木竹采运、锯材和家具行业的技术进步率最低，其科技对生产的贡献率为负值。

2.3.3 利润水平

利润水平是考察市场绩效的重要指标。经过多年来的发展，湖南林产工业已拥有泰格林纸集团、长元人造板股份有限公司等28家省级农业产业化龙头企业和39家省级林产工业龙头企业，已经形成中高密度纤维板、木竹浆纸、竹胶合板、竹地板、细木工板、松香、森林食品等一批主导产品，其中泰格林纸集团的纸产品、株洲松本林化有限公司的氢化松香系列产品、会同金裕公司的高档豪华竹地板、湘潭恒盾集团的竹莱板、永州熙可食品有限公司的林果罐头、金浩植物油有限公司的精炼茶油、永州之野异蛇实业有限公司的异蛇酒和异蛇药和双牌九龙工艺美术公司的竹木工艺品等产品，拥有一定的国内外市场。但是在湖南林产工业企业及其产品中，即使是这些在湖南有农业产业化或林产工业龙头企业称号的企业和被称为主导产品的产品，由于技术比较落后、产品加工增值转换率低，真正有实力与国内同类先进企业、名牌产品竞争、有较高利润水平的企业和产品很少，多数企业和产品还缺乏市场竞争力。总体上来看，湖南林产工业的整体效益有所改善，但全行业的盈利水平仍然较低，企业亏损面较大，资产负债率在70%以上，高于全国平均水平。

3 优化湖南林产工业产业组织的对策与建议

3.1 优化环境，继续深化林产工业改革

要促进湖南林产工业的发展，首先要不断优化产业发展环境，深化企业改革。要按照建立现代企业制度的要求，采取兼并、破产重组、整体或分块出售、股份制、股份合作制等多种方式，吸引各类资本参与国有林产工业企业改制改组，发展股份制或民营经济，使国有资本有序退出。通过鼓励各种社会主体跨所有制、跨行业、跨地区投资发展林产工业，逐步形成多元化投入体系。要重视和发挥行业协会在林业产业化建设中的重要作用，构建“行业协会+龙头企业+专业合作组织+基地农户”四位一体的新型产业化模式。要坚决执行国

家已经出台的各项林业税收政策，减轻林产工业企业的税费负担，促进林产工业企业的发展。考虑到林产工业企业的流动负债的比重较高，政府有必要选取诸如人造板、木竹制浆造纸、林产化工等有发展前途的行业，通过适当注入一定比例的资金或周转金，或者采取一定的措施，将企业债务转换为资本金或者所有者权益，以降低企业的资产负债率。同时要坚决制止各种乱收费、乱摊派、乱罚款等违反规定的行为，切实保护生产经营者和企业的合法权益。通过严肃查处各种损害经济发展环境的行为，进一步优化经济发展环境。总之，要通过深化林产工业体制改革，优化产业发展的环境，以加快促进全省林产工业的发展。

3.2 培育支柱产业、扶持龙头企业

培育支柱产业，扶持龙头企业，是促进湖南林产工业大发展的重点。根据目前湖南林产工业的实际，要突出发展人造板、木竹制浆造纸、木竹家具地板、林产化工、森林食品（含油类）、林药加工等六大具有比较优势的支柱产业。同时要通过改造、提升传统产业，大力发展现代产业，培育一批产品附加值高，市场竞争能力强的优势产业或企业群。

要以市场为导向，鼓励加工企业之间进行联合与合作；要通过实施产业重组，优化资源配置，扩大主导产品的生产规模；要按照区域化布局、专业化生产的方式兼并上下游企业，延长加工产业链，实行纵向高级一体化（如实行“育林-木材加工-造纸-纸制品加工”一体化），使产业链上的多元参与者构成基于产权联合的利益共同体，产生协同效应，实现集成成长，达到高层次的规模经营，从而增强市场竞争力。要鼓励企业以资产或技术为纽带，以拳头产品、优势资源和专业市场为依托，加强横向联合，把生产要素重新组合，组建跨地区、跨所有制的大型企业集团，培育一批覆盖面广、带动能力强的国家级和省级林业产业化龙头企业和知名企业，构建比较发达的现代林产工业体系。

3.3 加强技术创新和管理创新

要进一步加强科学研究，不断提高科技支撑能力和总体水平，强化科技成果和技术的系统集成与推广应用，切实提高林业产业化建设的科技含量。要积极引导企业以增强市场竞争力为目标，加快企业技术创新体系的建设，不断强化高新技术和先进实用技术在生产加工中的主导作用，提高产品的科技含量。要通过实施清洁生产，打破绿色壁垒，确保生产安全和产品安全。要以林业生物技术、信息技术和新材料技术等关键技术、核心技术为目标，推动林业高新技术产业化。通过体制上和利益分配上的不断创新，鼓励科研与生产相结合，技术与经济相结合，开发与市场相结合，建立“产、学、研”一体化的技术创新体制。通过自主创新和引进吸收相结合，不断更新工业设备，切实提高林产工业的技术与装备水平。要推动社会中介服务组织的建设，为林产工业企业提供信息、咨询、服务的技术创新社会支持体系。与此同时，要加强管理创新，切实强化林产工业产业标准体系建设、质量技术监督和知识产权保护工作，加速制定和完善相关的技术标准与规范，增强产品的市场竞争力。要增强产品的品牌意识和质量意识，培育一批具有世界影响的产品品牌。

3.4 加强原材料基地建设、优化企业和基地之间的组织结构

林产工业企业，绝大多数是以森林资源和非木材林产品为加工对象的加工型企业。因而企业原材料的供给状况和质量的高低，就直接影响到企业效益的好坏和产品质量的高低。长期以来，湖南的森林资源培育与利用严重脱节，没有根据森林培育的不同目的，分别采取不同的管理体制、运行机制、经济政策和经营措施，进行分类经营，导致省内大多数林产工业企业没有自己的原材料基地，这与国外林产工业企业一般拥有自己的森林资源基地形成鲜明

的对比。而对那些与原材料基地有合作关系的林产工业企业而言，其与原材料基地之间的组织结构又不尽合理。林产工业企业重加工、重流通，轻培育、轻服务；而原材料基地建设重生产、重数量，轻市场、轻流通。因此，企业和基地、企业和农户之间，还没有真正建立起风险共担、利益共享的风险共担机制和利益共享机制，以及运作这种机制的保障系统，从而制约了林产工业产业化经营的纵深发展。为了促进企业经济效益的提高，湖南林产工业企业应把森林资源基地的建设摆到议事日程，有实力的企业，尤其大中型企业，应尽早建立起自己的原材料基地，以保证充足的、高质量的原材料供应。通过完善林产工业企业与原材料基地之间的组织结构，提高其组织化程度。现阶段应重点发展股份制造林模式。在基地树种的具体选择上，宜大力发展以松树、毛竹、杨树、桤木、桉树等为重点的速生丰产用材林。

3.5 处理好市场调控与政府宏观调控之间的关系

湖南林产工业的企业规模不经济，在一定程度上是由于市场竞争不充分，受到体制等行政方面的干预过多过滥所造成的。因此在观念上和实际行动上，应多从市场的方面考虑问题，多用市场经济的方法解决林产工业企业所面临的主要问题。要充分运用信息技术和现代营销手段，建立和完善市场预测系统，及时掌握市场供求信息，要按市场需求组织生产。鉴于林业担负着经济和生态双重功能，若林产工业发展不合理，则可能付出沉重的生态代价。因此，林产工业的发展，需要政府主管部门的宏观调控。当前，湖南林产工业发展政策不配套的现象较严重。一方面，人工商品林采伐限额政策、木材和林产品运输政策等法律法规还不适应市场经济发展的要求；另一方面，一些现行政策的落实还不够，特别是中央关于发展林业的决定以及我省的实施办法所规定的多种优惠政策兑现较少。因此，政府主管部门应采取措施，通过制定与执行相关产业政策，并利用计划、财政、森林及非木材资源管理等手段，加强宏观调控的力度。总之，市场手段和政府的宏观调控手段要相互协调、相互促进，才能共同促进全省林产工业的跨越式发展。

参考文献

[1] 刘璨．我国林业系统工业产业组织政策问题研究［J］．林业经济问题，1999（1）
[2] 周杰韩．湖南林业产业化建设成绩斐然［J］．湖南林业，2004（1）
[3] 廖浪涛，丁胜．江苏林业产业组织问题初探［J］．林业建设，2002（5）
[4] 杨丹辉．中国服装业产业组织的实证分析［J］．产业经济研究，2003（5）
[5] 陈卉，姜道．林纸业产业组织结构矛盾分析［J］．中国造纸，2002（5）
[6]［法］泰勒尔．产业组织理论［M］．北京：中国人民大学出版社，1997
[7] Porter M E. Clusters and new economic competition. Harvard business Review，1998，No. 11

内蒙古荒漠化防治政策的历史回溯及新思考

包庆丰[1]　陈建成[2]

（1 内蒙古农业大学经济管理学院，内蒙古呼和浩特，010018；
2 北京林业大学经济管理学院，北京，100083）

摘要： 在荒漠化防治的基本要素政策、资金、技术中，政策是最主要的要素。本文在分析内蒙古荒漠化防治政策的历史沿革的基础上，研究探讨了内蒙古荒漠化防治政策的主要特点、主要构成，并提出了政策创新的主要内容。

关键词： 内蒙古；荒漠化；政策；研究

政策、资金、技术通常被认为是荒漠化防治的基本要素，因此，在实际工作中一直有“一靠政策、二靠投入，三靠科技”的经验之说。而且，在实际运作中，可以看到，资金和技术这两项要素虽然是很重要的，但从根本上说，也需要而且必须通过政策引导和表现出来，其实质也是一个政策问题。因此，政策是荒漠化防治中最主要的要素。内蒙古地处祖国北疆，无论是从维护边疆稳定、促进少数民族地区繁荣发展的需要考虑，还是从维护国家生态安全、构筑北疆绿色生态屏障的需要出发，对多年来富有成效地开展的内蒙古荒漠化防治实践活动，从政策角度进行深入研究，是非常必要和紧迫的。

1　内蒙古荒漠化防治政策的历史回溯

建国初期，在1950年2月召开的第一次全国林业会议上，把封山育林列为扩大森林资源的重在途径。在内蒙古赤峰市于1950年率先动员群众封山育林1万亩之后，全区各盟（市）山区普遍开展封山育林并逐步引用到封沙育林。但是，在封育政策实施之初，有些地方封育范围不清，把不该封禁的地方也封禁了，或因封禁的过死，给当地群众生产生活造成一些困难；有的依靠行政命令封禁，放松保护管理，形成明封暗不封，流于形式。对于政策问题构建后，在政策实施过程中出现的问题，应当及时进行政策控制和调整。为此，1953年2月内蒙古自治区人民政府林业部发布《关于加强封山育林工作的指示》，同年3月公布《内蒙古自治区封山育林实施办法（草案）》，特别规定了包括封禁对农村、道路、农田有严重危害的沙丘在内的封禁范围。为调动广大群众的参与积极性，同年，自治区林业部草拟了《结合林权划分对封山育林工作的意见》，提出群众封山育林要贯彻“山权不放，谁封山谁受益”的政策。1954年自治区林业部通知各地，在明确林权的基础上，巩固和整顿原有封山育林的范围和面积，坚持群众自愿的原则，积极稳步地开展封山育林工作。1957年自治区林业厅颁发《内蒙古自治区封山（封滩）育林试行办法（草案）》。可见，封山（封沙、封滩）育林是我国很早就采用的、切实可行、行之有效的生态环境保护和恢复的成功做法。

1958年10月，中共中央农村工作部、国务院第七办公室、国务院科学规划委员会在呼和浩特联合召开新疆、甘肃、青海、陕西、宁夏、内蒙古六省（自治区）第一次治沙规划会议，确定了治沙工作方针，强调“生物措施与工程措施相结合，大量造林种草与保护巩固现有植被相结合”的防沙治沙政策。会议决定1959年是向沙漠大举进军的第一年，并向西部省、区下达营造固沙林、种草、飞播等指标。乌兰夫副总理在会上作了重要讲话，特别指出：要把不适宜农耕的容易沙化的土地，退耕育林育草。牧区实行划区放牧，轮封轮放，要有计划地砍树砍柴，尽量寻找替代燃烧等。

党的十一届三中全会以来，内蒙古各地重新把封山育林工作列入重要议事日程。1980年3月7日，自治区人民政府发出《关于积极开展封山育林、封沙育林育草工作的通知》。1981年4月4日，自治区党委和政府在《关于大力种树种草的决定》中强调指出：“种树种草要和封育结合。凡是经过封育，能恢复和扩大林草植被的地方，都要有计划地进行封育。”从1984年起，经林业部批准，内蒙古封山育林正式纳入国家计划，并适当地给予经济扶持，从而，进一步推动了封山育林的发展。1986年，封山育林列入国家“三北”防护林工程建设二期规划任务，按项目投资，实行工程管理。1987年8月，内蒙古农业委员会印发《内蒙古自治区封山育林暂行办法》，1989年自治区林业局作出1989~1993年封山（沙、滩）育林规划。在政策方面也作了相应的调整，将过去的“依靠集体造林为主”调整为“个体、集体、国家一齐上，以家庭经营为主”，实行集体林承包到户或作价归户，国营林场兴办家庭林场，将大量的宜林荒山荒地划给群众植树造林，并规定“谁种谁有”，“个人所有的林木，允许继承，可以转让”。内蒙古党委、政府决定每年4月1日至5月1日为春季造林运动月。

1949~1990年内蒙古党委、政府有关林业政策、法规等文件共发布605件，其中，直接涉及荒漠化防治和防沙治沙的89件，占总数的14.71%。荒漠化防治问题从建国初期就引起内蒙古党委、政府的高度重视，内蒙古人民政府《关于禁止盲目开荒、乱伐山林、放火烧山的指示》（1950.8.19），对盲目开荒、乱伐山林等人为导致土地退化、沙化的行为进行了制止。从直接涉及荒漠化防治和防沙治沙文件数量来看，显示出除“文化大革命”中一度受到削弱外，其他时期都是在平稳中有所增加。这些政策、法规基本上反映了荒漠化预防和防治这两大方面。

表1 内蒙古党委、政府有关林业政策、法规等文件统计（1949~1990年）

年　代	林业政策、法规等文件总数（件）	直接涉及荒漠化防治政策文件数（件）	荒漠化防治政策文件所占比例（%）	反映出的主要政策问题或政策目标
1949~1950年	24	3	12.50	保护森林、防止滥砍盗伐、禁止盲目开荒
1951~1960年	188	26	13.82	山林管理、公私合作造林、林权划分、封山育林、造林治沙工作、改造沙漠
1961~1970年	137	14	10.22	群众性造林运动、营造沙漠防护林、林权问题
1971~1980年	112	24	21.43	群众性造林运动、制定林业发展规划、以治沙为重点的农林牧水综合治理规划、“三北”防护林建设、封山育林、封沙育草
1981~1990年	144	22	15.28	大力种树种草、稳定林权、制止乱砍滥伐和毁林事件、念草木经兴畜牧业、中日合作治沙研究
合　计	605	89	14.71	

资料来源：《内蒙古林业年鉴》。

20 世纪 90 年代以后，荒漠化防治政策逐步从生态环境建设的高度来进一步体现，并从农业、林业、畜牧业、水利、土地资源以及国家生态工程建设等多方面进行综合防治的立体格局来反映政策内容。1991 年 12 月 6 日，内蒙古人民政府办公厅转发国务院办公厅转发全国绿化委员会、林业部关于治沙工作若干政策措施意见的通知（内政办发 1991-167 号）强调指出，自治区、盟市及有治沙任务的旗县（市）都要制定治沙规划，并列入同级国民经济和社会发展规划。列入国家计划的治沙工程重点项目，也要列入各级国民经济计划的重点建设项目，按项目进行管理。要求除国家投资外，各级计划部门、财政部门每年要安排一定的治沙事业费和治沙资金。并规定对治理的沙地，要科学合理地利用，实行有偿使用。除开矿、筑路等工程建设占用、征用治理的沙地，按规定收取土地占用补偿费外，在治理的沙地上放牧、打草、采种、采条、采药等都要缴纳治沙费，这些费用作为林业基金，用于防沙治沙。

1997 年内蒙古党委、政府发布《关于加快沙区山区生态建设步伐的决定》；1998 年内蒙古人民政府办公厅发出《关于严禁在牧区和林区开荒种地的通知》；1999 年内蒙古人民政府发出《关于严禁乱开滥垦加强生态环境保护与建设的命令》，同年，内蒙古党委、政府发布《关于加强草原保护和建设的决定》；2000 年内蒙古人民政府发出《转发国务院关于严禁采集和销售发菜制止滥挖甘草和麻黄草有关问题的通知》，2000 年 8 月 1 日《内蒙古自治区草畜平衡暂行规定》开始施行；2001 年内蒙古人民政府办公厅《关于印发 < 内蒙古自治区生态环境建设项目管理办法（试行） > 等九个文件的通知》发布了包括《内蒙古自治区京津风沙源治理工程管理办法》、《内蒙古自治区生态环境综合治理工程建设项目管理办法》、《内蒙古自治区天然林资源保护工程管理办法》、《内蒙古自治区天然草原植被恢复建设与保护项目管理办法》等九个管理规定；2002 年内蒙古党委、政府关于听取锡林郭勒盟实施围封转移战略工作汇报会议纪要，提出对生态环境极度恶化地区实施以“围封禁牧、收缩转移、集约经营”为主要内容的围封转移战略，比较符合锡林郭勒盟的实际，同年，内蒙古人民政府办公厅《关于印发〈内蒙古自治区退耕还林还草工程管理办法（试行）〉等二个文件的通知》和内蒙古党委、政府发布《关于转变生产经营方式发展生态畜牧业的意见》等。

表 2　内蒙古荒漠化防治政策的主要构成

政策类别	政策目标	主要措施
环境资源保护与合理利用政策	保护自然生态环境 因地制宜，土地合理利用 减少水土流失 发展沙产业	实施天保工程、草原围封转移工程，林草封育 防止滥砍、滥牧、滥采，禁止盲目开荒 进行合理区划，宜林则林、宜草则草，以草定畜 植树造林、挖鱼鳞坑 培育沙区植物、开发沙区资源
生态环境恢复与重建政策	荒山荒地造林 荒漠化治理 退耕还林还草	动员农村剩余劳动力在农闲季节整地、造林 推行“小流域承包”和“四荒拍卖”政策，封山育林、封沙育草 划定退耕地标准并执行严格的补偿制度
生态环境优化与环境资源发展政策	建立速生丰产林基地 畜牧业集约经营 改善区域发展环境 实施可持续发展战略	实行计划与市场相结合的资源配置政策 舍饲及饲料地经营管理、发展工业人工林基地 实施小流域综合治理和“治沙防护林体系”工程 “三北防护林”等生态工程与社会经济相结合

从政策问题或政策目标来看，集中体现在政府倡导组织的群众性造林运动、政府实施的生态工程和一些禁止性的规定之中，即在总的指导思想之下的政府、民众的荒漠化防治规范及其运行的机制，其中，林权是不同政策利益群体之间不可回避的需要制度创新才能解决的历史问题。从以上政策演变历程看，人们对生态环境保护和治理，不论是从观念意识还是从实践过程看，都愈加科学化。政府在荒漠化防治政策实施中的主体地位越来越明显，同时，在荒漠化防治政策中的一些矛盾和冲突也日益显现。

2 内蒙古荒漠化防治政策的特点分析

由于政策的目标不同，政策的主客体及政策组织运行方式的不同，政策目标实现的途径也各不相同，政策途径的分类是进行政策研究的重要基础，是客观认识不同政策的理论判断标准。托马斯·戴伊在其《理解公共政策》一书中的概括，有八种政策实现的不同途径，即制度模式、过程模式、集团模式、精英模式、渐进模式、对策模式、系统模式和理性模式。根据荒漠化防治政策的特点，应属于制度模式为主的综合模式。这种模式将政策看作是政府机构和体制的产出，政策的执行也主要是通过政府的行为来实现，制度途径的政策模式在环境政策领域中是最通用的模式。内蒙古荒漠化防治政策的主要特征有以下几方面：

（1）内蒙古荒漠化防治政策在保证国家生态安全、边疆安定、少数民族地区繁荣和发展方面发挥着重要作用。

（2）内蒙古荒漠化防治政策是国家特定政策系统中的子系统，它是国家总体环境政策体系的有机组成部分，同时，它又具有独特的地域特点。在政策制定、运行、监控和评价中体现出同一性和相对独立性的特点。

（3）内蒙古荒漠化防治政策是由特定的政策主体，即由国家和地方政府制定、由政府和民众共同执行，是一种公共政策，是国家对生态环境保护和建设意愿所决定的制度和法律选择。荒漠化防治政策与其他非公共政策不同，它是通过多种政策途径来实现其政策目标，所以政策具有法律和社会意志的权威性。

（4）内蒙古荒漠化防治政策内容和手段的综合性和动态发展性。首先，不同时期人们对荒漠化防治问题的不同认识，反映在政策的涉及面不断扩大；其次，政策对象的综合性、复杂性决定了政策内容和手段的综合性。最后，从内蒙古荒漠化防治政策沿革来看，政策的目标及措施都经历了数次跃迁，体现了不断发展的特点。

（5）内蒙古荒漠化防治政策是政府代表国家解决生态环境保护和建设问题，调整各利益群体之间关系的集中体现，主要通过法律、命令、规划，以及相关机制的建立来实现政策目标。政策的主要对象是因荒漠化防治而发生的人与人之间的关系，是在社会的广泛参与下实施的为实现可持续发展而进行的防止、减少及治理土地退化、沙化的土地综合开发的管理活动和行为规范的总和。

（6）内蒙古荒漠化防治政策在形式上涉及面广，多管齐下，且有政出多门的表现；在体系上基本属于“命令－控制”的政府直控型政策，主要通过国家和地方的法律、行政法规等进行实施；在政策手段上过于依靠强制命令性手段，而且沿用多年，忽视了以经济刺激等创新手段。在政策的实施途径上，部门管理造成的条块分割，不但增加了政策执行的成本，也加大了管理中不同利益群体的冲突，降低了政策执行的效果。

3 思考及政策建议

（1）根据政策科学的基本理论，按照政策目标，内蒙古荒漠化防治政策可分为预防土地荒漠化的政策和荒漠化治理政策。根据政策手段的不同，可分为内蒙古荒漠化防治的经济政策、法律和其他行政性政策。由于荒漠化防治和其他生态环境建设一样都具有提供公共物品的性质，其治理的整体规划、资金投入、效益补偿、政策机制等难于仅仅通过市场来实现，即存在经济学上称为的市场失灵。这就客观地要求荒漠化防治中“防、治”结合，通过政府为主导、民众为主体的激励机制新格局的形成，来实现政策目标。同时，政策作为国家实施荒漠化防治的强制性手段，它必须与国家的生态建设需要、社会经济发展水平及相关的制度背景相协调，否则就会出现政府干预失灵，防治手段失效，矛盾和冲突加剧。面对这些问题，进行荒漠化防治政策的改革和创新，建立政策保障机制既是荒漠化防治政策面临的新的理论问题，又是具体的、现实的、紧迫的任务。

（2）建立民众参与的激励机制。要遵循物质利益驱动原则，从调动群众广泛参与的政策机制入手，尽快建立适应市场经济体制、工程建设需要、有利于鼓励多种所有制组织参与防沙治沙的资金扶持、税赋优惠、土地使用政策和保护治理者合法权益等方面的政策措施，解决防沙治沙的原动力问题。对于不同经济成分参与防沙治沙、承包造林、管护，国家要给予同等的信贷和资金扶持，尤其要鼓励非公有制经济和部队官兵参与防沙治沙。要制定和出台税赋优惠政策，对参与防沙治沙的企业和个人要大幅度降低税费，甚至实行零税政策。延长沙化土地承包和租赁期，明晰产权，坚持谁治理、谁所有、谁受益，并允许继承和转让。

（3）运用市场机制防治是内蒙古荒漠化防治政策保障的重要动力。在政策制定与实施中政策成本也是考虑的一个重要因素。内蒙古荒漠化防治政策保障体系是一个完整的系统，其每一个部分都是整体的有机组成部分，因此，在政策实施过程中必须要考虑到政策实施的成本。在当前社会经济高度发展的今天，人们做每一件事都会理智地去思考，自然会考虑到成本-效益问题。运用市场机制防治是内蒙古荒漠化防治政策保障的重要动力，但是这一“动力”的真正启动需要运用市场经济的规律办事，发挥好市场机制的作用。对政策进行成本-效益分析，也是现代政策科学进行政策研究时必用到的方法之一。

（4）内蒙古荒漠化防治政策的发展历程是继承和创新统一的过程。政策创新是内蒙古荒漠化防治政策保障的根本动力，只有政策创新才能有新的发展。纵观内蒙古荒漠化防治实践，从简单的封山（沙）育林到休牧、划区轮牧，到“围封转移”战略都是在围绕荒漠化防治这一主线进行的政策创新，尽管每一次的政策创新都是艰难的，都要以前人的实践经验教训为基础。当然，创新是有限度的，要符合具体实际，要有适应的基础，要考虑到人们的承受力和国家的财力支持程度，否则失去了创新本来的意义，导致所出台的新政策可行性不强，就会出现政策失灵。所以，如何正确把握政策创新的方向和程度，保证政策的可操作性和实效性这是一个难点。

当然，荒漠化防治是一项长期的生态建设任务，需要一代又一代人去坚持不懈地努力，荒漠化防治政策本身是一个复杂的政策体系，涉及到社会经济可持续发展的方方面面，因此，主目标一旦确定，围绕主目标实现的主要政策措施应该是长期坚持不动摇的，这就是政策的稳定性、连续性，内蒙古荒漠化防治政策也必须遵循这一规律。对其进行的改革、创新和发展，不仅需要对现实问题的全面认识，找准新的政策问题，也应对政策未来发展做出科学的、动态的预测，在此基础上提出符合科学发展观的政策目标。通过激励机制的建立，形成民众参与型荒漠化防治政策新机制，实现由单纯的命令控制型荒漠化防治政策模式向政府、市场双重调节的荒漠化防治复合政策模式的转变。

参考文献

1. 沈孝辉．中国防沙治沙政策的分析与思考．中国林业，2002（6A）：6~14
2. 傅守正．内蒙古自治区土地荒漠化进程和现状．构筑北疆绿色屏障．呼和浩特：内蒙古人民出版社，2002，12：49~50
3. 内蒙古林业发展概论编委会．内蒙古林业发展概论．呼和浩特：内蒙古人民出版社，1988：79

退耕还林：成本有效性、结构调整效应与经济可持续性

——基于西部三省农户调查的实证分析

徐晋涛　陶　然　徐志刚

（中国科学院地理科学与资源研究所农业政策研究中心，北京，100101）

摘要：退耕还林工程是一项规模宏大的生态工程，其经济效率、预期效果和可持续性是全社会广为关注的问题。本文使用中国科学院农业政策研究中心2003年对西部三省（陕西、甘肃和四川）退耕还林地区进行的农户抽样调查数据，对退耕还林工程的成本有效性和工程在经济上的可持续性进行了评估。我们发现退耕还林工程在实施过程中表现出较高的瞄准效率和较低的成本有效性（存在较大的成本节约空间）。计量分析发现工程在促进农民增收和结构调整方面作用甚微，因此其经济可持续性存在很大的疑问。另外，本文还就退耕还林工程的操作程序、政策改善的方向等进行了讨论。

关键词：退耕还林；成本有效性；经济可持续性

Abstract: The efficiency, effectiveness and sustainability of China's massive Sloping Land Conversion (to forests) Program (SLCP) have been focus of attention worldwide. Using data from a 2003 rural household survey in three of the pilot provinces (Shanxi, Gansu and Sichuan), we carried out analyses of cost effectiveness and economic sustainability of the program. Our analyses demonstrated that the targeting of the program was reasonably well but cost effectiveness was less than satisfactory (large room for cost saving). We used unobserved effect panel data model to evaluate impact of SLCP on rural household income and found neither general income increase nor income structure improvement. These findings raise concerns over economic sustainability of the program.

JEL Classification　Q15, Q23, Q58

一、引　言

水土流失是我国面临的诸多环境问题中最严重的问题之一。根据世界银行报告，“就全世界而言，中国是世界各国中水土流失最严重的国家之一”（World Bank, 2001）。目前，全国水土流失面积已达到360多万平方千米，占国土面积的37.5%；沙化土地面积也已达到174万平方千米，占国土面积的18.2%（Liu，2002；Huang，2000）。

在越来越大的生态压力和多种经济、社会和政策因素的作用下，我国政府自上世纪90年代以来启动了几项大型或超大型生态保护工程，以遏止水土流失加剧的趋势。这些工程包括国家天然林保护工程、环京津风沙源治理工程、退耕还林工程等。其中，退耕还林工程无论从地理覆盖范围、财政预算规模，还是从对农业生产、农村经济结构调整的效应，以及农

户参与程度等方面看，都表现出鲜明的特点及特殊地位。

首先，就整体规模和扩张速度而言，退耕还林工程远远超过其他生态保护工程。1999年，退耕还林工程试点工作在陕西、甘肃和四川三省率先开展。2000年，工程扩展到西部13个省（市）的174个县。截至2001年，整个试点工作已完成1 743.6万亩的退耕还林还草任务和1501.8万亩的荒山荒地造林任务，累计投入资金达76.8亿元。工程试点期间就有400多个县、5 700个乡（镇）、2.7万个村、410万农户参加。到2002年，工程正式全面展开，其范围从以西部为主的20个省（区）进一步扩展到全国25个省（区、市），1897个县。2002年中央就安排了3 000多万亩的退耕计划，相当于试点阶段年均退耕规模（550万亩）的6倍。2003年又新增退耕面积5 000万亩，同时配套荒山面积5 000万亩。到2003年底，退耕还林覆盖了全国2万多个乡（镇），10万多个村，6 000多万农户。五年来，全国共安排退耕还林总任务2.27亿亩（其中退耕地造林1.08亿亩，宜林荒山荒地造林1.19亿亩）。根据国家林业局制定的《退耕还林工程规划》，截至2010年，退耕地造林总面积将达到2.2亿亩（1 467万公顷），工程总预算将达3 370亿元。如此浩大的规模和预算，不仅在国内生态工程中绝无仅有，在世界范围内也是史无前例的。① 考虑到工程如此巨大的规模，以及涉及地区自然地理条件、参与农户特点、参与地块在生产力和水土流失程度等方面存在的高度异质性，工程的瞄准效率（targeting efficiency）以及工程整体的成本-有效性（cost-effectiveness）问题就特别值得关注。

其次，相对于我国已经和正在开展的其他生态保护工程，退耕还林工程政策目标的双重性和政策设计思路的逻辑注定了其目标实现的难度和操作上的复杂性。根据中央政府以及主管部门的设计，该工程要达到的政策目标，不仅在于通过退耕减少水土流失、保护环境，而且在于改变工程参与地区和农户在较长历史时期形成的土地利用模式和农业生产方式，从而在全面调整退耕地区农业和农村生产和收入结构的基础上，使参与农民逐渐转出那些相对“不利于水土保持和生态保护”的种植业，而转入“环境或经济可持续发展”的林业、畜牧业和非农产业，以达到保护生态环境和增加农民收入的双重目标。从政府在退耕还林上的操作方式来看，工程隐含的一个假设是，农户退耕是农业生产模式和土地利用结构转换的先决条件：只有在农民首先进行退耕后，上述结构调整和转换才有可能、也应该会进行，而不是相反。这种政策思路和相应的工程操作方式决定了退耕还林总体上是一个自上而下推动的工程，② 而恰恰是工程这种自上而下的特点，加上政府预期实现目标的多重性，决定了工程实现目标的难度和政策操作上的复杂性。

第三，与其他生态工程的直接参与主体为政府林业、水利部门和相关国有（林业）企业的情况不同，退耕还林的主要参与主体是千百万原本从事种植业的农户。这就意味着，为确保工程的成功，政府在政策设计上必须考虑到参与农户的激励相容问题。从短期看，政府的补贴应该超过农民放弃种植业生产的机会成本，以使农户认为参与该工程有利可图；从长

① 在此之前，规模最大的类似工程当属美国的保护性休耕地计划。该计划于1985年正式启动，截止到2000年，其休耕地的规模达到了1 356万公顷，占美国可耕地总面积的十分之一。

② 我们的农户调查发现，在退耕还林的实施过程中，绝大多数农民（约占79%）反映虽然政府做过有关的动员工作，但却没有向他们征求有关工程实施方案方面的意见。调查还发现，在树种的选择、退耕面积的大小和退耕地块的选择方面，多数农民认为他们没有自主选择权。这进一步反映了虽然大多数农民欢迎退耕工程，但在工程实施过程中他们的决策参与程度是有限的。

期来看，如果政府的目标是在补贴期限过后确保土地不被复垦，工程参与农民或者必须转向更有收益的其他农业生产或非农生产，或者退耕土地在未来能够直接为农民带来稳定的收益。如果上述农业和农村生产和收入结构的调整没有到位，退耕农户将有激励在补贴期后复垦。

随着退耕还林工程规模的迅速扩大，政府有关决策和执行部门、学术界和整个社会对工程的成本有效性及其带来的社会、经济和生态效益的关注程度日益提高。在历经了3年试点、且全国范围内大规模推广也已经两年后，对这一巨型工程的成本有效性进行一个中期评估，并在更长时期内推断工程在经济乃至生态层面的可持续性，就成为摆在学术界面前的一个重要课题。本文将研究以下两个方面的主要问题：

（1）评估退耕还林工程的成本有效性。我们将通过分析退耕地块瞄准效率，并比较退耕地块的机会成本与国家提供的补贴来评估退耕还林工程的成本有效性，以研究工程实施是否存在成本节约的空间。

（2）从参与农户的视角分析工程在经济上的可持续性。主要是通过评估退耕还林工程对参与农民的不同来源收入的影响，分析在补贴期内国家补贴对农户收入的重要性，从而推断补贴期过后潜在的农户行为。

由于篇幅和/或数据的限制，本文不打算全面讨论退耕还林工程在决策和政策操作的整体逻辑，也没有涉及和推断工程实施可能带来的生态效益等方面的问题，也不准备仔细讨论工程实施过程中出现的中央—地方博弈和地方治理等方面出现的诸多问题。我们将在为评估退耕还林工程所撰写的其他系列论文对这些问题进行进一步分析。

本文使用数据基于2003年由中国科学院农业政策研究中心组织对甘肃、陕西和四川三个1999年开始退耕还林的试点省份的调查，调查涉及的所有样本县、乡、村和户都按照随机原则选取。调查涵盖6个样本县、18个样本乡。在确定样本乡的基础上，调查队在每个样本乡分别选取2个样本村，对共计36个样本村进行了村基本情况的调查。在每个样本村，调查队又分别抽取10个农户进行了详细的住户信息访问。访问的信息不仅包括他们当时（2002）的家庭、生产、收入和资产等信息，对于所有指标，调查员也询问了他们在退耕还林工程实施前一年（1999）的情况。共有360户农户接受了访问和调查，其中270户是退耕户，90户是非退耕户。经过数据整理，最终农户数据的有效样本是348户，其中264户为退耕户，84户为非退耕户。由于调查资料包括农户所有地块详细的投入产出数据，我们可以计算出农户所有参加退耕地块的机会成本并与补贴进行对比，以研究工程的成本有效性问题；同时，由于数据不仅同时涵盖退耕还林参与农户和非参与农户，而且包括农户参加退耕前（1999）和退耕后（2002）年的种植业、畜牧业、非农产业以及其他收入信息，构成了一个综列数据（Panel Data）集，为利用计量经济方法评价参与工程对农户各类收入及其结构转化的净效应提供了数据基础。本文安排如下，第二部分首先简要介绍退耕还林的政策操作模式，然后根据样本地块和农户的调查数据，评估工程的瞄准效率和样本地区（退耕还林试点三省）工程的成本有效性，并对决定该工程成本有效性背后的政策因素和背景进行了一个初步阐释；第三部分基于农户数据，运用非观测效应综列数据模型分析参加退耕工程对参与农户各种收入的影响，以判断退耕工程在推进农民转移出种植业生产的同时，是否实现了农户从其他产业进行的结构转移。最后是本文的结论和一些进一步的讨论。

二、退耕还林工程的成本有效性

成本有效性指的是以最低的成本实现某一既定目标，或在既定的成本下谋求特定目标收益的最大化。成本有效性分析不仅可用于直接判断工程补贴资金的使用效率，而且也有助于推断政策成本的节约空间，并从政府财政视角评判分析工程的持续性。以下我们首先简单介绍退耕还林工程的操作模式，然后用计量经济方法评估工程的瞄准效率，最后，基于退耕地块样本资料，通过分析地块被退耕补贴收益与其机会成本的关系，评估工程的成本有效性。

（一）工程操作模式

为吸引农民参加退耕还林还草工程，中央政府制定了相当优惠的补偿方案和一系列配套政策措施，其中包括：①向退耕户提供粮食补贴。目前实施的标准依流域划分，长江流域每亩地每年补助原粮150千克，黄河流域每亩地每年补助原粮100千克。每千克粮食按1.4元折算，由中央财政承担，补贴年限为生态林8年，经济林5年，草地两年，并要求生态林和经济林的比例要达到4:1。②向退耕户提供现金补贴。在补贴年限内，现金补贴标准按每亩退耕地每年补助20元安排，用于补贴农民的医疗、教育等方面必要的开支。③向退耕户无偿提供种苗。退耕还林（草）所需种苗，由林业部门负责组织供应。经费标准是每亩地50元。④实行个体承包。⑤实行“退一还二、还三”甚至更多，即农民接受一亩地补贴的条件是必须承担一亩或一亩以上宜林荒山荒地造林种草任务。⑥实行报账制，即农户按规定数量和进度进行退耕还林（草），由林业部门对退耕还林（草）进度、质量及管护情况组织检查验收，农户凭发放的退耕任务卡和验收证明，按报账制办法领取粮食和现金补助（国家林业局，2000）。

（二）工程瞄准效率

尽管瞄准效率本身不足以直接评判工程的成本有效性，但工程的瞄准效率状况将会在很大程度上影响其成本有效性。如果政府关注政策执行成本，退耕还林工程的目标就会锁定在那些坡度比较大的坡耕地，或者生产条件比较艰苦、生态成本相对较高的地块。退耕这些地块不仅可以降低政策执行成本，而且由于机会成本较低降低对农民收益的冲击。

瞄准效率的评估是运用地块调查数据，通过建立计量经济模型分析地块退耕的主要决定因素和特点来进行的。其中，我们特别关注地块坡度、地理位置、生产条件等特点对某地块是否被退耕的影响。由于需要分析的是样本地块是否被退耕，计量经济模型的被解释变量是一个二值虚拟变量，即地块是被退耕或没有被退耕，我们选择建立了Logit模型。假设地块被退耕的概率是：

$$p_{jk}Pr\ \{\text{地块退耕} \mid Plot_{jk},\ Hh_j,\ D_j\} + \varepsilon_{jk} \qquad (1)$$
$$= \Phi\ (\alpha + Plot_{jk}\beta + Hh_j\lambda + D_j\theta) + \varepsilon_{jk}$$

其中Φ（.）表示Logistic分布的累积分布函数，j代表农户，k代表农户的地块。模型中被解释变量p_{jk}表示到2002年农户j的地块k是否被退耕，取值1表示退耕，取值0表示没有退耕。解释变量中，$Plot_{jk}$代表地块的一组特征，包括地块坡度、产权、土地质量、地理位置和生产条件等；变量Hh_j代表农户的一系列基本特征，具体包括户主年龄和受教育年限、户主是否村干部、家庭人口规模、劳动力比例、家庭人均土地拥有量，地块数量等；变量D_j代表j农户所在县的虚变量，控制除上述因素以外的县级共同的不可观测的因素。ε_{jk}是扰动项。α，β，γ和θ是待估参数（矩阵）。

表 1　地块退耕决定因素的 Logit 模型

解释变量	地块是否被退耕（1 = 退；0 = 未退）	
	参数	（卡方统计量）
地块特征		
土地坡度（基准是 15 度以下耕地）		
大于 25 度	1.55	(81.82) ***
介于 15 度和 25 度	0.41	(4.01) ***
土地产权（基准是开荒地、转入地等其他类型产权）		
自留地	-0.26	(0.21)
责任田	1.19	(11.27) ***
承包地	1.13	(7.73) ***
土地质量（基准是地力中等耕地）		
地力好	-0.32	(3.05) *
地力差	0.30	(3.70) *
地块灌溉条件（基准是非灌溉耕地）		
地表水灌溉	-0.55	(2.97) *
地下水灌溉	-0.13	(0.04)
其他方式灌溉	0.73	(1.48)
地块地理位置		
离沟渠距离（公里）	0.04	(0.98)
离道路距离（公里）	-0.09	(2.02)
离家距离（公里）	0.30	(22.74) ***
生产波动		
地块当年是否受灾	2.08	(170.47) ***
家庭特征		
户主年龄（岁）	0.001	(0.04)
户主受教育年限（年）	-0.008	(0.14)
户主是否村领导（1 = 是；0 = 否）	-0.13	(0.25)
家庭人口规模	-0.05	(0.93)
家庭劳动力比例（%）	-0.0006	(0.03)
人均土地拥有量（公顷）	-0.13	(0.05)
地块数量	-0.02	(0.36)
常数项	-3.20	(26.11) ***
样本数	2013	
其中：退耕地块	547	
未退耕地块	1466	
似然比检验	747.9 ***	
拉格朗日乘数检验	715.2 ***	
沃德检验	478.0 ***	

注：1. 括号中的数值代表回归参数估计的卡方统计量值；县虚变量的参数省略；“*”，“**”和“***”分别代表 10%，5% 和 1% 的显著性水平。

2. 家庭人均土地拥有量不仅包括种植农作物的耕地，也包括退耕后的林草地。这样计算是基于以下考虑：林地理论上也能给农户带来收益，尽管这要在以后，因此，它与耕地同样属于农户生产资源。

似然比检验、拉格朗日乘数检验和沃德检验都表明模型（1）的总体拟合结果很好（表 1）。计量分析结果显示，农户的特征对地块是否被退耕没有影响，地块被退耕只是取决于地块的特征，这似乎告诉我们农户是否参与退耕并不是取决于其农户自身的选择。当然，由于同一农户有地块退耕，有地块不退耕，这在一定程度上会抵消农户特征的影响，但如果地块被退耕主要是农户自己选择的结果，计量分析结果至少应该能够显示一些农户特征与地块被退耕之间趋势性的关系。

在地块被退耕的影响因素中，地块坡度、地块质量是主要因素。与坡度低于15度的耕地相比，坡度大于15度，尤其是大于25度的耕地明显容易被退耕；从土地质量看，与中等地力耕地相比，地力比较差的被退耕的可能性要高得多，而土地质量比较好的耕地被退耕的可能性要小得多。此外，退耕地主要集中在责任田和承包田；相对来说，土地受灾程度也大大提高了土地被退耕的可能性；最后，灌溉条件比较好的土地不容易被退耕，而离家比较远的地比较容易被退耕。因此，尽管退耕决策主要不在农户，但总体上看，退耕还林工程的瞄准效率还是比较高的。理论上讲，这为节约工程执行成本，提高工程效益创造了前提。

但是，瞄准效率只是工程成本有效的必要条件，而不是充分条件，特别是在政府没有很强激励降低成本的情况下。上述统计分析只是显示了被退耕土地特征的一种趋势，它并不能全面、客观地反映工程的瞄准效率。从我们的调查看，实际中确实存在着少部分按照政策讲不该退耕的地块被退耕的情况，这一点从以下的分析中可以看出。因此，更准确地判断工程的成本有效性需要进一步分析地块生产的机会成本，并与国家补贴标准进行比较。

（三）地块机会成本与补贴收益比较

比较地块被退耕的机会成本和补贴收益有助于更加全面和真实地评价工程成本有效性。如果从总体上看被退耕土地的机会成本远小于其补贴收益，则表明工程成本有效性比较差，存在过度补贴的问题。我们用退耕地块1999年单位面积的净收益（总产值扣除物质费用）衡量地块被退耕的机会成本。分析首先运用地块数据，从退耕地块1999年单位面积净收益的分布判断退耕地块被退耕机会成本与国家单位面积合格退耕地补助标准的关系，判断工程补贴的合适程度；然后，计算参与退耕农户所有退耕地块机会成本，并与国家补助标准进行比较，判断并估计参与退耕农户的损益情况，以评判国家节约成本的空间。将国家制定的单位面积粮食和现金补助标准折算成现金，陕西和甘肃两省每亩退耕地的补贴标准大约为160元，四川省每亩退耕地的补贴标准大约为230元。

这里将退耕地块1999年单位面积的净收益按省份制成频率分布图（图1）。

由图1可以看到，三省样本退耕地块的被退耕机会成本大多低于国家补贴标准，并且三省差异比较大。陕西样本地块的每亩净收益平均为43元，远远低于补贴标准160元；甘肃样本退耕地块的每亩净收益平均为142元，也低于国家补贴标准；四川样本退耕地块单位面积的净收益平均为191，比国家补贴标准低了17%。

进一步来看参与退耕还林样本农户退耕的损益情况（表2）。比较农户退耕的机会成本与国家补贴标准，如果农户退耕的机会成本高于国家补贴标准，则其属于受损户，反之，属于获益户。在陕西103户被调查的退耕户中，97户退耕户的退耕地净收入低于国家补助标准，参与退耕有利可图；只有6户因为参与退耕还林受损。全部退耕户的退耕地单位面积净收益只及国家补助标准的21%。也就是说，如果采用招标方式退同样的土地，大约每年可以节约79%的补助。在甘肃85户被调查的退耕户中，54户退耕机会成本低于国家制定的补助标准，因此参与退耕有利可图；另外有31户参与退耕还林出现净亏损。不过，即便在这85户内部建立一个福利转移机制，在全部受损户的损失得到补偿后，国家补助标准仍有

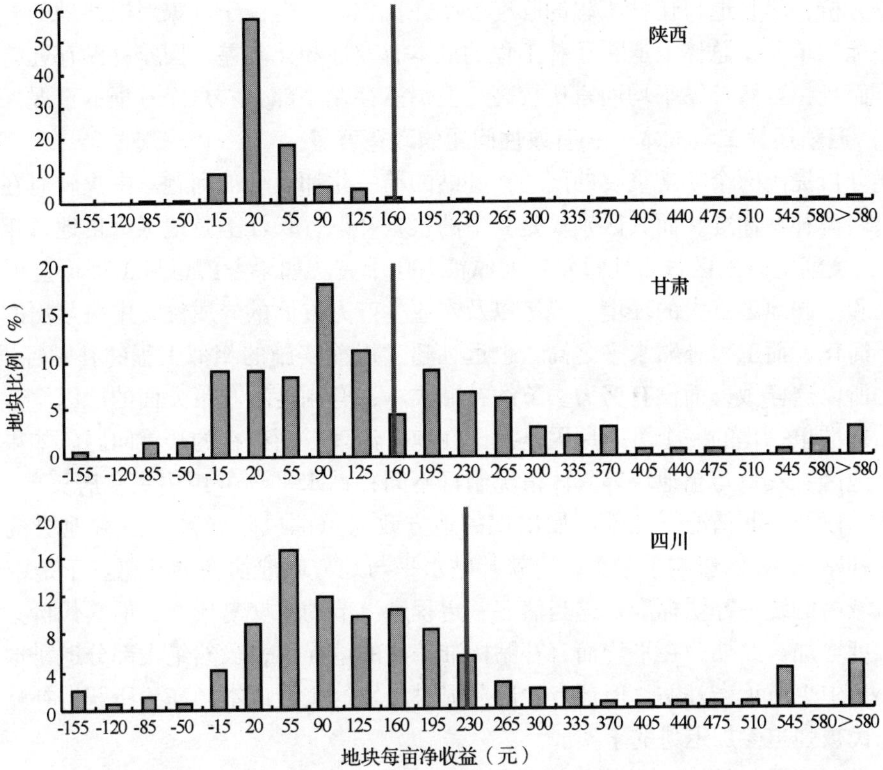

图1　1999年陕西、甘肃、四川三省样本退耕地单位面积净收益分布频率图

（资料来源：作者调查的地块资料计算）

16%的节约空间。四川的样本退耕农户共有76户，其中61户通过参与退耕还林受益，15户受损。比较被退耕地块机会成本和国家补贴标准，国家补贴也有32%的节约空间。

表2　1999年陕西、甘肃、四川三省样本退耕户退耕收益与补贴标准关系

		受损户	获益户	全部退耕户
陕　西	户数（户）	6	97	103
	单位面积农业净收益（元）	511	17	34
	退耕地面积（亩）	37	1 062	1 099
	退耕净收益（元）	－12 938	151 594	138 657
	退耕平均收益占补贴标准比例（%）	－219	89	79
甘　肃	户数（户）	31	54	85
	单位面积农业净收益（元）	273	78	135
	退耕地面积（亩）	88	212	300
	退耕净收益（元）	－9 970	17 430	7 460
	退耕平均收益占补贴标准比例（%）	－71	51	16
四　川	户数（户）	15	61	76
	单位面积农业净收益（元）	430	87	164
	退耕地面积（亩）	77	264	341
	退耕净收益（元）	－15 307	37 871	22 564
	退耕平均收益占补贴标准比例（%）	－95	68	32

资料来源：作者根据调查资料计算整理。

综上分析，尽管退耕还林工程的瞄准效率还比较高，但由于国家对退耕地的补贴标准较高和补贴标准单一，总体上退耕还林工程的成本有效性却比较差，国家补贴存在着较大的节约空间。而且，虽然补贴平均而言比较高，但仍然存在小部分农户净亏损的情况。

（四）退耕还林工程成本——有效性问题的政策背景

上述分析提出两个非常重要的问题：补贴的单一化和高标准问题。中央政府在全国范围内只提供两类补贴标准，而其区别仅是其中的粮食补贴，长江上游地区每亩地每年补助原粮150千克，黄河上游地区每亩地每年补助原粮100千克。如果考虑退耕工程覆盖地理范围上的广泛性和不同地区巨大的环境、经济以及农业生产力方面的异质性，中央给出的补贴模式似乎过于简化；而工程补贴水平之高，也远远超过以前实施的相似工程的补贴标准。① 但中央政府之所以这样做，而没有努力去节约补贴成本，有制度和政策方面的原因。

补贴标准单一化的一个可能原因是我国在地方治理方面存在的严重问题。如果交由地方政府根据地区、农户乃至地块等具体情况制订不同补贴水平（并由中央政府买单），由此带来的成本，以及在此情况下几乎必然出现的地方政府道德风险（高估退耕地块机会成本并要求超额补贴），显然影响了中央政府就补贴水平与地方政府协商的意愿。于是中央干脆制定了同流域内的统一补偿标准，这当然在一定程度上节约了交易成本，但其代价必然是补贴成本大幅度增加。此外，在平均而言补贴标准偏高的情况下，虽然绝大部分退耕地块机会成本远远小于中央所承诺补贴，但还有少部分退耕地块的机会成本却高于所获得补贴，这反映了少数农民被强迫参加退耕的事实。

一个更有意思、可能也更重要的问题，是为什么中央制定退耕还林补贴的标准如此之高？这可以从分析退耕还林工程的政策背景得到答案。退耕还林工程的出台固然与1997年的黄河断流和1998年的长江洪水所造成的巨大损失和中央对于西部长江黄河上游水土流失、生态破坏问题紧迫性的认识相关，但退耕还林开始后（不仅是2002年正式展开后，甚至是1999年试点一开始就出现的）在地方政府推动、中央政府批准下迅速大规模扩张，却与我国20世纪90年代后期出现的粮食过剩，以及同时期中央政府的粮食购销体制改革不利有十分密切的关联。恰恰是在全国性粮食过剩和“敞开收购、封闭运行、顺价销售”的粮食流通体制改革政策无法实现预期目标，国有粮食企业库存不降反增，亏损挂账不断增加的背景下，退耕还林工程在试点开始后就很快超标，并随2002年工程正式展开迅速扩张。退耕还林及其迅速扩张不仅有利于压缩粮食生产，逐渐扭转全国粮食整体上的相对过剩局面（和国有粮食库存的绝对过剩），有利于扭转粮食价格的下跌，为国有粮食企业减少亏损创造条件；而且通过中央财政资金（包括国债资金）“顺价收购”国有粮库粮食，能够直接在账面上减少国有粮食企业的巨额亏损。

最后，高标准的补贴，以及工程的政策安排在相当程度上激励了地方政府实现其自身利益，并加剧了退耕还林规模的迅速扩张。虽然地方政府必须负责工程的组织实施，且退耕还林地区所需检查验收、兑现、管护等工作费用由地方承担，但就发放给农民的补贴而言，中

① 根据一些学者的计算（Uchita et al, 2003；Heimlich et al 2003），即使从全世界范围来看，我国退耕还林工程给予退耕农户的补贴水平也相当高，而且在绝大多数情况下超过了被退耕土地的机会成本。一个可比较的例子是美国的保护地工程（CRP），补贴水平为每公顷116美元，而我国在黄河流域和长江流域的补贴水平是其2.5倍和3.6倍。因此，如果政府及时发放了所承诺的补贴，绝大多数被政府要求退耕的农户还是愿意参与的。

央政府在退耕还林上做到了全额买单，全部粮食和现金补贴都由财政部支付，并通过地方政府下发。5 年来，中央累计投入近 500 亿元，其中粮食补助 240.5 亿千克。在这种情况下，很多地方政府倾向于把退耕还林工程当成某种程度上的“免费午餐”，并尽各种努力试图增加由中央“认可和批准”的退耕还林指标。由于补贴标准较高，而且必须经过地方政府之手发放给退耕农民，地方政府在能够从中得利的预期下，往往倾向于超中央预定指标组织农民大规模进行退耕，并在事后与中央政府进行讨价还价，要求追加退耕指标和相应补贴。所以，即使在三年试点时期，许多地区都出现了超规模超计划的情况，并不断要求中央增加退耕指标。比如，2000 年退耕还林（草）的试点示范县应为全国 13 个省（自治区、直辖市）的 174 个县，但实际却达到了 312 个，扩大的比例高达 79%。这就是为什么在 2001 年试点期结束后，中央政府也面临地方政府的巨大压力去进一步扩大工程规模，并实际也这样去做了的一个重要原因。

三、工程的农户收入、结构调整效应与可持续性评估

（一）样本农户的基本情况

这里首先报告调查样本资料中退耕户和非退耕户的一些家庭基本特征以及他们之间是否存在系统性差异的检验结果。从表 3 可见，退耕户和非退耕户在家庭劳动力比例、户主年龄、受教育程度、政治地位（是否村干部）等方面几乎没有差异。而在家庭规模和土地碎化程度上退耕户和非退耕户之间存在着显著的差异。退耕户家庭人口和土地地块数量都明显多于非退耕户。此外，退耕户人均土地拥有量和坡度大于 25°土地比例也要高于非退耕户，不过这一差异在统计上没有达到显著水平。由于退耕的主要对象就是坡度大于 25°的土地，因此，退耕组坡度大于 25°土地比例并没有明显高于非退耕组多少有些奇怪。不过，如果我们把它与退耕组土地地块数量明显多于非退耕户结合在一起，我们会发现这在一定程度上正好与地方退耕还林多采取划片规划的方式相吻合。尽管划片规划退耕也主要依据土地质量和坡度等特征，但一刀切使得许多非坡耕地或坡度比较小的土地也被划入退耕范围，这在很大程度上抹平了退耕组和非退耕组土地坡度的差异。同时，这种划片规划使得农民土地的分散程度在很大程度上影响着其是否参与退耕。因为，农户土地分割成越多的地块，其有地块被划入退耕范围的可能性也就越高。退耕户人均土地略多于非退耕户这种微小的差异在我国农村十分正常。我国农村土地分配不仅十分均匀，而且土地质量和土地数量之间存在一定的替代性。一般来说，如果一个农户分到的某块地质量较差，该地块就往往面积较大。由于退耕还林工程的退耕目标是地力相对较差的坡耕地，因此，退耕户人均土地拥有量平均而言略高于非退耕户也不足为奇。

表 3　1999 和 2002 年退耕户和非退耕户家庭基本特征

	非退耕户		退耕户		1999 年非退耕户与退耕户基本特征同方差 F 检验	1999 年非退耕与退耕户基本特征差异 t 检验
	1999 (1)	2002 (2)	1999 (3)	2002 (4)	H0：同方差 (5)	H0：无差异 (6)
家庭人口	4.49(1.43)	4.44(1.29)	4.9(1.64)	4.88(1.73)	1.33	-0.41(-2.07)**
劳动力比例(%)	75.66(21.44)	74.25(21.37)	75.4(20.75)	74.34(20.56)	1.06	0.26(0.10)

（续）

	非退耕户		退耕户		1999年非退耕户与退耕户基本特征同方差F检验	1999年非退耕与退耕户基本特征差异t检验
	1999 (1)	2002 (2)	1999 (3)	2002 (4)	H0：同方差 (5)	H0：无差异 (6)
户主年龄	44.98(12.25)	47.98(12.25)	44.24(11.13)	47.24(11.13)	1.21	0.74(0.51)
户主受教育年限(年)	4.73(3.73)	4.73(3.73)	4.68(3.35)	4.68(3.35)	1.24	0.05(0.12)
户主是村干部虚拟变量(1=是;0=否)	0.05(0.21)	0.05(0.21)	0.06(0.25)	0.06(0.25)	1.32	-0.01(-0.56)
家庭人均土地拥有量[2](公顷)	0.171(0.18)	0.167(0.16)	0.198(0.13)	0.204(0.14)	2.02***	-0.027(-1.27)
地块数量	5.24(2.10)	5.24(2.10)	5.94(2.34)	5.94(2.34)	1.24	-0.70(-245)**
坡度大于25°的土地比例(%)	36.76(38.40)	36.76(38.40)	43.27(34.88)	43.27(34.88)	1.21	-6.51(-1.45)
人均退耕补贴[3](元)	0(0)	0(0)	0(0)	68.68(98.76)		
样本数	84		264			

资料来源：作者根据调查资料计算整理。

注：1.（1）～（4）列括号内为标准差，（6）列括号内为t统计量；*代表10%水平显著；**代表5%水平显著；***代表1%水平显著。

2. 家庭人均土地拥有量不仅包括种植农作物的耕地，也包括退耕后的林草地。这样计算是基于以下考虑：林地理论上也能给农户带来收益，尽管这要在以后，因此，它与耕地同样属于农户生产资源。

3. 耕地补贴指农民实际获得的补贴。

4.（5）是检验两组观测方差是否相等的Folded F检验。

5.（6）是检验两组观测观测均值是否相等的t检验。如果两组观测的方差不等，计算近似的t统计量，用Satterthwaite近似方法计算近似t统计量的自由度，用Cochran和Cox方法近似计算上述近似t检验的概率水平。

表4列出了1999和2002年退耕户和非退耕户不同类别人均收入的统计结果。1999年退耕还林工程实施以前，退耕户和非退耕户在种植业收入方面基本不存在差异，但到2002年退耕还林工程实施三年后，退耕户扣除补贴的人均种植业收入明显低于了非退耕户的相应数值。如果计算补贴，两者收入基本相当。就畜牧业人均净收入来看，退耕还林工程实施前后相比，退耕户和非退耕户都发生了较大增加，但平均而言，退耕户畜牧业收入的增长要快得多：从1999～2002年，非退耕户人均畜牧业净收入从22.16元上升到了142.36元，增长了5倍强；而退耕户的从23.04元上升到了253.88，增长了10倍多。不过，如果看农户畜牧业净收入和非农业收入之和的变动，可以发现退耕户和非退耕户之间的差异远小于畜牧业收入的变动。出现这种情况的主要原因在于退耕户的非农就业和收入的增加低于非退耕户：从1999～2002年，非退耕户的人均非农业收入从779.66元增长到了1 021.21元，增长了241.55元；而退耕户的仅从554.25元提高到了719.97元，增长了165.72元。最后，我们看到，即便将补贴计算在内，退耕户的人均总收入增长要比非退耕户少得多，这主要还是因为退耕户在非农收入上的相对“损失”，以及“其他收入”增加略少。

表 4 1999 和 2002 年退耕户和非退耕户人均收入

	非退耕户		退耕户	
	1999	2002	1999	2002
补贴前种植业纯收入	582.4（690.64）	514.52（514.79）	592.16（732.84）	453.12（575.83）
补贴后种植业纯收入	582.4（690.64）	514.52（514.79）	592.16（732.84）	525.32（584.75）
畜牧业净收入	22.16（45.49）	142.36（211.62）	23.04（67.64）	253.88（878.16）
补贴前农业纯收入	604.56（690.56）	646.02（511.15）	615.2（735.79）	699.63（1031.86）
补贴后农业纯收入	604.56（690.56）	646.02（511.15）	615.2（735.79）	769.41（1043.35）
非农业收入	779.66（1242.42）	1021.21（1415.68）	554.25（715.01）	719.97（824.89）
畜牧业和非农收入小计	801.82（1242.72）	1139.11（1374.57）	577.29（727.44）	957.49（1208.86）
其他收入	110.46（388.55）	195.83（471.7）	100.56（463.88）	161.01（595.53）
补贴前总收入	1472.52（1468.27）	1611.72（1444.71）	1246.96（1102.12）	1246.55（1087.46）
补贴后总收入	1472.52（1468.27）	1611.72（1444.71）	1246.96（1102.12）	1313.16（1087.06）
样本数	84		264	

资料来源：作者根据调查资料计算整理。

注：1. 括号中的数值是标准差；

2. 农业纯收入（包括种植业收入和畜牧业收入）都只扣除了物质费用，没有扣除劳动力成本；

3. 表中所有收入变量都用以 1999 年为基期的消费者物价指数等进行了缩减，因此都是实际收入。

从上述数据可以观察到一个非常有趣的现象：相比于非退耕农户，退耕农户在（在计算补贴后的）种植业收入并没有因为补贴而明显提高，这似乎与我们第二部分成本有效性分析中对政府补贴过高的判断矛盾。这里的关键问题在于补贴标准的计算和补贴的兑现。首先，对于退耕农民来说，补贴标准存在着高估的问题。按照规定，补贴粮食是按照每千克 1.40 元来计算的，这样才有南方补贴标准为每亩 230 元，北方补贴标准为每亩 160 元。但根据我们的样本资料，事实上在我们的样本地区，1999 年小麦、玉米和水稻当地市场价格的算术平均只有 0.55 元。因此，按照上述价格计算补贴标准将农民得到的补贴收益高估了将近 20%①。其次就是补贴兑现的问题。中央政府承诺发放的补贴是否能够及时、足额向参与农户进行兑现，与地方政府是否有能力以及激励去执行中央政策有很大的关系，而恰恰是在这些方面，国有粮食部门和地方治理中地方政府所普遍存在的一些体制性问题（如克扣补贴等），以及退耕还林工程由于过快扩张导致无法及时检查和验收等原因，确实在相当程度上阻碍了中央政策的实施和补贴兑现。② 虽然目前的调查数据无法区分补贴没有全面兑现

① 但事实上中央财政确实按照每千克粮食 1.40 元的标准进行了补贴，可见，补贴的对象并不仅仅是退耕农民。至于退耕补贴的机制、补贴的对象以及分配，我们将另文专门讨论。

② 我们对试点三省和更多地区进行的实地调查也发现：虽然所到地方没有出现内江县那种全部克扣的严重情况，但政策兑现过程中地方政府对农民补助有所克扣的情况十分普遍，且主要发生在每亩 20 元现金补助上。粮食补助兑现的情况好于现金发放的情况。但即使在粮食兑现过程中，也存在以下现象：①在各地开始逐渐用成品粮代替原粮后，农民抱怨政府所采用的成品粮与原粮之间的折算比例过低；②地方粮食部门根据粮食的相对价格的变化调整粮食构成，从而使补助粮成本降低；③有粮食折成现金发放的情况，但价格随行就市，远低于国家预算所使用的粮食价格。总而言之，在粮食补助发放过程中，地方粮食部门将政策行为转化成经营行为，创造了一定的留利空间。在现金兑现过程中，克扣比较普遍，形式也比较多样。主要理由按照发生频率排队分别为抵缴农民欠税，村级领导组织退耕所需工作经费，村级集体组织种苗所需运费，退耕后的林木管护费等等。在陕西省，抵缴欠税最为普遍，还有村级领导参与退耕的活动经费、退耕登记造册费、种苗费等形式。

到底在多大程度上是因为克扣，又在多大程度上来自于未及时发放，但国家制定的高标准补贴并没有完全发送到参与退耕农民的手中，确实是一个实际的情况。表5给出的2002年样本地区粮食和现金补贴兑现的水平，也证明了这一点。

表5 2002年样本地区粮食和现金补助兑现水平

样本县		粮食补助					现金补助	
		小麦（斤/亩）	稻谷（斤/亩）	玉米（斤/亩）	实际补助水平（斤/亩）	国家规定标准（斤/亩）	实际补助水平（元/亩）	国家规定标准（元/亩）
陕西省	延川县	16	0	15	31	200	4	20
	礼泉县	81	0	81	162	200	6	20
甘肃省	静宁县	83	0	25	108	200	17	20
	临夏县	34	0	9	43	200	2	20
四川省	朝天区	79	137	53	270	300	3	20
	理县	113	143	0	257	300	13	20
所有样本		52	29	28	108	300	7	20

注：1. 本表中粮食补助按原粮折算；

2. 2002年四川省的两个县在兑现粮食时采用的标准是：每亩退耕地补助大米102斤（大米与原粮的折算比例为1斤原粮=0.68斤大米），面粉105斤（面粉与原粮的折算比例为1斤原粮=0.7斤面粉）。

（二）计量经济分析方法

对于项目评估和政策分析，目前比较常用的方法有利用跨时独立混合横截面数据的DID（Difference-in-Differences）方法和综列数据模型。上述两种方法各有千秋，前者要求数据来自对所研究总体不同时点的随机抽样，并且假设随机观测点是独立同分布的，而综列数据则要求对观测对象在不同时期跟踪调查以收集跨时资料，但对观测点的分布没有严格的独立同分布要求。本研究调查了所有退耕农户和非退耕农户1999年和2002年的家庭特征、生产和收入等信息，构成了一个综列数据集，为此，研究中我们采用可以在很大程度上控制遗漏变量问题的非观测效应综列数据模型对退耕还林项目的效应进行评估。

假设有一个农户随机样本，y_{it}是我们关注的t时期i农户的人均种植业收入、畜牧业收入、非农收入和年纯收入等可能受退耕还林项目影响的变量。在$t=1$阶段，也就是1999年还没有农户参加退耕还林项目；在$t=2$阶段，也就是2002年上述样本中一部分仍然没有参加退耕还林项目，而另一部分农户参加了项目。假设$Prog_{it}$是一个二值虚拟变量，代表t时期i农户参加项目的情况，i农户在t时期参加了退耕还林项目，则$Prog_{it}=1$。因此，在我们的研究中，对于所有农户$Prog_{i1}=0$，而$Prog_{i2}$对于2002年已经参加退耕还林项目的农户是1，对于仍然未参加项目的农户是0。研究采用的非观测效应综列数据模型如下：

$$y_{it}=\alpha_0+\delta\cdot prog_{it}+Z_{it}\beta+X_{it}\gamma+c_i+\mu_{it} \qquad (2)$$

其中，i代表农户，t代表时期，Z_{it}是一组随时间变化的可观测的影响变量y_{it}的控制变量，包括农户家庭人口规模、劳动力比例、人均土地拥有量和时间虚拟变量等。X_{it}是一组不随时间变化，或随时间同等变化的可观测的影响变量y_{it}的控制变量，包括户主年龄和受教育年限、户主是否村领导、地块数量和坡度大于25度土地比例等。c_i是非观测效应，控制随时间不变的不可观测因素。μ_{it}是特异性扰动项（idiosyncratic disturbances），代表因农户

因时而变且影响 y_{it} 的那些非观测扰动因素。α_0 和 δ 是待估计参数，其中 δ 是研究最为关注的参数，衡量了退耕还林项目对变量 yit 的影响。β 和 γ 是待估参数矩阵，衡量了控制变量对变量 y_{it} 的作用。

估计上述非观测效应模型（2）的方法主要有随机效应模型、固定效应模型和一阶差分模型等。由于随机效应估计对于非观测效应 c_i 与 $Prog_{it}$、Z_{it} 和 X_{it} 之间的关系给出了很强的假设，即它们之间没有任何关系，因此，我们选择固定效应模型。在固定效应假设下，非观测效应 c_i 与 $Prog_{it}$、Z_{it} 和 X_{it} 之间可以有任意的相关关系。不过需要注意的是，由于固定效应估计是基于除时间均值变量的混合 OLS 估计，即组内估计，参数 γ 将无法识别和估计，除非我们假设那些因时不变的因素在不同时期对需要解释变量的影响不同，即在模型（2）中引入 X_{it} 与时间虚拟变量的交叉项。不过，如果我们不是过于关注参数 γ，我们完全可以不考虑这一问题。基于一阶差分数据的混合 OLS 估计也能用于模型（2）的估计，不同于固定效应取每期观测与组内均值的差，一阶差分取相临两期的差分。固定效应估计与一阶差分估计在处理非观测效应上是相似的，而且两者都是无偏的，至少是一致的。假设模型的特异性扰动项 μ_{it} 不存在异方差问题，固定效应估计与差分估计结果的有效性差异主要取决于模型特异性扰动项 μ_{it} 是否存在自相关及其严重程度。如果不存在自相关，那么使用固定效应估计比较合适；如果存在比较严重的自相关，则一阶差分估计更合适。不过，对于两期综列数据模型，固定效应估计与一阶差分估计的估计参数和效率是完全一样的（Wooldridge，2002）。此外，我们还可以推导出，如果在一般化的 DID 模型中控制了与模型（2）相同的控制变量，不管是否引入非观测效应，如果将所有样本的两期观测分别用一般化的 DID 模型描述，并进行差分，我们将能够得到与非观测效应综列数据模型一样的一阶差分模型。为此，在研究中我们主要运用一阶差分估计模型（2）。基于模型（2）的一阶差分模型如下：

$$y_{i2}-y_{i1}=\delta\cdot prog_{i2}+(Z_{i2}-Z_{i1})\beta+(\mu y_{i2}-\mu y_{i1}) \tag{3}$$

非观测效应 c_i 和 X_{it} 因为差分而消失。非观测效应综列数据模型（2）估计获得一致估计的一个重要假设是所有可观测的解释变量，包括 $Prog_{it}$ 必须是严格外生的。也就是说任意时期解释变量 $Prog_{it}$，Z_{it}，X_{it} 和 c_i 与任期时期的特异性扰动项 μ_{it} 都没有关系。在许多关于项目评估的实证研究中，上述严格外生性假设经常因为参与项目的内生性问题，即自选择问题而不能成立，并导致估计结果的非一致。

不过在我们的研究中，自选择问题基本可以被忽略。正如本文引言部分所指出的，由于退耕还林是一个自上而下、在很大程度上带有强制意义的工程，农户在是否参与工程基本上不是取决于其自身选择，而主要取决于其是否被纳入地方政府规划的退耕还林地块。① 我们的退耕样本户中绝大多数农户在确定退耕地块、退耕面积、退耕地上种植的树种等方面都没有选择权（表6）。以同时拥有上述三方面选择权作为确定农户是否拥有退耕自主权的标准，我们可以看到，退耕样本农户中 84.76% 的农户在参与退耕方面没有自主权。此外，我们也

① 如果农户是否参与退耕是自己选择的结果，那么我们将看到农户退耕与农户的一些特征会有比较紧密的关系。但我们对农户是否参与退耕决定因素 Logit 模型的分析结果表明，除了地块数量以外，农户的其他特征，包括大于 25 度坡耕地比例都对农户是否参与退耕没有显著的影响（限于篇幅，计量结果省略）。这不仅在一定程度上表明农户参与退耕项目不是自己选择的结果，而且也印证了我们目前的退耕主要是自上而下的工程，农户参与退耕主要取决于其地块有没有被划入地方政府的规划中。因为农户地块越多，被划入规划的概率相应要高得多，因此农户的地块数量在很大程度上决定了农户能否被划入规划，并参与退耕。

调查了非退耕户参与退耕还林项目自主权的状况，有72.22%的非退耕农户认为表示他们不能自主选择参与退耕。事实上，我们前面对退耕与非退耕农户基本特征差异的统计检验也间接支持了退耕不是自选择的假设。

表6 退耕户参与退耕还林工程自主权（%）

农户类型	自主权内容	拥有情况	样本农户比例
退耕户	是否有参与退耕项目的自主权	有	15.24
		没有	84.76
	是否有树种选择权	有	36.03
		没有	63.97
	是否有权利确定退耕面积	有	34.93
		没有	65.07
	是否有权利确定退耕地块	有	30.51
		没有	69.49
非退耕户	能否自主选择参与退耕项目	能	27.78
		否	72.22

资料来源：作者根据调查资料计算整理。

此外，参与退耕自选择的问题主要是针对有退耕自主权的农户来讲的，因为没有退耕自主权的农户是否参与退耕完全是外生的。因此，如果存在自选择问题，我们将会发现，有自主权和没有自主权决定参与退耕的农户基本特征将会存在系统性的差异，并且有自主权农户参与退耕还林对收入的影响会与没有自主权农户不同。为此，我们又将样本农户按照是否拥有参与项目选择权分组进行了农户基本特征差异的统计检验，并通过计量经济分析对两组农户退耕效应的差异进行了Chow检验。有退耕自主权和没有退耕自主权农户特征差异的统计检验结果表明，两组农户除了人均土地拥有量有差异外，其他特征都没有显著差异（表7）。此外，很有意思的是没有自主权农户组户主是村领导的比例要比有自主权农户组高得多，虽然这一差异并不显著。由于农户是否有退耕自主权的信息来自于被调查农户自己的评判，而这种回答由于诸多原因存在着很强的主观性。相对来说，村领导由于或多或少参与着退耕还林项目的规划和执行，较之一般的村民要对农民退耕自主权的权益状况更为明晰。较高比例的村干部回答农民在参与退耕上没有选择权也许更客观地反映了实际情况。

表7 1999和2002年有退耕自主权和没有退耕自主权农户家庭基本特征

	没有自主权农户		有自主权农户		1999年非退耕户与退耕户基本特征同方差F检验 H0：同方差	1999年非退耕与退耕户基本特征差异t检验 H0：无差异
	1999 (1)	2002 (2)	1999 (3)	2002 (4)	(5)	(6)
家庭人口	4.79(1.63)	4.73(1.68)	4.87(1.48)	4.94(1.47)	1.22	−0.08(−0.37)
劳动力比例(%)	75.74(20.71)	74.65(20.73)	74.18(21.74)	72.81(20.80)	1.10	1.56(0.53)
户主年龄	44.61(11.41)	47.61(11.41)	43.53(11.41)	46.53(11.41)	1.00	1.08(0.68)
户主受教育年限(年)	4.62(3.42)	4.62(3.42)	5.01(3.52)	5.01(3.52)	1.06	−1.34(−0.81)

（续）

	没有自主权农户		有自主权农户		1999年非退耕户与退耕户基本特征同方差F检验 H0：同方差(5)	1999年非退耕与退耕户基本特征差异t检验 H0:无差异(6)
	1999 (1)	2002 (2)	1999 (3)	2002 (4)		
户主是村干部虚拟变量(1=是;0=否)	0.07(0.25)	0.07(0.25)	0.03(0.18)	0.03(0.18)	1.96***	0.03(1.27)
家庭人均土地拥有量[2](公顷)	0.197(0.15)	0.202(0.16)	0.168(0.09)	0.167(0.09)	2.95***	0.029(2.05)**
地块数量	5.82(2.38)	5.82(2.38)	5.55(1.91)	5.55(1.91)	1.54**	0.27(0.96)
坡度大于25度的土地比例(%)	41.74(35.62)	41.74(35.62)	41.52(37.00)	41.52(37.00)	1.08	0.22(0.04)
人均退耕补贴[3](元)	0(0)	53.34(89.47)	0(0)	46.37(97.67)		
样本数	286		62			

资料来源：作者根据调查资料计算整理。

注：同表3。

（三）实证分析结果

表8列出了非观测效应综列数据模型的一阶差分估计结果。由于被估计的模型是一阶差分模型（3），模型的拟合度相对都比较低，不过这并不影响我们进行结构分析。作为对参数估计稳定性的检验，表8还列出了用没有退耕自主权的农户（包括退耕户和非退耕户）样本估计的退耕还林效应，以及参与退耕还林对退耕自主权不同的农户组的收入影响不同的Chow检验结果。Chow检验结果表明，退耕还林对有退耕自主权农户和没有退耕自主权农户的收入影响没有明显差异，因此，在本研究中自选择问题可以忽略。仅用没有退耕自主权的农户样本估计的退耕效应与用所有样本估计的结果十分接近。综上，我们相信模型（3）的参数估计是一致并且有效的。

计量经济估计结果与描述性统计分析所观察到的结果十分一致。参加退耕还林显著地降低了参与农户的种植业人均纯收入，但一旦加入补贴，工程参与效应就不显著了。就畜牧业收入而言，可以看到参与效应整体为正，但并不太显著（或者说最多只是在边际上显著）。对于非农收入而言，工程参与效应为负，也不太显著。如果考虑非农收入和畜牧业收入之和，参与效应虽为正，但远不显著。根据我们调查所得到的信息判断，出现这种情况最可能的原因，是参与工程要求参与农户将相当部分时间用于还林、护林（以获得补贴），因此工程参与本身将限制其外出打工和获得非农收入的机会。但与此同时，正是利用参与工程所获补贴（主要是粮食和非常有限的现金）和在家的更多时间，这些参与农户扩大了畜牧业生产。总体来看，参与工程对非种植业收入的净效应反而为负（虽然统计上看并不显著）。

工程参与对农户人均总纯收入的影响与其对种植业人均纯收入的影响类似：如果不计算补贴，参与效应显著为负，而计算补贴之后则参与效应虽为负，但不显著。因此，到目前为止，我们可以作出的判断，就是在退耕还林最早进行、相对也更加规范的三个试点省份，即使在工程已经实施三年之后，如果没有国家补贴作为支持，农民将没有激励参与退耕工程。平均而言补贴本身也没有使参与农户的总人均纯收入显著增加，与非退耕农户相比，反而有所下降（虽不显著）。

根据以上的分析，在经过三年时间试点后，退耕还林工程的一个关键目标，即通过农业结构调整增加退耕农户的非种植业收入并没有实现（即参与本身没有使得畜牧业和非农收入之和比非参与农户取得更快增长，虽然参与本身使农户在一定程度上从非农业向畜牧业有所转移）。由于参与工程对未加补贴的总人均纯收入的效应显著为负，工程在经济上的可持续性就可能存在很大问题。如果这种情况持续下去，补贴期结束后，农户“退林还耕”的可能性就相当大。这样，我们不得不思考以下一个问题：如果试点的情况并不理想，那么试点三年后的2002年，全国范围工程又大举扩张的依据何在？

表8　退耕还林的人均净收入效应一阶差分模型估计结果

被解释变量	退耕还林工程净效应（δ）		自主权不同农户组退耕还林工程效应差异的Chow检验（3）
	所有农户样本（1）	没有自主权农户样本（2）	
补贴前种植业纯收入	-70.37（-1.79）*	-81.80（-1.90）*	1.01
补贴后种植业纯收入	2.88（0.07）	-8.82（-0.20）	1.01
畜牧业净收入	118.64（1.25）	121.75（1.05）	0.24
补贴前农业纯收入	51.92（0.49）	42.06（0.33）	0.08
补贴后农业纯收入	122.70（1.14）	112.62（0.89）	0.06
非农业收入	-90.32（-1.52）	-128.21（-1.90）*	1.46
畜牧业和非农收入小计	36.80（0.32）	1.97（0.01）	0.48
其他收入	-20.81（-0.61）	-27.24（-0.72）	0.94
补贴前总收入	-149.47（-2.02）**	-212.22（-2.54）**	1.48
补贴后总收入	-81.90（-1.10）	-144.85（-1.72）*	1.31
样本数	348	286	

注：1.（1）、（2）列括号内为t值；（3）列为F检验统计量。

2. * 代表10%水平显著；** 代表5%水平显著；*** 代表1%水平显著。

当然，我们必须注意的一个问题是，虽然退耕还林工程本身并没有从整体上促进参与退耕农户向其他产业的转移，但退耕地区农村产业结构的调整仍然在进行。这一点可以从退耕和非退耕农户的非农收入（以及畜牧业收入）都有所增长，而且非退耕户非农收入的绝对增加值更加突出可以看出（表4）。但从我们的调查看，调查样本地区非农收入的较快增长，与1999年后“西部大开发战略”实施后国家大规模进行西部城乡基础设施等投资的阶段性增长有比较强的关系。而由于国家宏观经济形势变化后“积极财政”政策的逐渐淡出，以及西部大开发过程中出现的种种财政资金使用效率低下等问题，我们没有很强的理由预期这样的趋势会持续下去。这里必须再一次指出，非农就业机会的创造和工程参与农民收入的多元化才是确保退耕还林工程具有可持续性的关键所在，而不是退耕还林本身。如果充分利用市场机制，促进农村生产结构的调整，即使退耕还林工程本身无法促进产业结构的调整，只要农民能够从其他来源获得收入，退耕还林的成果就有保住的可能性。正是从这个意义上看，退耕还林成功的关键，实际上是在“退耕”之外，这与“解决中国农村问题的关键在农村之外”的逻辑是一样的。

表 9 退耕还林前后样本农户家庭人均耕地面积变化 单位：亩/人

样本农户	所有农户		退耕户		非退耕户	
	1999	2002	1999	2002	1999	2002
陕西省	3.44	1.47	3.61	1.37	2.16	2.20
甘肃省	2.46	1.96	2.64	1.93	2.02	2.02
四川省	2.73	2.01	2.48	1.49	3.25	3.10
所有样本	2.88	1.81	2.97	1.58	2.57	2.51

资料来源：作者根据调查资料计算整理。

最后，要全面、系统地评估一个补贴期为 8 年（或 5 年）的退耕还林工程在补贴期后的经济可持续性，三年时间仍然偏短。实际上，我们上面进行的分析并不是要、实际上也无法对这些问题给出一个结论性的判断。但如果我们考虑到以下几个方面的因素，对试点地区退耕还林工程的可持续性持非常的谨慎态度就尤其必要。首先，相对而言，退耕还林试点地区大部分是生态环境比较恶劣、教育水平和社会资本相对薄弱，地理位置比较偏远，交通也不太方便的地区，非农就业机会及其增加的可能性相对较少；其次，退耕地区大部分种植的是生态林，根据我们的实地调查，成活率不高，绝大部分生态林或者难以成材，或者成材时间要超过补贴期，而成材后的收益（按当前市场价格计算）往往偏低，并且还需要面临未来国家砍伐政策和采伐指标等方面的不确定性。① 即使是经济林的盈利前景，也由于多种因素（如由于工程推进过快，生态适应度较差，地方政府和农民都缺乏经验，以及大范围种植所可能导致的市场疲软）而令人堪忧。所以，参与农户从林业生产得益的前景并不容乐观；第三，2003 年以来粮食供需形势出现的转折和粮食价格的上涨，不仅对国家向退耕农户补贴粮食的政策提出了挑战，使国家面临潜在的（日益增加的）财政压力，② 而且也将使

① 考虑到部门上报数字可能缺乏可靠性，我们的成活率数据来自农户调查。在被调查的 18 个乡中，三次检查期间的成活率状况差异非常大。陕西省延川县的成活率很高，且呈逐渐升高的趋势。但其余各县成活率普遍低于国家初始规定的 85%，而且，在这几年里成活率没有上升，多数县反而逐渐下降。而且这还是补植以后的情况：据农民反映，补植以前，成活率在 40% 以下的情形十分普遍。退耕还林出现的成活率低下和年年检查，年年补植的情况，带来很多问题。首先，这标志着退耕还林绩效正在大打折扣。第二，由于需要连续补植，每亩 50 元的种苗费已经开始不足。地方政府一方面呼吁增加财政投入，一方面开始在农民的补助粮食和现金上找出路，增添了克扣农民补助的理由。实际上，在退耕还林伊始，大多地方政府重点抓住种苗供给这一环节，因为如果成活率很高而无须补植，那么地方政府则可从种苗费经营环节获取盈余。（如在宁夏同心县种植的沙棘，每亩的平均成本不足 15 元）。但是，由于西部干旱，植被恢复的条件十分恶劣，加上种苗质量低下，无法保证较高的成活率，补植成了完成检查验收指标的必要手段，这无疑加大了成本。三年以后，种苗经费开始入不敷出。

② 实际上，在 2003 年下半年全国粮食供需情况出现较大变化、价格出现迅速上涨后，政府部门和学术界就出现一些将粮食补贴改为现金补贴的提法，理由是粮食价格具有波动性，而退耕还林是一个至少在中期内政府需要持续补贴的工程，政府若一直补贴粮食，将给财政带来较大的风险。但如果改变补贴模式，在粮食价格上涨的情况下，很容易被退耕参与农民理解为政府违背承诺，一旦现金补贴不足，就有可能造成复垦。而由于是政府先违背承诺，政府将无充分理由要求农民尊重合同。更进一步而言，退耕还林作为一项粮食过剩时期开始、并迅速扩张的工程，在减少粮食产量并消耗粮食库存的同时就孕育了推动粮食价格上升的种子。在 1998，1999 年粮食丰产后，由于国家粮食购销政策出现的问题和粮食价格低迷，加上包括退耕还林在内的结构调整，2000 - 2003 年粮食连年减产，而退耕还林在经过连续几年大规模扩张后，2003 年国家需要向农户补贴土地面积已经超过 1 亿亩，需要发放的粮食补贴数额达到 1200 ~ 1300 万吨，这至少构成了 2003 年粮食价格上涨的一个不可忽视的因素。在这样的背景下，2004 年中央决定新增退耕面积陡然降低到 1000 万亩，有其必然性。

退耕地区畜牧业的发展和饲料供给面临潜在威胁。而一旦饲料价格增加，将有可能阻碍退耕还林所提倡的圈养畜牧业发展，甚至推动农民恢复放养模式，破坏生态环境。最后，在我们调查的退耕地区，退耕面积普遍较大，退耕后，农民的人均耕地拥有量有了大幅度减少，三省总体上减少了1/3强（表9）。其中，陕西省的退耕户在退耕前人均耕地面积最多（3.61亩），退耕后却成为人均耕地面积最少的省（1.37亩），耕地减少超过了60%。虽然三个省在退耕后，仍保持了人均一亩半左右的耕地面积，但是考虑到相当部分退耕还林地区（特别是西北地区很多地方）生态环境恶劣，自然灾害频繁，往往是一个正常年伴随着2~3个旱年，所以保有较大面积的耕地对于实现粮食消费的跨时配置是非常重要的，在缺乏其他收入来源的情况下，农民通过“广种”和“靠天吃饭”来规避跨地以及跨时风险是必然的。所以，仅仅根据人均一亩耕地指标来扩大退耕还林的政策确实值得忧虑。

四、结　论

本文简要介绍了退耕还林工程的操作模式和政策背景，并使用陕西、甘肃和四川西部三省退耕还林试点工程的农户数据，分析了退耕还林工程的成本有效性和工程参与对农户各种收入及其结构变化的净影响。

研究发现，退耕还林虽然在工程瞄准效率方面表现不差，但由于（中央）政策和（地方治理）体制等多方面的原因，工程实际上有非常大的成本节约空间。而更重要的是，即使在退耕还林工程已经进行三年之后，如果取消补贴，农民仍然没有激励继续退耕；而工程对推动参与农民从种植业以外获得收入以实现农业生产结构和农民收入结构转换的目标还远远没有实现。显然，上述实证分析难以为退耕还林工程描绘出一个十分乐观的前景：如果在未来不多的时期内，参与退耕的农民无法很快实现收入结构的转换和收入来源多样化，从农户角度观察工程的经济可持续性确实令人堪忧，农民复垦的可能性也将存在。

总之，无论从技术上还是经济上看，如此规模浩大的工程其潜在的长期风险都很大。虽然退耕还林还草工程前三年的试点展开很快，但这远不足以预示未来的成功。我们的调查和分析发现，当前大部分农民之所以踊跃参加退耕还林（草）的行动，主要还是因为补贴比较实惠，但5~8年的补贴能否足以抵偿一块土地对农民的长期价值存有巨大疑问。如果退耕后产业结构调整不成功，国家似乎应准备长期补贴下去，但这面临日益增加的行政管理难度和成本，显然不太现实。退耕还林工程的基本逻辑是要求农民改变用地模式在先，试图以此来推动结构转换，但同时它在实施过程中所采取的促进农业生产与收入结构转换的配套措施却相当缺乏，或者说考虑不足，这就给退耕还林工程留下了隐患。而已有的很多经济学研究和我国改革开放以来城乡发展的动态经验都告诉我们，城市和非农的就业创造才是农业产业结构转换和土地利用模式调整的前提。因此，政府究竟应该如何促使农民采取有利于环境的土地利用方式？应该如何保证工程的成功，或者要确保目前已经取得的成果需要什么基本条件？这些问题都值得我们进一步思考。

上述分析和讨论也引发我们去思考如何真正解决中央近年提出的“以人为本、可持续的协调、平衡发展观”的重大问题。在目前的工程技术条件下，我国严重的水土流失问题是否可以通过在中下游进行堤坝加固等水利工程的建设而在相当程度上减少其危害？水土流失问题在多大程度上是大尺度、长时间的自然、生态条件变化（如全球气候变化和长期形成之自然地理条件，如黄土高原地貌本身）所带来的，又在多大程度上是由于人类不当的土地利用模式所导致的？被看作是在生态上“不可持续”的土地利用行为是否是一系列自然、经济和社会约束条件下的个体理性行为？而要改变这些“不可持续”的土地利用模式，是通过大规模、半运动式的政府公共工程与成本高昂的财政支出直接进行更有效，还是通过充分利用市场机制来促进劳动力转移，逐渐减少过多农业、种植业人口对生态承载力有限之土地的压力，改变农民“在几亩地上找饭吃”的办法更有效？最后，国家开展的很多大型、超大型的生态工程建设是否需要更多的公开讨论和科学决策？如何建立政府、经济学工作者、自然科学家和百姓就国家重大工程咨询、决策和立项的良性互动机制？等等。应该说，所有的这些问题，都还远远没有找到令人满意的答案。

参考文献

[1] Babcock B A, et al. The economics of a public fund for environmental amenities：A study of CRP contracts. , American Journal of Agricultural Economics, 78 （1996）：961 ~ 971

[2] Besley T and A Case. Unnatural Experiments Estimating the Incidence of Endogenous Policies. Economic Journal. （2000） v110, n467 （November）：F672 ~ 94

[3] Cooper J C and T Osborn. The effect of rental rates on the extension of Conservation Reserve Program Contracts. American Journal of Agricultural Economics, 80 （1998）：184 ~ 194

[4] Huang J. Land Degradation in China：Erosion and Salinity Component. CCAP Working Paper, 2000, WP-00-E17, Center for Chinese Agricultural Policy, Beijing, China

[5] Johnson P N, S K Misra and R T Ervin. A qualitative choice analysis of factors influencing post-CRP land use decisions. Journal of Agricultural and Applied Economics, 29, no. 1 （1997）：163 ~ 173

[6] Just R and J Antle. Interactions between agricultural and environmental policies：Aconceptual framework. American Economic Review, 80 （1990）：197 ~ 202

[7] Liu, Shuren. Description of Cropland Conversion Program. Xu Jintao and Ulrich Schmitt （Eds.）. Workshop on Payment Schemes for Environmental Services：Proceedings, CCICED, Task Force on Forests and Grassland, Beijing Forestry Publishing House：Beijing, 2002

[8] Uchida, Emi, Jintao Xu and Scott Rozelle. “Grain for Green” Policy in China：Cost – effectiveness and Sustainability of a Conservation Set – aside Program. Paper presented at AAEA 2003 Annual Conference, 2003

[9] Wooldridge J M. Econometric Analysis of Cross Section and Panel Data, Cambridge. MA：MIT Press, 2002

[10] World Bank. China：Air, Land and Water, Environmental Priorities for a New Millennium. World Bank, Washington, DC, 2001, 174 pp

[11] World Wildlife Fund （2003）. Report suggests China's 'Grain – to – Green' plan is fundamental to managing water and soil erosion.

[12] 徐晋涛，曹轶瑛．退耕还林还草的可持续发展问题．国际经济评论，2002 年第 3、4 期，56 ~ 60

林业部门走向成熟的双向制度约束

朱　雷

（燕山大学文法学院，河北秦皇岛，066004）

内容提要："制度"对于任何一个部门的发展都是至关重要的。但要在制度的框架内判断林业运作的效率问题，我们必须清楚两方面的内容。其一就是要清楚现存林产品市场的买卖状况是否能为该行业产生经济绩效；另一方面我们要意识到现有的林业制度是否有宜于林业部门的可持续经营并能产生足够多的生态效益。本文的行文目的是为林业部门摆脱制度约束、走向成熟寻求可行路径，并在探索路径的基础上剖析正式制度约束和非正式制度约束对林业未来发展的影响，为消除制度障碍做出解释。

关键词：正式制度；非正式制度；林业产权；意识形态

一、内容引导与概念界定

如果我们要在制度的理论框架内探讨林业经营的效率问题，首先便要清晰制度存在的根本目的。依照诺斯教授的观点："制度是一系列被制定出来的规则、守法秩序和行为道德、伦理规范，它旨在约束主体福利或效用最大化利益的个人行为。"① 从这句话中我们可以看出制度的存在并非仅仅是用一些正式的规则来约束行业主体，森林法规、产权归属只是制度约束行业的一方面功效。从另一个角度看那些非正式规则如意识形态、教育背景、收入状况也可以作为一种无形的制度约束着林业部门的经营与发展。理论界迄今的判断一般把林业的困境问题归因于是正式制度的落后或不健全阻碍了行业的发展，往往忽视了非正式制度在其中起到的重要作用。我们说要想把一门产业推向成熟，仅仅在正式制度上做文章是不够的，如果不能把非正式规则介入到林业产业的未来发展之中，就好比自变量被限定从而影响到因变量的函数扩展。

在有了上述的认识之后，我们就能够为林业未来的发展设定一条比较完整的制度优化方案。总的概括就是"在较短时间内完善正式制度使其能够在宏观政策上不悖于林业的发展，有利于产权分割；在相当长的一段时期内逐渐巩固非正式制度使其在微观领域中积累人们的生态意识，有利于提高林业在诸多行业中的地位"。

如何将正式制度和非正式制度进行优化组合，祈求最佳搭配共同促进相对弱势的林业部门是我们重点要考虑的问题。对于正式制度的合理规范我们可以在产权分类的原则下进行最优化评定，以交易费用的最低值为制度最佳界定；对于非正式制度的讨论我们尽可能多地分析相关变量，通过充分了解"无形"制度，将其优势进行整合，最终以整合优势来提高林

---

① （美）道格拉斯·C·诺斯，《经济史中的结构与变迁》，上海三联书店、上海人民出版社，1994 年中译本，第 225～226 页。

业在社会大家庭中的地位并为其产生显著的生态绩效做出贡献。以上便成为了本文的逻辑路线。

二、正式制度对林业的行为约束

罗纳德·科斯教授认为：制度的作用就是降低交易费用。德姆塞茨进一步论证了产权的作用就是内化因外部性而产生的交易费用。[①] 我们在分析现有林业产权形式是否是有效制度时，主要的依据在于判断这种制度的存在是否比其他制度更能降低产业运行的交易费用。在我国，林业的所有权形式一般可以分为国家所有权、集体所有权，随着林业托管制度的推广，私人所有权也是改革的一个方向。诚然，作为一种制度分析，我们应该注意两点。第一，对林业产权制度的选择与经营绩效是密切相关的。第二，判断私有产权制度与公有产权制度哪一种方式更有效率，归根到底是一种价值判断，这种判断首先取决于对林业危困现状的解答，其次就是要系统衡量哪一种产权制度的存在既能在短期内产生经济绩效又能保障长期的可持续发挥生态效益。于是我们就有了判断的方法：那就是在经济效益和生态效益双重交易费用计算中找出最适合中国林业采用的产权制度以促进林业效率的发挥。

杨小凯教授说："没有一种制度，在所有条件下比其他制度都坏；也不存在一种制度，在不同的条件下比其他制度都好。"[②] 在对比公有产权（包括国家所有和集体所有）和私有产权哪一种形式更具有效率时我们从两方面加以衡量。

第一，就是哪一种产权形式更能节省由于信息不对称引致的费用。众所周知，公有产权形式最大的弊端就在于委托人和代理人之间的关系过于复杂，正是由于这种复杂性阻碍了层级之间的沟通。从契约中讲，代理人要向委托人负责，既要保障在现有林木资源数量下产生维持林业企业正常运转的经济效益，又要在经济效益危困的境地中为全社会提供足够多的生态效益。在林木市场供求关系的激励下，代理人有着加大林木砍伐力度的欲望，这正是由于林业企业经济危困所必然产生的结果。但另一方面，加大砍伐力度必然要损失机会成本另一方的利益，实质上二者是不等量的。这就导致了林业企业在砍伐林木资源时私人收益等于社会收益而私人成本远远小于社会成本。这种违规或者说是过量采伐所得到的惩罚是什么呢？一般来讲国家对于这种行为信息的获取是极为堵塞的，前面所说，由于委托—代理链条过长，这种非法行为很容易得到隐瞒。那么事实本相什么时候才能纰漏呢？只有出现了类似于1998年危及整个社会发展的生态危机出现时政府才意识到本在计划内的林木资源已被砍伐殆尽。但这种周期往往是很长的，所以待到发现问题时已不能够挽回由于生态灾难所造成的经济损失。出现这种严峻的问题政府的措施就是要封山育林、限制采伐。以生态效益为林业部门的主要任务，经济效益逐渐被淡化。还是由于委托—代理链条过长，"初始委托人监管积极性和最终代理人的工作努力程度随公有化程度和委托—代理链条的拉长而呈递减规律。"[③] 虽然国家迫不及待的缓解由于林木采伐过量所引起的生态灾难，但随着监管积极性的逐层降低，机会主义行为便逐层增强，所以效果一般不会太明显。

私有产权的效果是不是会更好一些呢？首先我们应该明确"一方面产权是在国家强制

---

① Demsetz, Harold [1976] "Toward a Theory of Property Rights" American Economic Review, Vol. 57: 347 ~ 359。

② 转引自：卢现祥，《新制度经济学》，武汉大学出版社，2004年第一版，第7页。

③ 张维迎，公有制经济中的委托人—代理人关系：理论分析和政策含义《经济研究》1995 第4期。

实施下，保障人们对资产拥有权威的制度形式；另一方面，产权是通过市场竞争形成的人们对资产能够拥有权威的社会强制机制。”① 这就是说，公有产权或私有产权哪一种形式更好不是我们所鼓吹就能够达到实证的，关键还要得到市场的认可，由市场给予这种产权形式的权威地位及其永久性。对于公有产权制度运行中的信息堵塞和不对称性引致的信息费用，私有产权在处理上述问题应该具备一定的比较优势。第一，私有产权的经营者和剩余索取权的支配者是合二为一的，不存在欺诈和违约行为，信息是完全公开且极为通畅的。个人的采伐意愿既由市场林木价格所决定还由个人的偏好所支配。第二，有很多人担心，既然私人产权制度下林木的砍伐也是由市场的供求关系所决定，那么怎样保证私人经营者在合理的限度内采伐而不破坏生态效益呢？我们说了，林木采伐的数量一方面由市场上林木的价格决定，但另一方面既然林木的经营权与剩余索取权直接利益相关，经营者就要考虑到剩余索取权的可持续获得，又由于国家与私人签订的是长久契约，这就表明了对林木资源采伐的额度不能完全决定于市场，个人追逐长远经济利润的偏好更是他做战略性的打算，所以林木资源在这种层层博弈之中得到可持续性生长，生态效益得到保障。

第二，就是看哪一种产权形势更能节省用于激励所产生的费用。按照汪丁丁教授的观点，任何制度运行的费用都可以分解为用于解决信息不对称所产生的费用和用于激励行为所产生的费用。从前面的论述中我们分析得出了一定的结论那就是私人所有权在解决信息不对称问题时比公有产权更能节省交易费用。谈到激励问题我们重点要强调从公有产权转化为私有产权的难度，也就是说让私人接受对林木资源的所有权，政府将要在哪些方面做前期调研，在哪些方面给予必要的扶持，在哪些方面还要政府出面干预。众所周知，林业作为一个比较弱势行业如果没有政府给予私人一定量的激励措施，完全凭借市场竞争是没有任何优势而言的或者说是没有利润可赚的。那就还原为判断在产权转换过程中政府为激励私人所产生的交易费用与政府放权林业所拆下抱负的货币比值，如果比值为负就说明激励行为有合理的实施意义，反之就说明现今的中国国情还不具备国有林业私有化的实力，保留林业资源公有制在某种特定的时期内还有一定的意义。

“对私人权利的限制是否必定降低效率，许多新制度学派的领导人对这个问题回答是肯定的。”② 但我们还是坚持巴泽尔教授的观点驳斥这种“盲目自由化”的倾向。在林业产权结构转换的过程中实质上要花费多方面的交易费用，这其中包括事前的信息搜索费用、事中的契约费用和事后的监管费用。③ 这其中属于激励费用的应当算是事中的契约费用。对于森林面积较小，产权界定比较容易，资源利用方式多样化，对整个区域生态效益影响不大的林木资源我们可以考虑投入激励措施，将公有产权转换为私有产权，因为综合衡量的结果这种产权的制度安排是效率最高的；同时，对于森林面积极大，资源利用目标单纯，产业管理相对集中的林业资源而言，根据现有国情还不具备对个人行之有效的激励行为，所以安排公有产权还是制度存在的有效形式。

以上从两个方面分析了在正式制度约束下，哪一种产权安排形式更有利于制度运行并降低制度运行的费用。对于公有产权转换为私有产权的林木资源，我们充分享受私有产权灵活

---

① 刘伟，李风圣，《产权通论》，北京出版社，1997年2月，第13页。

② 巴泽尔著，费方域，段毅才译，《产权的经济分析》，上海三联书店，1999年，第7页。

③ 朱雷，沈晓梅，《林业产权结构转换中的制度悖论》，中国林业企业，2004年第4期。

多变以及信息畅通的优势特征，抓住机遇摆脱林业现有的制度困境。对于仍然保留公有形式的林木资源按照林毅夫教授的观点：加强管理而不改变所有制形式仍然能够产生制度效率，因为政府已经剥离了大量的中、小林区的负担。现在集中精力管护大型国有林区，相信前景也是乐观的。

三、非正式制度对林业的行为约束

诺斯教授认为："正式规则、非正式的习俗及其实施方式决定着经济绩效"① 我们对林业经济绩效的判断一般还停留在对正式制度的剖析来解释林业危困状况的原因。对于那些显微人见的且对林业经济绩效有着深远影响的非正式制度却关注不够。其实任何一门行业的衰落说是不景气都不是短期内形成的，这和人们长期形成的意识形态有着密不可分的联系。我们还记得当20世纪60～70年代，知识分子被人们传统的意识形态所抛弃的时候，中国的高等教育经历了一场近似于浩劫的灾难。时过境迁，现今的高等教育发展的如火如荼，究其原因还在于"科技是第一生产力"引导了人们意识形态的转变。相反林业则由当时国民经济举足轻重的行业走进了90年代的"两危"困境。当然今天我们可以看到，林业的地位正在逐渐地被恢复，在人们的潜意识中，对生态环境的依赖度也随着诸如意识形态、教育水平、收入水平的提高而提高。那么这些非正式制度因素对与林业未来的发展都存在哪些积极的影响呢？我们从以下几点着手分析。

1. 意识形态对林业发展的影响

当有人在我们家门前倾倒垃圾时，我们会立即阻止这种有损我们利益的行为；当有人在我们家附近砍伐到边的树木时，恐怕很少有人能意识到这也是在剥夺我们享受林木带来生态效益的权利。造成如此巨大反差的根本原因在于我们对于生态效益的重要性认识得不够，也就是我们相对薄弱的生态意识在促使着大量的林木资源遭到破坏。所以说："除了人和组织之外，思想也可以成为支配制度变迁的权威。"② 要恢复林业的繁荣关键问题是要建立整个社会良好的生态意识和林木资源的保护意识，用这种强有力的意识形态来敦促社会对林业部门的重视程度，以加大对林业未来发展的投入，只有存在广泛且高效的生态保障才是经济建设和社会发展的不竭动力。

2. 教育水平对林业发展的影响

教育同林业一样，是一个释放正外部性效益极大的行业。这种效益不但直接促进了科学的发展和技术的进步还间接的提高了整个社会的认识水平，使人们在发展经济的过程中不忘记可持续发展的需要、不忘记生态效益的价值、更没有忘记林业部门在保障社会发展中提供的良好环境。在林业专家们测算森林资源生态效益与经济效益之间的数量关系时，一般的侧重点放在了对于林木资源清洁空气、保持水土、涵养水源、防风固沙等功效上，却忽略了越是发达的地区，越是教育资源丰富的地区人们对于生态效益的需求度越大。换句话说，越是教育发达的地区人们认为生态效益与经济效益的比值就越大，所以说如果把非正式制度也包括在内的话根本不存在一个固定的生态效益与经济效益的比值。

相对于林业行业，教育部门应该说是林业发展的非正式制度因素，因为教育部门并没有

---

① North，Douglass 1994 "Economic performance though time" American Economic Review，Vol 84（3）359～368。

② 姚洋，《制度与效率，与诺斯对话》，四川人民出版社，2002年3月，第283页。

为林业的发展起到直接的推动作用，但教育的作用在于提高整个社会群体的价值意识，使人们能在理性的选择中找到对自身影响更大的价值。按照需求层次的理论分析，生态需求应该是建立在最高程度上的行为理念，所以林业部门的繁荣理应随着社会普遍的发展而发展，当我们看到高等教育产业继续兴旺发达时，应该认识到他是林业未来繁荣的正向非制度因素，所以说教育的发展是推进林业发展的必要条件。

3. 收入水平对林业发展的影响

随着收入水平的提高，社会产生了越来越多的有闲阶级，使人们从传统的单向度的人走进了一个丰富多彩的世界。人们的消费品位在上升，从一贯的物欲追求转移到精神享受的程度上来。按照马斯洛的需求理论分层，生态需求应该建立在相对较高的层级上，也就是说只有人们满足了基本的物质需求且有剩余才会集中考虑其处所生态环境的质量问题。所以发展经济、提高收入也是林业发展的铺垫过程，有闲阶级把更多的消费集中到休闲经济中，自然而然地要求社会为其提供良好的生态环境，当人均收入提高时国家的总和收入也是正比例增长的，也有了更多的资金投入林业的发展以满足更多的有闲阶级的需求。在其他国家，除了受地理环境影响极大的阿拉伯地区，几乎所有的资本主义发达国家（如美国、日本、德国）都处于一种森林覆盖率极高且保护方式良好的循环之中。所以说，在非正式制度领域中，经济发展和人均收入的提高也是林业未来发展的必要条件，且不能因为发展生态而耽搁经济发展，那样换不来持久有效的资金投入。但也不可无休止的破坏林木资源以求经济快速发展。两者应该在相互博弈的过程中形成一种制度均衡，这种均衡既要有政府强制性的行政干预也要在非正式制度领域形成一种生态价值的共识。

姚洋曾说："制度供给者除了成本—受益分析以外，还有其他决定采用哪种制度的标准，其中最重要的还是知识，或者更具体地说，是意识形态。"[①] 其实我们以上的分析已经验证了诸如知识、意识形态对林业制度标准选择的重要性。我们必须努力促使非正式制度的逐渐完善，换句话说只有非正式制度发展的健全，林业才能走向一条可持续发展的道路。

四、结　语

一个制度，不管它是正式的还是非正式的，在其形成之后都面临实施问题。有效制度的最终目标是促使经济绩效的产生，我们行文的目的就是要在正式制度和非正式制度双重压力下为林业未来良好的发展寻求道路，并尽可能为其创造有效制度，但是我们也要意识到，任何一种制度的产生都有其存在的必要性和合理性，当我们要把现有的正式制度或非正式制度进行变换时，我们要承担着巨大的制度变迁的交易费用，虽然张五常教授的观点认为"交易成本是"鲁宾孙·克鲁索（一人）经济中不可能存在的所有那些成本"。[②] 这在某一方面缓解了我们尝试制度变迁的压力，但是我们也要清醒地认识到改革的路径应该审慎的迈进，即便是理论上论证及其正确的观点在实践中也要求得完善。希望从双重制度约束入手对于林业未来的发展的理论构建有所益处，对于进一步的实证分析和相关数据的支撑在今后的学习有待新一轮的思考。

---

① 姚洋，《制度与效率，与诺斯对话》，四川人民出版社，2002年3月，第126页。

② 张五常，《经济解释》，商务印书馆2000年版，第438页。

参考文献

1.（美）道格拉斯·C·诺斯．经济史中的结构与变迁．上海：上海三联书店，1991
2.（日）青木昌彦．比较制度分析．上海：远东出版社，2001
3.（冰岛）思拉恩·埃格特森．新制度经济学．北京：商务印书馆，1996
4.（美）迈克尔·迪屈奇．交易费用经济学．北京：经济科学出版社，1999
5.（美）Y·巴泽尔著．产权的经济分析．费方域，段毅才译．上海：上海人民出版社，1999

后　记

2003年10月由北京林业大学经济管理学院发出倡议，东北林业大学经济管理学院、南京林业大学经济管理学院、福建农林大学经济与管理学院、浙江林学院经济管理学院、西南林学院经济管理系、内蒙古农业大学经济管理学院、河北农业大学经济贸易学院、国家林业局经济发展研究中心、中国林业科学研究院科信所等多家林业经济教学和科研机构一致同意共同发起建立中国林业经济论坛，并在北京林业大学经济管理学院的组织承办下，2003年成功举办了第一届中国林业经济论坛。

2004年的金秋十月，第二届中国林业经济论坛在北京林业大学成功举办。这次会议是继在第一届中国林业经济论坛中研究并决定使之例行年届会议制度的基础上，紧密结合当前我国林业及林业经济所面临的重大理论和实践问题而召开的一次国际性的林业经济学术会议。此次论坛仍由北京林业大学经济管理学院主办，参加会议的单位有：中国人民大学、中国农业大学、东北林业大学经济管理学院、南京林业大学经济管理学院、福建农林大学经济与管理学院、西北农林科技大学经济管理学院、西南林学院经济管理系、中南林学院旅游与管理学院、浙江林学院经济管理学院、沈阳农业大学林学院、内蒙古农业大学经济管理学院、河北农业大学商学院、江西农业大学经贸学院和北华大学等高等院校的教授及研究生，国家林业局、中国社会科学院、中国科学院、中国林业科学研究院等国内政府与科研机构的专家，以及美国耶鲁大学森林与环境学院、加拿大林务局太平洋林业研究中心、加拿大Lakehead大学、世界自然基金会（WWF）、世界银行（WB）、英国兰德梅尔公司、湿地国际（WI）、美国大自然保护协会（TNC）、森林趋势组织、GTZ中德林业合作项目、福特基金会（FF）林业项目、韩国东北亚林业论坛、德国德景斯顿工业大学、GEF中国林业可持续发展项目等国外大学、国际组织的学者和驻华代表，共计有300余名专家、学者和学生参加了第二届中国林业经济论坛。

第二届中国林业经济论坛由北京林业大学经济管理学院院长刘俊昌教授主持。北京林业大学党委书记吴斌教授致词。大会以“中国林业经济发展”为主题，紧紧结合“中国林业经济实际发展需要”、“世界林业经济发展前沿与热点问题”和“林业经济学科建设”三大议题，进行了广泛而热烈的讨论。围绕上述议题，论坛设立了四个分会场，对中国林业经济发展、森林生态经济生产力、木材贸易对中国林业环境影响、绿色GDP、林业政策、林业经济信息平台建设、林业项目融资、荒漠化防治政策、防沙治沙与三农问题、生态旅游、林业产业组织、WTO与我国主要林产品进出口贸易实证分析、林业建设项目管理等诸多问题进行了讨论，涉及了林业资源、经济和政策制度领域。另外，世界银行（WB）、世界自然基金会（WWF）、德国技术合作公司（GTZ）、湿地国际（WI）、美国大自然保护协会（TNC）、森林趋势组织等国际组织的官员或驻华代表介绍了各自的发展历程、活动宗旨、发展领域及主要成果等。

在这次会议中，创办了中国林业经济研究生学术论坛网站，通过了《研究生学术网章程》；肯定和通过了《中国林业经济论坛条例》，并表示要遵守执行。通过此次的论坛交流了学术思想和观点，增进了与会单位和代表的合作与友谊，并达成了以下共识：中国林业经济论坛是一种很好地形式，应该不断探索、完善并制度化运转。中国林业经济论坛要立足于中国林业经济实际，要跟踪国际研究的潮流，要在学术研究中发挥作用。与会各单位及代表有愿望和有责任办好中国林业经济论坛。

为了很好地反映第一届和第二届中国林业经济论坛的成果，交流国内外学者的学术观点和研究成果，我们编辑出版了这本论文集，供从事和关心中国林业经济改革与发展的学者、专家和实际工作人员了解林业经济学术动态，共同推动林业经济学术研究水平的提高。

编　者

2007 年 5 月